权威·前沿·原创

皮书系列为

“十二五”“十三五”国家重点图书出版规划项目

BLUE BOOK

智库成果出版与传播平台

人力资源市场蓝皮书
BLUE BOOK OF HUMAN RESOURCE MARKET

中国人力资源市场分析报告（2021）

ANALYSIS REPORT ON HUMAN RESOURCE MARKET IN CHINA (2021)

主　编 / 余兴安
副主编 / 田永坡

社会科学文献出版社
SOCIAL SCIENCES ACADEMIC PRESS (CHINA)

图书在版编目(CIP)数据

中国人力资源市场分析报告. 2021 / 余兴安主编
. -- 北京：社会科学文献出版社，2021.12
（人力资源市场蓝皮书）
ISBN 978-7-5201-9357-3

Ⅰ.①中… Ⅱ.①余… Ⅲ.①劳动力市场-研究报告
-中国-2021 Ⅳ.①F249.212

中国版本图书馆 CIP 数据核字（2021）第 227966 号

人力资源市场蓝皮书
中国人力资源市场分析报告（2021）

主　　编／余兴安
副 主 编／田永坡

出 版 人／王利民
责任编辑／张　超
责任印制／王京美

出　　版／社会科学文献出版社·皮书出版分社（010）59367127
　　　　　地址：北京市北三环中路甲 29 号院华龙大厦　邮编：100029
　　　　　网址：www.ssap.com.cn
发　　行／市场营销中心（010）59367081　59367083
印　　装／三河市东方印刷有限公司

规　　格／开　本：787mm×1092mm　1/16
　　　　　印　张：25　字　数：376 千字
版　　次／2021 年 12 月第 1 版　2021 年 12 月第 1 次印刷
书　　号／ISBN 978-7-5201-9357-3
定　　价／158.00 元

本书如有印装质量问题，请与读者服务中心（010-59367028）联系

《中国人力资源市场分析报告（2021）》
编　委　会

主　　编　余兴安

副 主 编　田永坡

编委会成员　（按姓氏笔画排序）

王芳霞　田永坡　冯喜良　司若霞　朱庆阳
任文硕　刘文彬　孙　锐　李志更　李学明
李建忠　杨伟国　何凤秋　余兴安　张宇泉
苗月霞　范　巍　庞　诗　赵云中　柳学智
袁中伟　徐文宝　郭小军　唐志敏　黄　梅
梁雨钝　赖德胜　熊　缨　熊通成　潘卫平

主要编写人员　（按姓氏笔画排序）

马　赫　王　瑱　王军宏　王晓辉　毛毓郁
方　阳　邓　君　石丹淅　卢怡冰　田文娜
田永坡　付晓薇　朱心杰　朱庆阳　刘　杨
刘　娜　孙　超　苏永华　杨慧玲　邱成楠
余兴安　汪艳彦　张一名　张笑寒　张彩来
林　凡　林　彤　罗　潇　周杨平　郑怡玮
郑振华　郑耀洲　赵海明　俞　恺　贾燕娜

夏　鸣　殷邦泽　郭惠莲　黄　磊　曾　辉
赖德胜　薛　驰　魏　建

编　　　　务　(按姓氏笔画排序)
王　伊　朱丹雨　柏玉林

主要编撰者简介

余兴安　全国政协委员，中国人事科学研究院院长、研究员。历任中国人事科学研究院研究室主任、人事部人才流动开发司副司长、人力资源和社会保障部人力资源市场司副司长、山东省日照市副市长。兼任国际行政科学学会副主席、中国人才研究会常务副会长、中国行政管理学会副会长等。主要从事行政管理体制改革、人事制度改革与人才资源开发等研究。

田永坡　中国人事科学研究院人力资源市场与流动管理研究室主任，博士、研究员，国家“万人计划”青年拔尖人才获得者、全国人力资源服务标准化技术委员会委员。主要研究领域为教育与劳动力市场、公共就业和劳动力市场政策。先后主持国家自然科学基金，中央组织部、人力资源和社会保障部及多个省区市委托课题50多项，在《经济研究》等发表论文数篇，出版专著《劳动力市场发展及测量》《工作搜寻与失业研究》，部分成果被《新华文摘》、人大复印报刊资料等全文或者部分摘转。

中国人事科学研究院简介

中国人事科学研究院（简称“人科院”）隶属于中华人民共和国人力资源和社会保障部，是我国干部人事改革、人才资源开发、人力资源管理和公共行政学研究的唯一国家级专业研究机构，是中央人才工作协调小组办公室命名的“人才理论研究基地”。

人科院肇端于1982年6月国家劳动人事部成立的人才资源研究所、1984年11月成立的行政管理科学研究所及1988年9月国家人事部成立的国家公务员研究所，经多次机构改革与职能调整后，于1994年7月正式成立。历经近40年的发展，人科院积累了丰富的科研资源，培养了一支素质优良的科研队伍，形成了较完备的学术研究体系，产生了一大批具有较大影响的科研成果，发挥了应有的参谋智囊作用，同时也成为全国人才与人事科学研究的合作交流中心。王通讯、吴江等知名学者曾先后担任院长之职，现任院长为全国政协委员余兴安研究员。

多年来，人科院围绕大局、服务中心，研究领域涉及行政管理体制改革、人才队伍建设、公务员制度、事业单位人事制度改革、企业人力资源管理、收入分配制度改革、就业与创业、人才流动与人力资源服务业发展等多方面。曾参与《公务员法》《事业单位人事管理条例》《国家中长期人才发展规划纲要》等重大政策法规的调研与起草工作，推动了相关领域诸多重大、关键性改革事业的发展。人科院每年承担中央单位和各省区市下达或委托的数十项课题研究任务，出版十余部著作，发表百余篇学术论文，并编辑出版《中国人事科学》（月刊）、《国际行政科学评论》（季刊）、《中国人力资源发展报告》(年度出版)、《中国事业单位发展报告》(年度出版)、《中国人力资源市场分析报告》(年度出版)、《中国企业人力资源发展报告》(年度出版)、《中国培训事业发展报告》(年度出版)、《中国人事科学研究报告》(年度出版)等学术期刊和年度报告。

人科院是我国在国际行政科学学术交流与科研合作领域的重要组织与牵头单位，是国际行政科学学会（IIAS）、东部地区公共行政组织（EROPA）及亚洲公共行政网络（AGPA）的中国秘书处所在地。通过多年努力，人科院在国际行政科学研究领域的作用与地位不断提升，2016年承办了国际行政科学学会（IIAS）联合大会，余兴安院长当选为国际行政科学学会副主席。

人科院注重与国家部委、地方政府、高等院校和科研院所的交流与合作，积极搭建学术交流平台，成立了“全国人事与人才科研合作网”，建立了十余家科研基地，每年举办多场有一定规模的学术研讨会，组织科研协作攻关。还与中国人民大学、首都经贸大学等院校联合招收硕士、博士研究生，设有公共管理学科博士后工作站。

摘　要

本书以国家统计和人社等职能部门、知名高校及人力资源服务机构等统计和调查数据为基础，对人力资源市场供给与需求的规模、就业与失业、薪酬、人力资源服务等方面进行了系统分析，全书包括总报告、人力资源的基本状况、区域与行业人力资源市场、人力资源服务四个专题，由24篇报告组成。

总报告分析了人力资源供需的规模、区域分布、素质结构等状况，人力资源匹配在城乡、区域、行业等维度上的表现和特点以及分区域、分行业、分单位性质的劳动者收入等状况。

人力资源的基本状况篇围绕新发展阶段劳动力市场的主要发展趋势及应对策略、基于全国公共招聘网站大数据的人力资源市场状况、“00后”劳动者就业的结构和特点、新冠肺炎疫情对人才招聘的影响、高技能人才的就业形势等内容，对中国人力资源市场的主要发展趋势、求职招聘、就业等问题进行了系统分析。

区域与行业人力资源市场篇以各地区的调查和统计数据为基础，对北京市、上海市、成都市、青岛市、昆山市、广东省以及高科技、金融等行业的人才供需、流动、薪酬等进行了研究。

人力资源服务篇则围绕行业、区域等维度对当前我国人力资源服务行业的发展进行了分析。在行业方面，对社保代理业态、上市人力资源服务公司经营状况、人力资源机构服务技术提升、人力资源管理专业人才培养等进行了分析。在区域研究上，对上海、河北、重庆、广西、云南的人力资源服务行业发展和人才现状进行了分析和探讨。

综合全书对人力资源市场的分析，可以发现如下九个特点：一是市场总体求职规模继续减小，人力资源市场需求略有上升，供需缺口继续扩大；二是在实现碳达峰、碳中和目标的推动下，绿色就业将呈现加速增长之势；三是“00后”开始大批进入人力资源市场，但不能完全弥补人口老龄化带来的劳动力短缺问题，商务服务、制造、科研等行业为吸纳“00后”最多的行业；四是汽车、人力资源服务等行业的人才培养发展较快，但师资队伍、专业设置等需要进一步改善，人才供给特别是高素质人才供给不足；五是企业对高校毕业生素质的需求比较多地集中在推理判断能力、责任性和情绪稳定性，希望毕业生拥有较强逻辑思维，认真负责地完成工作任务并保持稳定良好的情绪；六是人力资源市场供需匹配线上化的趋势继续增强，在新冠肺炎疫情等因素的影响下，部分区域现场招聘会规模下降；七是人力资源服务业保持稳定、快速发展，在劳动者流动和就业方面发挥了较大的作用；八是人力资源服务行业数字化发展趋势进一步增强，对改善人力资源管理水平的推动作用进一步增强；九是劳动者收入水平稳定增长，金融、大健康等行业人才薪酬保持正常或略高的增速。

关键词： 流动　供需对比　薪酬　人力资源服务

目 录

Ⅰ 总报告

Ⅱ 人力资源的基本状况

Ⅲ 区域与行业人力资源市场

Ⅳ 人力资源服务

皮书数据库阅读**使用指南**

总报告

General Report

B.1

中国人力资源市场供需匹配与劳动者收入状况分析

田永坡　王晓辉　刘　娜　郭旭林*

摘　要：本文使用国家统计局、人社部等相关职能部门，高校、科研机构以及人力资源服务机构的统计和调查数据，对我国人力资源市场的供给、需求、薪酬等情况进行了系统分析，主要包括：第一，人力资源市场供给规模、区域分布、技能构成和需求的区域分布、行业结构、单位类型构成等；第二，人力资源供需匹配的总体情况以及在区域、行业和技能结构等维度上的表现和特点；第三，分区域、分行业、分单位性质的劳动者收入状况及变动趋势。

* 田永坡，博士，中国人事科学研究院人力资源市场与流动研究室主任，研究员，国家“万人计划”入选者，主要研究方向为就业、人力资源服务业及劳动力市场政策；王晓辉，博士，中国人事科学研究院企业人事管理研究室副主任，助理研究员，主要研究方向为人力资源市场、企业人事管理等；刘娜，上海电机学院商学院副教授，主要研究方向为人力资源开发；郭旭林，中国政法大学研究生，主要研究方向为经济学。

关键词：　人力资源市场　能力结构　匹配　就业　薪酬

本文以国家统计局、人社部等相关职能部门的统计数据和高校、相关研究机构以及人力资源服务机构的调查数据为基础，从人力资源市场的供给、需求、就业与失业以及劳动者收入等方面，对近年来我国人力资源市场运行的整体状况和特点进行了系统分析。

一　中国人力资源市场发展环境分析

（一）经济环境

近年来，我国经济发展进入了新旧动能转换期，进入了高质量发展新阶段。我国经济总量逐年增加，据国家统计局数据，从 2016 年的 74.6 万亿元，增加到 2020 年的 101.6 万亿元，增长了 36.2%。从增长速度看，2011 年开始我国经济增速步入个位数增长，并呈现逐年下降趋势，从 2012 年的 7.7% 降低到 2019 年的 6.0%。受新冠肺炎疫情的影响，2020 年我国经济增速下滑到 2.3%，但中国是世界主要经济体中唯一经济正增长的国家（见图 1）。

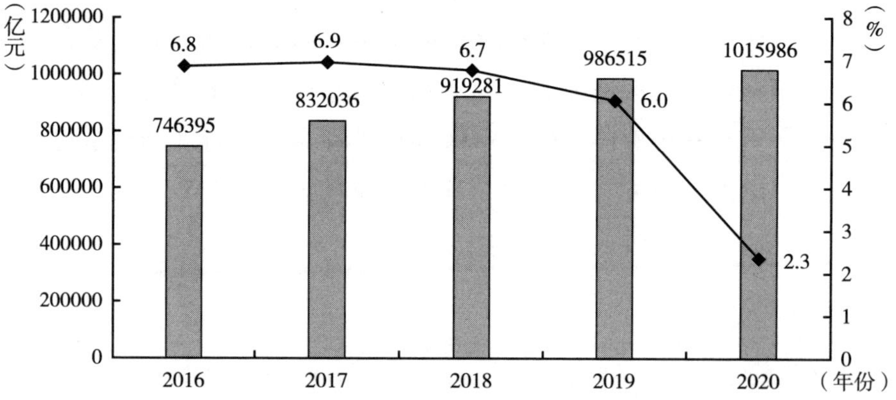

图 1　2016～2020 年中国 GDP 和增速

资料来源：国家统计局，《中华人民共和国 2020 年国民经济和社会发展统计公报》。

我国经济结构逐步优化，第一产业在国民经济中占比逐年下降，第二产业趋于稳定，而第三产业比重稳步提升。据国家统计局数据，我国第三产业增加值占 GDP 比重，2012 年首次超过第二产业，第三产业增加值占比 45.5%；并于 2015 年第三产业增加值占比首次过半，达到 50.8%；2020 年进一步提高，第三产业增加值占比达 54.5%（见表 1）。

表 1　2016～2020 年我国三次产业增加值占国内生产总值比重

单位：%

年份	第一产业增加值	第二产业增加值	第三产业增加值
2016	8.1	39.6	52.4
2017	7.5	39.9	52.7
2018	7.0	39.7	53.3
2019	7.1	38.6	54.3
2020	7.7	37.8	54.5

资料来源：国家统计局，《中华人民共和国 2020 年国民经济和社会发展统计公报》。

（二）技术环境

科学技术是第一生产力，我国进入了创新驱动发展时期，众多技术更新换代。其中，新一代信息技术走在技术进步前列。移动互联、人工智能、大数据、云计算等技术快速发展，正在改变着人们的生活与工作。当前，我国提出了网络强国、国家大数据、“互联网 +”行动计划等战略和举措，有力地推动了经济社会发展数字化转型。比如我国特别重视第五代移动通信技术（5G），《“十三五”国家信息化规划》16 次提到了“5G”，我国迈出了走进 5G 时代的坚实步伐。5G 网络主要有三大特点：极高的速率、极大的容量、极低的时延。5G 网络则被视为未来物联网、车联网等万物互联的基础，同时也能推动虚拟现实和增强现实等成为主流。5G 的广泛普及将促进工业生产、生活方式以及服务模式的变革。生产方式与服务模式的变革，以及 5G 与人工智能等技术的融合，将进一步影响到工作方式以及人力资源服务等行业的运行。

（三）人力资源状况

近几年我国实行了全面放开两孩生育政策，效果初步显现，但是受平均寿命延长等因素影响，人力资源的总量和增速依然呈双下降趋势。

第一，近几年来劳动年龄人口总量和占总人口的比重都持续下滑。据国家统计局数据，2016～2020年，我国劳动年龄人口（16～59周岁）的绝对数量和占总人口的比重都维持下降的趋势。2020年，我国劳动年龄人口89438万人，比2016年末减少1309万人；2020年占总人口比重为63.35%，比2016年末下降了2.25个百分点（见图2）。

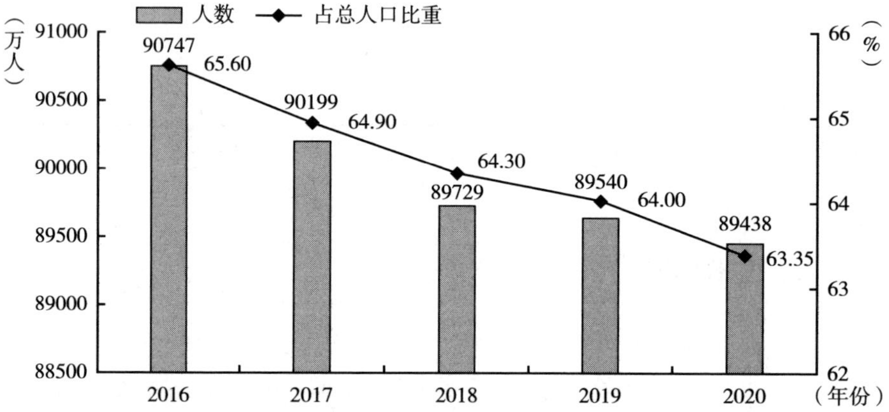

图2 2016～2020年我国劳动年龄（16～59周岁）人口数量与比重

资料来源：国家统计局，《中华人民共和国2020年国民经济和社会发展统计公报》，后同。

第二，虽然我国人口总量逐年扩大，但人口老龄化程度逐年加深。据国家统计局数据，我国65岁及以上人口占比，2016～2020年每年约提高0.6个百分点，2020年达13.5%（见表2）。

第三，劳动者素质总体不断提高。根据国家统计局数据，2020年我国具有大学文化程度的人口为21836万人。与2010年相比，每10万人中具有大学文化程度的由8930人上升为15467人，15岁及以上人口的平均受教育年限由9.08年提高至9.91年，文盲率由4.08%下降为2.67%。从高等教育状况看，研究生毕业生人数和普通本专科毕业生人数逐年提高。国家统计局数据显示，研究生毕业生人数，从2016年的56.4万人增加到2020年的72.9万人，增长了29.3%；普通本专科毕业生人数，从2016年的704.2万人增加到2020年的797.2万人，增长了13.2%。从在校学生数看，研究生和普通本专科在校学生数也呈增长趋势。研究生在校学生数，从2016年的198.1万人增加到2020年的314万人，增长了58.5%；普通本专科在校学生数，从2016年的2695.8万人增加到2020年的3285.3万人，增长了21.9%（见表3）。

表2　2016～2020年中国人口老龄化状况

单位：万人，%

年份	年末总人口	65岁及以上人口	65岁及以上人口占比
2016	139232	15037	10.8
2017	140011	15961	11.4
2018	140541	16724	11.9
2019	141008	17725	12.6
2020	141178	19059	13.5

表3　2016～2020年中国研究生与普通本专科学生人数

单位：万人

年份	研究生毕业生数	普通本专科毕业生数	研究生在校学生数	普通本专科在校学生数
2016	56.4	704.2	198.1	2695.8
2017	57.8	735.8	264.0	2753.6
2018	60.4	753.3	273.1	2831.0
2019	64.0	758.5	286.4	3031.5
2020	72.9	797.2	314.0	3285.3

资料来源：2017～2020年《中国统计年鉴》；国家统计局，《中华人民共和国2020年国民经济和社会发展统计公报》。

第四，人力资源的流动性保持较高水平。根据国家统计局数据，2020年我国流动人口为37582万人，其中，跨省流动人口为12484万人。与2010年相比，流动人口增长69.73%。外出农民工从2016年的1.69亿人增加到2019年的1.74亿人，因新冠肺炎疫情的影响，2020年外出农民工约1.7亿人，比上一年略有下降。

二　人力资源市场供给与需求状况分析

由于缺乏全国全口径的人力资源动态变化的供需数据，我们以全国100多个大中型城市[①]的人力资源市场监测数据为代表进行人力资源市场供需状况分析。根据2016年第一季度至2020年第三季度（2020年第四季度数据缺失）人力资源和社会保障部对人力资源市场的监测数据，我们对全国100多个大中型城市的人力资源市场供需状况进行了分析，结果如下。

（一）人力资源市场供给情况

受新冠肺炎疫情的影响，2020年求职人数下降幅度进一步扩大。在区域分布上，西部地区在2019年第一季度和第二季度的求职人数有较高的增长，但是在2016年第一季度至2020年第三季度中的其他季度均是较低增长或是负增长，因此整体来看，西部地区的求职人数略有下降。东部和中部近年来求职人数下降均较为明显，尤其是2020年新冠肺炎疫情进一步导致求职人数下降，下降幅度最大的地区是中部地区；具有一定技术等级或专业技术职称的求职人数占比也出现下降。近年来人力资源市场供给情况所表现的具体特征如下。

---

① 每个季度参加汇总的城市总数不一致，如2018年第四季度全国共有102个城市上报了季度数据；2018年第三季度全国共有104个城市上报了季度数据，其中，哈密、广州、北京、铜川、乌鲁木齐、渭南、辽源、长春、通化、佛山、深圳、厦门、宁波、杭州等14个城市的数据未参加全国数据汇总。

1. 总体来看，受新冠肺炎疫情影响，与上一年同期相比，2020年求职人数下降幅度进一步扩大；在当年的季度环比上，市场求职人数的环比增速在第一季度有较高的正增长，其他三个季度均呈较低增长甚至负增长

与上一年同期相比，除2017年第一、二、三季度外，2016～2020年市场总体求职人数的同比增速均在0以下，特别是2020年受新冠肺炎疫情的影响，同比增速下降的幅度最大，2020年第一季度增速降至－24%，第二季度和第三季度增速虽有所提升，但是增速仍在－5%以下，这说明近年来市场求职人数总体态势仍是不断减少（见图3）。

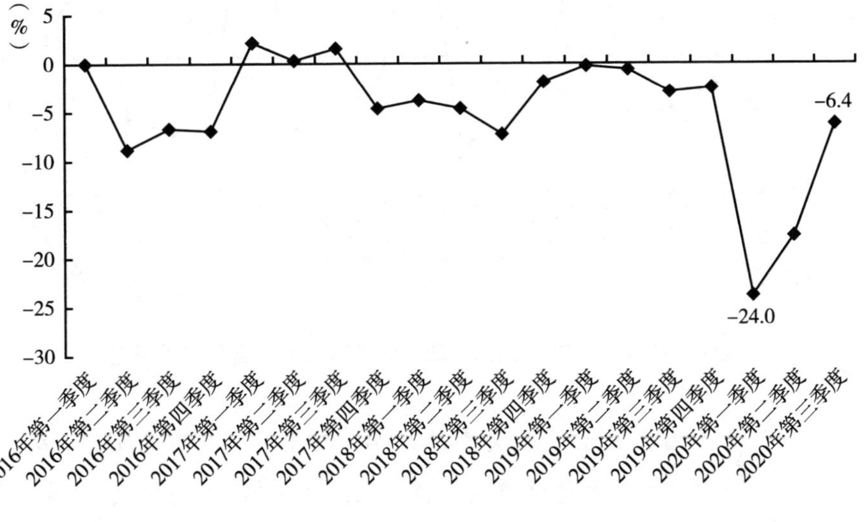

图3　2016～2020年人力资源市场总体求职人数的同比增速变化

注：2020年数据统计截至第三季度，后同。

资料来源：2016～2020年人力资源和社会保障部对人力资源市场的监测数据，后同。

在当年的季度环比上，2016～2020年，市场总体求职人数的当年环比增速呈季节性特点，即每一年的第一季度环比增速较高，最高达到34.6%（2019年第一季度），最低为16.50%（2020年第一季度），而第二、三、四季度的环比增速不断下降，均呈现较低增长或负增长，第四季度环比增速最低，最低低至－17.20%（2017年第四季度）。同时，2020年受新冠肺炎疫情的影响，第一季度环比增速出现新的变化，即2020年第一季度的环比增速与往年第一季度相比

处于最低点，低至16.50%，比2019年第一季度的环比增速减少18.10个百分点，这说明在疫情期间人力资源市场的求职人数出现较大幅度的下滑。总体而言，第一季度环比增速为正，其他三个季度为负（除2020年第二季度外），这说明市场求职人数变化具有较强的季节性特点（见图4）。

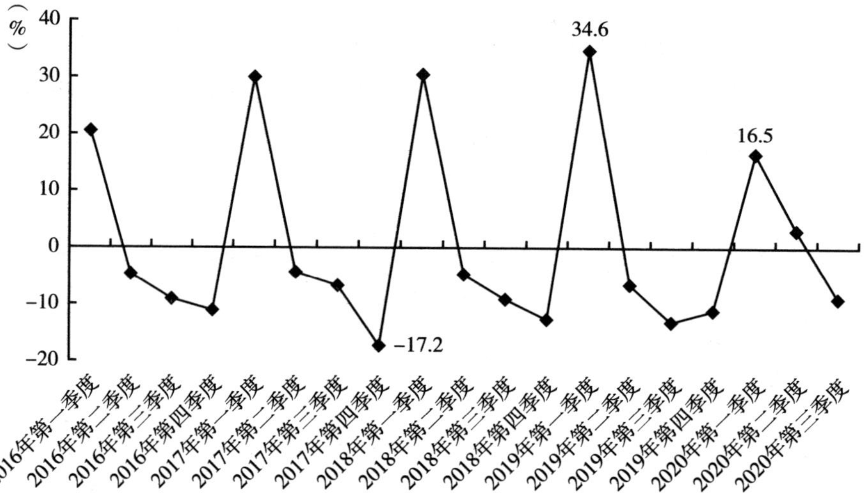

图4　2016~2020年人力资源市场求职人数的当年环比增速

2. 从区域来看，受新冠肺炎疫情影响，与上一年同期相比，2020年东部、中部和西部供给人数总体略有下降，而2016~2019年东部、中部地区供给人数略有下降，西部却略有上升；在当年季度的环比增速上，2020年中部人力资源市场供给的环比增速前两个季度均出现负增长，直至第三季度出现正增长，而东部和西部与往年一样呈现明显的季节性变化，即第一季度出现较高的正增长，其他三个季度都出现较低增长或者负增长

与上一年同期相比，东部、中部人力资源市场供给的同比增速大多数季度在0以下，西部从2018年第四季度至2019年第三季度同比增速呈上升趋势且为正，这说明人力资源市场供给东部、中部均略有下降，而西部地区却略有上升。但2020年受新冠肺炎疫情的影响，东部、中部和西部供给人数同比增速（除2020年第二季度西部地区外）均在0以下，这说明近年来全

国人力资源市场供给乏力，尤其是受新冠肺炎疫情的影响，东部、中部和西部地区的人力资源市场供给不足的问题更加突出（见图5）。

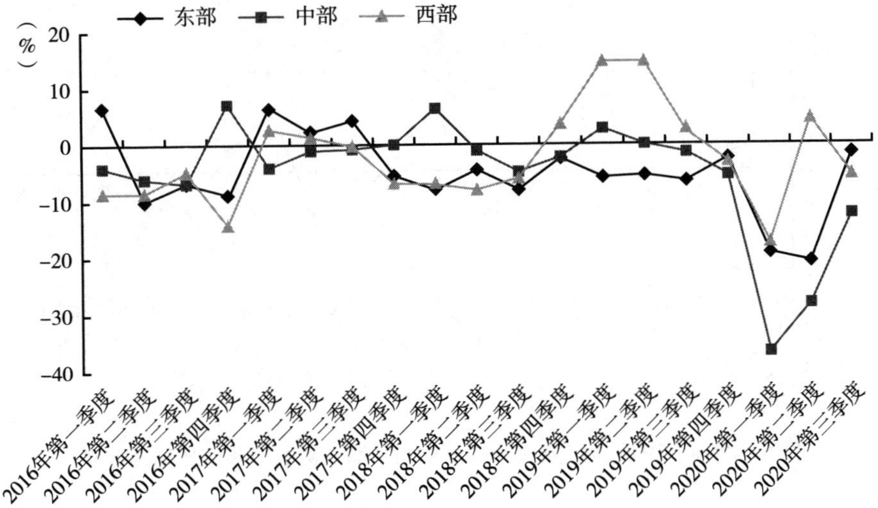

图5　2016～2020年区域人力资源市场求职人数的同比增速变化

2016～2019年东部、中部和西部地区市场总体供给的当年环比增速呈现季节性变化的特点，即第一季度出现较高的正增长，其他三个季度都出现较低增长或者负增长。但是，2020年受新冠肺炎疫情的影响，中部地区市场供给的当年环比增速不再呈季节性变化，而是前两个季度均出现负增长，直至第三季度才出现正增长，而东部和西部地区市场仍与往年一样保持较强的季节性特点。同时，中部地区的人力资源市场供给的每个年度第一季度的环比增速在2016～2019年高于东部地区且为正增长，但是在2020年低于东部地区，且为负增长，而东部和西部的季节性变化的特点不变，这说明2020年新冠肺炎疫情对中部地区的人力资源市场供给变化的影响最大（见图6）。

3. 从求职者的技术等级构成看，近年来求职人员中具有一定技术等级或专业技术职称占比整体上略有下降，尤其在2020年新冠肺炎疫情的影响下降幅进一步扩大

总体上看，求职人员中具有一定技术等级或专业技术职称的总占比略有

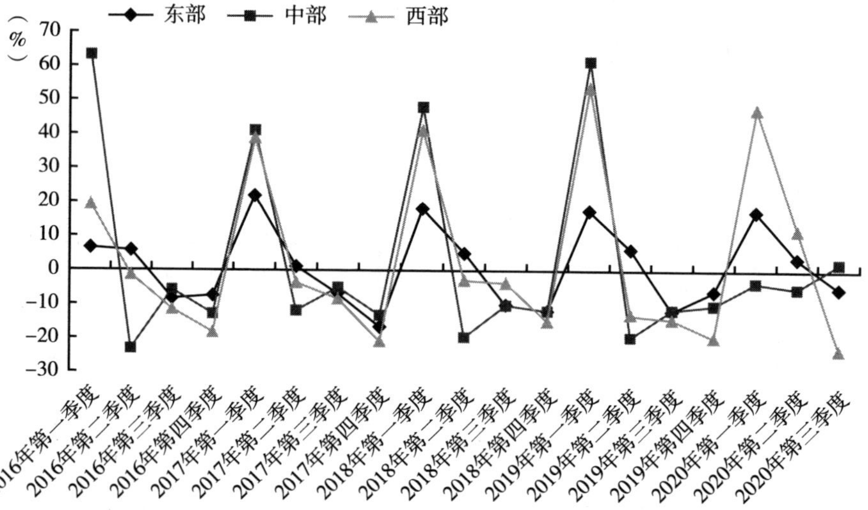

图6　2016～2020 年区域人力资源市场求职人数的当年环比增速变化

下降，同时也呈季节性特点，即每一年的第一季度较低，第四季度较高；五年平均统计数据显示，49.33%的市场求职人员具有一定技术等级或专业技术职称，其中，具有一定技术等级的占31.75%，具有一定专业技术职称的占17.58%；市场求职人员中具有一定技术等级的占比在整体上有所下降，从2016年第一季度的36.50%下降至2020年第三季度的27.20%，具有一定专业技术职称的占比也从2016年第一季度的21%下降至2020年第三季度的15.30%。

同时，2020年受新冠肺炎疫情的影响，求职人员中具有一定技术等级或专业技术职称占比下降，2019年第四季度占比为43.50%，到了2020年第一季度占比仅为34.30%，降幅超过9个百分点，为近五年来最低；2020年第二、三季度随着疫情的好转以及复工复产的有序进行，求职人员中具有一定技术等级或专业技术职称的占比也出现大幅上升，2020年第二季度上升至42.20%，上升幅度将近8个百分点，至第三季度时上升至42.50%，但与前四年相比，占比仍略有下降。总体来看，近年来求职人员中具有一定技术等级或专业技术职称的占比呈下降趋势（见图7和图8）。

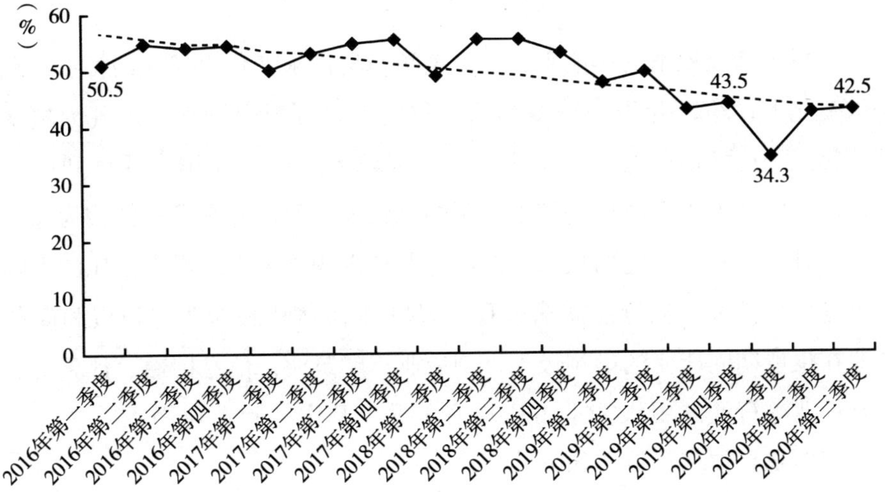

图7　2016～2020年求职人员中具有一定技术等级和专业技术职称的总占比

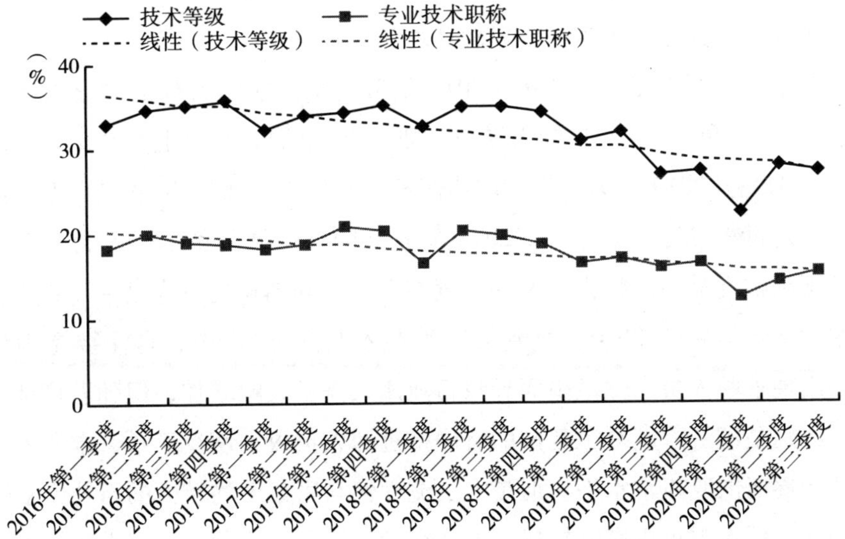

图8　2016～2020年求职人员中具有技术等级或专业技术职称的占比

（二）人力资源市场需求情况

在新冠肺炎疫情的影响下，人力资源市场需求变化出现新的特点。总体需求变化上，2020年第一季度和第二季度人力资源市场需求出现大幅度下降，第三季度才回归至0以上水平。在区域上，2020年第一季度和第二季度东部与中部人力资源市场需求下降幅度较大，而西部需求整体较为稳定且略有上升。对具有一定的技术等级或专业技术职称的人才需求占比的下降幅度也进一步扩大。从行业需求来看，2020年住宿和餐饮业与租赁和商务服务业在疫情期间所受的影响最大，制造业，建筑业，信息传输、计算机服务和软件业等行业的用人需求占比略有上升，其中，制造业用人需求上升较快。近年来具体变化特点如下。

1. 总体来看，受新冠肺炎疫情的影响，与上一年同期相比，2020年人力资源市场总体需求下降幅度进一步扩大；在当年季度的环比增速上，2020年市场总体需求的环比增速与往年一样依然呈季节性变化，即第一季度出现较高的正增长，其他三个季度出现较低增长或负增长

与上一年同期相比，2016～2019年市场总体求职人数的同比增速大致“先负后正再负”，且变化较为平稳，即2016年增速基本上在0以下，2017年第一季度至2019年第一季度增速回升至0以上，2019年第二季度至第四季度增速再次降至0以下。2020年受新冠肺炎疫情的影响，人力资源市场需求下降幅度进一步扩大，第一季度与上一年同期相比下降至-7.30%，第二季度下降至-13.00%，直到第三季度才上升至0.9%，这主要是因疫情原因出现求职人员大幅减少而导致行业用人需求大幅增加，但随着疫情的好转，特别是第三季度复工复产的有序推进和人员流动恢复正常，求职人员数量开始逐渐恢复正常水平，但是人员流动性与密集度均较大的行业恢复速度仍较慢，用人需求也恢复较慢，如住宿和餐饮业，这导致第三季度仅出现小幅度的上升。总体来看，受新冠肺炎疫情影响，2020年人力资源市场需求的下降幅度进一步扩大（见图9）。

在当年的季度环比上，2016～2019年市场需求人数在第一季度有所增

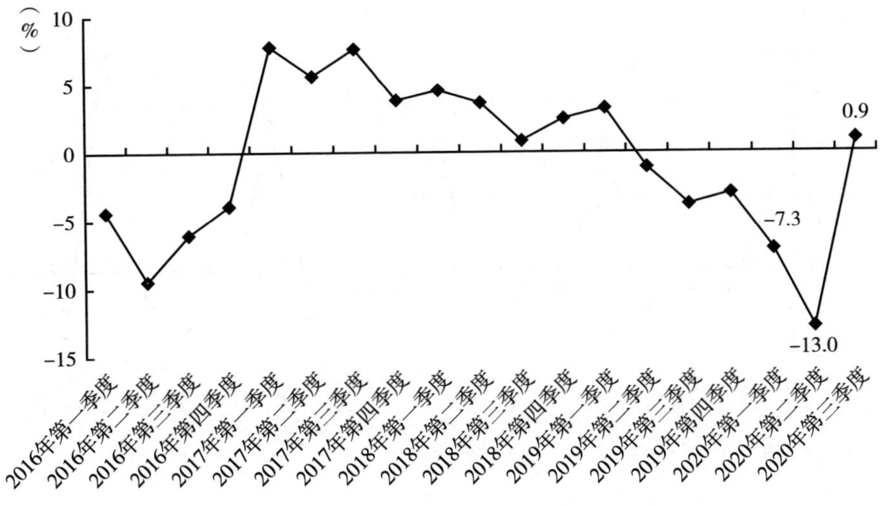

图 9　2016～2020 年人力资源市场总体需求同比增速变化

加，其他三个季度均有所减少，即每一年第一季度的环比增速具有较高的正增长，最高达到 34.10%（2019 年第一季度），最低也有 17.90%（2016 年第一季度），而第二、三、四季度的环比增速呈下降趋势且均为负增长，2019 年第三季度最低低至 -13.10%。而受新冠肺炎疫情的影响，2020 年市场需求变化的季节性特点依然显现，即第一季度出现较高的正增长，其他三个季度均出现较低增长或负增长。2020 年，由于第一季度处于新冠肺炎疫情期间限制了部分人员的流动，部分地区用工出现紧张的局面，从而导致 2020 年第一季度的环比增速远高于其他年份的第一季度。总体来看，近年来人力资源市场需求具有较强的季节性特点（见图 10）。

2. 从区域看，受新冠肺炎疫情的影响，与上一年同期相比，2020年全国各区域人力资源市场需求均较为疲软，特别是在第一季度和第二季度中部和东部同比下降幅度较大；在当年季度的环比上，东部、中部和西部人力资源市场需求的环比增速均呈季节性变化，即第一季度出现较高的正增长，其他三个季度出现较低增长或负增长

与上一年同期相比，2016～2019 年东部、西部人力资源市场需求具有“阶段性”特点，即中部和西部人力资源市场需求均有所上升，东部地区需

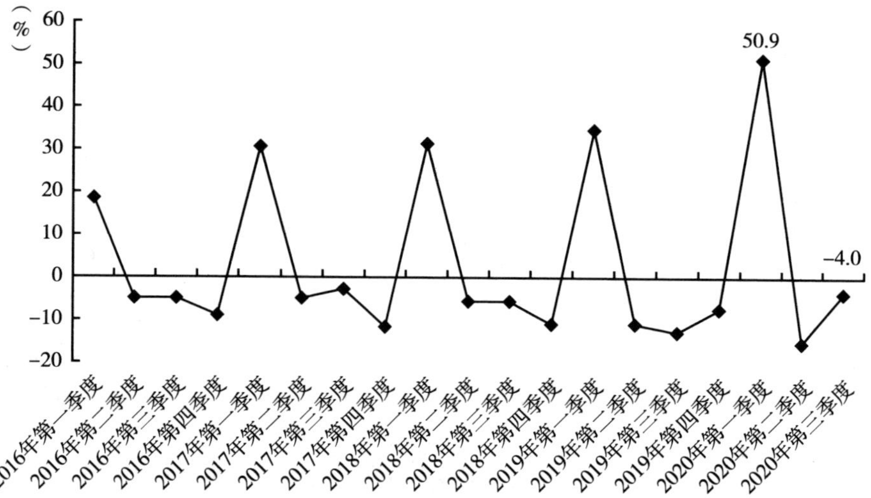

图10　2016～2020年人力资源市场总体需求的当年环比增速变化

求下降，而2020年受新冠肺炎疫情的影响全国人力资源市场需求均有所下降。其中，2016年东部、西部人力资源市场需求同比增速均低于0，中部人力资源市场前三个季度同比增速均低于0，而在第四季度同比增速上升至0以上；2017～2019年中部和西部人力资源市场需求同比增速均呈现正增长趋势，东部地区在2017～2018年呈正增长趋势，2019年不断下降且呈负增长；2020年受新冠肺炎疫情的影响，东部人力资源市场需求第一季度与第二季度均为负增长，至第三季度才出现正增长（4.20%）；中部受疫情影响较为严重，且降幅最大，2020年第一季度为－17.30%，第二季度为－19.80%，第三季度人力资源市场需求仍较为疲软，与上一年同期相比，增速仍处于0以下，为－2.80%；西部地区在2020年各个季节的增速也有所减缓，第一季度人力资源市场需求同比增速为3.40%，与2019年第一季度增速为21.40%相比，降低18个百分点，第二季度有所增长，为5.40%，与2019年第二季度增速12.20%相比，仍处于较低水平，第三季度出现负增长，为－6.60%，出现疲软状态。总体而言，2020年东部、中部和西部人力资源市场需求因新冠肺炎疫情原因均受到不同程度的影响，其中中部地区所受的影响最大（见图11）。

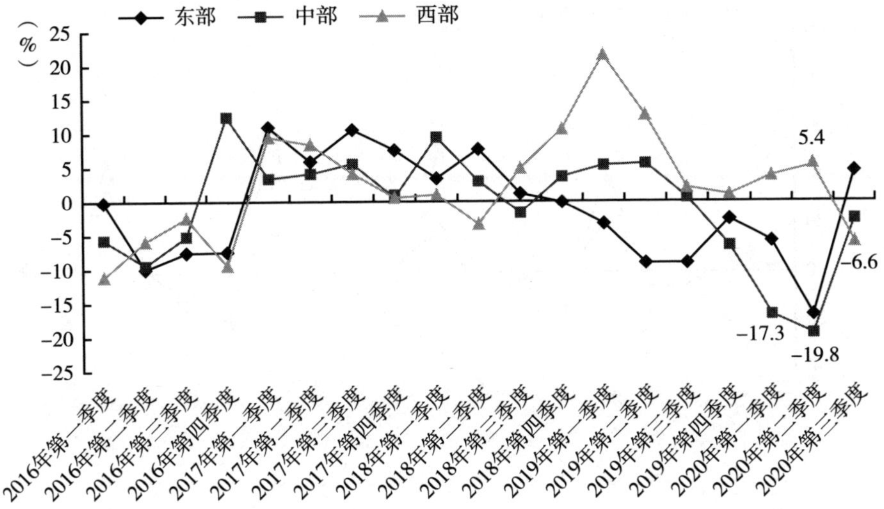

图 11　2016 ~ 2020 年区域人力资源市场需求人数的同比增速变化

在当年季度的环比上，2016 ~ 2020 年东部、中部和西部市场总体需求的当年环比增速整体均呈季节性变化的特点，即第一季度出现较高的正增长，其他三个季度均出现较低增长或负增长。其中，2016 ~ 2019 年中部和西部的每一年第一季度的环比增速变化高于东部地区，这说明中部和西部地区在每个季度对人才需求的变动幅度较高，而东部地区在每个季度对人才需求变动幅度与中部、西部相比较低，说明东部人力资源市场需求比中部、西部稳定，但是 2020 年受新冠肺炎疫情的影响，东部、中部和西部第一季度的环比增速变化幅度均较大，西部地区市场需求的当年环比增速最高，东部次之，中部最小，与往年相比中部地区在 2020 年第一季度市场需求降幅较大，这与疫情震中位于中部地区有关。总体而言，人力资源市场总体需求的当年环比增速整体具有较强的季节性变化（见图 12）。

3. 按技术等级来分，受新冠肺炎疫情的影响，市场对具有一定的技术等级或专业技术职称的人才需求占比进一步下降，但需求仍较大

从需求看，五年平均统计数据显示，对技术等级或专业技术职称有

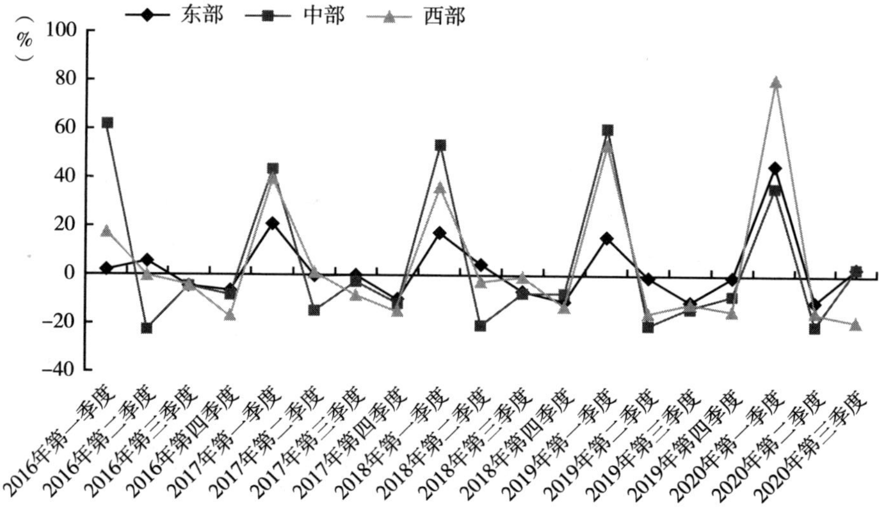

图 12　2016～2020 年区域人力资源市场需求人数的当年环比增速变化

明确要求的占总需求人数的 49.35%，其中对技术等级有要求的平均占 31.19%，对专业技术职称有要求的平均占 18.16%；主要集中在高级技师、高级工程师、技术员和中级技能人员，其所占比重合计近 50%；从对技术等级和专业技术职称需求占比来看，2019 年以来下降至 50% 以下，2019 年第四季度为 44.10%，2020 年受新冠肺炎疫情影响下降幅度有所扩大，2020 年第一季度为 31.90%，与 2019 年第四季度相比下降 12.20 个百分点，随着疫情的好转，至第二季度和第三季度分别上升至 41.40% 和 42%，但与之前年份相比下降幅度仍较大；2019 年之前对技术等级的需求占比稳定在 35% 左右，2019 年第一、二季度后下降至 30% 左右，2019 年第三季度至 2020 年第三季度均低于 30%，同时 2020 年受疫情影响下降幅度更大，2020 年第一季度仅为 20.10%，随着疫情的好转，第二季度与第三季度分别上升至 26.40% 和 25.90%，但与往年相比仍处于较低水平；对专业技术职称有需求的占比 2019 年之前稳定在 20% 左右，2019 年第三季度下降至 15.40%，第四季度上升至 17.50%，2020 年受疫情影响第一季度下降至 11.80%，为历史最低水平，与上一个季度

（2019 年第四季度）相比下降幅度高达 5. 70 个百分点，第二季度与第三季度分别回升至 14. 70% 和 16. 10%；这说明近年来对具有一定的技术等级或专业技术职称的人才需求占总需求的比重有所下降，但总体需求仍较大（见图 13 和图 14）。

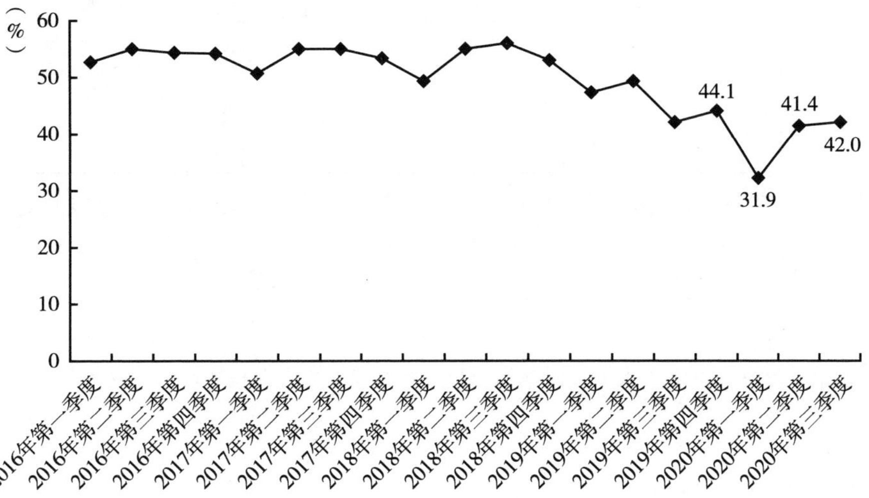

图 13　2016 ~ 2020 年人力资源市场对具有技术等级和专业技术职称的需求总占比

4. 从行业需求来看，五年来八成以上的用人需求都集中在制造业，居民服务和其他服务业，批发和零售业，住宿和餐饮业，租赁和商务服务业，建筑业，信息传输、计算机服务和软件业；其中，受新冠肺炎疫情的影响，2020年租赁和商务服务业、批发和零售业、住宿和餐饮业、居民服务和其他服务业的用人需求占比略有下降，制造业，建筑业，信息传输、计算机服务和软件业的用人需求占比略有上升

2016 ~ 2020 年，82. 04% 的企业用人需求集中在制造业，批发和零售业，住宿和餐饮业，居民服务和其他服务业，租赁和商务服务业，建筑业，信息传输、计算机服务和软件业，以上各行业的用人需求比重分别为 33. 84%、13. 05%、9. 73%、9. 69%、6. 71%、4. 36% 和 4. 66%（见图 15）。

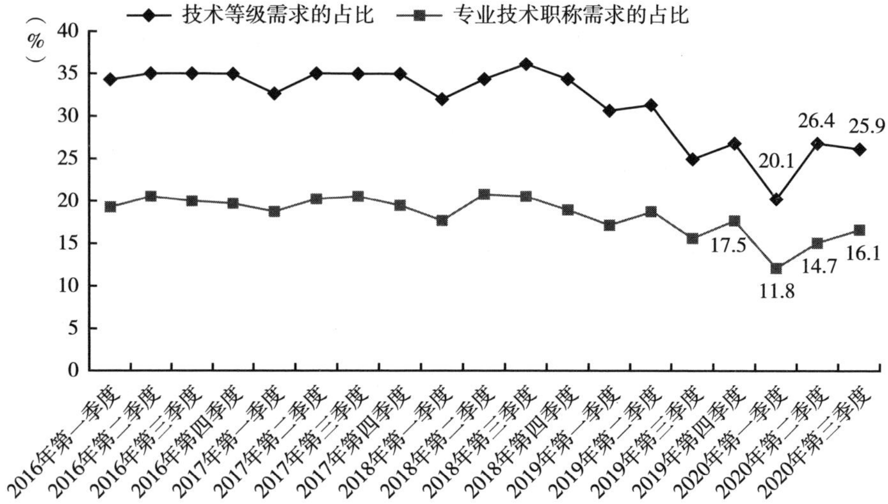

图 14　2016～2020 年人力资源市场对具有技术等级或专业技术职称需求的分别占比

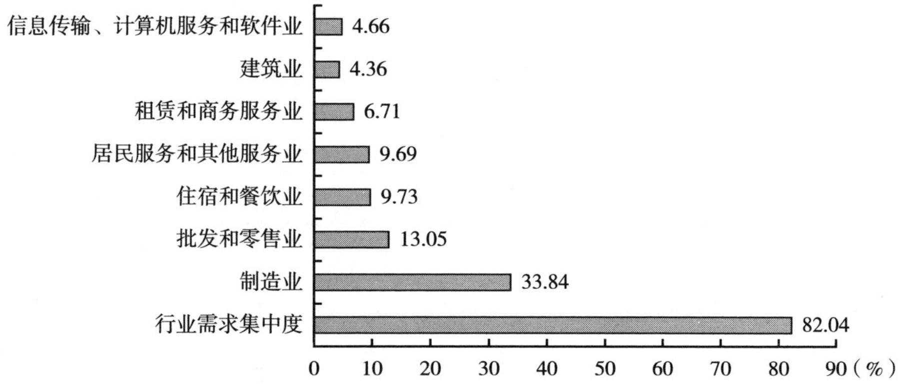

图 15　2016～2020 年各行业用人需求平均占比

注：有效统计数据为 2016 年第一季度至 2020 年第三季度。

2020 年受新冠肺炎疫情的影响，各主要行业用人需求占比均出现不同变化。其中，制造业 2019 年用人需求占比为 30.63%，但 2020 年大幅上升至 37.40%；建筑业用人需求占比也从 2019 年的 4.30% 上升至 2020

年4.90%；信息传输、计算机服务和软件业用人需求占比从2019年的4.50%上升至2020年5.10%。而租赁和商务服务业、批发和零售业、住宿和餐饮业、居民服务和其他服务业的用人需求占比在2020年均略有下降，其中下降幅度最大的是住宿和餐饮业、租赁和商务服务业，与2019年相比下降幅度分别为3.15个百分点和4.25个百分点，批发和零售业、居民服务和其他服务业下降幅度均在1个百分点之内。这说明2020年新冠肺炎疫情对住宿和餐饮业与租赁和商务服务业的影响最大，而制造业因疫情好转以及出口增加的刺激导致对用人的需求大幅增加（见图16和表4）。

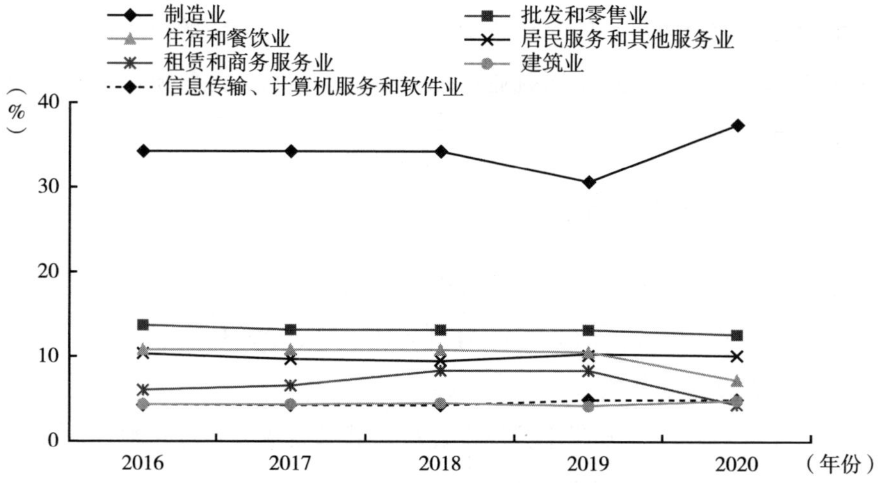

图16　2016～2020年主要行业用人需求占比变化

表4　2016～2020年主要行业用人需求占总需求平均比例变化

单位：%

主要行业	2016年	2017年	2018年	2019年	2020年
制造业	34.10	33.83	34.15	30.63	37.40
批发和零售业	13.68	13.05	12.70	13.20	12.50
住宿和餐饮业	10.60	10.25	10.13	10.05	6.90

续表

主要行业	2016 年	2017 年	2018 年	2019 年	2020 年
居民服务和其他服务业	9.75	9.68	9.23	10.10	9.70
租赁和商务服务业	5.83	6.28	8.33	8.35	4.10
建筑业	4.23	4.23	4.30	4.30	4.90
信息传输、计算机服务和软件业	4.65	4.85	4.33	4.50	5.10

注：2020 年用人需求占比测算的有效统计数据为 2020 年第一季度至第三季度。

三　人力资源市场供求匹配情况

就业是人力资源市场的供需匹配的结果，也是人力资源市场运行状况最为关键指标之一，这里以全国就业数据为基础，分析人力资源市场供给与需求匹配状况。

（一）全国就业总体状况

近几年全国就业总人数基本保持稳定。从年末全国就业人员总量看，由 2016 年的 76245 万人，逐年缓慢下降到 2020 年的 75064 万人。

1. 按城乡分就业状况

分城乡来看，我国城镇建设效果显著，城镇就业人数逐年增加，乡村就业人数逐年递减；自 2014 年开始，城乡就业人数占比出现逆转，城镇就业人数超过了乡村就业人数。2016 年城镇就业人数为 42051 万人，2020 年增加到 46271 万人；2016 年乡村就业人数为 34194 万人，2020 年减少到 28793 万人（见表 4）。

2. 按经济类型分就业状况

从就业类型来看，城镇就业人员中国有单位和集体单位的就业人数在逐渐减少，而股份有限公司、私营企业、个体就业人员逐年增加，外商投资单位就业人员逐渐减少。具体来看，国有单位城镇就业人员从 2016 年的 6170 万人降低到 2019 年的 5473 万人；集体单位城镇就业人员从 2016 年的 453

万人降低到2019年的296万人；有限责任公司城镇就业人员从2016年的6381万人增加到2019年的6608万人；私营企业城镇就业人员从2016年的12083万人增加到2019年的14567万人；港澳台商投资单位城镇就业人员从2016年的1305万人降低到2019年的1157万人；外商投资单位城镇就业人员从2016年的1361万人降低到2019年的1203万人；个体城镇就业人员从2016年的8627万人增加到2019年的11692万人（见表5）。

表4　2016～2020年全国城乡就业人员数量

单位：万人

年份	就业人员	城镇就业人员	乡村就业人员
2016	76245	42051	34194
2017	76058	43208	32850
2018	75782	44292	31490
2019	75447	45249	30198
2020	75064	46271	28793

资料来源：2017～2020年《中国统计年鉴》；人力资源和社会保障部，《2020年度人力资源和社会保障事业发展统计公报》。

表5　2016～2019年主要经济类型的就业人员数量

单位：万人

类型	2016年	2017年	2018年	2019年
城镇就业人员	42051	43208	44292	45249
国有单位城镇就业人员	6170	6064	5740	5473
集体单位城镇就业人员	453	406	347	296
有限责任公司城镇就业人员	6381	6367	6555	6608
股份有限公司城镇就业人员	1824	1846	1875	1879
私营企业城镇就业人员	12083	13327	13952	14567
港澳台商投资单位城镇就业人员	1305	1290	1153	1157
外商投资单位城镇就业人员	1361	1291	1212	1203
个体城镇就业人员	8627	9348	10440	11692

资料来源：2017～2020年《中国统计年鉴》。

3. 按三次产业分就业状况

按三次产业分，第一产业和第二产业就业人员向第三产业转移，服务业保持领先地位。具体来看，第一产业就业人数逐年下降，第一产业就业人数从2016年的20908万人减少到2020年的17715万人；占比从2016年的27.4%下降到2020年的23.6%。第二产业就业人数呈缓慢下降趋势，从2016年的22295万人减少到2020年的21543万人；2016年第二产业就业人数占比为29.2%，2020年下降为28.7%。第三产业就业人数逐年上升，从2016年的33042万人增加到2020年的35806万人；第三产业就业人数占比从2016年的43.3%提高到2020年的47.7%（见表6和表7）。

表6　2016～2020年按三次产业分就业人员人数

单位：万人

年份	就业人员总量	第一产业就业人员	第二产业就业人员	第三产业就业人员
2016	76245	20908	22295	33042
2017	76058	20295	21762	34001
2018	75782	19515	21356	34911
2019	75447	18652	21234	35561
2020	75064	17715	21543	35806

资料来源：2017～2020年《中国统计年鉴》；人力资源和社会保障部，《2020年度人力资源和社会保障事业发展统计公报》。

表7　2016～2020年按三次产业分就业人员所占比例

单位：%

年份	第一产业就业人员	第二产业就业人员	第三产业就业人员
2016	27.4	29.2	43.3
2017	26.7	28.6	44.7
2018	25.8	28.2	46.1
2019	24.7	28.1	47.1
2020	23.6	28.7	47.7

资料来源：2017～2020年《中国统计年鉴》；人力资源和社会保障部，《2020年度人力资源和社会保障事业发展统计公报》。

4. 按国民经济行业分就业状况

从国民经济行业分就业人数看，2016～2019 年，在制造业、建筑业、教育业、公共管理和社会组织中就业的城镇劳动者占比较高；从变化情况来看，有 10 个行业城镇就业人数年平均增长率为正，有 9 个行业城镇就业人数年平均增长率为负。其中，信息传输、计算机服务和软件业，金融业，租赁和商务服务业，房地产业，卫生、社会保障和社会福利业，公共管理和社会组织的就业人数增长较快，就业人数年平均增长率在 4%～9%（见表 8）。

表 8　2016～2019 年分行业城镇就业人数

单位：万人

类型	2016 年	2017 年	2018 年	2019 年
农、林、牧、渔业城镇单位就业人员	263	255	193	134
采矿业城镇单位就业人员	491	455	414	368
制造业城镇单位就业人员	4894	4635	4178	3832
电力、燃气及水的生产和供应业城镇单位就业人员	388	377	369	373
建筑业城镇单位就业人员	2725	2643	2711	2270
交通运输、仓储和邮政业城镇单位就业人员	850	844	819	815
信息传输、计算机服务和软件业城镇单位就业人员	364	395	424	455
批发和零售业城镇单位就业人员	875	843	823	830
住宿和餐饮业城镇单位就业人员	270	266	270	265
金融业城镇单位就业人员	665	689	699	826
房地产业城镇单位就业人员	432	445	466	510
租赁和商务服务业城镇单位就业人员	488	523	530	660
科学研究、技术服务和地质勘查业城镇单位就业人员	420	420	412	434
水利、环境和公共设施管理业城镇单位就业人员	270	268	261	244
居民服务和其他服务业城镇单位就业人员	75	78	77	86
教育业城镇单位就业人员	1729	1730	1736	1909
卫生、社会保障和社会福利业城镇单位就业人员	867	898	912	1006
文化、体育和娱乐业城镇单位就业人员	151	152	147	151
公共管理和社会组织城镇单位就业人员	1673	1726	1817	1990

资料来源：2020 年《中国统计年鉴》。

（二）全国失业状况分析

我们主要以城镇失业人员的登记情况来反映全国总体失业情况。2016～2019年全国城镇登记失业人数先减后增，失业率一直处于低位。2020年末全国城镇调查失业率为5.2%。

从城镇登记失业人数看，2016～2020年，全国城镇登记失业人数处于窄幅区间波动。其中2016年为982万人，2019年进一步降低到945万人。2020年受新冠肺炎疫情的影响，失业人数比上年增加约200万人。

从城镇登记失业率看，失业率较为稳定，2016～2019年全国城镇登记失业率处于下降趋势。城镇登记失业率从2016年的4.02%，下降到2019年的3.62%。2020年受新冠肺炎疫情的影响，失业率比上年提高0.62个百分点（见表9）。

表9　2016～2020年城镇登记失业情况

单位：万人，%

年份	城镇登记失业人数	城镇登记失业率
2016	982	4.02
2017	972	3.90
2018	974	3.80
2019	945	3.62
2020	1160	4.24

资料来源：2017～2020年《中国统计年鉴》；人力资源和社会保障部，《2020年度人力资源和社会保障事业发展统计公报》。

（三）人力资源市场供求匹配情况

根据人力资源和社会保障部对全国100多个城市公共就业服务机构登记招聘和登记求职信息的监测数据，我们对人力资源市场供给与需求匹配进行了分析。2020年受新冠肺炎疫情的影响，人力资源市场供求不匹配情况更加严峻，具体来看，近几年来岗位空缺与求职人数比率均保持平稳上升，而2020

年在新冠肺炎疫情的影响下，岗位空缺与求职人数比率在第一季度出现急剧上升，直至第二、三季度才有所下降，但仍比往年比率高，其中东部、中部与西部均表现出同样的特征，且中部表现得更为突出，即在2020年第一季度岗位空缺与求职人数比率的上升幅度均大于东部和西部。同时，全国人力资源市场对高技术与高技能人才的需求也进一步扩大。具体分析结果如下。

1. 人力资源市场供求总体状况

从市场总体来看，2016～2020年岗位空缺与求职人数比率[①]总体呈上升趋势，且比率都保持在1.05以上，说明人力资源市场需求略大于供给。2016年第一季度为1.07，之后岗位空缺与求职人数比率总体呈快速上升趋势，2017年第四季度首次超过1.2，2019年第四季度已经上升至1.27，而2020年叠加新冠肺炎疫情的影响，第一季度岗位空缺与求职人数比率高达1.62，第二、三季度随着疫情的缓解，岗位空缺与求职人数比率有所下降，但仍高于往年，达到1.32和1.4，这说明近几年来人力资源市场需求与供给的缺口不断扩大，特别是2020年岗位空缺数较大，市场供给乏力（见图17）。

2. 按地区分人力资源供求匹配状况

分区域来看，东部、中部、西部地区岗位空缺与求职人数比率近五年来都大于1，且总体上该比率呈上升趋势，说明市场需求略大于市场供给。同时，随着近五年来经济结构的调整，人力资源市场也发生调整，中部和西部地区用人需求不断扩大，2016～2020年西部地区岗位空缺与求职人数比率总体远高于东部和中部地区，特别是2020年第一季度与东部比率的相差最大，2020年第二、三季度有所减弱。中部地区在2016～2017年总体高于东部地区，2018年略低于东部地区，2019年和2020年又略高于东部地区，这说明中部地区对人才供给匹配情况比西部地区要好，但不及东部地区；东部地区人才供给匹配情况较中部和西部地区都较好，但在2017年第四季度以来岗位空缺与求职人数比率开始略高于中部地区且均超过1.2，2018年第四

① 岗位空缺与求职人数的比率＝需求人数/求职人数，表明市场中每个求职者所对应的岗位空缺数。如0.8表示10个求职者竞争8个岗位。

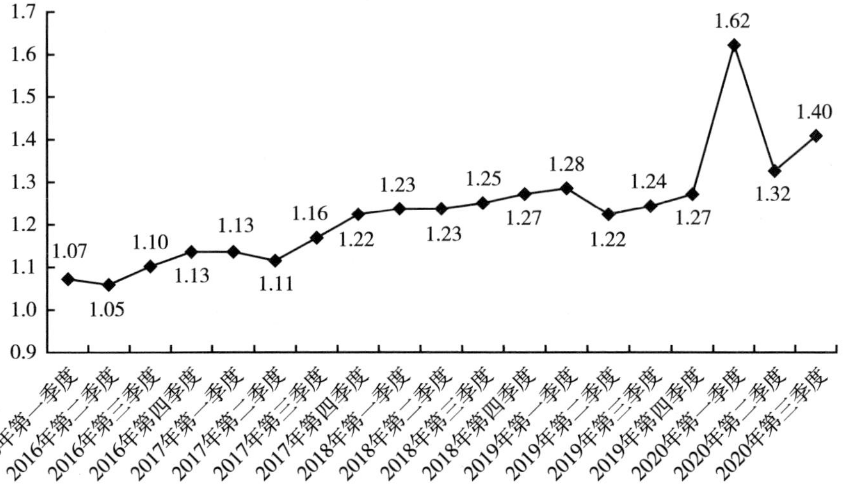

图 17　2016～2020 年岗位空缺与求职人数的比率变化

季度已高达 1.27，2019 年逐渐下降且低于中部地区，2020 年第一季度受疫情影响高达 1.46，2020 年第二、三季度的比率也均超过往年，达到 1.26 和 1.36，总体上东部地区呈上升趋势，这说明东部地区人才供给匹配情况近年来也不容乐观（见图 18 至图 21）。

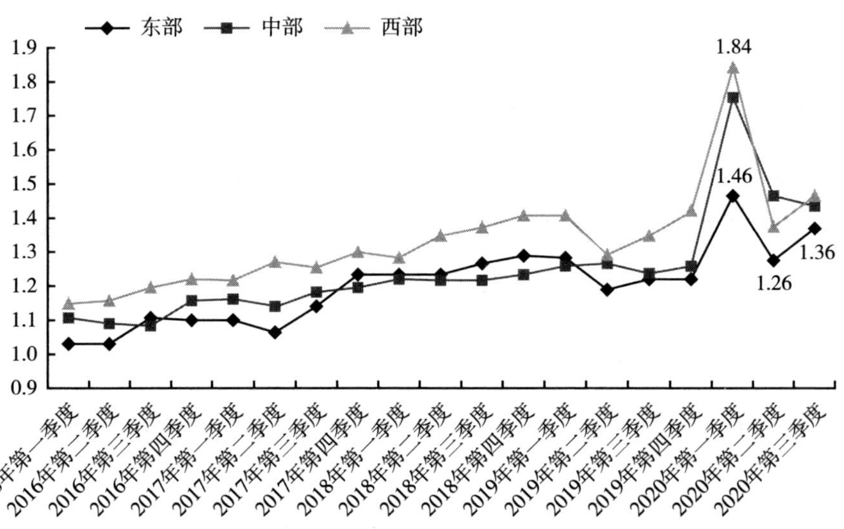

图 18　2016～2020 年东部、中部、西部岗位空缺与求职人数比率

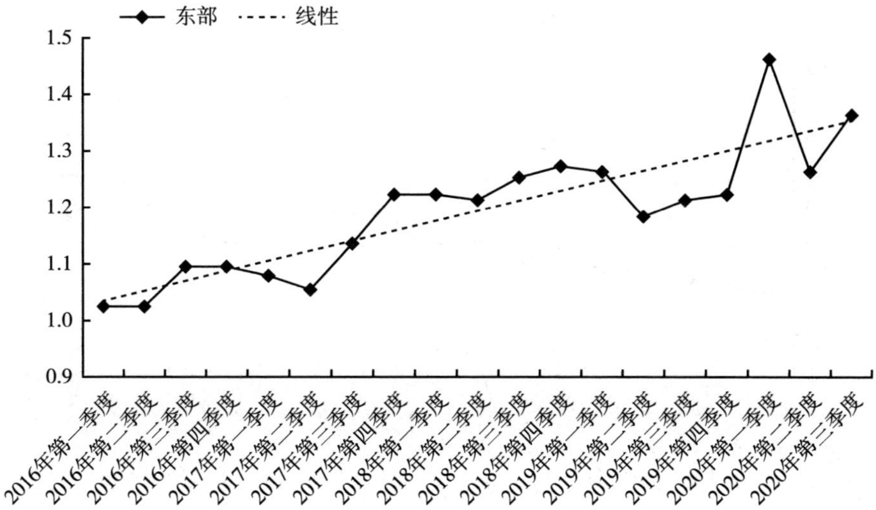

图 19　2016～2020 年东部岗位空缺与求职人数比率

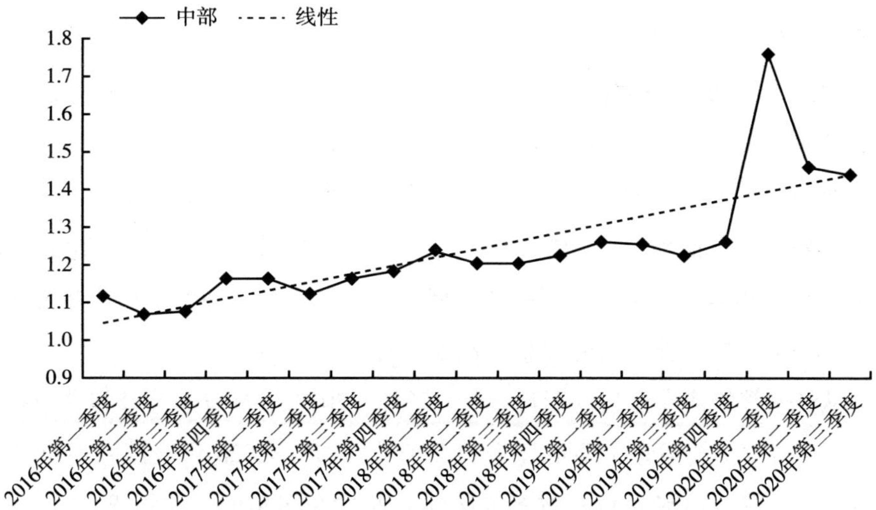

图 20　2016～2020 年中部岗位空缺与求职人数比率

从东部、中部、西部地区人力资源市场变化来看，人力资源市场岗位空缺和求职人数的比率，就近五年平均比率来看，东部地区为 1. 18，中部地区为 1. 23，西部地区为 1. 32，这一方面说明在我国人力资源市场需求大于供给，另一方面从区域差异来看说明在人才供给匹配方面，东部地区情况比

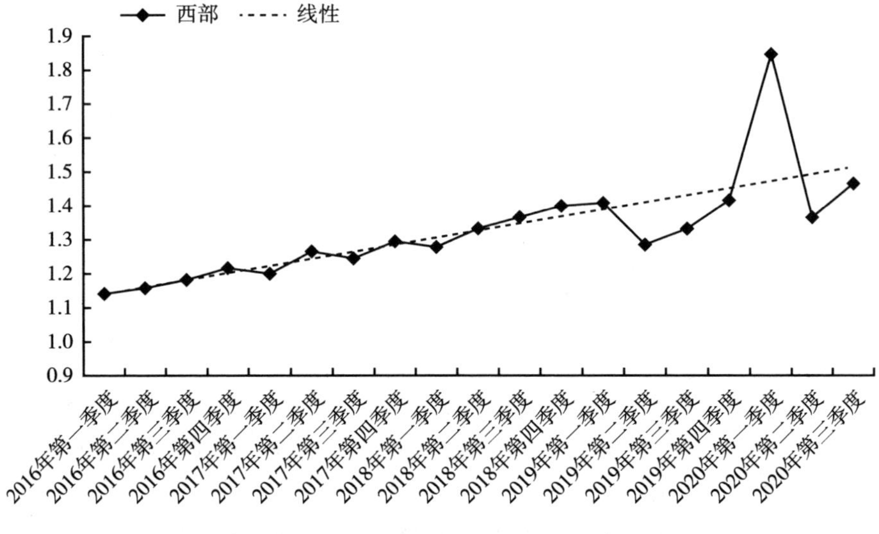

图 21　2016～2020 年西部岗位空缺与求职人数比率

中部、西部地区要好。

2020 年受新冠肺炎疫情影响，东部、中部、西部地区人力资源供求匹配的矛盾更加突出。2020 年第一季度与 2019 年第四季度相比，东部、中部、西部地区人力资源市场岗位空缺与求职人数的比率均有所扩大，但同时也存在差异，东部地区受影响较小，中部和西部受影响均较大，直至 2020 年第二季度和第三季度才有所缓解，但人力资源市场存在的矛盾依然突出。

3. 按技术等级分人力资源供求匹配状况

从技术等级或专业技术职称来看，2016～2017 年各技术等级和专业技术职称的岗位空缺与求职人数的比率均大于 1，2018～2020 年该比率均超过 2，这说明人力资源市场对具有技术等级和专业技术职称的人才需求大于供给，且供求矛盾更加突出。其中，高级技师、高级工程师和高级技能人员的岗位空缺与求职人数的比率较大，五年平均比率分别为 2.14、2.49 和 2.19。

从高级技师、高级工程师和高级技能人员的岗位空缺与求职人数的比率变化来看，2016～2019 年呈现扩大的趋势，2020 年有所缩窄。高级技师、高级工程师和高级技能人员的比率在 2016～2017 年每个季度均达到 1.6 以上，自2018年以来均扩大到2.0以上；2019年第二季度至2020年第一季度高级工程师在各个季度的比率均达到3.0以上，甚至接近4.0；受新冠肺炎疫情的影响，2020年高级技师、高级工程师和高级技能人员的岗位空缺与求职人数的比率均有所降低，但依然均在2.0以上，其中高级工程师的比率在2020年下降幅度较大，2019年第四季度的比率高达3.95，而在2020年第一季度的比率下降至3.23，至第三季度该比率下降至2.35。总体来看，这说明目前我国人力资源市场对具有一定技术等级和专业技术职称的人才需求仍存在较大的缺口，尤其是对高级工程师和高级技能人员的需求不断加强，一定程度上反映了我国劳动力需求结构在不断升级，对高素质高技能人才的需求仍较大（见图22）。

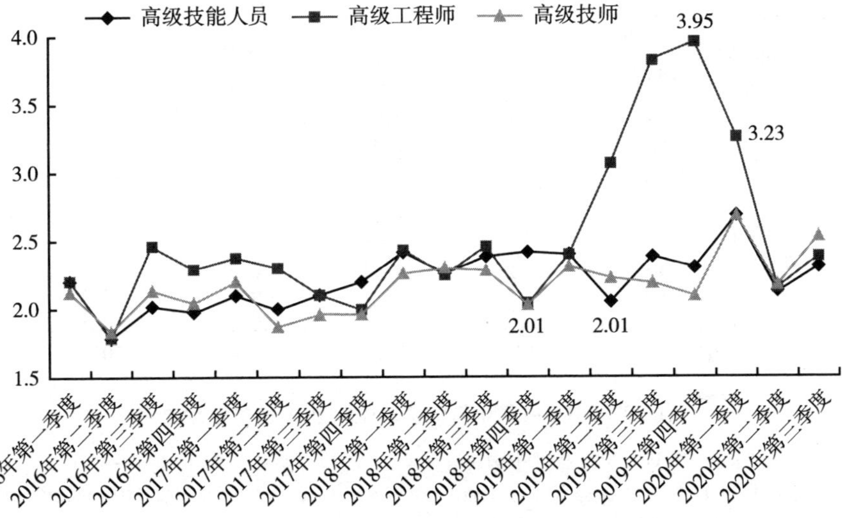

图22　2016～2020年技术等级或专业技术职称的岗位空缺与求职人数的比率

注：高级技能人员该比率数据为2016年第二季度至2020年第三季度。

四　劳动者收入状况

由于工资收入数据的可获得性，我们仅对城镇就业人员年平均工资状况作了分析。具体分析结果如下。

（一）城镇就业人员年平均工资总体状况

总体来看，城镇单位就业人员的年平均工资稳步上升，但工资年增长率先增后减。2016 年城镇单位就业人员年平均工资为 67569 元，工资增长率为 8.9%；2018 年城镇单位就业人员年平均工资增加到 82461 元，工资增长率进一步提高到 11%；2020 年城镇单位就业人员年平均工资为 97379 元，但工资增长率降低到 7.6%。城镇就业人员年平均工资 2020 年比 2016 年约增长了 44.1%，年平均工资增速自 2016 年至 2018 年缓慢提高，2018 年之后工资增速略有下降（见图 23）。

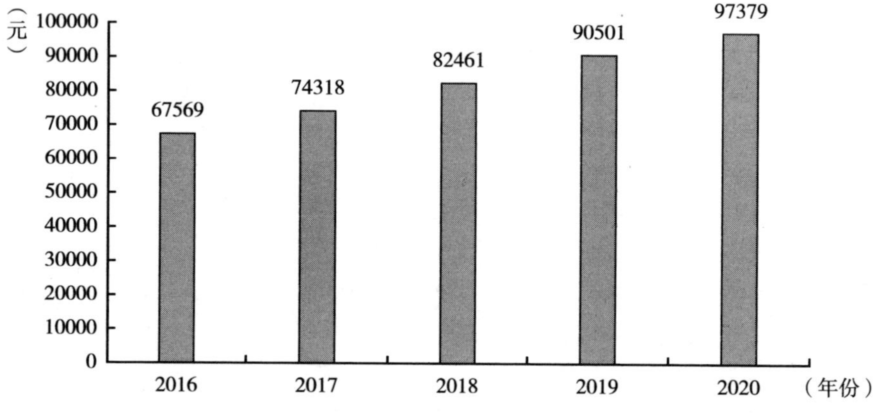

图 23　2016～2020 年城镇单位就业人员年平均工资

资料来源：2017～2020 年《中国统计年鉴》；2020 年数据来源于《2020 年城镇单位就业人员平均工资继续保持增长》，http：//www.stats.gov.cn/tjsj/sjjd/202105/t20210519_1817670.html。

（二）按行业分城镇就业人员年平均工资状况

分行业来看，行业间年平均工资差距较大，高低倍率约为 3.1，不同行业年平均工资增速也存在一定差异。具体来说，年平均工资最高的行业是信息传输、计算机服务和软件业。科学研究、技术服务和地质勘查业从业者的年平均工资，2017 年首次突破 10 万元，2019 年为 133459 元；2019 年信息传输、计算机服务和软件业从业者年平均工资达到161352元，金融业从业者年平均工资达到131405元；农、林、牧、渔业从业者年平均工资最低，2019年为39340元。卫生、社会保障和社会福利业以及文化、体育和娱乐业从业者年平均工资2019年首次突破10万元。

从年平均工资增速看，公共管理和社会组织，教育，卫生、社会保障和社会福利业，文化、体育和娱乐业，科学研究、技术服务和地质勘查业，采矿业，批发和零售业的年平均工资增长速度较快，年平均增长率超过10%（见表10）。

表10　2016～2019年按行业分城镇单位就业人员年平均工资

单位：元

行业	2016年	2017年	2018年	2019年
农、林、牧、渔业	33612	36504	36466	39340
采矿业	60544	69500	81429	91068
制造业	59470	64452	72088	78147
电力、燃气及水的生产和供应业	83863	90348	100162	107733
建筑业	52082	55568	60501	65580
交通运输、仓储和邮政业	73650	80225	88508	97050
信息传输、计算机服务和软件业	122478	133150	147678	161352
批发和零售业	65061	71201	80551	89047
住宿和餐饮业	43382	45751	48260	50346
金融业	117418	122851	129837	131405
房地产业	65497	69277	75281	80157
租赁和商务服务业	76782	81393	85147	88190
科学研究、技术服务和地质勘查业	96638	107815	123343	133459
水利、环境和公共设施管理业	47750	52229	56670	61158
居民服务和其他服务业	47577	50552	55343	60232
教育	74498	83412	92383	97681
卫生、社会保障和社会福利业	80026	89648	98118	108903
文化、体育和娱乐业	79875	87803	98621	107708
公共管理和社会组织	70959	80372	87932	94369

资料来源：2020年《中国统计年鉴》。

（三）按单位性质分城镇就业人员年平均工资状况

分单位性质来看，国有单位、股份有限公司和外商投资单位的就业人员年平均工资相对较高，其中外商投资单位年平均工资最高；而国有单位，股份合作单位，港、澳、台商投资单位，外商投资单位的就业人员年平均工资增长率相对较高。具体来看，2019 年，外商投资单位就业人员年平均工资为 106604 元，股份有限公司就业人员年平均工资为 103087 元，国有单位就业人员年平均工资为 98899 元。从 2016 年至 2019 年的平均工资增长率来看，国有单位，联营单位，港、澳、台商投资单位的年平均工资增长率超过 10%；国有单位就业人员年平均工资增长率最高，约 11%（见表 11）。

表 11　2016～2019 年按登记注册类型分城镇单位就业人员年平均工资

单位：元

类型	2016 年	2017 年	2018 年	2019 年
国有单位	72538	81114	89474	98899
集体单位	50527	55243	60664	62612
股份合作单位	65962	71871	77751	81058
联营单位	53455	61467	72107	75220
有限责任公司	58490	63895	72114	79515
股份有限公司	78285	85028	93316	103087
其他单位	49759	54417	61666	71329
港、澳、台商投资单位	67506	73016	82027	91304
外商投资单位	82902	90064	99367	106604

资料来源：2017～2020 年《中国统计年鉴》。

五　小结

根据对 2016～2020 年我国人力资源市场的统计分析，我们发现，近 5 年我国人力资源市场供需、收入的变化呈现以下趋势。

（一）人力资源市场供需的规模和结构

数据分析显示，2016～2020年，人力资源市场求职人数略有下降，市场需求略有上升，岗位空缺与求职人数比率总体呈上升趋势，具体如下。

1. 市场总体求职规模继续减小

2020年求职人数下降幅度进一步扩大。在区域分布上，西部地区在2019年第一季度和第二季度的求职人数有较高的增长，但是在2016年第一季度至2020年第三季度中的其他季度均是较低增长或是负增长，因此整体来看，西部地区的求职人数略有下降，特别是2020年受新冠肺炎疫情的影响求职人数下降幅度进一步扩大。东部和中部近年来求职人数下降均较为明显，尤其是2020年因新冠肺炎疫情的影响导致求职人数下降更为明显，下降幅度最大的地区是中部地区。同时，受2020年新冠肺炎疫情的影响，具有一定技术等级或专业技术职称的求职人数下降幅度也进一步扩大。

2. 人力资源市场需求略有上升

受新冠肺炎疫情的影响，与上年同期相比，2020年人力资源市场总体需求下降幅度进一步扩大；在当年季度的环比增速上，2020年人力资源市场总体需求的环比增速与往年一样依然呈季节性变化，即第一季度出现较高的正增长，其他三个季度出现较低增长或负增长。

从区域看，受新冠肺炎疫情的影响，与上年同期相比，2020年全国各区域人力资源市场需求均较为疲软，特别是在第一季度和第二季度中部和东部同比下降幅度较大；在当年季度的环比上，东部、中部和西部人力资源市场需求的环比增速均呈季节性变化，即第一季度出现较高的正增长，其他三个季度出现较低增长或负增长。

从行业需求来看，5年来八成以上的用人需求都集中在制造业，居民服务和其他服务业，批发和零售业，住宿和餐饮业，租赁和商务服务业，建筑业，信息传输、计算机服务和软件业，其中，受新冠肺炎疫情的影响，2020年租赁和商务服务业、批发和零售业、住宿和餐饮业、居民服务和其他服务业的用人需求占比略有下降，制造业，建筑业，信息传输、计算机服务和软件业的用人需求占比略有上升。

按技术等级来分，受新冠肺炎疫情的影响，市场对具有一定的技术等级或专业技术职称的人才需求占比进一步下降，但需求仍较大。

（二）人力资源市场供需匹配结果

1. 供求关系相对稳定，但供需缺口继续扩大

总体来看，近5年岗位空缺与求职人数比率总体呈上升趋势，且比率都保持在1.05以上，说明人力资源市场需求略大于供给。2016年第一季度为1.07，之后岗位空缺与求职人数比率总体呈快速上升趋势，2017年第四季度首次超过1.2，2019年第四季度已经上升至1.27，而2020年叠加新冠肺炎疫情的影响，第一季度岗位空缺与求职人数比率高达1.62，第二、三季度随着疫情的缓解，岗位空缺与求职人数比率有所下降，但仍高于往年，达到1.32和1.4，这说明近几年来人力资源市场需求与供给的缺口不断扩大，特别是2020年岗位空缺数较大，市场供给乏力。

2. 就业的结构进一步优化

分城乡来看，我国城镇建设效果显著，城镇就业人数逐年增加，乡村就业人数逐年递减；自2014年开始，城乡就业人数占比出现逆转，城镇就业人数超过了乡村就业人数。2016年城镇就业人数为42051万人，2020年增加到46271万人；2016年乡村就业人数为34194万人，2020年减少到28793万人。

从国民经济行业分就业人数看，2016～2019年，在制造业、建筑业、教育业、公共管理和社会组织中就业的城镇劳动者占比较高；从变化情况来看，有10个行业城镇就业人数年平均增长率为正，有9个行业城镇就业人数年平均增长率为负。其中，信息传输、计算机服务和软件业，金融业，租赁和商务服务业，房地产业，卫生、社会保障和社会福利业，公共管理和社会组织的就业人数增长较快，就业人数年平均增长率在4%～9%。从就业类型来看，城镇就业中国有单位和集体单位的就业人数在逐渐减少，而股份有限公司、私营企业、个体就业人员逐年增加，外商投资单位就业人员逐渐减少。

（三）劳动者收入

总体来看，城镇单位就业人员的年平均工资稳步上升，但工资年增长率先增后减。年平均工资增速自2016年至2018年缓慢提高，2018年之后工资增速略有下降。

分行业来看，行业间年平均工资差距较大，高低倍率约为3.1，不同行业年平均工资增速也存在一定差异。具体来说，年平均工资最高的行业是信息传输、计算机服务和软件业。科学研究、技术服务和地质勘查业从业者的年平均工资，2017年首次突破10万元，2019年为133459元；2019年信息传输、计算机服务和软件业从业者年平均工资达到161352元，金融业从业者年平均工资达到131405元；农、林、牧、渔业从业者年平均工资最低，2019年为39340元。卫生、社会保障和社会福利业以及文化、体育和娱乐业从业者年平均工资2019年首次突破10万元。

人力资源的基本状况

Basic Situation of Human Resources

B.2 新发展阶段劳动力市场主要发展趋势分析

赖德胜　石丹淅*

摘　要：　基于相关理论和实践发展研判，新发展阶段劳动力市场主要呈现劳动年龄人口规模持续下降、就业质量呈现分化性整体提升、新就业形态将成为常态、绿色就业将快速发展、劳动力市场空间格局将重塑、就业优先政策体系将全面强化等主要发展趋势。坚持经济发展就业导向，强化就业优先战略，重视劳动者人力资本投资与职业技能培训，强化对重点群体的就业帮扶，稳步扩大创业规模与创业质量等，有助于推动实现更加充分更高质量就业，助推全体人民共同富裕。

关键词：　新发展阶段　劳动力市场　就业优先政策体系　共同富裕

---

* 赖德胜，博士，教育部长江学者特聘教授，中共中央党校（国家行政学院）教授，主要研究方向为教育经济学、劳动经济学；石丹淅，博士，三峡大学法学与公共管理学院副教授，主要研究方向为教育经济学。

一　引言

“十四五”时期我国将进入新发展阶段。[①] 新发展阶段是经济社会高质量发展的新阶段，是全面建设社会主义现代化国家的新阶段，是全面深化改革开放的新阶段，是以人民福祉为中心发展的新阶段，是由全面小康向美好社会转换的新阶段。[②] 总的来看，新发展阶段是要稳步实现一系列奋斗目标集合的新阶段，与以往的发展阶段相比，新发展阶段具有许多新的特征，应该深刻把握新发展阶段的新特征新要求。一方面，我国经济体量大、韧性好、潜力足、回旋空间大，这使劳动力市场仍处于重要战略机遇期；另一方面，劳动力市场将面临就业总量压力持续存在、结构性矛盾更加突出、重点群体就业任务艰巨、规模性失业风险不容忽视、灵活就业人员和新就业形态劳动者权益保障亟待加强、人工智能等诱发就业替代效应持续显现等严峻挑战。为抓住机遇、应对挑战，推动就业事业高质量发展，人力资源和社会保障部2021年6月29日印发的《人力资源和社会保障事业发展“十四五”规划》明确提出了“十四五”时期就业目标，即“实现更加充分更高质量就业。就业容量不断扩大，就业质量不断提高，就业创业环境不断优化，劳动者技能素质不断提升，重点群体就业基本稳定”，以及2035年远景就业目标，即“就业质量显著提升，保持较低的失业水平，劳动关系更加和谐稳定，满足劳动者对美好生活的向往……工资收入分配更加公平合理，中等收入群体显著扩大，促进全体人民共同富裕取得更为明显的实质性进展”。基于劳动力市场新形势新任务新挑战新使命，结合相关研究和数据，本文对新发展阶段劳动力市场主要发展趋势进行了专门探讨，以期为就业优先政策调适和相关宏观决策制定提供参考。

① 习近平：《在经济社会领域专家座谈会上的讲话》，《人民日报》2020年8月25日。

② 虞崇胜：《深刻认识新发展阶段的重大意义》，《国家治理》2020年第33期。

二　新发展阶段劳动力市场主要发展趋势

众多理论和实践表明，劳动力市场发展深受供需、科技、政策等关键因素影响，结合“十四五”经济社会发展趋势研判，劳动力市场至少表现出以下六个主要特征。

（一）劳动年龄人口规模持续下降

人口问题是一个国家的全局性、长期性、战略性问题。一个国家或地区的人口结构问题会显著影响该国家或地区的劳动力市场或就业市场结构变化，继而会影响人口政策和劳动力市场政策调适。数据显示，“十三五”时期，我国15～59岁劳动年龄人口规模平缓下降，平均每年减少280万人，从“十四五”起降幅则进一步提速，劳动年龄人口规模从2020年的9.11亿人降至2035年的7.94亿人、2050年的6.44亿人，“十四五”时期年均将减少697万人，“十五五”时期年均减少860万人，2031～2040年年均减少约720万人，2041～2050年年均减少约1170万人。15～59岁人口占总人口的比重，从2020年的65%降至2035年的57%、2050年的49%。①

与此同时，从“十四五”开始，我国60岁及以上人口将明显快速增长。有预测显示②，“十四五”时期，60岁及以上人口和65岁及以上人口年均将分别增加1150万和630万左右。60岁及以上人口2025年达到3.16亿，2032年突破4亿，2048年突破5亿。占总人口比重由2020年的18.4%，增加到2025年的22%、2035年的31%，2050年将达到近40%。65岁及以上人口2025年达到2.17亿左右，2030年达到2.67亿，2033年突破3亿，2050年突破4亿。2025年、2035年、2050年65岁及以上老年人

① 李月、张许颖：《我国“十四五”时期及中长期人口发展态势分析》，《人口与健康》2020年第8期。

② 李月、张许颖：《我国“十四五”时期及中长期人口发展态势分析》，《人口与健康》2020年第8期。

口占比分别为15%、23%、30%。此外，“十四五”时期，新增劳动力、经济活动人口以及农民工规模也都将延续下降态势。① 新增劳动力规模将降至1400万左右，其中，城镇新增劳动力规模为700万~820万人，农村新增劳动力规模约为650万人；外出农民工规模保持在1.7亿人左右，本地农民工将维持在1亿人左右。

尽管劳动年龄人口数量持续减少在总量上缓解了就业压力，但就业总量矛盾和结构性矛盾将依然持续并存，且就业结构性矛盾成为主要矛盾。就业领域结构性调整将加速。与此同时，劳动年龄人口数量持续减少还给养老金支付带来巨大的压力，衍生出对实施渐进式延迟法定退休年龄和健全多层次社会保障体系的新思考。此外，提升劳动生产率的需要，也比历史上任何一个时期都更加迫切。

（二）就业质量呈现分化性整体提升

加快形成以国内大循环为主体、国内国际双循环相互促进的新发展格局，是根据我国发展阶段、环境、条件变化作出的战略决策，是事关全局的系统性深层次变革。构建新发展格局，将更加重视改善人民生活品质，扎实推动共同富裕，不断增强人民群众获得感、幸福感、安全感，促进人的全面发展和社会全面进步。在这一过程中，就业质量将会进一步提升。然而，就业质量的提升很难同步，不同人群的就业质量有可能进一步分化。②

首先是正规就业与非正规就业的质量分化。非正规就业者与雇主没有签订劳动合同，甚至没有雇主，也很少参加工会组织。相对来说，正规就业比较稳定，质量也比较高，而非正规就业稳定性差，抵御外部冲击的能力差。这两种就业的质量差异在新冠肺炎疫情期间表现得相当明显。“十四五”时期，随着数字经济的发展和平台经济的进一步壮大，基于数字经济和平台经济的新就业形态将会有更大的发展，非正规就业占比可能还会提高。从目前

① 张车伟：《“十四五”中国就业新变化和新机遇》，《新经济导刊》2020年第3期。

② 赖德胜：《构建新发展格局更好地促进就业》，《中国人口科学》2021年第1期。

看，新就业形态大多属于灵活就业和非正规就业。如果相应的制度安排不能及时建立，非正规就业的质量将难以得到及时提高。

其次是不同区域的就业质量分化。在构建新发展格局进程中，劳动力市场的空间格局将被重塑。① 有的区域科技和体制机制创新能力更强，将会聚集更多的产业和资源，经济增长强劲，在中国高质量发展中走在前列，就业质量有更大的提升空间。有的区域则由于种种原因，经济增长和产业转型比较慢，就业岗位创造力比较弱，高质量就业岗位少。

最后是高人力资本者与低人力资本者的就业质量分化。就业质量不仅取决于需求方，还取决于供给方，其中劳动者的素质是重要决定因素，“十四五”期间，由于科技进步和产业升级，就业岗位的创造将越来越倾向于技能偏好型。这对高人力资本者是利好，对低人力资本者则是冲击。例如，农民工人力资本存量相对较低，在以国际大循环为主转向以国内大循环为主的过程中，适合农民工的就业岗位会经历破坏和创造的过程，这种新旧岗位的转换对农民工就业质量的提升有利也有弊，究竟是利大还是弊大，需要进行深入研究。

（三）新就业形态将成为常态

稳就业和保就业是“六稳”“六保”之首。以互联网经济为代表的新业态在当前和今后稳就业和保就业中继续发挥重要作用，更是推动了社会化用工朝多样化和多渠道方向发展。尤其是在新冠肺炎疫情防控中，新就业形态对稳就业、保民生的作用进一步凸显，不仅保障了人们日常生活和工作，而且创造了大量灵活就业岗位，缓解了部分困难群体的就业压力，帮助大量低收入家庭稳住了生计，成为稳就业的“蓄水池”、保民生的“稳定器”。习近平总书记提出，要推动形成以国内大循环为主体、国内国际双循环相互促进的新发展格局，这为经济企稳和就业回升指明了方向。在此背景下，围绕

① 赖德胜等：《2020 中国劳动力市场发展报告——构建新发展格局背景下的劳动力市场空间演变》，北京师范大学出版社，2020。

移动互联网、共享经济、直播电商等新兴业态涌现大量新型就业形式，使数以亿计的人找到工作并获得收入，为稳就业、保就业和高质量发展做出了贡献。比如，网约车、外卖、直播带货等新兴业态催生了网约车司机、网约配送员、互联网营销师等大量新就业形态，并使灵活就业和零工经济日益走红。新兴业态的就业门槛低、吸纳能力强劲，在撮合途径、组织方式和工作形式等方面灵活高效，使家庭主妇、贫困户、退役军人、大学毕业生、残障人士等都可以找到理想的工作岗位。

“十四五”时期，科技创新将出现多点突破、交叉汇聚的特征，而技术应用最明显地表现为新一代信息技术和人工智能技术的广泛应用，5G 技术有可能成为第四次工业革命的标志性事件。① 这将进一步催生新就业形态，使其成为未来就业的主导趋势。来自国家信息中心分享经济研究中心发布的《中国共享经济发展报告（2020）》表明，共享经济平台员工达 623 万人，共享经济参与者人数约 8 亿人，其中提供服务者人数达 7800 万人。中国人民大学国家发展与战略研究院发表的《灵工时代：抖音平台促进就业研究报告》则进一步显示，2019 年 8 月至 2020 年 8 月抖音带动的直接和间接就业机会 3617 万个，为互联网营销师、个人创作者和中小企业提供了大量就业岗位。数以千万计的人通过短视频和直播平台从事在线教育、在线医疗、在线演艺等新就业形态，既可以足不出户就轻松获得收入，又能够力所能及地发挥自己的专业特长。而《中国数字化之路报告》更是进一步预测，“十四五”时期我国数字经济年均增速将保持在 15% 左右，到 2025 年，数字经济规模有望突破 80 万亿元，到 2030 年，我国数字经济体量将有望突破百万亿元。预计到 2025 年，数字经济将带动全国就业人数 3.79 亿人。

（四）绿色就业将快速发展

习近平总书记在 2020 年 9 月 22 日第七十五届联合国大会一般性辩论上

① 陈长缨：《“十四五”时期新一轮科技工业革命变化趋势、影响和应对》，《经济研究参考》2019 年第 23 期。

的讲话中鲜明提出，“中国将提高国家自主贡献力度，采取更加有力的政策和措施，二氧化碳排放力争于2030年前达到峰值，努力争取2060年前实现碳中和”。在2021年4月30日中共中央政治局第二十九次集体学习时，习近平总书记再次指出，实现碳达峰、碳中和是我国向世界作出的庄严承诺，也是一场广泛而深刻的经济社会变革，绝不是轻轻松松就能实现的。各级党委和政府要拿出抓铁有痕、踏石留印的劲头，明确时间表、路线图、施工图，推动经济社会发展建立在资源高效利用和绿色低碳发展的基础之上。“十四五”时期，我国生态文明建设进入以降碳为重点战略方向、推动减污降碳协同增效、促进经济社会发展全面绿色转型、实现生态环境质量改善由量变到质变的关键时期，全社会的生产方式、生活方式都会产生重要变化。

在碳达峰、碳中和语境下，产业结构调整有新的内涵。首先是必须追求产业结构的低碳化。以往基于化石燃料的高碳产业结构应按照碳排放水平进行重新调整，对于高碳排放的电力、钢铁、水泥、化工等行业，在原来上大压小和淘汰落后产能的基础上，必须开展低碳化改造，对于工业、交通、建筑和电力等基础行业，要推进存量投资低碳化，加大产业结构调整力度，逐步淘汰高耗能高排放高污染企业。① 其次是需要培育新兴产业。技术革新具有偶然性和不确定性，但清洁化和低碳化的趋势在今后相当长时期内不会发生改变。新兴产业先天具有低碳化的优势，尤其是新兴服务业。这将意味着中国将继续实施最严格的生态环境保护制度，倒逼有关地方和企业加快推动能源清洁、低碳、安全高效利用，减少碳排放，走绿色发展之路。这会催生绿色产业快速兴起，带来绿色就业，是扩大就业的重要途径。但这一转型过程对于那些热衷上马传统高耗能、高排放项目的地方政府和习惯粗放经营、高排放经营的企业，可能并不会一帆风顺。这意味着，这些地方和企业的就业转型将会经历一个比较痛苦的过程。

（五）劳动力市场空间格局将重塑

受“双循环”战略布局影响，劳动力市场将呈现明显区域、时空、地

---

① 张志强等：《碳达峰、碳中和的经济学解读》，《经济日报》2021年6月22日。

域和空间上的变化。比如，在区域方面，我国区域之间劳动力市场的稳定型就业、灵活型就业与高技能型就业都出现了一定的极化趋势，主要体现在东部地区和东北地区之间的两极分化，而中部地区和西部地区的极化趋势相对较弱；东部地区内部的高技能型就业和灵活型就业规模都明显增长。在时空方面，劳动力市场“时”“空”边界不断变革。就业形态的空间变革主要体现在工作空间和工作模式两个层面。表现为：线下到线上的变化，传统的工作平台、工作空间萎缩，线上经济活动越来越多；工作弹性增强，一人一岗到多人一岗或一人多岗的变化趋势十分明显，弹性岗位模式与互联网平台结合，共同打造了各种灵活就业模式，工作更加多样化。就业形态时间转变主要表现为，工作年限延长和工时缩短并存。

在地域方面，我国劳动力市场地域空间逐渐重构。在未来城市发展中，都市区外围城市、都市区核心城市、区域性中心城市的效能将进一步释放，劳动力市场地域空间复杂性将会更加明显。长三角、珠三角、京津冀、成渝、长江中游五大城市群成为主要人才流入地。后疫情时代，世界级产业链集群建设、国家城市群现代化产业体系形成、世界级多中心网络型区域协调发展均会影响劳动力市场地域空间的重构。此外，城乡劳动力市场融合度也将逐渐上升。城乡劳动力市场融合发展至少体现在三个方面，即人口在城乡之间自由流动加快、返乡入乡人数日益增多以及农民工就地就近就业比例逐渐提高。在空间方面，劳动力市场国际空间不断拓展。我国劳动力参与国际经济合作的主要特征表现在三个方面：劳动力参与国际经济合作的对外输出规模持续扩大；雇用海外当地人员数量和比例都在不断增加；中高端劳务合作是我国参与国际经济合作的重要发展趋势。在华外资企业雇用我国劳动力的主要特点包括两个方面：外商投资企业和港澳台商投资企业吸纳的我国劳动力呈现平稳增长态势；当前制造业仍然是吸引外商直接投资的主要行业，制造业就业人员占比更大。①

① 赖德胜等：《2020 中国劳动力市场发展报告——构建新发展格局背景下的劳动力市场空间演变》，北京师范大学出版社，2020。

（六）就业优先政策体系将全面强化

党的十八大报告首次明确提出实施就业优先战略和更加积极的就业政策，推动实现更高质量的就业。2019 年政府工作报告首次将就业优先政策置于宏观政策层面，旨在强化各方面重视就业、支持就业的导向。2021 年 3 月公开发布的《中华人民共和国国民经济和社会发展第十四个五年规划和 2035 年远景目标纲要》再次指出要“实施就业优先战略”，并再次强调要“强化就业优先政策”。新发展阶段继续把就业摆在经济社会发展和宏观政策优先位置，把稳定和扩大就业作为宏观调控的优先目标和经济运行合理区间的下限，深入实施就业优先战略，继续强化就业优先政策，是习近平总书记关于就业重要论述的最新发展，是习近平新时代中国特色社会主义思想在就业领域的生动体现，具有很强的战略性、政治性和针对性。

当前就业优先政策存在政策安排与就业总目标不协调、“城乡群体区域分割”制约政策整体效能释放、金融政策凸显总量和结构矛盾、现有政策滞后于就业灵活趋势、失业保险政策运用依然不充分等较为突出问题。① 结合劳动力市场新形势新特点，未来我国就业优先政策将会面临全面强化。因此，亟待深入研究强化就业优先政策体系，这在推动就业优先政策体系完善、增强宏观政策作用，以及协调就业优先政策同其他宏观政策之间的关系等方面，具有十分重要的政策价值和现实意义。同时，需要以系统论和信息论的思想作为指导，通过整体性分析和综合评价，对就业优先政策体系进行优化和完善。

三　积极适应劳动力市场发展趋势的建议

（一）发展是解决就业问题的关键

发展是解决一切问题的基础和关键，就业问题同样需要在发展中解决。

---

① 杨宜勇等：《“十四五”时期强化就业优先政策体系研究》，《宏观经济管理》2021 年第 2 期。

因此，要坚持经济发展就业导向，将更加充分更高质量就业作为经济社会发展的优先目标，将稳定和扩大就业作为宏观调控的下限，健全财政、货币、就业等政策协同和传导落实机制，强化就业影响评估，实现经济增长与就业扩大良性互动。要立足新发展阶段，贯彻新发展理念，构建新发展格局，不断提高经济发展拉动就业、提高就业质量的能力。“十四五”时期，我国经济发展仍将保持在中高速增长的合理区间，这为实现更加充分更高质量就业创造了条件，也增强了做好就业工作的信心。推动创新驱动发展战略，重视科技进步在拉动经济发展的同时创造更多新就业岗位的作用。在构建新发展格局进程中，注重调动国内国际积极因素，畅通经济循环各渠道，消除不利于就业扩大和就业质量提高的各种因素，防止出现“无就业增长”的情况。市场主体是就业的载体，必须以稳市场主体为核心，搞活搞好市场主体，夯实扩大就业、提高就业质量的基础。将减税降费政策长期化、规范化，根据实际情况调整社会保障费率，充分发挥失业保险在稳就业方面的功效，使减轻企业负担的各项政策落到实处。①

（二）全面强化就业优先战略

实施就业优先战略是实现“两个一百年”奋斗目标的支撑和途径。② 首先，要重视强化就业岗位创造政策，这离不开进一步对创新、创业活动的支持。2018 年 9 月国务院印发了《关于推动创新创业高质量发展打造“双创”升级版的意见》（国发〔2018〕32 号），要求从促进创新创业环境升级、动力升级、支撑条件升级、服务升级等层次全方位多层次立体化打造“双创”升级版，值得充分肯定和全力落实。此外要积极推进产业、区域发展与就业协同，建立一批国家级充分就业社区；支持吸纳就业能力强的服务业、中小微企业和劳动密集型企业发展，稳定拓展社区服务岗位。其次，要重视强化就业岗位维持政策，尤其是要稳住上亿市场主体，特别是中小微企业，这需

① 李长安：《“十四五”时期如何实现更加充分更高质量就业》，《光明日报》2021 年 5 月 11 日。

② 赖德胜、石丹淅：《扎实推动共同富裕》，《中国高校社会科学》2021 年第 2 期。

要稳步打出系列政策组合拳，助企纾困，放水养鱼，增强劳动力市场整体的韧性和灵活稳定性。[①] 最后，要重视强化就业岗位匹配政策。具体而言，要健全覆盖城乡的公共就业服务体系，完善城乡基层服务平台功能，开展公共就业服务人员队伍培训，加强覆盖全国的智慧就业服务信息网络建设，提升公共就业服务标准化、智慧化、专业化水平。要新建一批国家级专业性、行业性、区域性人力资源市场，充分发挥专业行业优势和区域性人力资源市场集聚发展和辐射带动作用。实施西部和东北地区人力资源市场建设援助计划，推动西部和东北地区人力资源市场建设。要积极开展联合招聘服务、重点行业企业就业服务、重点群体就业服务、促进灵活就业服务、就业创业指导服务、优质培训服务、劳务协作服务、就业扶贫服务、供求信息监测服务、人力资源服务产业园区促就业综合服务。

（三）更加重视劳动者人力资本投资与职业技能培训

要高度重视中低收入群体人力资本投资。教育、培训、迁移、健康等都是人力资本投资的主要形式。人力资本投资具有显著的生产效应（Production Effect）和配置效应（Allocation Effect），进而帮助人们更好地劳动、就业与生活。一方面，可通过在校教育、职业技能培训、公共卫生与健康投资等，提升中低收入群体的可持续生计的能力和主动谋求发展的能力，帮助其在城乡劳动力市场中更好地就业创业，从而降低他们个人和家庭的脆弱性；另一方面，通过各级各类人力资本投资，还可以塑造和提升中低收入群体识别机会、利用机会、开发机会的能力，从而帮助他们获得更多劳动报酬或其他形式的配置收益。为此，要加大新发展格局下的大中小学校职业教育、劳动教育、专业教育与创新创业教育的协同性变革，增强劳动力的就业力和可雇佣性。要积极强化职业技能培训，健全终身职业技能培训制度，持续大规模开展职业技能培训。深入实施职业技能提升行动和重点群体、重点行业领域专项培训计划，形成人力资本提升和产业转型升级良性循环。大力

① 赖德胜：《作为宏观政策的就业优先政策》，《光明日报》2019 年 4 月 9 日。

开展先进制造业产业工人技能培训，全面推行企业新型学徒制培训。大力开展新职业培训特别是数字经济领域人才培养。探索引入现代化手段和方式开展数字技能类职业培训。依托企业开展岗位技能提升培训。组织培训机构依据国家职业标准，采取多种形式开展培训。支持开展订单、定岗、定向培训。建设一批高技能人才培训基地和公共实训基地，推动培训资源共建共享。加强残疾人职业技能培训，做好培训鉴定评价服务。完善新职业信息发布制度和职业分类动态调整机制，开发完善职业技能标准、培训大纲、培训教材。

（四）稳步扩大创业规模与创业质量

重视强化创业带动作用，放大就业倍增效应。近年来我国双创热潮始终未减，市场主体数量逐年增加，创造的就业岗位也同步增加。2020 年虽受新冠肺炎疫情冲击，但新登记市场主体依然超过了 2500 万家。[①] 首先要不断优化创业环境。重点做好如下工作：深化创业领域“放管服”改革，最大限度解除对创业的束缚；加强创业政策支持，加大对初创实体的支持力度，提升初创企业持续发展能力；实施大中小企业融通创新专项行动，实现创业资源开放共享。其次要加强创新创业激励和保障，鼓励引导农民工、大学生、退役军人、留学回国人员等群体投身创业。最后是打造全生态、专业化、多层次的创业服务体系，建设特色化、功能化、高质量的创业平台载体，全面升级创业服务。开展创业型城市创建工作，组织各级各类创业推进和指导活动，培育构建区域性、综合性创业生态系统。

（五）强化对重点群体的就业帮扶，努力促进就业公平

“十四五”时期应强化对重点群体的就业支持和困难群体的就业帮扶。在相当长一段时期内，高校毕业生和农民工都将是就业工作中数量最大的群

① 李长安：《“十四五”时期如何实现更加充分更高质量就业》，《光明日报》2021 年 5 月 11 日。

体，是就业的“经线”和“纬线”。[①] 要聚焦高校毕业生、农民工等重点群体，坚持市场化社会化就业与政府帮扶相结合，促进多渠道就业创业。结合国家重大战略布局、现代产业体系建设、中小企业创新发展，创造更多有利于发挥高校毕业生专长和智力优势的知识技术型就业岗位。健全激励保障机制，畅通成长发展通道，引导高校毕业生到中西部、东北、艰苦边远地区和城乡基层就业。围绕乡村振兴战略，服务乡村建设行动和基层治理，扩大基层教育、医疗卫生、社区服务、农业技术等领域就业空间。为有意愿有能力的高校毕业生创新创业提供资金等多层次支持。完善退役军人安置制度，探索市场化安置改革，实现多渠道、多元化安置。积极促进农村劳动力外出就业和就地就近就业。保持脱贫人口就业领域的扶持政策、资金支持、帮扶力量总体稳定。对零就业家庭人员、残疾人等困难群体，提供“一人一档”“一人一策”精细化服务，扩大公益性岗位安置，强化对就业帮扶效果的跟踪与评估。

（六）坚持按劳分配为主体、多种分配方式并存，扎实推动共同富裕

合理的收入分配格局不仅能够成功推进经济转型，还事关如期全面建设社会主义现代化国家。从需求侧看，较高的收入水平和较为合理的收入分配格局能为经济发展提供坚实的消费支撑。从供给侧看，收入水平提高带来的教育、卫生等领域的民生改善，能为经济发展提供更高质量的人力资本基础。[②] 要实现好“居民收入增长和经济发展同步、劳动报酬增长和劳动生产率提高同步，提高居民收入在国民收入分配中的比重，提高劳动报酬在初次分配中的比重”，落实好国民收入倍增计划。为此，要以提高收入水平和建立多层次社会保障体系为着力点，从根本上解决处于贫困边缘或面临较大致

① 赖德胜：《更加充分更高质量就业：构建新发展格局的重要内容》，《学习时报》2020 年 11 月 11 日。

② 冯文猛、张亮等：《如何对低收入群体构建保护与防范机制》，《澎湃新闻》2017 年 9 月 1 日。

贫、返贫风险人群的贫困问题，持续培育新成长的中等收入群体。一方面，通过完善按要素分配政策制度，健全各类生产要素由市场决定报酬的机制，探索通过土地、资本等要素使用权、收益权增加中低收入群体要素收入；另一方面，要合理调节过高收入，完善再分配机制，加大税收、社保、转移支付等调节力度和精准性，确保中低收入群体能得到充分帮扶和救助。与此同时，充分发挥第三次分配作用，发展慈善事业，改善收入和财富分配格局，多方协同提高中低收入群体收入，合力扩大中等收入群体。①

（七）支持多渠道灵活就业和新就业形态发展

加快发展数字经济，推动数字经济和实体经济深度融合，催生更多新产业新业态新商业模式；加快推动数字产业化，打造具有国际竞争力、就业容量大的数字产业集群；促进平台经济规范健康发展，带动更多劳动者依托平台就业创业。努力破除各种不合理限制，建立促进多渠道灵活就业机制，支持和规范发展新就业形态。鼓励传统行业跨界融合、业态创新，增加灵活就业和新就业形态就业机会。加快落实《关于维护新就业形态劳动者劳动保障权益的指导意见》，建立完善适应灵活就业和新就业形态的劳动权益保障制度，引导支持灵活就业人员和新就业形态劳动者参加社会保险，提高灵活就业人员和新就业形态劳动者社会保障水平。规范平台企业用工，明确平台企业劳动保护责任。健全职业分类动态调整机制，持续开发新职业，发布新职业标准。

---

① 赖德胜、石丹淅：《扎实推动共同富裕》，《中国高校社会科学》2021 年第 2 期。

B.3
基于全国公共招聘网站大数据的人力资源市场状况分析

张一名　张笑寒　俞 恺*

摘　要：近年来，数字技术在提升政府公共服务、社会治理等方面发挥越来越重要的作用，在劳动力市场搜寻与匹配中的应用规模不断扩大。各类市场主体在求职招聘过程中产生的大量数据资源具有动态性、及时性等特点。通过采集并分析实时的市场需求岗位信息，可对劳动力市场、经济形式等进行研判分析，同时可以引导劳动力流动。本文采用大数据技术对全国发布招聘岗位的公共招聘网站进行大数据采集处理，并基于2020年全年全网招聘数据进行不同行业、不同区域、不同城市等维度的分析。动态招聘需求和市场承诺薪酬等分析数据对引导劳动者精准就业、提高公共就业服务质量和执行相关政策具有参考作用。

关键词：公共招聘网络　大数据　劳动力需求

《中华人民共和国国民经济和社会发展第十四个五年规划和2035年远景

* 张一名，博士，中国劳动和社会保障科学研究院大数据和政策仿真研究室主任、研究员，主要研究方向为劳动大数据；张笑寒，中国劳动和社会保障科学研究院大数据和政策仿真研究室助理研究员，主要研究方向为劳动大数据；俞恺，中国劳动和社会保障科学研究院大数据和政策仿真研究室副主任、助理研究员，主要研究方向为信息化。

目标纲要》和《人力资源和社会保障事业发展“十四五”规划》明确提出，要健全就业需求调查。采用大数据技术汇集动态实时的海量招聘数据，对劳动力需求大数据进行按区域、行业等多维度的分析，能够引导劳动力有序流动，提高精准就业的服务水平。2020 年受疫情影响，线上招聘成为主流。全国人社系统积极应对疫情，广泛搜集企业招聘需求。近年来，中国劳动和社会保障科学研究院课题组运用大数据技术对全国公共招聘信息进行全网动态实时采集，为人社部“百日千万”线上招聘活动、“就业扶贫直通车”，以及大学生“就业在线”活动提供海量动态的岗位。

本文采用大数据技术对全国发布招聘岗位的公共招聘网站进行网站匹配、信息采集、数据处理和分析，并在此基础上撰写数据分析报告。2020 年全年完成对全国 203 个公共招聘网站的信息采集，共采集数据 2608.72 万条。

一　数据来源及数据采集

本文主要对全国 34 个省级行政区及新疆生产建设兵团所属公共招聘网站，以及近 160 个市级公共招聘网站进行全网采集，总共涉及 203 个公共招聘网站，涵盖目前发布招聘信息的所有公共招聘网站。涉及 20 个行业，涵盖 17 个指标，并对采集数据进行去重、无效数据去除及标准化等清洗处理工作。

（一）数据采集范围

本文汇总有效的省级和市级政府公共招聘网站，并依据地区专场进行归类形成汇总列表，形成京津冀、珠三角粤港澳大湾区、长三角、东北地区、中部地区、三区三州地区、湖北专场、贫困县专场和其他省份专场共九大专场，部分展示见表 1。

采集内容涵盖 17 个指标，包括招聘岗位信息和企业信息。

招聘岗位信息包括：岗位名称、岗位描述、学历要求、招聘人数、工作地点、所在城市、薪资待遇、发布日期。

表1 全国公共招聘网站（部分）

专场	省区市	网站	网站链接
京津冀专场	北京	北京市人力资源和社会保障局	http://fuwu.rsj.beijing.gov.cn/ptrlzyw/findJob/findJobQz.shtml
		北京市西城区就业创业服务平台	http://xchjy.bjxch.gov.cn/job/search.html?Job%5Bjobcode%5D=&Job%5Bjobcodename%5D=&Job%5Btitle%5D=
	天津	天津北方人才网	http://www.tjrc.com.cn/
		天津市公共就业服务网	http://job.hrss.tj.gov.cn/web/personsearch.action
	河北	河北公共招聘网	https://rst.hebei.gov.cn/ggzp/ww/h/a/wwha_mobile.html
		河北人才网	https://www.hbrc.com.cn/Jobs/index?_order=refresh_time&_sort=0&listRows=50&vmode=1&education=1&nature_select=1
		河北廊坊人才网	http://rsj.lf.gov.cn/rc/dwzp.aspx
		河北张家口市就业服务局	http://www.hezjk.lm.gov.cn
		河北承德人才网	http://www.chdrc.com/index.php?m=home&c=jobs&a=jobs_list
		河北唐山人才网	http://www.tsrcw.com/hr/person/searchlist.aspx?0=&1=&2=&4=&7=1&11=1
		河北曹妃甸人力资源网	http://www.caofeidianhr.com/
		河北迁安人才网	http://www.qarc.cn/job/
		河北秦皇岛市人力资源市场	http://www.heqhd.lm.gov.cn/ww/h/a/wwha_cont.html

招聘企业信息包括：单位名称、所属行业、单位类型、单位地址、单位简介、发布机构、发布网址、联系人、联系电话。

（二）采集流程

（1）登录招聘网站。

（2）分析目标采集网站架构及代码属性。

（3）用自定义任务模式在采集系统中打开目标采集网站网址。

（4）模拟人工浏览网页，设计详细的循环采集规则。

（5）格式化目标采集元素数据，把不规则数据转化成结构化数据。

（6）手动执行整个流程，无误后提交本地采集，验证采集步骤及逻辑是否有误。

（7）当本地采集测试无误后，提交云采集测试。

（8）完成云采集任务，将采集数据从云服务器导入至数据库，网站数据采集完成。

（三）数据总量及应用

2020 年全年共采集公共招聘信息 2608.72 万条，经过去重、清洗后的有效数据 1029.41 万条，其中符合行业分类规范的岗位数量（工种）615.08 万个，招聘人数 3064.31 万人，为企业招聘和就业者求职提供了动态高质量的岗位。

2021 年课题组持续采集公共招聘数据，截止到 6 月底，采集有效岗位数 167.98 万个，招聘人数 725.24 万人，其中招聘岗位数、招聘人数和招聘用人单位数如图 1 至图 3 所示。

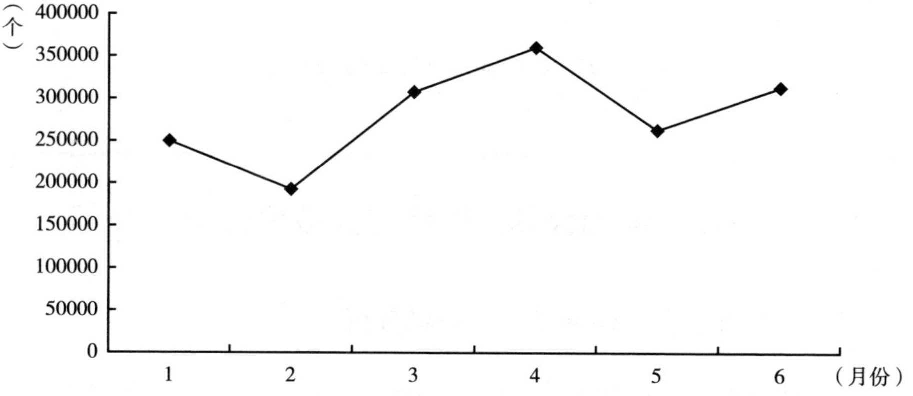

图 1　2021 年 1～6 月公共招聘岗位数

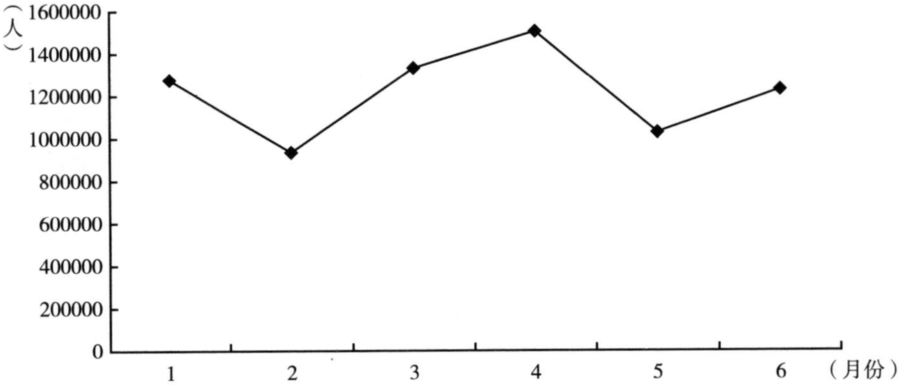

图 2　2021 年 1～6 月公共招聘招聘人数

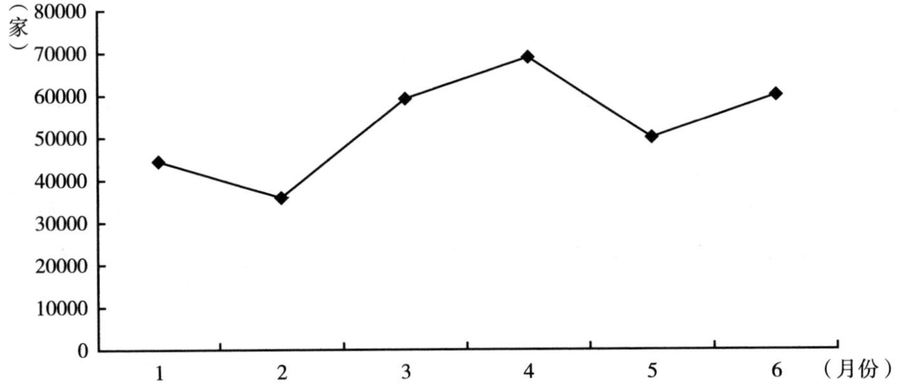

图 3　2021 年 1～6 月公共招聘用人单位数

二　全国公共招聘信息大数据分析

（一）全国公共招聘网站需求信息分析

从整体来看，2020 年 1 月受疫情影响，公共招聘网站发布的岗位数量和招聘人数处于全年最低位，随着疫情得到控制，发布的岗位数量和招聘人数逐步上升，在 9 月达到峰值，随后在波动中下降（见图 4）。

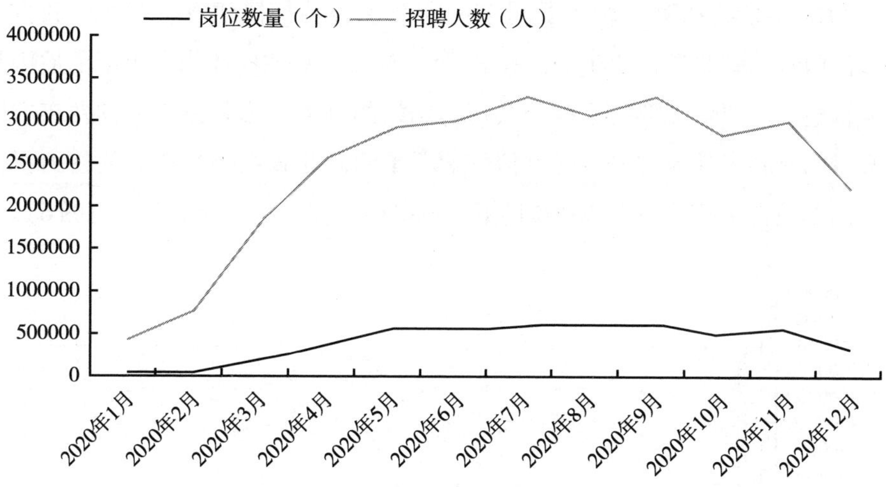

图 4　2020 年公共招聘网站发布的岗位数量和招聘人数

（二）2020年公共招聘网站岗位的地区特征

从地区来看，2020 年公共招聘提供岗位数量最多的前五个省份是福建省、广西壮族自治区、浙江省、江西省、湖北省（见图 5）。

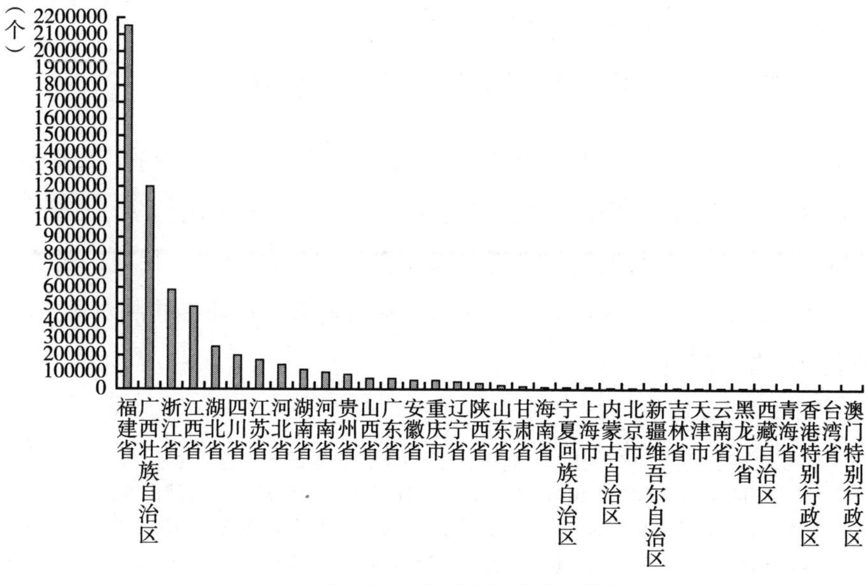

图 5　2020 年公共招聘各省岗位数量

2020 年公共招聘招聘人数最多的前 5 个省份是福建省、广西壮族自治区、江西省、湖北省、浙江省，占据了 64.31% 的总招聘需求。可能的原因是由于福建、广西相关部门重视公共招聘网站的维护，公共招聘网站发布的岗位数量明显高于其他省份。受疫情影响严重的湖北省在经过全省的奋力拼搏及全国其他省份的大力支持和援助下，也提供了较多的就业机会（见图 6）。

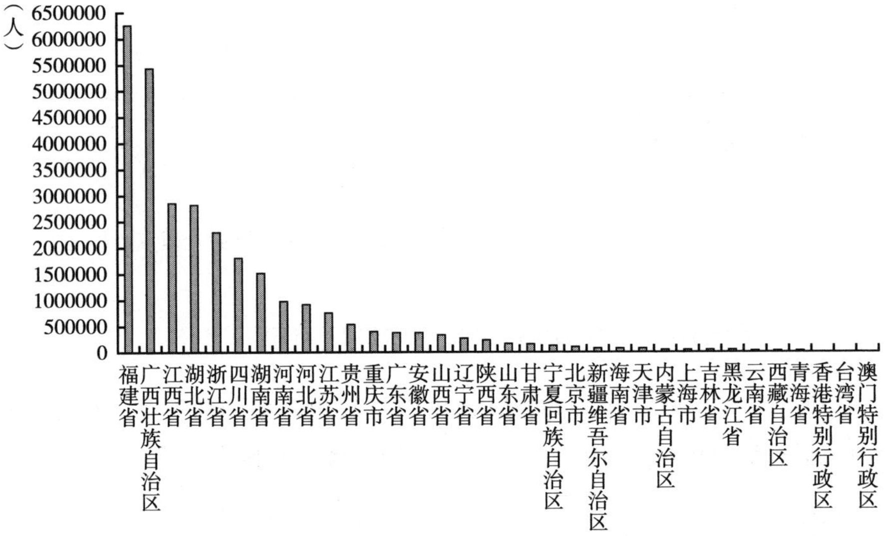

图 6　2020 年公共招聘各省招聘人数

从区域来看，2020 年提供的公共招聘岗位数量由多到少的区域依次为东部地区、西部地区、中部地区、东北地区。① 东部地区岗位多于西部、中部地区，大大高于东北地区，说明东部社会经济发展较快，行业门类齐全、岗位多元，新行业带来的新职业、新岗位等明显多于产业结构相对稳定的东北地区（见图 7）。

① 按照国家统计局对于东、中、西部和东北地区划分：东部地区包括北京、天津、河北、上海、江苏、浙江、福建、山东、广东、海南 10 个省份；中部地区包括山西、安徽、江西、河南、湖北、湖南 6 个省份；西部地区包括内蒙古、广西、重庆、四川、贵州、云南、西藏、陕西、甘肃、青海、宁夏、新疆 12 个省份；东北地区包括辽宁、吉林、黑龙江 3 个省份。

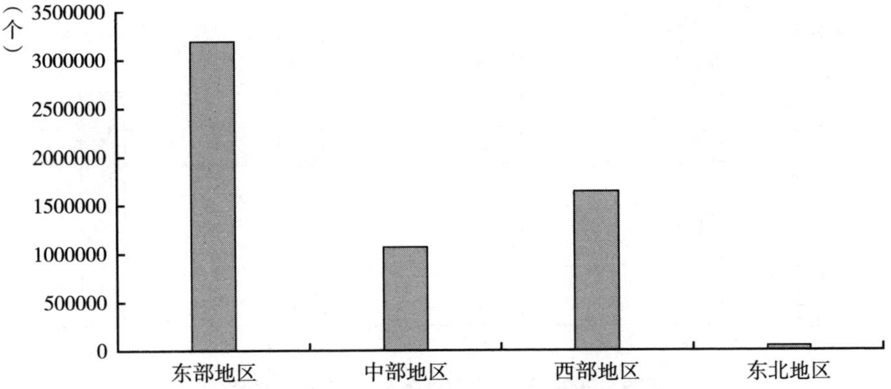

图 7　2020 年公共招聘各地区岗位数量

图 8 显示，2020 年公共招聘招聘人数由多到少的区域依次为东部地区、西部地区、中部地区、东北地区。

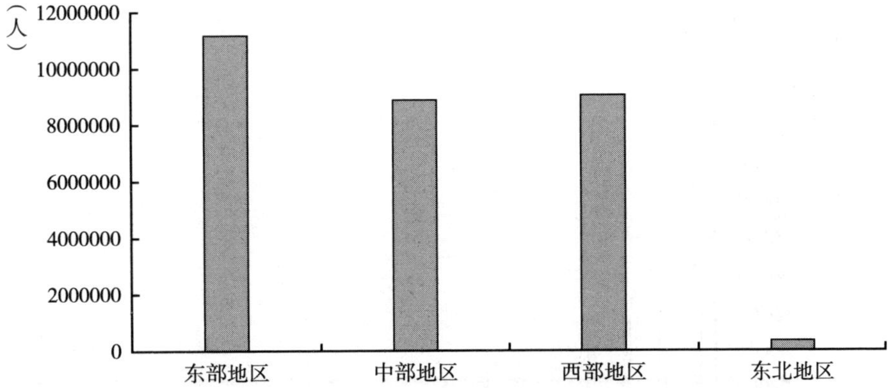

图 8　2020 年公共招聘各地区招聘人数

从薪资水平来看，地区平均薪资由高到低依次为东部地区、西部地区、中部地区、东北地区。东部地区和西部地区的招聘承诺薪酬差距正在缩小，东部地区没有明显的工资吸引优势，加上西部地区人才引进政策的优化，地区工资差距缩小的现象也折射出原先从西部到其他地区就业的人群正在逐步回流，劳动力市场正在趋于有序流动（见图 9）。

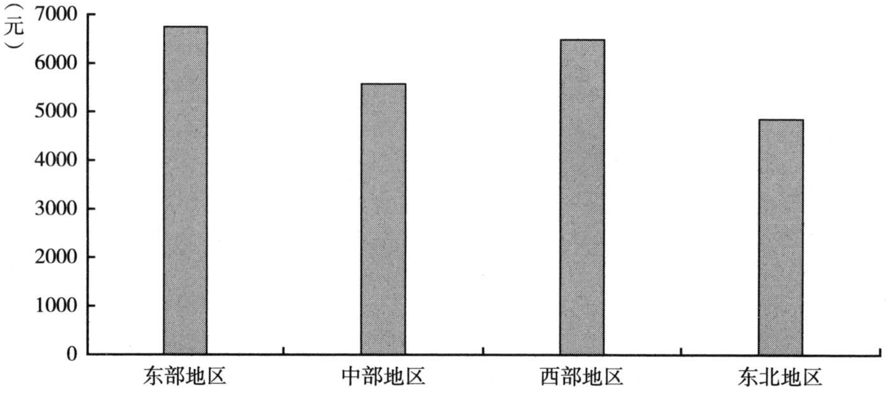

图 9　2020 年公共招聘各地区月平均薪资

（三）2020年公共招聘网站岗位的行业特征

从行业来看，2020 年公共招聘提供岗位数量最多的前五大行业是制造业，信息传输、软件和信息技术服务业，建筑业，批发和零售业，租赁和商务服务业（见图 10）。

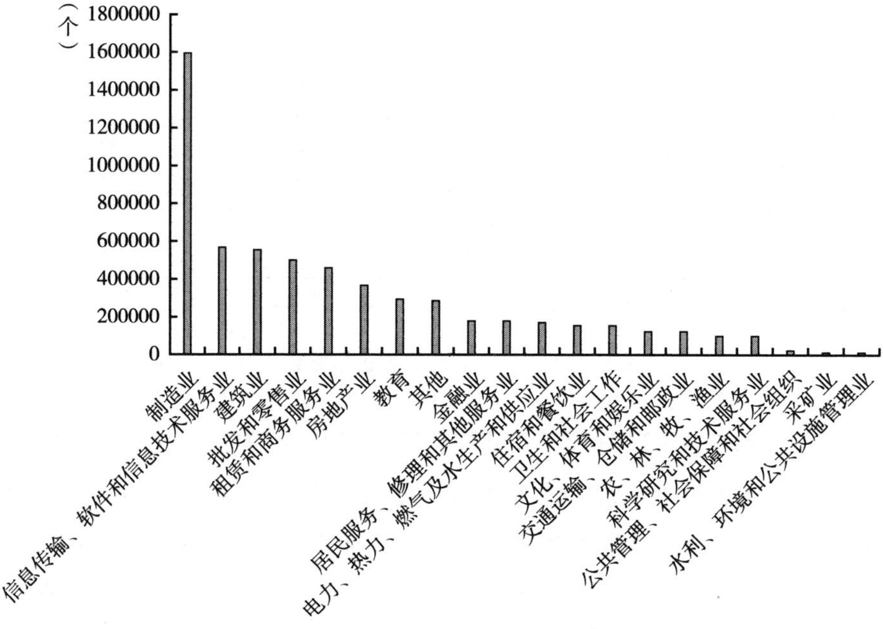

图 10　2020 年公共招聘各行业岗位数量

2020年公共招聘招聘人数数量最多的前五大行业是制造业，租赁和商务服务业，信息传输、软件和信息技术服务业，建筑业，房地产业（见图11）。

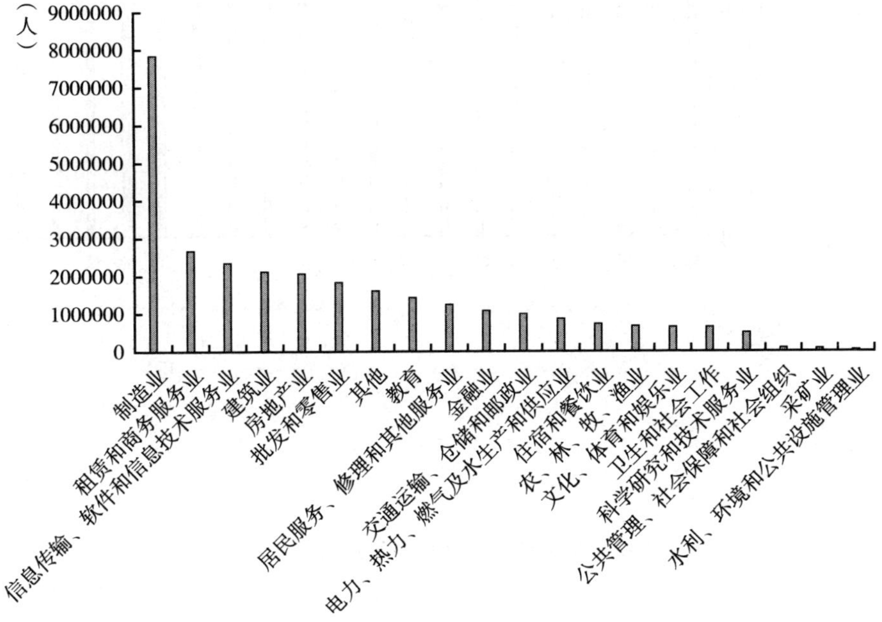

图11　2020年公共招聘各行业招聘人数

从薪资来看，平均承诺薪资最高的五大行业为金融业，信息传输、软件和信息技术服务业，建筑业，房地产业，卫生和社会工作（见图12）。

从分省份招聘数据来看，各省份需求人数较多的行业有明显不同，这与每个省份的产业结构和行业发展密切关联。另外，除北京、西藏、青海、新疆外，其他省份招聘人数排在第一位或第二位的都是制造业，某种程度上反映出作为我国国民经济发展的重要支撑产业，制造业仍然是吸纳就业的主阵地。北京、上海、浙江、广东等地房地产行业吸纳就业的能力下降，招聘人数均不在行业前五名，而广西、海南、西藏等省份的房地产业或建筑业招聘人数排在首位。图13～24列出了直辖市和东、中、西部和东北地区典型省份的需求结构。

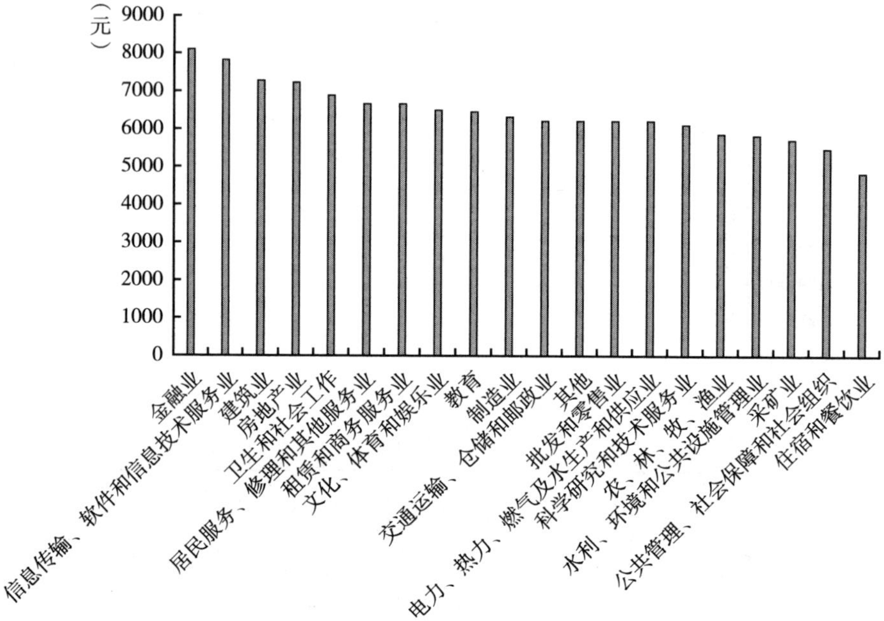

图 12　2020 年公共招聘各行业月平均薪资

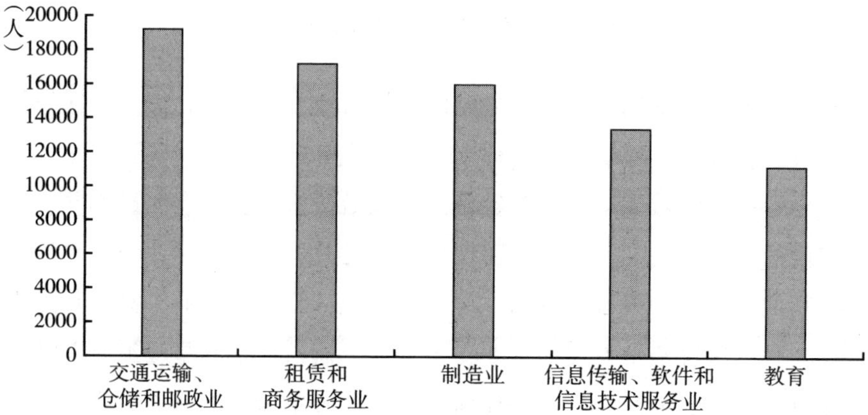

图 13　北京市招聘人数前五行业

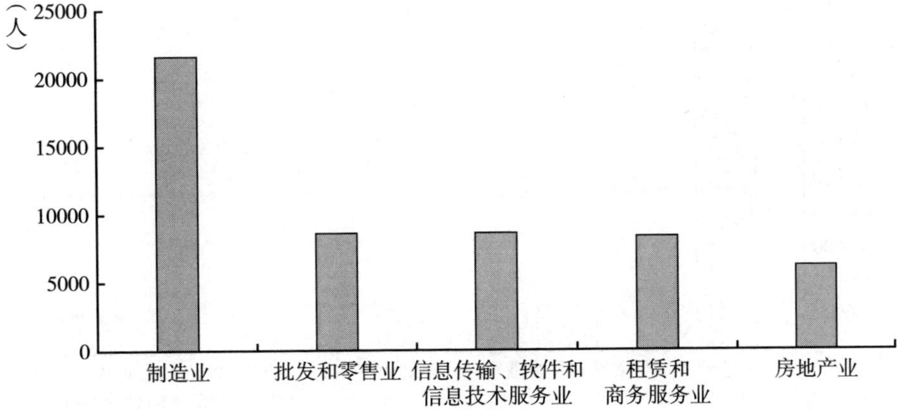

图 14　天津市招聘人数前五行业

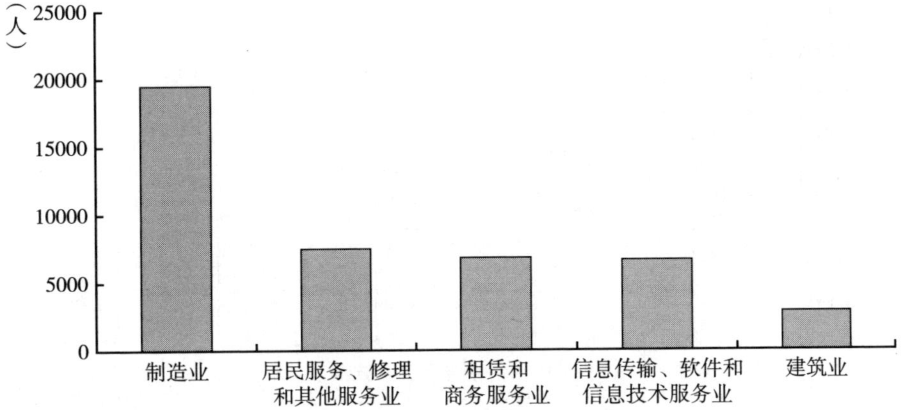

图 15　上海市招聘人数前五行业

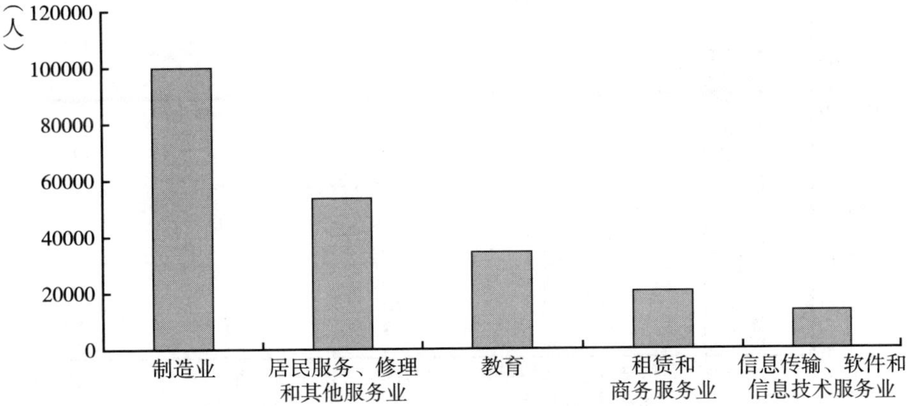

图 16　重庆市招聘人数前五行业

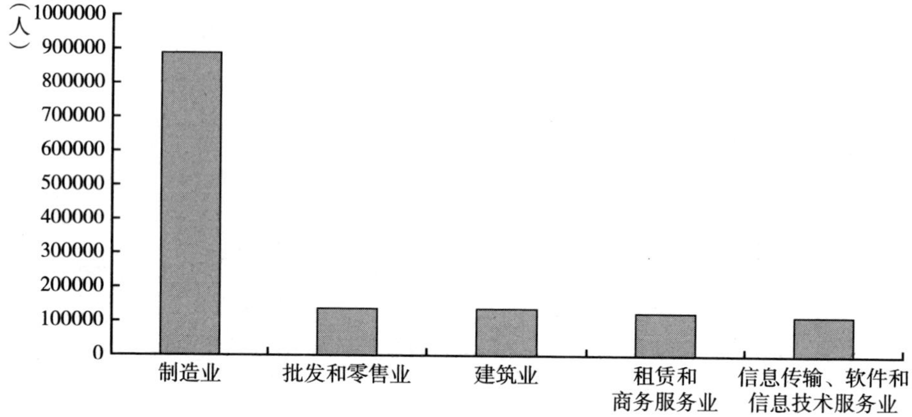

图 17　浙江省招聘人数前五行业

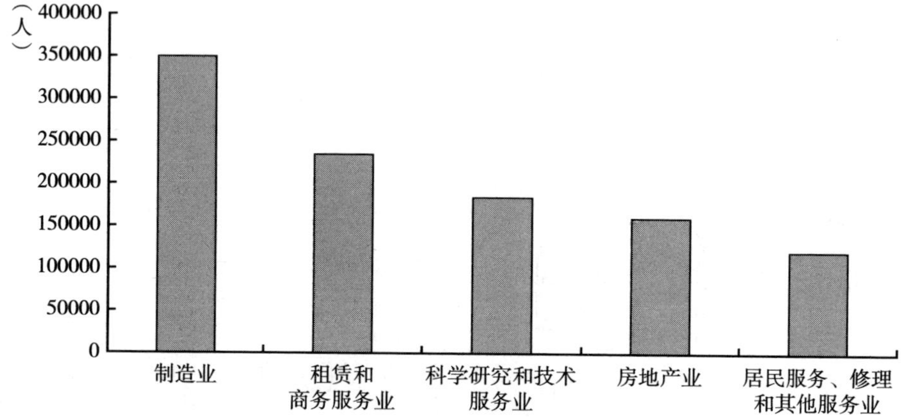

图 18　四川省招聘人数前五行业

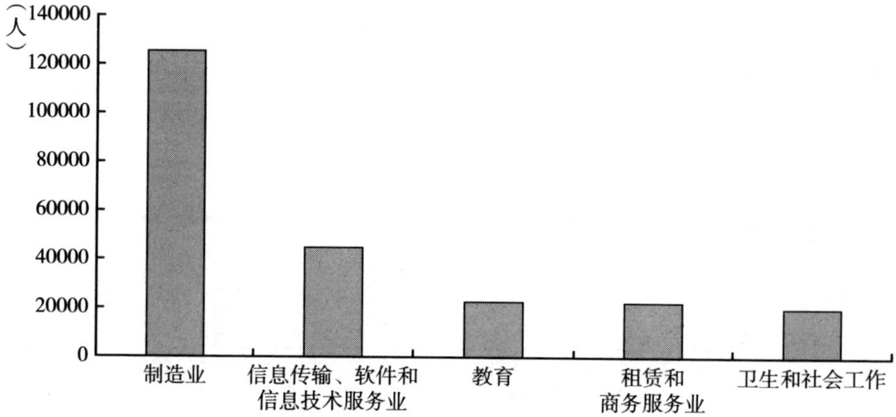

图 19　广东省招聘人数前五行业

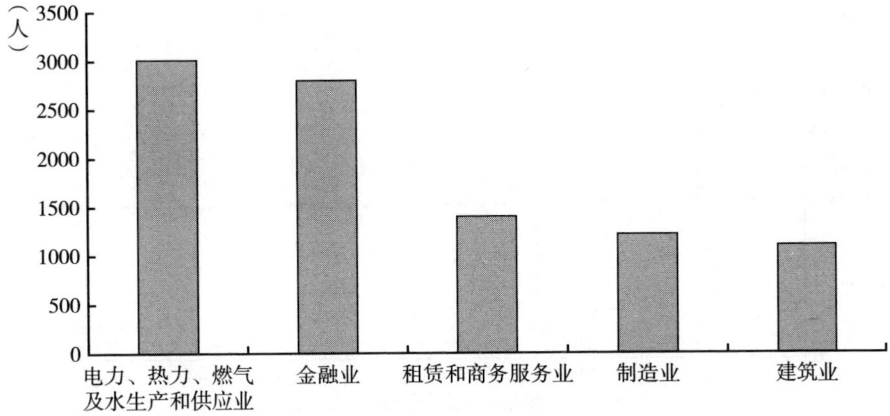

图 20　青海省招聘人数前五行业

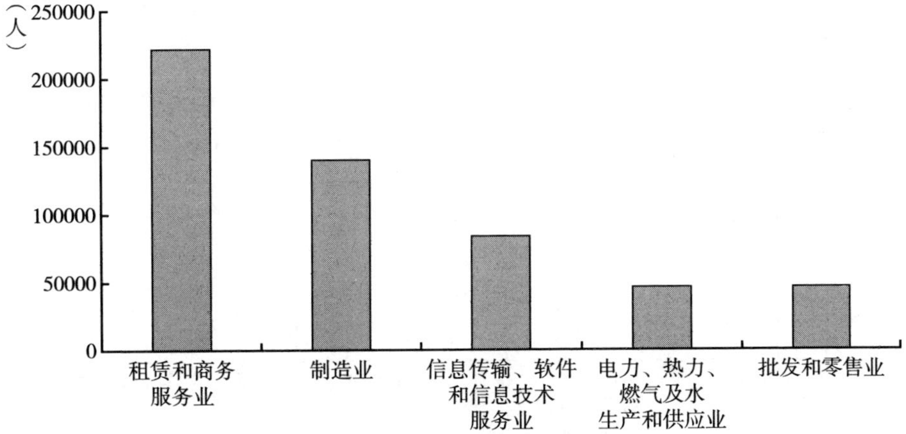

图 21　河南省招聘人数前五行业

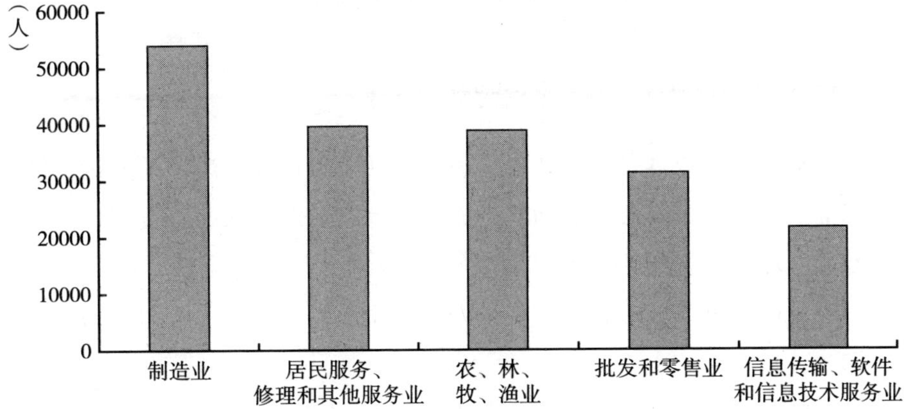

图 22　辽宁省招聘人数前五行业

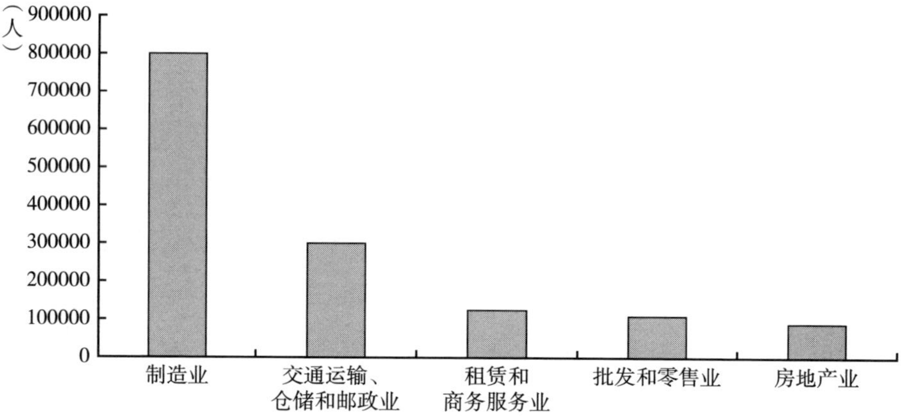

图 23　湖北省招聘人数前五行业

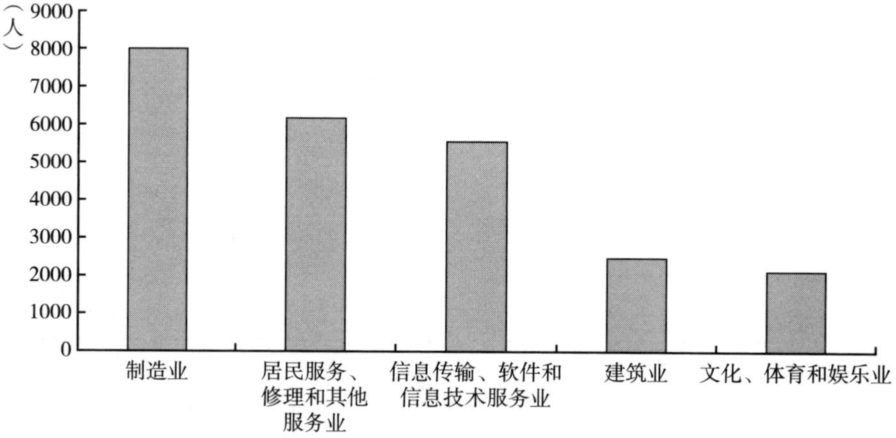

图 24　黑龙江省招聘人数前五行业

（四）典型城市和岗位的招聘数据分析

由于动态招聘数据是微观数据，可进行任意城市任意岗位的分析。例如选择东部、中部、西部、东北地区的典型城市：上海、武汉、重庆、沈阳的会计专业人员、营销员和计算机硬件工程技术人员进行分析，如图25～27所示，可以得出每个城市相关岗位的招聘岗位数量、招聘人数和市场承诺平均工资。

从工资来看，上海、沈阳三个岗位之间的平均工资水平差距较大；

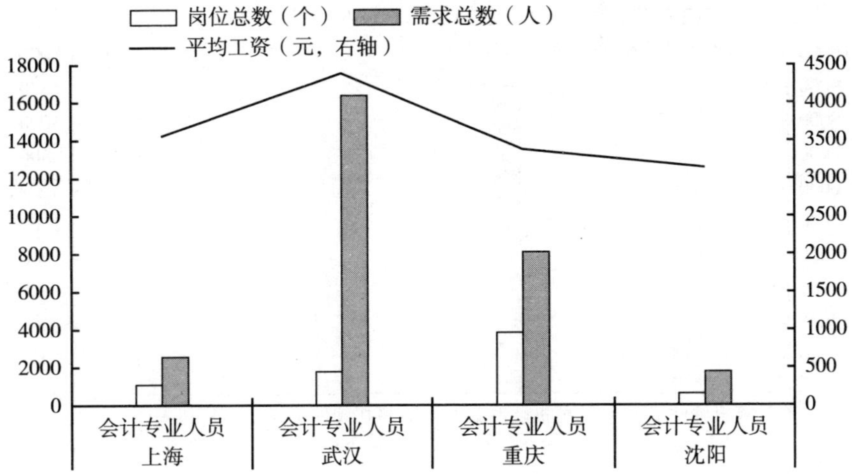

图 25　典型城市的会计岗位分析

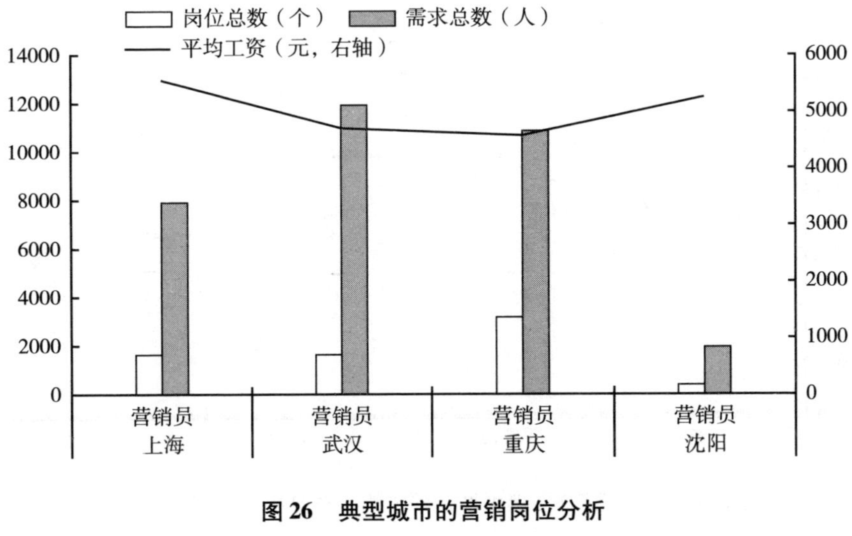

图 26　典型城市的营销岗位分析

重庆市营销员和计算机硬件工程技术人员岗位平均工资差距较小，会计岗位平均工资水平相对较低；武汉市三个岗位的平均工资差距较小（见图 28）。

我国目前发布的市场工资指导价位数据来源于全国 102 个典型城市的岗

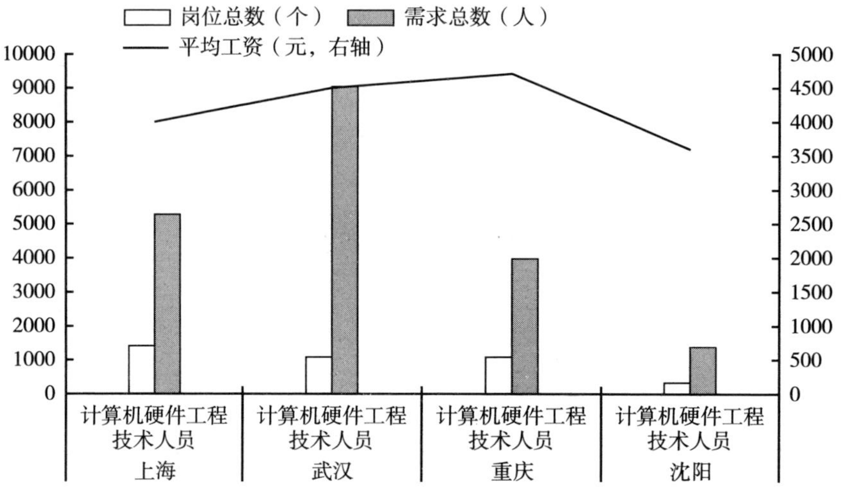

图 27　典型城市的计算机岗位分析

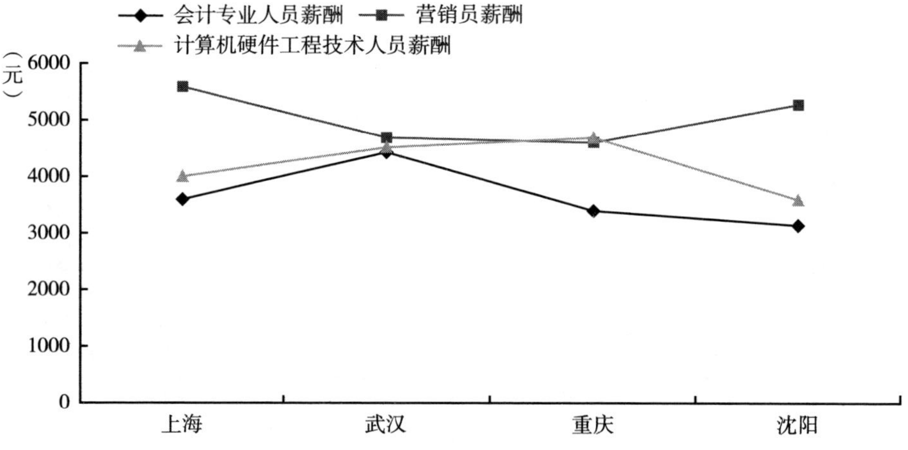

图 28　典型城市的平均工资分析

位统计数据，由典型城市上报就业指导中心后进行统计分析。如果数据源拓展到全国不同城市、不同岗位的动态招聘数据可以为工资指导价位的制定提供补充。例如课题组对某市保安员的工资进行低位数、中低位数、中位数和高位数的统计后，计算平均薪酬，如表 2 所示。

表2 某市人力资源市场保安员工资指导价位

薪酬区间	发布职位需求人数（人）	最小薪酬（元）	最大薪酬（元）	平均薪酬（元）	识别编号	累计百分比（%）	分位数（%）	对应分位薪酬（元）
1500～2000元	426	1500	2000	253	1	14.44	10	1978
2001～3000元	674	2001	3000	571	2	37.28	25	2816
3001～4000元	865	3001	4000	1026	3	66.59	50	3585
4001～5000元	568	4001	5000	866	4	85.84	75	4621
5001～6500元	412	5001	6500	803	5	99.80	90	6010
6501～8000元	6	6501	8000	15	6	100.00		
8001元及以上	0	8001						
合计	2951			3534				

三 相关发现和政策建议

结合对以上数据的分析，本文提出如下建议。

（一）公共招聘网站作为主流的招聘网站，公信力强，在线上招聘中发挥了重要作用，也是各级人社部门提供公共就业服务的重要抓手

建议各地就业服务部门加大对公共招聘网站的维护，及时更新，发布更多的动态招聘信息。发达地区的市场招聘网站在线上招聘中发挥了重要作用，但也需加强维护公共招聘网站，提高公共招聘网站的信息精确度，提升公共招聘网站发布岗位的质量和水平，为更多求职者，特别是新生代劳动力提供具有吸引力的支撑。

（二）加大对公共招聘数据的分析和应用

利用全网动态招聘信息数据构建劳动力需求大数据平台，可按适合高校毕业生、农民工、退役军人等重点群体的岗位进行分类，也可以按地域、按

行业等进行发布，发掘不同地区不同行业岗位的需求特点，有利于引导劳动力流动。此外，利用算法对不同岗位和不同就业人群进行画像，可为精准就业服务提供技术支持，为下一步提高就业服务质量提供基础，提高公共就业服务的精准性和有效性。

（三）劳动力需求大数据能有效地弥补传统统计调查数据存在的不足，动态大数据和统计数据相结合可更好地为科学决策提供数据支撑

例如，在工资方面，全国各省区市社会平均工资确定依托的调查群体覆盖范围有限，很难统计到灵活就业人员等其他社会群体。覆盖全体岗位和群体的招聘大数据中的市场承诺工资可为工资指导价位的制定提供更有利的数据支撑。

（四）建议相关业务司局和单位在“金保三期”、相关专项项目等方面加大投入，进一步发挥数字技术在政策制定和评估、提升人社治理和公共服务方面的作用

由于数据处理、算法优化、标准建设等具有基础性、探索性、长期性的特点，且海量数据的标注、清洗等需要大量手工标注等工作，整个过程需要政策、数据、算法和计算机技术高度融合。在实现精准感知百姓需求、主动开展个性化服务方面还需要相关部门重视，并进一步加大支持力度。

（五）依托劳动力需求大数据可及时捕获市场岗位任职资格要求等信息，进行数据挖掘后可以动态掌握岗位技能需求和培训内容，为建立需求导向的技能人才培养模式提供了前提

推动数字经济与实体经济深度融合，必须加快培养大批高素质的劳动者和技能人才，改善新职业人才供给结构。开展以需求为导向的职业培训，并且逐步建立职业标准和评价体系，对于加快培养适应新职业发展的人才工作具有重要意义。

附表　各省份招聘人数前五行业汇总

省份	招聘人数前五行业
北京市	交通运输、仓储和邮政业;租赁和商务服务业;制造业;信息传输、软件和信息技术服务业;教育
天津市	制造业;批发和零售业;信息传输、软件和信息技术服务业;租赁和商务服务业;房地产业
河北省	制造业;教育;信息传输、软件和信息技术服务业;建筑业;租赁和商务服务业
山西省	制造业;建筑业;信息传输、软件和信息技术服务业;居民服务、修理和其他服务业;房地产业
内蒙古自治区	制造业;电力、热力、燃气及水生产和供应业;教育;信息传输、软件和信息技术服务业;住宿和餐饮业
辽宁省	制造业;居民服务、修理和其他服务业;农、林、牧、渔业;批发和零售业;信息传输、软件和信息技术服务业
吉林省	制造业;居民服务、修理和其他服务业;房地产业;批发和零售业;交通运输、仓储和邮政业
黑龙江省	制造业;居民服务、修理和其他服务业;信息传输、软件和信息技术服务业;建筑业;文化、体育和娱乐业
上海市	制造业;居民服务、修理和其他服务业;租赁和商务服务业;信息传输、软件和信息技术服务业;建筑业
江苏省	制造业;信息传输、软件和信息技术服务业;租赁和商务服务业;电力、热力、燃气及水生产和供应业;建筑业
浙江省	制造业;批发和零售业;建筑业;租赁和商务服务业;信息传输、软件和信息技术服务业
安徽省	制造业;居民服务、修理和其他服务业;农、林、牧、渔业;租赁和商务服务业;批发和零售业
福建省	制造业;信息传输、软件和信息技术服务业;批发和零售业;租赁和商务服务业;建筑业
江西省	制造业;建筑业;租赁和商务服务业;信息传输、软件和信息技术服务业;教育
山东省	制造业;批发和零售业;交通运输、仓储和邮政业;房地产业;电力、燃气及水的生产和供应业
河南省	租赁和商务服务业;制造业;信息传输、软件和信息技术服务业;电力、热力、燃气及水生产和供应业;批发和零售业
湖北省	制造业;交通运输、仓储和邮政业;租赁和商务服务业;批发和零售业;房地产业
湖南省	制造业;建筑业;居民服务、修理和其他服务业;租赁和商务服务业;卫生和社会工作

续表

省(自治区、直辖市)	招聘人数前五行业
广东省	制造业;信息传输、软件和信息技术服务业;教育;租赁和商务服务业;卫生和社会工作
广西壮族自治区	房地产业;制造业;建筑业;租赁和商务服务业;信息传输、软件和信息技术服务业
海南省	建筑业;制造业;租赁和商务服务业;信息传输、软件和信息技术服务业;房地产业
重庆市	制造业;居民服务、修理和其他服务业;教育;租赁和商务服务业;信息传输、软件和信息技术服务业
四川省	制造业;租赁和商务服务业;科学研究和技术服务业;房地产业;居民服务、修理和其他服务业
贵州省	制造业;房地产业;金融业;建筑业;教育
云南省	居民服务、修理和其他服务业;制造业;建筑业;房地产业;批发和零售业
西藏自治区	建筑业;公共管理、社会保障和社会组织;采矿业;租赁和商务服务业;金融业
陕西省	制造业;批发和零售业;租赁和商务服务业;信息传输、软件和信息技术服务业;住宿和餐饮业
甘肃省	租赁和商务服务业;制造业;信息传输、软件和信息技术服务业;教育;建筑业
青海省	电力、热力、燃气及水生产和供应业;金融业;租赁和商务服务业;制造业;建筑业
宁夏回族自治区	制造业;电力、热力、燃气及水生产和供应业;租赁和商务服务业;信息传输、软件和信息技术服务业;批发和零售业
新疆维吾尔自治区	电力、热力、燃气及水生产和供应业;批发和零售业;制造业;租赁和商务服务业;建筑业
台湾省	租赁和商务服务业;制造业;卫生和社会工作
香港特别行政区	卫生和社会工作;房地产业;批发和零售业;制造业;居民服务、修理和其他服务业
澳门特别行政区	建筑业;居民服务、修理和其他服务业;住宿和餐饮业;金融业;房地产业

B.4
新发展阶段“00后”的就业结构和职业选择

王加文　王乐天　赵娅娅*

摘　要：　当前我国正处于实现中华民族伟大复兴的关键时期，“00后”的迅速成长并陆续进入劳动力市场，将是持续影响我国就业形势乃至经济社会发展全局的重要变量。特别是在“招聘难”与“就业难”并存的社会背景下，全面、客观地认识“00后”的就业结构和求职意愿，是有效促进“00后”更加充分更高质量就业的客观需要，具有重大的理论意义和现实意义。本文以全国人口普查数据和抽样调查数据为基础，深入剖析了“00后”的就业结构和职业选择，并就推动“00后”就业提出了对策建议。

关键词：　“00后”　就业　社会保障　劳动力市场

青年是祖国的未来、民族的希望，是经济社会发展的生力军和中坚力量。党的十八大以来，以习近平同志为核心的党中央高度重视青年工作，站在确保党和人民事业薪火相传的战略高度，亲切关怀青年成长成才，为做好

* 王加文，上海市就业促进中心副处长，东方讲坛特聘讲师，主要研究领域为劳动力市场、失业预警与劳动就业理论；王乐天，华东政法大学学生，主要研究领域为劳动就业理论、劳动法与劳动关系；赵娅娅，上海立信会计金融学院学生，主要研究领域为劳动就业统计、劳动力市场和公共就业服务。

新时代青年工作指明了前进方向。习近平总书记围绕青年工作发表了一系列重要论述，立意高远，内涵丰富，思想深刻，阐明了新形势下青年工作的重大理论和实践问题，指明了当代青年的历史使命和成长道路，对于准确把握青年工作的基本要求和重点任务，具有十分重要的意义。①

当前我国正处在实现中华民族伟大复兴的关键时期，在全面建成小康社会、实现第一个百年奋斗目标之后，我国迈入了全面建设社会主义现代化国家新征程、向第二个百年奋斗目标进军的新发展阶段。在全面建设社会主义现代化国家新征程顺利开启、经济社会发展的外部环境和内部条件发生深刻复杂变化的新形势下，“00后”的迅速成长并陆续进入劳动力市场，将是当前和今后一个时期持续影响我国就业形势乃至经济社会发展全局的重要变量。全面深入地研究“00后”的职业选择和就业状况，既是促进更加充分和更高质量就业的工作基础和客观要求，也是推动经济社会高质量发展的现实需要。

本文以全国人口普查数据，国家统计局、人力资源和社会保障部等相关政府部门数据，以及上海“00后”就业状况调查课题组的调查数据为基础，深入研究“00后”的职业选择、就业特征和变化趋势。

一 “00后”面临的就业形势

“00后”出生、成长于我国的移动网络时代，亲眼见证了我国在全球化时代迅速崛起的历程，因此他们思想活跃、视野宽广、开放自信，有着强烈的学习兴趣、怀疑精神和创造能力。与此前的“80后”“90后”相比，“00后”所面临的社会环境和就业形势也完全不同。

（一）经济保持中高速增长，市场对于劳动力的需求持续扩大

近年来我国经济增长速度虽然有所下降，但依然保持中高速增长态

① 汪晓东、王洲：《让青春在奉献中焕发绚丽光彩——习近平总书记关于青年工作重要论述综述》，《人民日报》2021年5月4日。

势，由经济增长带动而产生的就业岗位和劳动力需求规模持续扩大（见图1）。

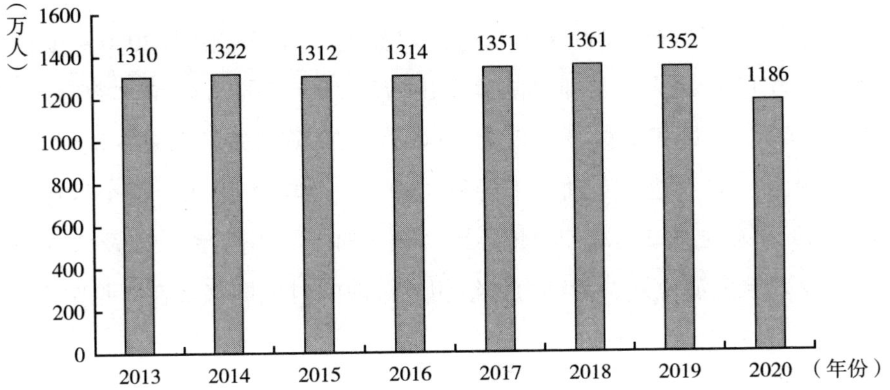

图1　全国城镇新增就业人数

资料来源：国家统计局，《中华人民共和国国民经济和社会发展统计公报》（2013～2020），http：//www. stats. gov. cn/。

党的十八大以来，全国城镇新增就业人数连年保持在1300万以上，即便是受新冠肺炎疫情影响的2020年也达到了1186万。据人社部发布的最新数据，2021年1～9月全国城镇新增就业1045万人，完成目标任务的95%，快于时序进度。从未来发展趋势看，全国城镇新增就业人数有望继续保持在年均1000万人以上，经济发展对于劳动力的需求仍将持续快速增加。

（二）人口加速老龄化，"60后"逐步退出劳动力市场

随着第二次生育高峰出生的"60后"群体步入退休年龄，老年人口增长速度将明显加快，到2030年占比将达到25%左右。虽然全面放开"二孩"政策实施后出生人口有所回升，但受育龄妇女数量减少等因素的影响，人口增长势能进一步减弱。"十四五"期间，我国将从轻度老龄化迈入中度老龄化，劳动年龄人口总量和比例将继续以较快速度降低，由低人口抚养比带来的人口数量红利逐步进入尾声。

（三）“00后”数量相对较少，我国即将进入劳动力供给相对短缺的时代

根据国家统计局公布的全国出生人口数据，全国范围内 2000～2009 年出生人口为 1.63 亿人，与即将陆续退出劳动力市场的 2.42 亿“60 后”相比，“00 后”数量相对较少，仅为“60 后”的 67.4%。未来一段时期内，随着“00 后”陆续进入劳动力市场和“60 后”的不断退出，两个群体之间高达 7900 万人的人口鸿沟，必将导致“招工难”、“用工荒”以及“人口争夺战”等现象愈演愈烈，劳动力供给相对短缺的时代即将来临（见图 2）。

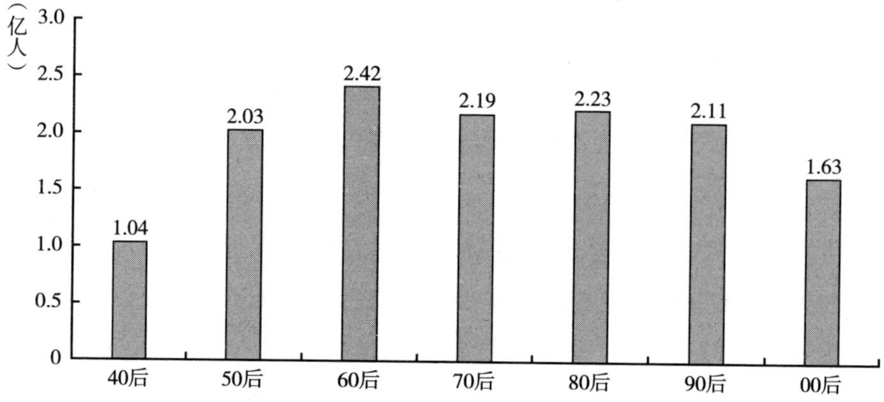

图 2　全国分年龄段人口数

资料来源：国家统计局，2010 年第六次全国人口普查，全国分年龄、性别的人口，http：//www.stats.gov.cn/tjsj/pcsj/rkpc/6rp/indexch.htm。

（四）企业迅速增长的技能人才需求，与劳动者“白领化”的求职意愿之间的矛盾日益突出

技术进步是生产方式和职业变化的根本推动要素，对就业、收入分配具有深远影响。近年来，我国的经济社会发展发生了巨大变化，产业结构升级加速，居民消费习惯大大改变，催生了一系列新的产品和服务，劳动者就业

观念发生转变，职业变迁出现加速趋势，新职业不断涌现。① 人社部数据显示，截至目前，我国技能劳动者超过2亿人，其中高技能人才超过5000万人。但我国技能劳动者占就业人口总量仅为26%，高技能人才仅占技能人才总量的28%，技能人才的求人倍率（统计期内劳动力市场发布的有效招聘需求人数与有效求职人数的比值，即每个招聘岗位所对应的求职人数）超过2.0。② 随着我国产业结构的转型升级、经济发展模式的调整和劳动力流动制度改革的深入，劳动者的供需和流动也呈现新的特点，具有专业知识和技能的人才日益紧缺，职业培训日益得到流动劳动力的重视。技术进步和产业结构升级的加速导致高技能人才成为人力资源市场热需并将持续较长时期。从我国劳动者的就业结构和择业意向来看，求职意愿“白领化”“脱实向虚”特征明显，特别是对于“00后”而言，往往更希望从事体面、轻松的就业岗位，而不愿从事相对辛苦的技术技能类工作。企业迅速增长的技能人才需求与劳动者“白领化”的求职意愿之间的矛盾，将进一步加剧“00后”就业的结构性矛盾。

二 “00后”的就业结构与基本特征

按照劳动力的成长规律，2016年起“00后”陆续达到法定劳动年龄，部分已进入劳动力市场，近年来就业规模不断扩大。

（一）逾12万“00后”在上海就业，约占1.13%

统计数据显示，截至2021年10月底，在上海市范围内就业的“00后”已达12.20万人，约占1.13%。近年来“00后”就业人数快速增长，所占比重不断上升（见图3）。

---

① 田永坡：《职业大典修订需把握劳动力市场最新变化》，《工人日报》2021年5月24日。

② 田永坡：《浅析当前劳动力市场变化的七个新趋势》，《工人日报》2021年3月29日。

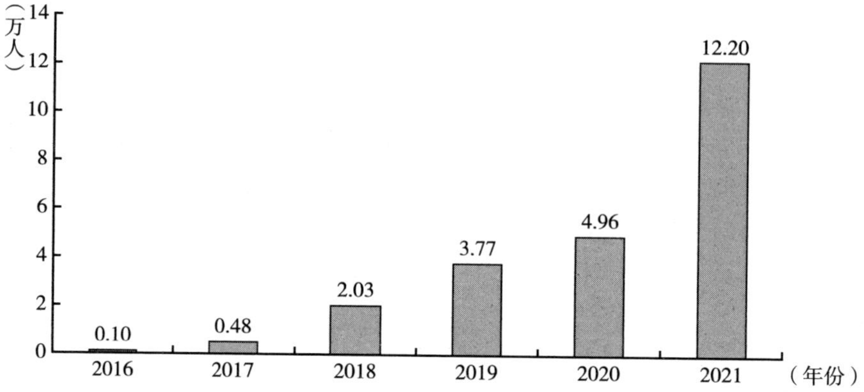

图3　2016～2020 年上海市“00 后”就业人数

注：2021 年数据截至 10 月，后同。

（二）平均初次就业年龄为20.1岁，总体呈现逐年上升趋势

从“00 后”初次就业的平均年龄来看，当前在上海市就业的“00 后”平均为 20.1 岁，同比增长 0.8 岁，与 5 年前相比增长 3.8 岁，总体呈现逐年增长的趋势（见图 4）。

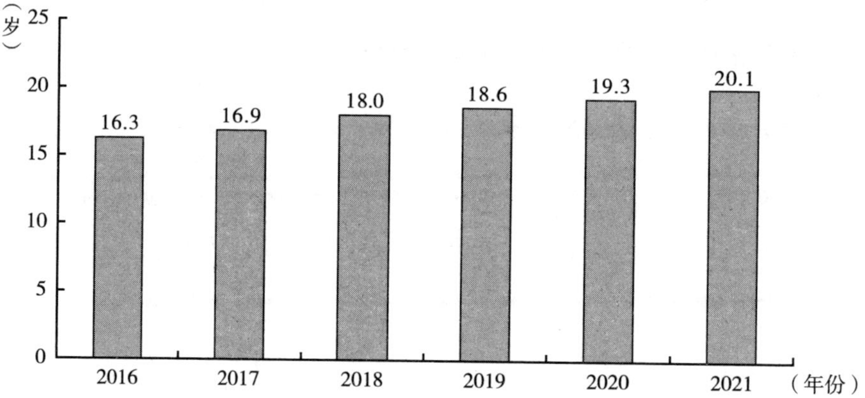

图 4　2016～2021 年上海市“00 后”初次就业的平均年龄

（三）男性就业人数约占2/3，“00后”女性进入劳动力市场的时间相对较晚

从性别差异来看，“00 后”就业人员中男性约占 64. 8%，女性约占 35. 2%，性别比（男性人数/女性人数，以女性为100）高达184. 5，男性就业人数及所占比重均远远高于女性。从“00 后”以及此前的“90 后”“95 后”的成长规律来看，女性在校学习时间相对较长，学历水平总体相对较高，进入劳动力市场也相对较晚（见图5）。

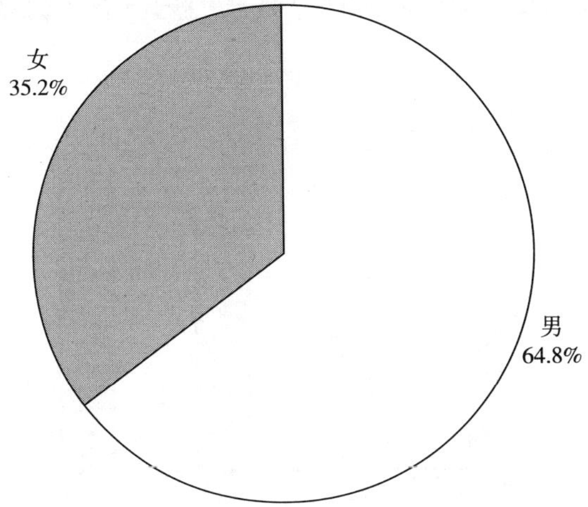

图5　上海市“00 后”就业人员的性别结构

（四）四成具有大专以上学历，平均受教育年限稳步提高

在上海市劳动力市场就业的“00 后”，平均受教育年限为 12. 8 年，其中初中及以下学历的约占 21. 2%，高中学历的约占 34. 9%，大专及以上学历的约占 43. 9%（见图6）。

随着“00 后”大学生陆续毕业并先后进入劳动力市场，“00 后”就业人员的平均受教育年限稳步提高，学历结构不断优化（见图7）。

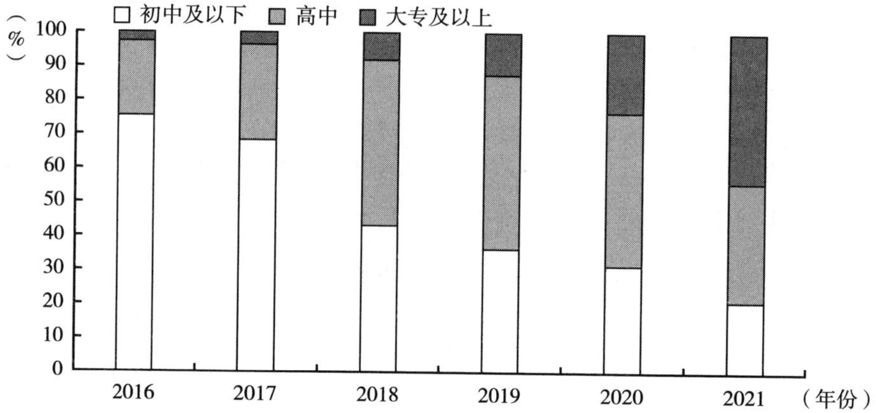

图6 2016~2021年上海市“00后”就业人员的学历结构

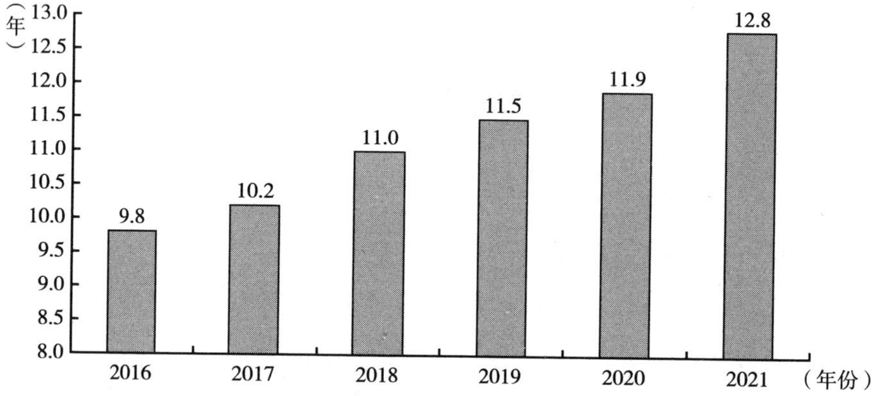

图7 2016~2021年上海市“00后”就业人员的平均受教育年限

(五)逾八成从事第三产业，从事第二产业的不足两成

从产业分布情况来看，在上海市就业的“00后”中，从事第一产业的约占0.1%，从事第二产业的约占18.6%，从事第三产业的约占81.3%。从最近几年的发展规律看，从事第二产业的“00后”所占比重持续下降，从事第三产业的比重增长较快。随着我国经济转型和产业结构调整的不断深化，预计未来一段时期内新进入上海市劳动力市场的“00后”仍将以从事第三产业为主（见图8）。

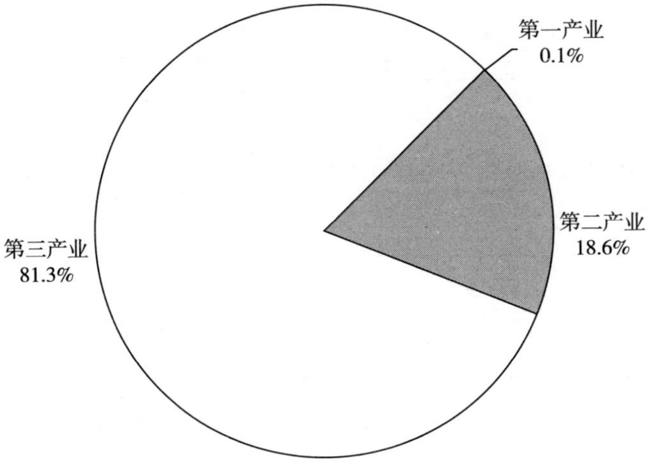

图8　上海市“00后”就业人员的产业分布情况

（六）商务服务、科研、制造等行业吸纳“00后”最多

从“00后”就业人员的行业分布情况来看，租赁和商务服务业吸纳的“00后”最多，约占“00后”就业总人数的34.2%；其次是科学研究和技术服务业，约占15.1%；居第三位的是制造业，约占15.0%（见表1）。

表1　上海市“00后”就业人员的行业分布情况

单位：%

行业	“00后”占比	全体占比
租赁和商务服务业	34.2	22.8
科学研究和技术服务业	15.1	16.0
制造业	15.0	15.8
批发和零售业	10.3	15.5
信息传输、软件和信息技术服务业	6.0	6.5
住宿和餐饮业	4.2	1.8
建筑业	3.6	7.2
交通运输、仓储和邮政业	2.7	3.5
文化、体育和娱乐业	2.0	1.2
卫生和社会工作	1.9	1.4
房地产业	1.7	2.5
居民服务、修理和其他服务业	1.3	1.5

续表

行业	“00后”占比	全体占比
教育	0.8	1.5
金融业	0.4	1.9
水利、环境和公共设施管理业	0.3	0.5
公共管理、社会保障和社会组织	0.3	0.2
农、林、牧、渔业	0.1	0.1
电力、热力、燃气及水生产和供应业	0.1	0.1
采矿业	0.0	0.0
国际组织	0.0	0.0

（七）近半数“00后”在大型企业就业

从“00后”就业人员的单位规模来看，在10人以下的微型企业就业的约占10.8%，在10~100人的小型企业就业的约占26.0%，在100~300人的中型企业就业的约占16.6%，员工数量超过300人的大型企业吸纳的“00后”约占46.6%（见图9）。

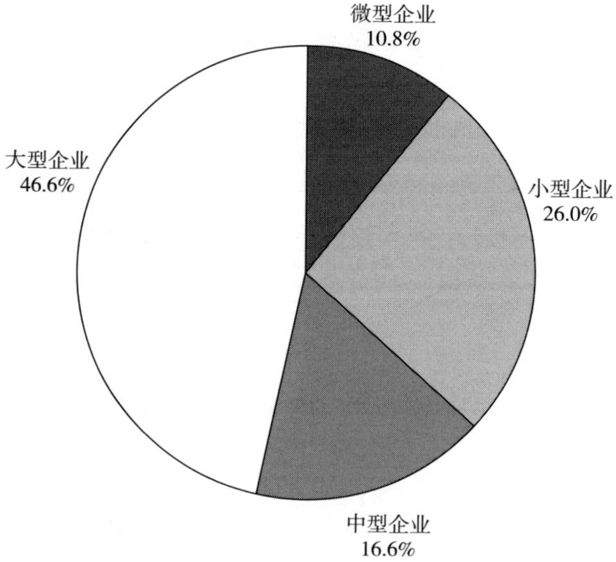

图9 上海市“00后”就业人员的单位规模

三 “00后”的求职偏好与择业意向

由于生活条件、成长环境、时代背景等与“80后”“90后”存在较大差异，“00后”在求职渠道、求职方式和择业意向等方面，也具有较为明显的群体特征。

（一）熟人推荐是“00后”求职的首要渠道

从“00后”当前就业岗位的求职渠道来看，通过家人、亲戚、老乡等熟人推荐而获得就业机会的“00后”所占比重最高，约为34.3%（见图10）。

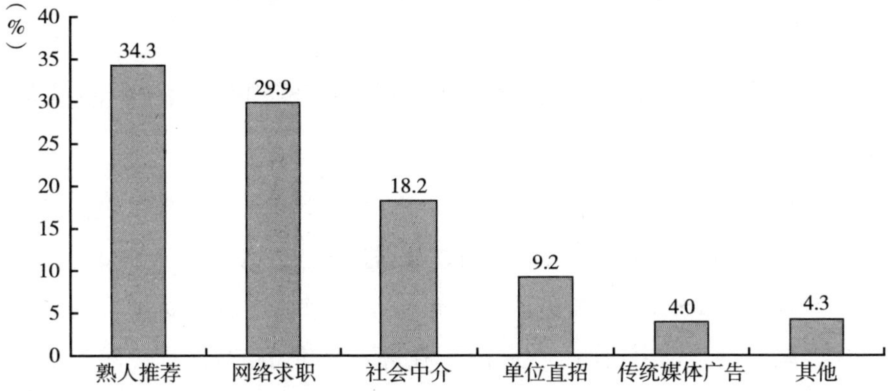

图10 上海市“00后”当前工作岗位的求职渠道

“00后”虽然是在移动互联网络时代成长起来的，但社会关系网络在“00后”的求职过程中仍然发挥着重要的作用。特别是对于初中及以下学历的“00后”来说，劳动力市场上信息不对称的现象仍然比较突出，对于熟人推荐工作岗位仍然存在一定的依赖性。

（二）“00后”求职最关心薪资水平、工作环境和社会保险

调查结果表明，“00后”在求职择业的过程中，最关心的因素是薪资待

遇，约占32.5%；对于工作环境的关注度位居其后，约占22.8%，关心社会保险的约占20.2%（见图11）。

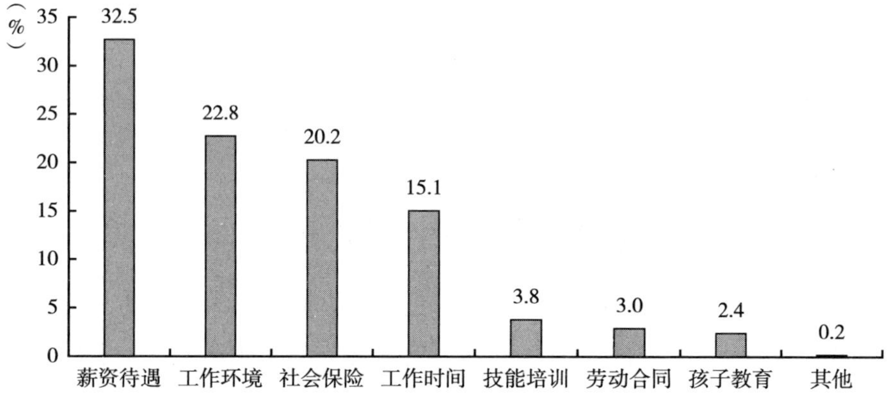

图11　上海市“00后”求职择业最看重的因素

（三）七成“00后”认可参加职业技能培训的作用，职前准备渐受重视

从“00后”求职准备的情况来看，职业技能培训的重要作用，正在受到年轻一代劳动者的重视与认可。调查数据显示，在外出务工前接受过职业技能培训的约占26.2%，在进入上海市劳动力市场之后接受过培训的约占56.8%。较高的培训率说明，“00后”在进入劳动力市场之前，较为重视职前准备工作，就业的“盲目性”有所降低。

从培训期限看，接受职业技能培训时间为1个月以内的“00后”约占72.3%，培训时间为1个月及以上的约占27.7%。从职业技能培训的实际效果来看，认为参加职业技能培训对于找工作有帮助的超过七成。在参加过培训的“00后”中，72.9%的“00后”认为职业技能培训对于寻找工作“有帮助，培训与工作对口”，14.6%认为“有帮助，但培训与工作不对口”，认为“没有帮助”的占12.5%。

（四）民营企业首度成为“00后”最理想的就业选择

从“00后”最理想的就业单位类型来看，32.5%的“00后”选择了民营企业，与上年同期调查结果相比提高了 5.1 个百分点，明显高于其他各类企业，首次成为“00 后”最理想的就业单位。国有企业位居第二，约有 30.4%的“00 后”把国有企业作为最理想的就业单位，同比下降 7.6 个百分点。选择机关事业单位、外资企业作为理想单位的“00 后”分别占 19.4%、15.1%，与上年相比均有所下降（见图 12）。

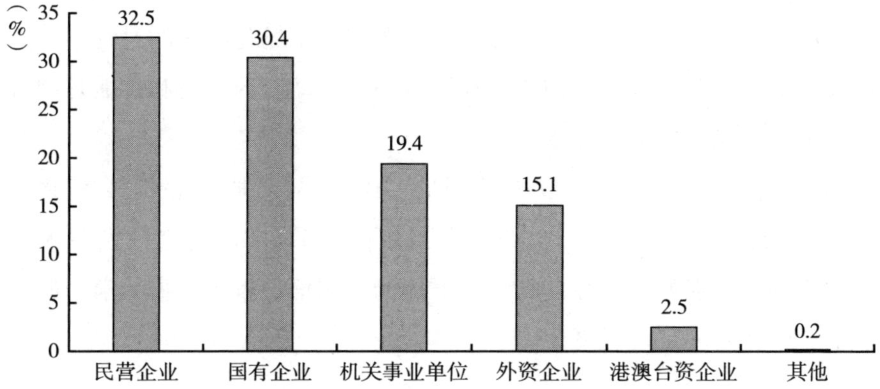

图 12　上海市“00 后”劳动者最理想的就业选择

党的十八大以来，随着我国产业结构的不断转型升级，上海市民营企业迎来了蓬勃发展的春天，企业数量和质量均有明显提升，市场竞争力和就业吸引力不断增强，极大地提振了民族凝聚力和市场信心，员工认同感和归属感也不断增强。正因如此，民营企业首度成为上海市“00 后”最理想的就业单位类型。这一方面是民营企业运营管理机制日趋成熟、更加重视招揽和培养人才的客观结果，另一方面也是“00 后”就业观念更趋理性的现实表现。

但与全国当前的就业结构相比，上海市“00 后”在民营企业就业的比例仍然相对偏低。国家统计局发布的按经济类型分城镇就业人员数据①显示，2019 年私营企业和个体经济吸纳就业人数所占比重为 58.0%，如将有

① 国家统计局网站，按经济类型分城镇就业人员，https://data.stats.gov.cn/easyquery.htm?cn=C01。

限责任公司、股份有限公司等单位类型计算在内，全部民营企业吸纳就业人数所占比重为76.8%。“00后”的职业理想和现实选择之间，仍然存在不小的差距，就业观念有待进一步转变。

（五）学历、技能是“00后”提振求职信心的重要因素

在市场经济条件下，劳动力资源通过市场化的方式实现供需匹配，是我国现阶段最主要的择业方式。在劳动力资源实现市场化配置的过程中，用人单位最看重的是劳动者能够创造的经济效益，劳动者的学历和技能是用人单位考察求职者能力的标志性指标。

调查数据显示，大专及以上学历的“00后”求职信心指数为141.8，高中及以下学历的“00后”求职信心指数仅为116.0。这充分表明求职信心与学历具有较强的相关性，高学历群体的求职信心较高，中低学历群体的求职信心则相对不足（见图13）。

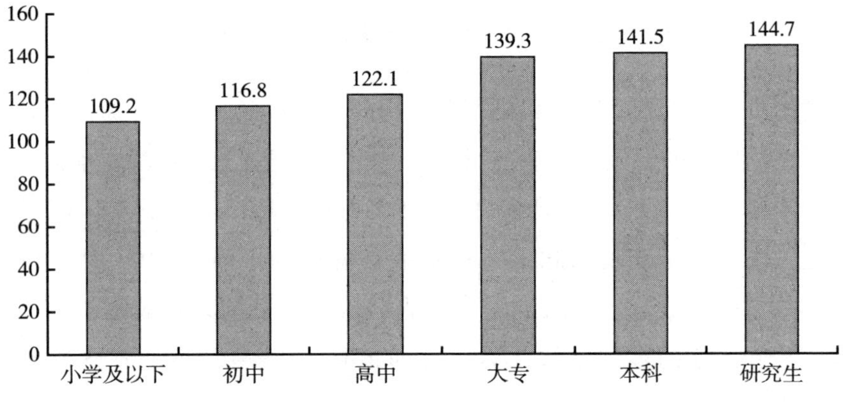

图13　上海市“00后”劳动者求职信心的差异

从职业技能对“00后”求职信心的影响来看，没有任何职业技能的“00后”求职信心指数为118.3，有职业技能证书的“00后”求职信心指数为137.4。职业技能等级越高，“00后”的求职信心指数也越高。综合来看，学历、技能有助于帮助求职者提升求职信心。

四 “00后”的就业稳定与职业流动

（一）在当前单位持续就业时间平均超过8个月，就业稳定程度不断提高

从“00后”在当前单位持续就业的时间来看，平均为8.5个月，与上年相比增加0.3个月，总体呈现逐年增长的态势。在同一家单位连续就业时间的不断增长，意味着“00后”在上海市就业稳定程度不断提高。

（二）近两成“00后”有跳槽经历

统计数据显示，自工作以来就一直在同一家工作单位就业、没有过跳槽经历的“00后”约占81.3%。18.7%的“00后”具有两次及以上劳动经历，也就是说，已有近两成“00后”有过更换就业单位的经历（见图14）。

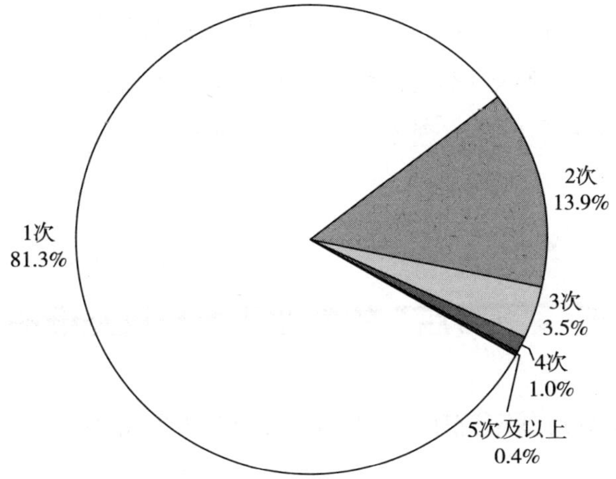

图14 上海市“00后”的劳动经历

（三）就业稳定的“00后”岗位满意度较高，就业满意度与跳槽次数成反比

调查结果显示，没有过跳槽经历的“00 后”就业满意度为 147.1；有过 2 次劳动就业经历的“00 后”就业满意度为 143.4，跳槽次数达 5 次及以上的“00 后”就业满意度为 141.2。从“00 后”的就业满意度与其跳槽次数之间的联系看，两者之间的相关系数为 -0.89。这说明“00 后”的就业满意度与其跳槽次数之间高度负相关，跳槽次数越频繁，就业满意度越低。

（四）因钱少、事多、离家远离职的现象减少，“00后”的职场定位较为理性

从离职原因来看，由于“单位经营不善”而跳槽的“00 后”约占 20.1%，是“00 后”离职的最主要原因。因“薪资收入低”、“离家太远”或“工作压力太大”离职的“00 后”，占比分别为 19.5%、16.2% 和 12.7%，与上年调查结果相比均有所下降。这意味着由于就业形势和劳动力市场供求关系的变化，“00 后”在面对职场选择时更趋谨慎，因薪资待遇、工作压力、上班远近等因素而任性离职的现象有所减少。“00 后”求职者更多考虑的是职业成长空间，而不是个人的安逸舒适，职场定位和职业选择更趋理性。[①]

五　“00后”的就业质量与权益维护

（一）平均月薪5229元，与上年同期基本持平

统计数据显示，在上海市就业的“00 后”，2021 年平均月薪为 5229

① 郑慧玲、王加文：《上海市流动劳动力求职与就业状况报告》，载余兴安主编《中国人力资源市场分析报告（2020）》，社会科学文献出版社，2020。

元，与上年同期（5141元）基本持平。“00后”为上海市经济社会的发展、人民生活水平的提高做出了很大的贡献，也充分分享了上海市改革发展的成果，平均月薪水平实现了稳步增长，既符合劳动者增加收入、改善生活的美好期待，也反映了上海市经济繁荣稳定、市场健康发展的客观现实。

（二）近九成签订固定期限劳动合同，平均劳动合同期限为18.4个月

劳动合同期限是劳动关系当事人双方享有权利和履行义务的时间。合理地确定劳动合同期限，对于用人单位和劳动者来说，都是至关重要的。调查结果显示，进入劳动力市场的“00后”，签订劳动合同的比例为99.3%。其中，签订固定期限劳动合同的约占88.7%，签订以完成一定工作任务为期限的占8.5%，签订无固定期限的占2.8%。

从“00后”与用人单位签订的劳动合同期限来看，平均期限为18.4个月；其中，劳动合同期限在1年以下的占25.9%，劳动合同期限在1~2年的约占44.8%，在2年以上的约占29.3%。劳动合同期限较长，一定程度上说明用人单位愿意为“00后”提供较为长期和稳定的职业发展环境，既有利于企业科学合理地规划、安排生产经营活动，也有利于“00后”获得稳定的职业发展空间和收入来源（见图15）。

（三）社会保险基本实现全覆盖，参保率连年提高

从“00后”参加社会保险的情况来看，已有99.8%参加了各类社会保险，没有参加社会保险的仅占0.2%，基本实现了全覆盖。从近年来的变化趋势看，“00后”社会保险的参保率连年快速提高（见图16）。

（四）平均每月工作22天、每周40.7小时

调查结果显示，“00后”每月平均工作22天，每周平均工作40.7个小时。其中，每周工作时间40小时以下的约占65.9%，工作时间40~50小时的约占16.8%（见图17）。

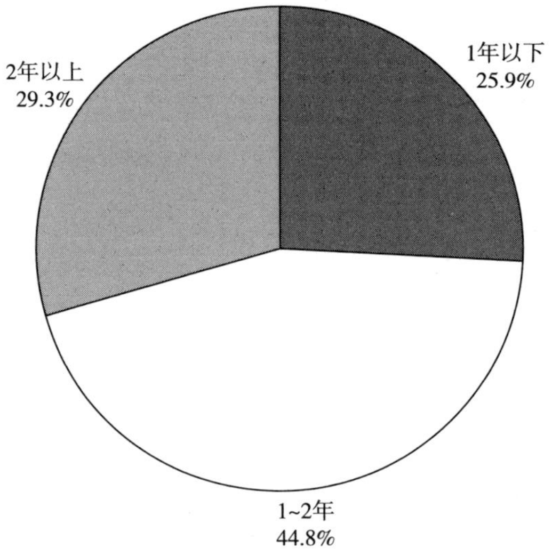

图 15　上海市“00 后”劳动者与单位签订的劳动合同期限

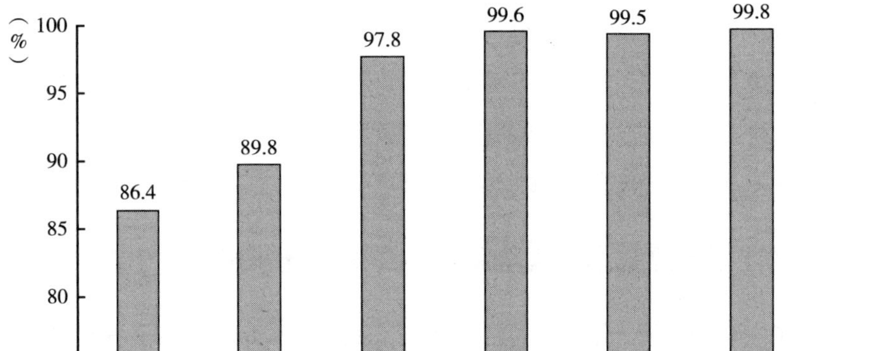

图 16　2016～2021 年上海市“00 后”的社会保险参保率

随着我国经济社会的快速发展，人们的生活质量和生活水平不断提高，“00 后”在努力工作的同时，也更加注重提升生活品质、增加休闲娱乐，工作时间与此前的“80 后”“90 后”相比有所下降。同时，这也在一定程度上说明，大多数企业越来越重视劳动者的合法权益，能够合

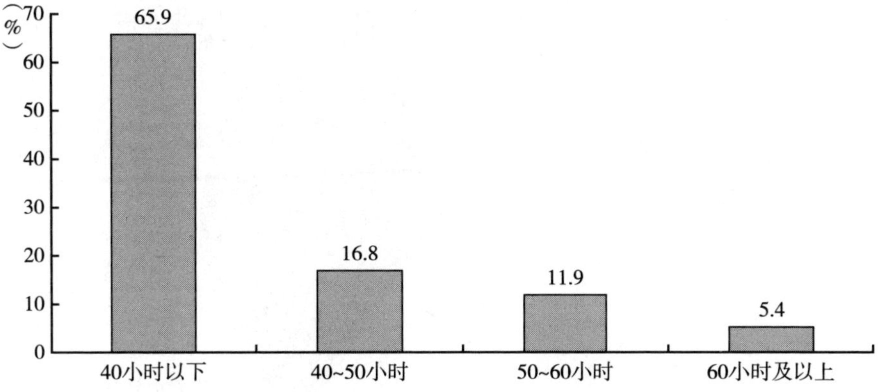

图17　上海市“00后”就业人员每周的工作时间

理安排员工的工作时间和休息时间，切实保障宪法赋予劳动者的休息权。

（五）近九成有加班经历，八成有加班费

调查结果显示，2020年有加班经历的“00后”约占89.4%，没有加班经历的约占10.6%。其中，每次加班都有加班费的约占62.5%，多数加班有加班费的约占18.1%，两者合计约占80.6%；少数加班有加班费的约占11.6%，从来没有加班费的约占7.8%（见图18）。

（六）“00后”依法维权的法律意识较强

调查结果显示，“00后”具有较强的法律意识，学法、用法的意识较为强烈，对于《劳动法》的主要条款表示“大致了解”的“00后”约占57.8%，表示“非常熟悉”的约占32.5%，表示“不了解”的约占9.7%。

当被问到“工资被拖欠，您首先选择什么途径解决问题”时，选择劳动监察、劳动仲裁和法院的比例分别占32.9%、27.4%和12.1%，三者合计约占72.4%；选择通过亲戚朋友途径解决的约占24.7%。从调查结果来

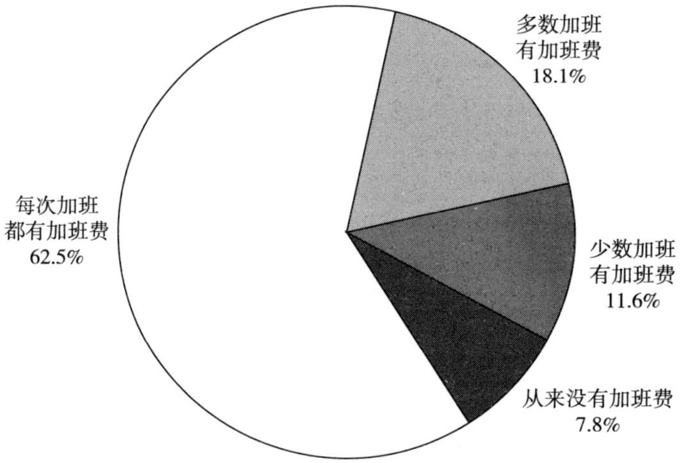

图18　上海市“00后”获取加班报酬的情况

看，在合法权益受到侵害时，大部分“00后”会选择合法、理性的方式解决（见图19）。

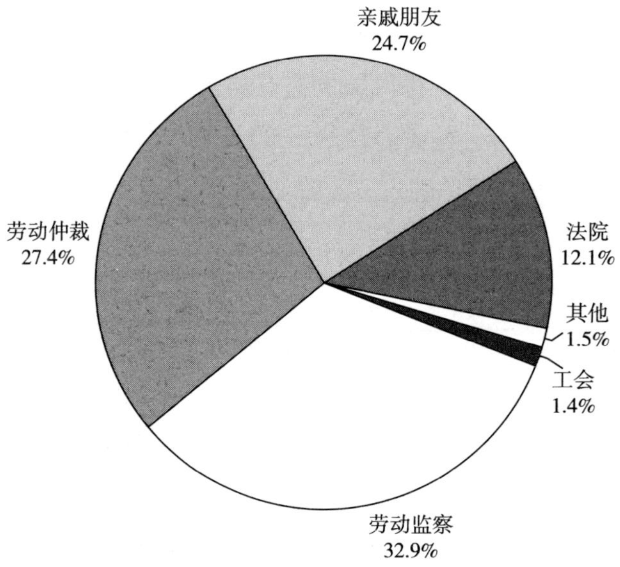

图19　上海市“00后”维护劳动权益的渠道

六　政策建议

“00 后”是上海市经济社会建设的重要力量，作用巨大、不可替代。进一步完善公共就业服务体系，高度重视并不断加大“00 后”就业质量监测力度，为其提供具有针对性的职业指导和就业服务，积极推动“00 后”实现更加充分更高质量的就业，不仅是促进其健康有序成长的现实需要，也是我国经济社会持续稳定发展的客观要求。

（一）构建科学精准、快捷灵敏的就业失业监测机制

充分利用就业登记、社保缴费等信息管理系统的大数据资源，进一步完善劳动力市场总体分布流向的图谱，构建全方位的就业、失业研判机制，坚持动态监测，实现精准研判，加强对包括“00 后”在内的各类劳动者群体就业状况变化规律的研究和分析，切实提升大数据使用和就业监测技术的水平，更快捷地反映就业形势的变化，为促进“00 后”实现更加充分和更高质量就业提供决策支持和参考依据。

（二）搭建广覆盖、高效率的人力资源供需对接平台

以促进人岗匹配为核心目标，探索实施“分类管理、个性服务”工作新模式，通过引入大数据、人工智能等新技术，建设便捷高效、公益权威的线上招聘新平台，实现向服务对象与就业岗位的双向智能推荐、双向快速匹配，缩短匹配周期，提高匹配效率，为“00 后”劳动者求职和用人单位招聘搭建高效供需对接平台，实现“供需有效对接、服务精准匹配、数据实时掌控”的目标要求，满足劳动者和企业精细化、个性化的就业服务需求。

（三）全面推进市场导向、普惠实用的职业技能提升行动计划

重点围绕离校未就业的“00 后”毕业生等就业创业重点群体，加强面向市场的技能培训。体系建立建设方面，贯彻落实国务院《关于推进终身

职业技能培训制度的意见》和《职业技能提升行动方案（2019～2021年)》，聚焦劳动者素质提升和产业发展需要，完善终身职业技能培训政策和组织实施体系。围绕上海市产业发展和城市治理的重点领域，着力推进十大技能提升计划；完善以鼓励劳动者个人自主参加技能培训，企业集中组织职工开展技能培训、紧缺急需专项技能培训的“1+1+X”的政府补贴培训政策；坚持构建以行业企业为主体、职业院校为基础、职业培训机构为补充的终身职业技能培训组织实施体系。

（四）建设智能化、信息化的公共就业服务技术支持体系

充分考虑“00后”求职就业的新形势、新特点、新要求，坚持以人为本，坚持智能共享，全面建成数据集中、信息全面共享、公共就业服务业务办理智能化的新格局，全面建设以移动网络平台为载体的信息化公共就业服务平台，积极实现公共就业服务的新目标，对接服务对象的新需求，以智能化、信息化为引领，进一步提升就业服务和就业管理的水准，为新形势下的公共就业服务工作提供有力保障。

（五）打造权威专业、服务高效的公共就业服务队伍

坚持职业化和专业化，坚持上下互联和内外互补，进一步提升公共就业服务队伍能级，打造一支充满激情、富于创造、勇于担当的公共就业服务队伍。市级队伍重点培养精通政策业务的“专家权威”，能协调、懂管理。区级队伍重点培养“行家里手”，精准领会和解读各项政策，做到上情下达，开展赋能式指导服务，执行各项政策不打折扣，开展基础性政策指导得心应手。

参考文献

中共中央文献研究室：《习近平关于青少年和共青团工作论述摘编》，中央文献出版

社，2019。

汪晓东、王洲：《让青春在奉献中焕发绚丽光彩——习近平总书记关于青年工作重要论述综述》，《人民日报》2021 年 5 月 4 日。

田永坡：《浅析当前劳动力市场变化的七个新趋势》，《工人日报》2021 年 3 月 29 日。

田永坡：《职业大典修订需把握劳动力市场最新变化》，《工人日报》2021 年 5 月 24 日。

郑慧玲、王加文：《上海市流动劳动力求职与就业状况报告》，载余兴安主编《中国人力资源市场分析报告（2020）》，社会科学文献出版社，2020。

王加文、王斐：《00 后大学生步入职场　民营企业是吸纳就业重要渠道》，《解放日报》2018 年 11 月 22 日。

周宇香：《中国“90 后”人口特征及其形成原因解析》，《中国青年研究》2020 年第 11 期。

侯艺：《保就业背景下青年就业现状研究》，《中国青年研究》2020 年第 9 期。

B.5
新冠肺炎疫情对人才招聘的影响及对策建议

杨慧玲*

摘　要： 2020年新冠肺炎疫情，虽然对中国的经济运行及人才招聘产生了直接影响，但是随着疫情的有效控制，企业招聘信心开始恢复，通过有序复工复产、增加灵活用工、实施远程办公、提高工作方式的灵活性、加强健康管理、开展技能培训等多种方式进行组织重置，以更敏捷的方式适应新的现实和变化。因此，企业部署远程办公，构建可持续发展的敏捷性组织，加速人力资源管理与开发，以及增强企业社会责任，成为当今人力资源管理者面临的新问题。

关键词： 新冠肺炎疫情　人才招聘　敏捷组织　社会责任

本文采用2020年万宝盛华雇佣前景调查第三季度与第四季度附加问题的调查数据。在2020年第三季度万宝盛华雇佣前景调查中，增加了新冠肺炎疫情对企业业务经营、人才招聘的影响调查；在2020年第四季度万宝盛华雇佣前景调查中，增加了新冠肺炎疫情对人才招聘的影响调查。

万宝盛华雇佣前景调查每个季度都进行一次，以调查下一季度雇主在增

* 杨慧玲，万宝盛华大中华集团市场总监，主要研究方向为数字化领域的市场品牌沟通。

加或减少员工方面的意向。

该调查基于对全球 59000 多家各类企业的访问，已经超过 55 年。从 2005 年第二季度开始，增加中国大陆地区的样本，受访对象为中国大陆地区 4200 多家各类企业的人力资源负责人。

一　新冠肺炎疫情对中国大陆地区人才招聘的影响

（一）重创微型企业

2020 年第三季度万宝盛华雇佣前景同步调查了中国大陆地区的雇主受国内疫情及全球疫情暴发对企业的直接影响。本文将以万宝盛华雇佣前景的标准来定义不同规模的企业。受访的企业按照规模分为四种类型：少于 10 人的微型企业、10 ~49 人的小型企业、50 ~249 人的中型企业、250 人及以上的大型企业。

万宝盛华雇佣前景调查发现，四类规模型企业中，拥有员工人数相对较少的微型企业经济运营受冲击最大。其中 59% 的微型企业表示业务受到影响，13% 的微型企业表示 100% 的业务停业/暂停，远高于其他类型的企业，而中型企业与大型企业经营则相对稳健（见表 1）。

表 1　新冠肺炎疫情对中国大陆四类规模的企业 2020 年经营业务的影响

单位：%

项目	微型企业	小型企业	中型企业	大型企业
业务受到影响	59	56	40	44
100% 的业务停业/暂停	13	2	1	1
80% ~99% 的业务停业/暂停	9	4	3	3
50% ~79% 的业务停业/暂停	15	19	11	12
1% ~49% 的业务停业/暂停	23	31	25	29

资料来源：万宝盛华雇佣前景调查。

微观经济下行及新冠肺炎疫情，相应地给就业市场也带来了重大挑战。调查发现，四类规模企业中，微型企业2020年四个季度均预期减少员工人数，尤其是在全球疫情的影响下，微型企业2020年第三季度净雇佣前景指数为 -8%（见表2）。

表2　2020年中国大陆四类规模企业雇佣前景

单位：%

规模	第一季度	第二季度	第三季度	第四季度
微型企业	-1	-1	-8	-3
小型企业	4	8	2	4
中型企业	7	13	7	10
大型企业	14	18	13	17

注：净雇佣前景指数是指所有接受调查的企业中，期望在下季度增加员工人数的雇主比例与期望减少员工人数的雇主比例之差。季节性调整是统计学上的一种数据处理方法，这一调整可去除一年中因季节性因素影响而产生的波动，如天气变化、公共节假日等，排除季节性因素的影响可以使劳动力市场趋势分析更准确。

资料来源：万宝盛华雇佣前景调查。

（二）冲击劳动密集型行业

在此次新冠肺炎疫情危机的早期阶段，最容易受到影响的是餐饮业和小型零售业。随着疫情加剧，消费者和企业需求日益下降，各行各业都受到了严重的影响，尤其是需要近距离人际接触的劳动密集型行业。

调查结果表明，六大受访行业均不同程度受到影响，其中，批发及零售业、服务业的经营业务受影响最大。50%的批发及零售业企业表示业务受到影响，高于其他行业。运输及公用事业中，5%的受访企业100%的业务停业/暂停（见表3）。

制造业、批发及零售业、矿业及建筑业受人际接触限制，复工延迟的影响程度要远高于信息技术等工作方式更为灵活的行业。制造业、矿业及建筑业2020年第三季度的净雇佣前景指数均为 +2%，低于其他的行业。

表 3　新冠肺炎疫情对中国大陆六大行业 2020 年企业经营业务的影响

单位：%

项目	金融、保险及房地产业	制造业	矿业及建筑业	服务业	运输及公用事业	批发及零售业
业务受到影响	33	43	42	45	39	50
100% 的业务停业/暂停	1	3	0	4	5	2
80% ~99% 的业务停业/暂停	1	3	8	3	5	5
50% ~79% 的业务停业/暂停	9	14	15	12	9	15
1% ~49% 的业务停业/暂停	23	24	19	26	21	28

资料来源：万宝盛华雇佣前景调查。

（三）对批发及零售业影响持久

尽管中国大陆 2020 年上半年非常快速地实现了对新冠肺炎疫情的有效控制，但因全球新冠肺炎疫情暴发并陆续蔓延呈现不断扩大的严重态势，国际贸易行业受到直接影响。相应地，在 2020 年六大行业的雇佣前景表现上，批发及零售业受影响的持续性时间较长，2020 年第四季度与上一季度持平，净雇佣前景指数维持在 +3%（见表 4）。

表 4　2020 年六大行业雇佣前景

单位：%

行业	第一季度	第二季度	第三季度	第四季度
金融、保险及房地产业	4	8	4	9
制造业	6	6	2	5
矿业及建筑业	0	6	2	6
服务业	7	9	3	5
运输及公用事业	7	8	6	7
批发及零售业	5	5	3	3

资料来源：万宝盛华雇佣前景调查。

（四）制约中高风险区域发展

疫情下的区域化发展取决于所在地区关键性的健康情况。武汉出现新冠肺炎疫情后，随后在全国范围内传播，扩大了经济受冲击的范围。武汉在2020年实施了为期76天的封锁，在这一段前所未有的时期，该区域内的很多企业被迫停工停产，很大程度上影响了华中与华西区的经济发展。

再加上受区域性产业结构的影响，中西部及北部地区承接了东部沿海地区传统劳动密集型产业的转移，使新冠肺炎疫情对区域化发展的影响更明显。万宝盛华雇佣前景调查发现，解除疫情封锁后，在过渡期内，依旧有43%的华中与华西区的受访企业在经营上遭受不同程度的影响，4%的受访企业100%的业务停业/暂停，高于其他地区（见表5）。

表5　新冠肺炎疫情对中国大陆四大区域2020年企业经营业务的影响

单位：%

项目	华中与华西区	华东区	华北区	华南区
业务受到影响	43	39	36	44
100%的业务停业/暂停	4	0	2	2
80%～99%的业务停业/暂停	5	1	7	0
50%～79%的业务停业/暂停	13	16	15	16
1%～49%的业务停业/暂停	21	22	13	26

注：华北区包括北京、天津、大连、青岛；华东区包括上海、南京、苏州、杭州；华南区包括广州、深圳、厦门、长沙；华中及华西区包括成都、重庆、西安、武汉。

资料来源：万宝盛华雇佣前景调查。

2020年6月北京的疫情进一步影响到华北区的经济发展及雇佣前景。经季节性调整后，华北区2020年第三季度的雇佣前景在四个区域中最低迷，净雇佣前景指数为+2%，低于其他区域（见表6）。

表6　2020年中国大陆四个区域雇佣前景

单位：%

区域	第一季度	第二季度	第三季度	第四季度
华北区	5	7	2	4
华南区	6	8	4	8
华东区	6	5	4	4
华中与华西区	5	7	4	3

资料来源：万宝盛华雇佣前景调查。

华南区作为全球的制造中心及中国轻工业最为密集的地区之一，受到影响较大，44%的华南区的受访企业在经营上遭受不同程度的影响，但随着近几年的转型升级，互联网、大数据、人工智能与实体经济的深度融合，智能工厂、自动化工厂带来的智能制造减少了对人员数量的依赖，减少了人员密度，疫情对其的影响深度较小，受影响的企业多集中在1%～49%的业务停业/暂停。而随着疫情得到控制，智能制造的经济恢复能力也较强，华南区2020年第二季度与2020年第四季度的净雇佣前景指数均为+8%，高于其他地区。

二　中国大陆地区企业的人才招聘对策

（一）有序开展复工复产

在疫情还没有完全结束的情况下，员工的健康状况直接关系到企业的运营与发展，企业在地方政府政策的指导下，执行了一系列的防控措施，有序地开展了复工复产。在万宝盛华中国大陆2020年第三季度雇佣前景同步调研即全球新冠肺炎疫情首次对雇佣前景造成影响的时间范围内，36%的受访企业预期未来12个月内恢复到2019年前的招聘水平，其中29%的企业预期未来3个月内恢复到2019年前的招聘水平。

随着中国大陆疫情的有效控制得到验证，以及卓有成效的复工复产，企业的招聘信心开始恢复，在中国大陆2020年第四季度雇佣前景的同步调研中发现，51%的受访企业表示未来12个月内预期恢复到2019年前的招聘水平，45%的企业表示3个月内恢复到2019年前的招聘水平，这一比例较上季度显著提升（见表7）。

（二）增加灵活用工的数量

新冠肺炎疫情造成了艰难的全球经济环境和巨大的不确定性，在人力资源组合管理上，企业更注重考虑长远，重塑自我，增强抵御风险的能力和企业组织的灵活性。调研发现，企业在复工复产增加全职员工的同时，其他类型的员工也有不同程度的增加，均有不同比例的企业增加兼职员工、合同工、临时工和自由职业者（见表8）。

表7 预期恢复到2019年前招聘水平的时间——全国平均水平

单位：%

时间	2020年第三季度	2020年第四季度
12个月内	36	51
3个月内	29	45
4~9个月内	2	5
10~12个月内	5	1

资料来源：万宝盛华雇佣前景调查。

表8 在接下来的六个月中，企业劳动力组成变化

单位：%

项目	全职员工	兼职员工	合同工	临时工	自由职业者
增加	15	9	7	6	5
减少	7	7	6	6	5
不变	68	38	43	43	42
不知道	10	46	44	45	47

资料来源：万宝盛华雇佣前景调查。

（三）实施远程办公

为了减少人际接触带来的负面影响，在复工复产的过程中，企业有针对性地采取了远程办公的方式。调查发现，针对新冠肺炎疫情的影响，26%的受访企业向员工提供100%的远程办公，13%的企业提供部分时间远程办公（见表9）。

（四）提高工作方式的灵活性

为了提高企业运营的灵活性，减少人际接触，有远见的企业尽一切努力在工作地点、工作时间及管理方式上提高组织的灵活性。调查发现，针对新冠肺炎疫情的影响，19%的受访企业提供弹性上班或压缩工时，3%的受访企业提供类似兼职顾问类的兼职工作机会。

表9 企业针对新冠肺炎疫情影响为员工提供的选择

单位：%

办公形式	占比
部分时间远程办公	13
弹性上班或压缩工时	19
学习或发展新技能的机会	7
提供健康福利保障	13
提供兼职工作	3
100%远程办公	26
其他	55

资料来源：万宝盛华雇佣前景调查。

（五）以人为本，加强健康管理

这场持续时间较长的疫情让诸多企业与员工备受煎熬，复工复产以后在较长一段时间内考验着企业的员工健康风险管理机制。在人力资源管理上，谋求长远发展的企业不但增加了人力资源技术方面的投资，还增加了员工健康福利方面的投入，关爱员工的方式也开始从普惠式福利向全面健康管理转变。针对新冠肺炎疫情的影响，13%的受访企业为员工提供了健康福利保障，包括为员工购买健康医疗保险、分发消毒液等，最大限度地保障员工及其家属的健康安全。

（六）开展技能培训

疫情加速了数字化进程，随着企业快速转型升级，技能需求也在发生变化。大规模远程办公意味着对协作、团队合作和其他敬业精神、责任感等软技能需求的最大化。一些企业已经意识到这一点，并致力于缔造一支学习型的团队来敏捷地完成新任务，随时应对不断的变化和颠覆性的挑战。针对新冠肺炎疫情的影响，7%的受访企业为员工提供学习或发展新技能的机会。

三　对策与建议

（一）远程办公规划迫在眉睫

2020年的疫情加速了市场向远程办公转变，或许将永久性地改变企业的工作方式，该工作方式在新冠肺炎疫情大流行之前已初步开始。随着疫情的加剧，雇主和雇员需要进行远程办公，提高工作效率。雇主可以从这种转变中受益，打破区域化的限制，从全国甚至全球获得所需的稀缺性技能人才，从而使组织在提高员工多样性、节约办公成本的同时，以经济高效的方式获取人才。

因此，远程办公的人力资源战略规划势在必行。雇主需要考虑长远的不确定性，审视当前及未来的运营模式、未来需要的技能和技术，跟踪不断变化的技能需求，评估经营及雇员对工作地点的需求，以确定可以远程办公雇员群体与现场工作的群体，并评估相关的安全和保护措施，以确保经营和工作的可持续性。

在远程办公的规划上，最佳策略是依据所在行业及企业的经营特点，建立科学的管理系统，通过大数据，确保人力资源战略与业务战略保持一致。万宝盛华全球发布的整体劳动力指数（Total Workforce Index™）通过劳动力可用性、成本效益、法规监管和劳动力生产效率四个关键性的因素，进行全面而深入地比较，对赋能组织规划远程办公，跟上经济恢复后的步伐，有一定的参考价值。

（二）组织构建将日趋敏捷化

激烈的市场竞争环境，不断涌现的颠覆性产品与技术，促进企业构建敏捷性的供应链、敏捷性的研发机制以及敏捷性的组织，快速变化、灵活响应、高效赋能，使企业产生可观的经济营收。

为了构建敏捷型组织，企业更加注重核心人才的吸引和保留，通过外包和多样化的灵活用工形式，减少非核心人才的配置，增强抵抗市场波动的能力和降低不确定性带来的风险，同时避免裁员对企业经营带来的负面影响。在此背景下，组织正变得越来越复杂，对于人力资源管理者而言，如何以更敏捷的方式重置组织，如何进行员工与非员工的最佳组合，以及如何在不断变化的法规监管环境中最佳运作，在适应新现实的情况下可持续发展，是一项艰巨的任务与挑战。

此外，员工希望工作更具有灵活性，远不止远程办公，还包括工作地点、工作时间、管理沟通方式等诸多方面，如何在这些方面实现灵活性，如何节省运营成本，避免工位闲置、节约办公成本等都将成为人力资源管理者统筹的范围。

随着组织节约成本的倾向性增加，企业必须考虑与劳动力可用性有关的其他因素，用合适的数据支持更广泛的战略性决策，如办公室选址策略、劳动力组合和容量规划，这有助于控制成本，优化人力资源策略，更重要的是，创建公司实现可持续增长所需的业务敏捷性。

（三）人力资源开发与发展加速

当人们的工作、消费、学习和社交方式几乎在一夜之间转变为远程办公方式时，那些在数字化、员工技能和创新方面加大投资的公司正在占领更大的市场份额，从同行中脱颖而出，使员工和客户受益。

受疫情影响，金融、保险及房地产业与商业服务业正在增强企业的数字化管理，特别是在一线、行政和面向客户的职能领域。随着疫情逐步得到控制，在线教育、在线医疗、电子商务等增长性行业以及高技能人才得以较快复工复产，新技术的不断应用，创新能力需求的增长，使有技能和没有技能的劳动力之间的两极分化也在进一步加剧。前所未有的数字化转型，以及不确定性和新趋势的出现，使各组织在员工技能培训方面的投入不断增加。技术的不断升级，促使员工要掌握更高技能，以增强企业抵御风险的能力。

然而，人力资源管理与开发是一项巨大而系统性的工程。与员工创新能力相关且需求日益增长的软性技能很难评估，也很难通过培训获得，因此这一特质要求企业从一开始就要考虑招聘的人岗匹配问题，因此，对招聘提出了更高要求。同时，日新月异的新技术使岗位的需求不断发生变化，企业需要不断更新人员测评工具，定期评估现有员工的优势和工作偏好，并帮助组织预测适合企业和员工未来发展的岗位，使员工的能力和潜力与组织所需的技能保持一致，以制定有效的员工流动方案，降低人才获取成本。

（四）践行社会责任

由于技能需求的转变比以往任何时候都要快，面对新的市场秩序，企业除了培养具有创新能力的人才、加强员工福利外，对于富有社会责任感的企业而言，还要解决因技术升级、市场波动带来的人员更替与人数缩减问题。帮助员工制定职业生涯规划，实现从一个角色提升和转换，如从衰退行业提升到增长行业的职业转换。还有缩小技能差距，提高就业能力，也将被纳入越来越多企业的人力资源管理日程，以应对经济波动对人员工作与生活的影响，从而塑造积极的雇主品牌形象。

B.6

中国高技能人才就业形势分析

王 琪 孙 超*

摘 要： 高技能人才是我国技能劳动者的重要组成部分，是社会生产力转化的重要支撑，是制造强国的主要力量，也是大国工匠的代表要素。做好高技能人才的培养就业工作是国家重视和建立“技能社会”的体现，本文从高技能人才的行业需求与就业现状展开分析，提出高技能人才结构性缺员的观点，以及对需求行业之间存在较大的人员不足的问题提出对策和建议。

关键词： 高技能人才 就业 行业

《高技能人才队伍建设中长期规划（2010～2020年）》（简称《规划》）提出关注我国高技能人才发展的核心观点，为实施国家高技能人才振兴计划奠定了基础。我国通过高技能人才培训基地建设，学习世界发达国家的高技能人才成长方式，加强技师、高级技师的培训，实现高技能人才总量的持续上升，提高该群体的综合素质，发挥该群体在我国经济建设中的重大贡献。

一 我国高技能人才发展现状

《规划》指出：高技能人才是指具有高超技艺和精湛技能，能够进行创

---

* 王琪，中国人才研究会副秘书长，北京首经人力资源开发中心主任，主要研究方向为教育培训、人才素质测评、人力资源开发建设、招聘与甄选；孙超，北京首经人力资源开发中心副主任，主要研究方向为人才培训体系建设、人才招聘与选拔评价、人力资源信息化建设与应用。

造性劳动，并对社会做出贡献的人，主要包括技能劳动者中取得高级技工、技师和高级技师职业资格的人员。

高技能人才既是产业大军的优秀代表，也是我国技术工人队伍的核心骨干，可以预见，这支队伍在加快国家产业优化及升级、提高国际竞争力、推动国家技术创新和科技生产力转化等方面具有重要作用。①

2020 年 12 月，我国在“十三五”期间，新增加的技能人才数量已经超过 1000 万人。截至 2020 年，我国技能劳动者人数超过 2 亿人，高技能人才超过 5000 万人。高技能人才的快速发展，已经实现了《规划》中“到 2020 年，全国技能劳动者总量达到 1.4 亿人，其中高级工以上的高技能人才达到 3900 万人（高级技师 180 万，技师 820 万，高级工 2900 万）”的目标要求。

高技能从业者数量的持续扩大，离不开各行各业实行的人才队伍合理化建设和科学的工作方法。在此期间，国家和各地政府陆续出台了具有实用性和引导性的制度方法，社会对高技能人才的重视程度增强，这对高技能人才的高效能建设起到了重要的推动作用。

（一）高技能人才的行业分布

我国的高技能人才数量稳步增加，队伍壮大明显，有效服务于各个行业的基础建设。国内各行业领域的人才需求差异较大，高职学历人才是高技能人才的代表，以下参考《中国劳动统计年鉴》，对我国 19 个行业年末就业人数中高职学历人才的占比进行统计分析，数据自 2011 年至 2019 年。

统计结果显示，在信息传输、软件和信息技术服务业，卫生和社会工作以及金融业等行业工作的高技能人才数量最多，约占就业总量的 1/3。需求比例超过 20% 的行业分布在第三产业，而在农林牧渔业，高职学历就业人员的入职比例未超过 1%，明显低于其他领域。信息传输、软件和信息技术服务业对高职教育人才的需求在 2015 年已增长到 30%，结构变化较大，金

① 中共中央组织部、人力资源和社会保障部：《高技能人才队伍建设中长期规划（2010～2020 年）》，2011。

融业、采矿业、房地产业与批发和零售业的需求变化不明显。公共管理、社会保障和社会组织，教育，文化、体育和娱乐业及水利、环境和公共设施管理业等行业领域，对高技能人才的需求明显下降。[①] 各行业高职学历毕业生人数占比见表1。

表1　国民经济行业分类与高职招生大类的匹配及毕业人数占比

单位：%

国民经济行业分类	高职招生大类	毕业人数占比		
		2017年	2018年	2019年
农林牧渔业	农林牧渔大类	1.6	1.5	1.5
工业(采矿业、制造业等)	制造、材料与能源、生化与药品大类	12.5	13.9	13.0
建筑业	土建大类;资源开发与测绘大类	8.3	9.6	8.1
交通运输、仓储和邮政业	交通运输大类	6.3	5.0	5.6
信息传输、软件和信息技术服务业	电子信息大类	12.3	9.2	10.4
教育;文化、体育和娱乐业;科学研究和技术服务业	文化教育大类;艺术设计传媒大类	21.0	21.5	22.7
居民服务和其他服务业;卫生和社会工作;公共管理、社会保障和社会组织	公共事业大类;公安大类;法律大类;医药卫生大类	14.3	13.7	14.5
水利、环境和公共设施管理业	环保、气象与安全大类	0.4	0.4	0.4
住宿和餐饮业	旅游大类	3.1	2.9	2.9
金融业;房地产业;租赁和商业服务业;批发和零售业	财经大类;轻纺食品大类	20.1	22.3	20.8

资料来源：2011～2019年《中国劳动统计年鉴》，后同。

（二）总量庞大，结构缺员

截至目前，我国拥有超过5000万的高技能人才，高技能人才的基数总

① 参见2018～2020年《中国科技统计年鉴》。

量庞大，技能劳动者的总量超过 2 亿，占到全国就业人口总量的 26%，高技能人才占技能劳动者总量的 28%，约占全国就业人口总量的 7%。

有关数据显示，日本所拥有的产业工人队伍中高级技术工人占到总量的 40%，德国拥有的高级技术工人占比已超过 50%，展示了两个国家对于技能生产水平的重视。我国技能劳动者与高技能人才所占的比例与全球发达国家相比，仍然存在很大差距，从我国高技能人才的就业需要和产业升级发展需要看，现存的高技能人才数量显著不足、缺口巨大。

21 世纪以来，我国进入经济转型和产业升级的加速期，互联网信息行业兴起，人工智能、大数据等新兴技术革命爆发，已有高技能人才所掌握的技能水平不能满足行业蓬勃发展的要求，甚至对新兴技术的生产力水平产生了制约。产业的兴起，对高技能人才的供给结构提出了要求。在我国就业总量压力没有减少的前提下，高技能人才的结构性矛盾凸显，技能劳动力市场的供需匹配性也呈现下降趋势。

全球经济趋势持续变化，科学技术升级日新月异，2020 年全球新冠肺炎疫情以来，我国各级政府应对有力，以内循环为主导的经济复苏明显，经济结构和产业结构调整加快，区域产业建设和全国经济建设所需要的高技能人才需求总量以及对其技能水平的要求持续拔高，高技能人才工作面临严峻挑战。

二　高技能人才就业存在问题

回顾我国高技能人才的起步、发展和壮大过程，总体来看工作基础薄弱，社会共识不够，各界对技能劳动和技能劳动者的认可程度、尊重程度和重视程度不高，仍然存在“劳心者治人、劳力者治于人”“重官轻工”的传统思想观念，使家长不愿让子女接受行业技能教育，不愿从事技能相关的岗位，导致高技能人才发展缓慢，数量不多、增速较低。我国新兴现代服务业，以人工智能、大数据、自动化和电子信息为代表的高新技术产业，以及制造、加工、建筑、能源、环保等传统产业中，高技能人才数量严重短缺，阻碍了经济建设高效持续发展，制约了产业布局、效能升级和地区产值贡献。

（一）高技能人才总量供不应求

党的十八大以来，我国职业教育、技工教育与社会产业规模和发展趋势的要求相适应，职业院校数量增加、人才培养质量提高、社会认可程度提升，随着国家和地区针对性政策的不断出台，高技能人才逐步踏上提质培优、增值赋能的道路。

学者李玉珠等人针对各省份的高技能人才供给情况进行了研究。①

2009～2018 年的 10 年间，我国的高技能人才供给综合评价指数逐年提升，由 2009 年的 0.1073 提升至 2018 年的 0.2976。其中自 2017 年起，增速缓慢，与国内经济发展水平综合评价指数存在较大的差距。除了北京、福建、海南、吉林、湖北、云南、广西、甘肃等地的高技能人才供给综合评价指数出现先稳步提升、后小幅度下降或波动上升外，其他地区持续增长。总体来说，各省份高技能人才供给能力发展向上、匀速且正常（见图 1）。

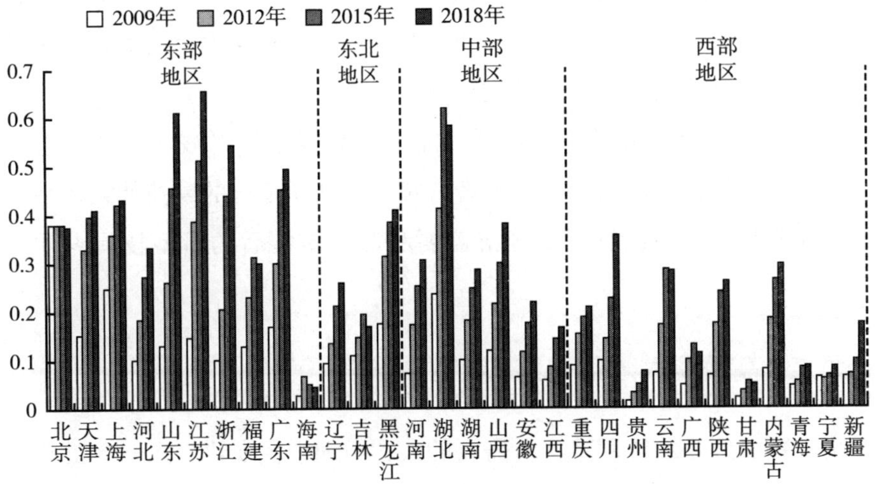

图 1　2009～2018 年我国高技能人才供给综合评价指数

① 李玉珠、唐博群：《经济发展水平与高技能人才供给耦合协调关系研究》，《中国职业技术教育》2021 年第 3 期。

我国高技能人才供给，存在区域间差异大、地区内部差异明显的现象，这与经济发展水平格局特征较为类似。东部地区的高技能人才供给能力相对较高，山东、江苏、浙江、广东提升明显，近年来一直稳居全国领先地位，北京、天津、上海等地的提升速度不如江苏等东部沿海省份，但始终高于全国平均水平，河北、福建与东部地区其他省份存在差距，但高于或基本持平于全国平均水平，海南省一直处于较低水平。

总的来看，10 年间中国高技能人才的平均供给能力不断提升，然而始终低于 0.3。参照国内各省份高技能人才供给能力的差异性进行分析，高水平省份少、低水平省份多，甚至部分省份的高技能人才输出和培养能力不稳定，这是造成全国高技能人才供给水平不高的重要原因之一。

我国现有技工院校约 2400 所，在校生约为 360 万人，平均每年向社会输送技能劳动者约 100 万人。职业院校约 1.17 万所，年招生 928.24 万人，在校生 2685.54 万人。技工院校和职业院校平均每年输出合格的技能劳动者约 700 万人，这是高技能人才的主要来源。

高技能人才的需求量与日俱增，需求形势越来越严峻。从现实情况来看，每年约 700 万的新增技能劳动者，技能劳动者输出的高技能人才数量有限，不能满足我国高速发展的经济需要和产业转型后的新型技能人才岗位需要。

（二）高技能人才供需结构存在差异性

由于我国产业结构调整，所需要的人才类别产生变化，人口老龄化问题逐渐凸显，青年学生平均受教育年限延长，因此未来 10 年或更长时间里，每年实际进入就业市场的新增劳动力规模将呈现下降趋势，导致人口红利下降，对高技能人才的合理配置产生了较严重影响，可以预测技能人才荒漠与就业难现象将共存。

2021 年，学者王佳、盛立强使用结构偏离度来对比分析全国高技能人才的就业结构与产业结构。① 结构偏离度研究结构性偏差，这是一项用于考察产业劳动力就业结构与产值结构对称性的经济指标（见表2）。

表2　2018年全国各行业高技能人才的就业结构与产业结构偏离度

单位：%

对比结果	农林牧渔	制造	建筑	交通运输	软件信息	教育文化	公共事业	水利环保	餐饮旅游	财经商贸
就业结构占比	0.70	19.50	4.70	5.10	4.00	11.10	23.00	0.80	3.00	28.00
毕业人数占比	1.50	13.90	9.60	5.00	9.20	21.50	13.70	0.40	2.90	22.30
产业增加值占比	7.35	32.75	7.12	4.39	3.13	6.68	8.64	0.55	1.80	27.59
就业结构的产业偏离度	9.5	0.68	0.51	-0.14	-0.22	-0.4	-0.62	-0.31	-0.4	-0.01
供给结构的产业偏离度	3.9	1.36	-0.26	-0.12	-0.66	-0.69	-0.37	0.38	-0.38	0.24

1. 从就业结构的角度看，农林牧渔业对高技能人才需求的满足度最低，产业偏离度逐年增大

相对于2017年，2018年农林牧渔业就业结构的产业偏离度缓慢下降至9.5，反映出随着我国兴农政策到位，农村经济发展迅速，以粮耕、畜牧、果蔬及周边产业为核心构建的行业领域得以发展，因此对高技能人才的需求变大。

公共事业大类就业结构的负偏离度最大，2018年的产业偏离度为-0.62，该行业高技能人才竞争激烈。

2. 从高技能人才的供给结构维度看，农林牧渔业对高技能人才的需求程度较大，但是得不到满足，出现较大的人员空缺

即使数据显示农林牧渔业的高技能人才供给结构的产业偏离度逐渐减小，但2018年仍为3.9，农林牧渔业的高技能人才供给依旧不足；制造业的高技能人才同样供给不足，2017年达到1.71，2018年得以缓解减至

① 王佳、盛立强：《我国高技能人才供需结构的产业差异性及协调性分析》，《教育与职业》2021年第11期。

1.36，表明制造业发展过程中，高技能人才供给的适应度较好。

也有部分产业出现负向偏离度，如教育文化业的负向偏离度最大，2018年产业偏离度为 -0.69，说明这个领域的高技能人才供给超出需求。2021年7月，教育部出台“双减”政策新规，要求对中小学生减负，对教育培训产业提出整改和监管规定，引起业务市场调整和人才离岗动荡，资本市场游离，因此在较长时期内将出现该行业的高技能人才明显过剩情况。

（三）高技能人才培养周期长，结构性调整难度较大

技能劳动者普遍存在职业发展通道短、晋升空间受到限制、横向发展不通的问题，因此很大程度影响了技能人才对技能岗位的热爱程度，技能岗位缺乏吸引力，技能劳动者不愿到岗位工作，岗位工作者缺失，提升高技能人才质量的难度加大，形成一定不良循环，高技能者进入用人怪圈。为技能劳动者提供技能提升内容的教育机构培训机制不健全，培养水平不高，输出的技能知识储备很难达到高技能人才水平。

由于大部分技能劳动者的基础限制，需要更多时间完成自身知识的补充、技能实践能力的塑造，用人单位需要花费更长周期进行高技能人才的建设，包括更多的交流机会、技能竞赛的机会、知识互换的机会等，培养经费也相应提高，出现了高技能、高周期、高成本效应，对高技能人才的成长不利，造成高技能人才产出困难的局面。

三　对策和建议

（一）提高高技能人才的社会地位

“十三五”期间，“大国工匠”对广大技能人才的引领作用明显，更多的技能人才走上成长之道，实现技能报国理想。

一是创造尊重劳动、崇尚技能、鼓励创新的社会氛围，突出“劳动者最光荣，劳动没有高低贵贱”的社会价值观，改变社会对于高技能人才的

错误认识和偏见。

二是开展高技能人才的奖励表彰工作，对高技能人才做出的贡献给予多种奖励，要针对高技能人才加大表彰力度，鼓励技能人才持续学习向高技能人才转变。

三是提高高技能人才的政治待遇，在高技能人才中评选劳动模范。

（二）建立以满足社会需要为导向的高技能人才培养模式

长期以来，我国的职业技能等级认定体系与专业技术职称体系是两套不同的评价体系，互不相通，因此技能人才遇到了发展的瓶颈，2021 年初，人社部印发《关于进一步加强高技能人才与专业技术人才职业发展贯通的实施意见》，指出参加工程、农业、工艺美术、文物博物、实验技术、艺术、体育、技工院校教师等领域的职称评审，通过技能人员与专业技术人才双体系的贯通，突出操作性和实用性，以职业技能为核心，以工作贡献为重点，坚持社会鉴定与企业认可相结合，突出新技术、新知识的掌握和运用。由此推动高技能人才的出现和培养建设，缓解社会结构性就业冲突，通过推动产业链、供应链的升级和完善，加速高技能人才的供给。

重视职业技能培训工作，结合和使用高质量教育培训资源，发挥头部企业、第三方培训评价机构，以及行业协会、产业商会和其他社会组织的主体作用，加强针对社会未进入业态人员，包括农民工、未就业大学生、退役军人、失业人员的大规模培训，增加高技能人才供给数量，在满足人才使用要求的前提下，将岗位贡献与福利待遇、晋升通道结合，切实发挥专业技术职称对于高技能人才的引领作用。

（三）建立以赛促学、以赛促训等高技能人才成长模式

习近平总书记在中华人民共和国第一届职业技能大赛的贺信中指出，“技术工队伍是支撑中国制造、中国创造的重要力量”。

通过高技能人才的内部竞赛，为其交流和岗位转换创造条件，包括参与高新技术研发、同行业内的技术交流及科技创新人才交流、先进学术成果和

实操成果展示等，组织高技能人才参与产品研发、科技攻关、技术革新，参与国际职业技能交流，深入提升能力。

依托技能大奖获得者，发挥优秀高技能人才在带徒传技、技能攻关、技艺传承等方面的重要作用，充分发挥企业主体和市场决定性作用，结合用人单位需求和高校需求，提高技能实力，突出高技能人才，用好高技能人才。

（四）完善高技能人才的合理薪酬分配激励机制

技能劳动者是中国产业工人的中坚力量，要激发他们的活力，从政府激励引导、企业主体作用、社会资源等全方位提高他们的报酬和待遇。

2021 年 1 月，人力资源和社会保障部办公厅印发的《技能人才薪酬分配指引》（人社厅发〔2021〕7 号）明确提出，高技能人才是技能人才队伍中的少数群体，同时也是关键核心群体，应重点提高高技能人才的薪酬及待遇水平，支持以高级管理人员的标准给予经济待遇。

做好高技能人才的存量激励与增量激励同步走工作。在做好合理化、高激励的薪酬待遇筹划以吸引外部高技能人才的同时，仍需要考虑现有高技能人才的薪酬激励方式。除了与管理人才、专业技能人才共存的职业生涯通道要具有生命力外，还要向其提供满足高技能人才贡献价值的全薪酬分配体系，将收入与岗位待遇、福利保障、年资奖励、医疗保险、生活补贴等进行融合，保证内部优秀的高技能人才的稳定性和自主积极性的激发。

高技能人才是我国劳动者群体中的特殊分支，是实现中华人民共和国“制造强国、中国梦想”的重要组成部分，加强加快对于高技能人才队伍的建设，做优做好对高技能人才的引导，是“十四五”期间高技能人才工作的关键。通过高质量地完成高技能人才培育、选用、岗位匹配、员工激励的生命周期规划，激发高技能人才的报国热情，实现自身价值的荣誉感和成就感，从而顺利完成高技能人才的就业方向引导和产业贡献回报，将为我国全面开启社会主义现代化建设新征程奠定良好基础。

B.7

2019~2020年校园招聘素质测评分析

苏永华*

摘　要：本文通过2019~2020年校园招聘选拔的测评数据，深入了解企业选拔的重点关注方面及应届生的特点表现。主要包括：一是对毕业生的能力、个性、动力和心理健康进行了整体分析，并进一步研究不同学历和不同学校类型的毕业生特点；二是对不同行业关注的毕业生素质特点及不同行业的毕业生素质画像进行了分析。

关键词：校园招聘　毕业生特点　校招选拔

一　引言

校园招聘是企业获取新生力量的重要途径之一。2020年，新冠肺炎疫情席卷全国，众多企业面临困境，校园招聘也受到不小的影响，不少企业采取缩招、延缓招聘、改变招聘模式等方式来应对疫情带来的窘境。在过去的一年间，企业在校园招聘上遇到哪些新挑战？疫情到底给校园招聘带来什么影响？最新加入人才市场的毕业生们又有哪些特点？

本文依托诺姆四达2019~2020年校园招聘测评系统，对毕业生的总体素质特点，不同学历、不同学校类型的毕业生的素质特点，以及各行业毕业

* 苏永华，博士，诺姆四达集团董事长、总裁，教授，主要研究方向为组织管理心理学、人才评价与选拔、领导心理学与领导力发展、企业人力资源管理体系构建。

生画像进行了分析和研究，包括毕业生的能力、个性、动力和心理健康四个方面，以期为企业提高校园招聘活动的质量提供有效参考。

本文的数据来源于诺姆四达校园招聘测评系统中的真实测评数据。数据选取的时间为2019年6月至2020年8月，选取的样本为在行业内具有代表性的企业，且性别、学历、学校等信息填写齐全的测评数据，共得到209963份，其中有效数据为184885份，约占88%。

二　总体毕业生画像

（一）调研对象学历和学校情况

1. 调研对象学历分布及分数情况

此次调研对象中本科学历毕业生占主体（46.99%），其次为硕士及以上学历的毕业生（41.78%），接下来是大专及以下学历的毕业生（11.23%）（见图1）。

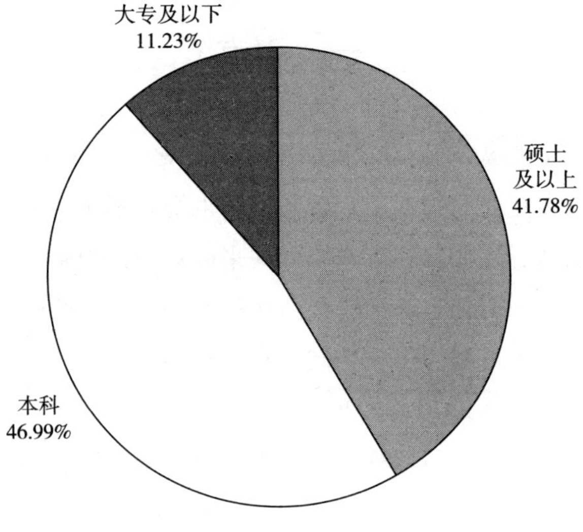

图1　毕业生学历分布

毕业生的总体素质随着学历的升高而升高，硕士及以上学历的毕业生测评分数最高（5.53 分），各学历毕业生的测评分数都在常模平均分（5 分）之上（见图2）。

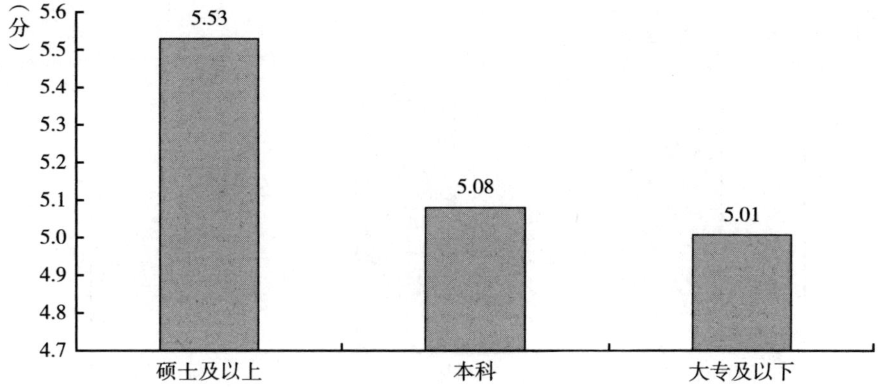

图2　不同学历毕业生分数差异

2. 调研对象学校类型分布及分数情况

此次调研对象中，国内普通院校毕业生占主体（61.24%），其次是国内双一流院校的毕业生（30.01%），国外及港澳台院校的毕业生最少（8.75%）（见图3）。

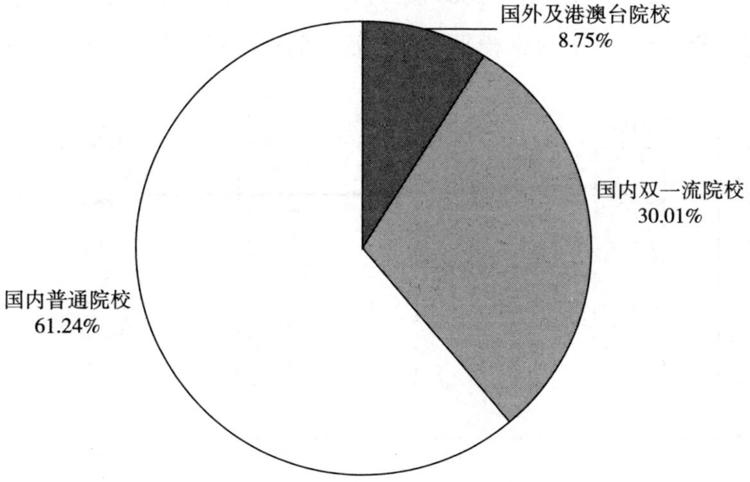

图3　毕业生学校类型分布

毕业生总体素质呈现从国内普通院校到国内双一流院校到国外及港澳台院校逐渐升高的趋势，国外及港澳台院校毕业生测评分数最高（5.74 分），各学校类型毕业生的测评分数都在常模平均分（5 分）之上（见图4）。

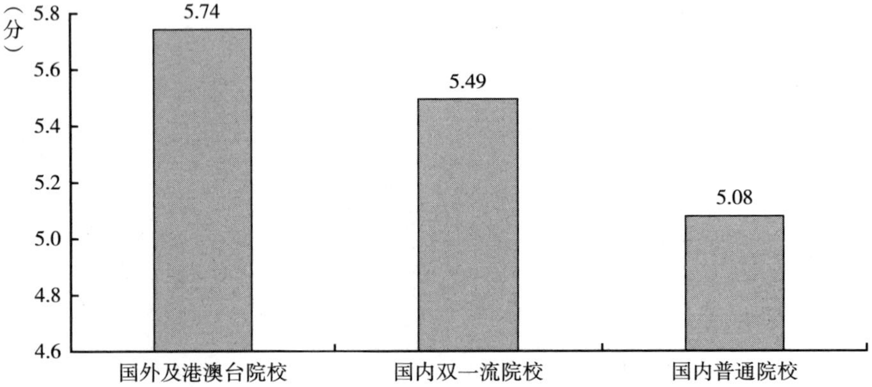

图4　不同学校类型毕业生总体素质测评分数差异

（二）毕业生年度综合测评得分情况

为了能显现不同年度之间综合测评分数的细微差异，我们在标准化处理基础上，将各年度人才素质测评分数分别乘以1000，测评分数的基数值设置为5000。

基于上述数据处理方法，2020 届（即图 5 中的 2019 年数据）毕业生的综合测评分数为 5245 分，超过常模平均分。延续前三年报告数据，与往年毕业生相

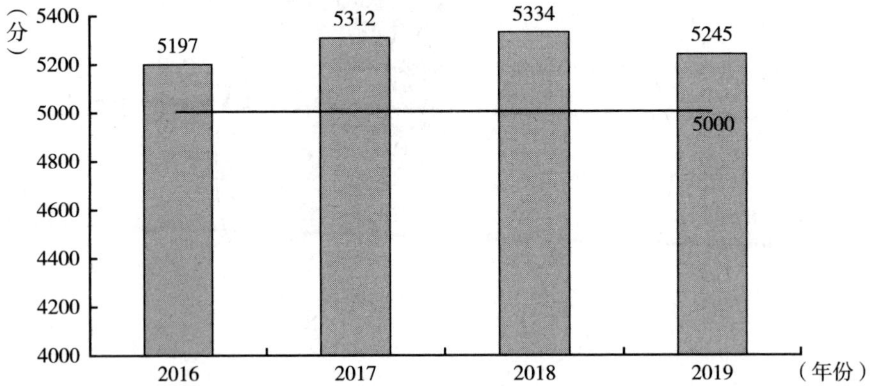

图5　2016～2019 年校园招聘人才素质测评分数

比有所下降，呈现波动的趋势，这可能与2020年的疫情有关，毕业生找工作时难免有焦虑情绪，影响其心理健康等测评分数，因此综合测评分数有所下降。

（三）毕业生素质特点

企业最希望毕业生具备哪些素质，以及毕业生的素质表现情况，是企业和毕业生共同关注的问题。通过企业选取的高频测评指标可以了解企业关注的毕业生特点，分析毕业生在这些指标上的得分情况可以了解毕业生的素质与企业期望之间的差距。新冠肺炎疫情以来，有越来越多的企业关注毕业生的职业心理稳定性以及心理健康情况，本报告也着重分析了毕业生的职业心理稳定性及心理健康情况。

1. 能力特点

以此次测评当中出现频率高于50%的指标作为企业最关注的毕业生的素质特点，发现企业对毕业生最关注的能力素质可归为三大类，依次为问题解决能力、学习创新意识和人际交往能力。其中企业最关注的素质特点为推理判断能力（74.55%）、学习意识（61.82%）和主动沟通能力（61.82%）。企业希望能够招聘到逻辑思维能力强、有主动学习意识以及善于人际交往的毕业生（见图6）。

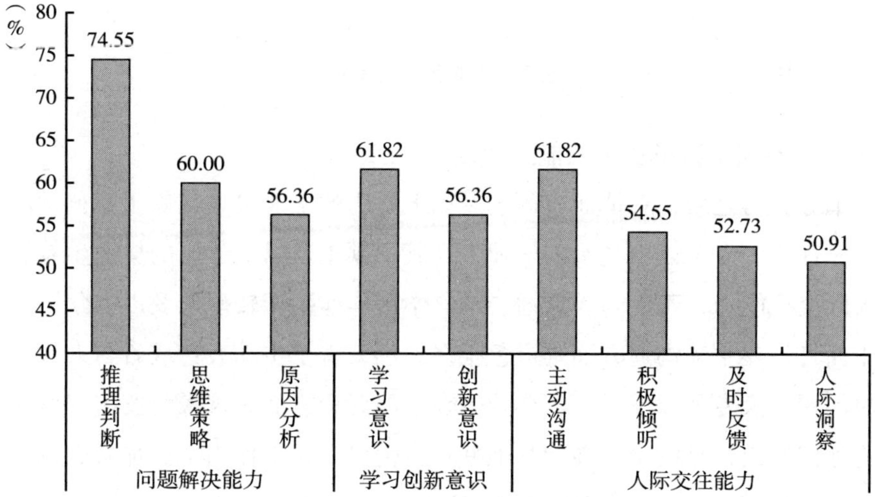

图6　企业关注的毕业生能力素质

2020 届毕业生在积极倾听和主动沟通方面测评分数较高（分别为 5.87 分和 5.44 分），说明其具备一定的人际交往能力，与人交流时善于倾听，遇到问题能够主动与人沟通，但是在人际洞察和及时反馈方面得分较低（分别为 4.61 分和 4.86 分），还有待进一步加强。毕业生有较为良好的问题解决能力，对于难题能够进行适当的逻辑推理，寻求规律。但是他们的创新意识不足，缺乏改造不良事物并创造新事物的动机（见图 7）。

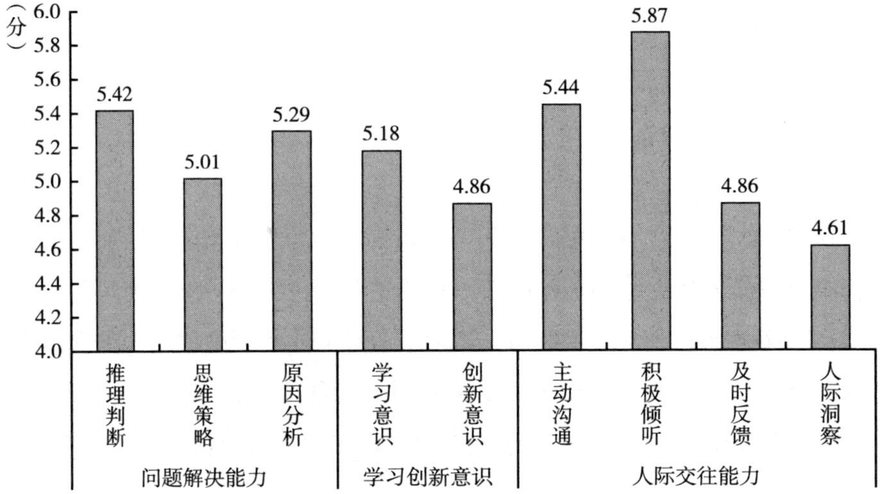

图 7　毕业生能力特点

（1）不同学历毕业生的能力特点

细分学历之后，总体而言硕士及以上学历的毕业生表现优于本科学历毕业生，优于大专及以下学历的毕业生。其中硕士及以上学历的毕业生有更强的人际交往能力，善于与人沟通。本科学历毕业生相较硕士及以上学历的毕业生而言，在主动沟通方面则逊色很多，不太善于主动表达或者与人沟通来解决问题。大专及以下学历的毕业生在学习意识方面表现最为突出，可能是因为他们知道自己的学历在社会上并不占优势，在工作当中更加有意识地进行学习，从而努力提升自己（见图 8）。

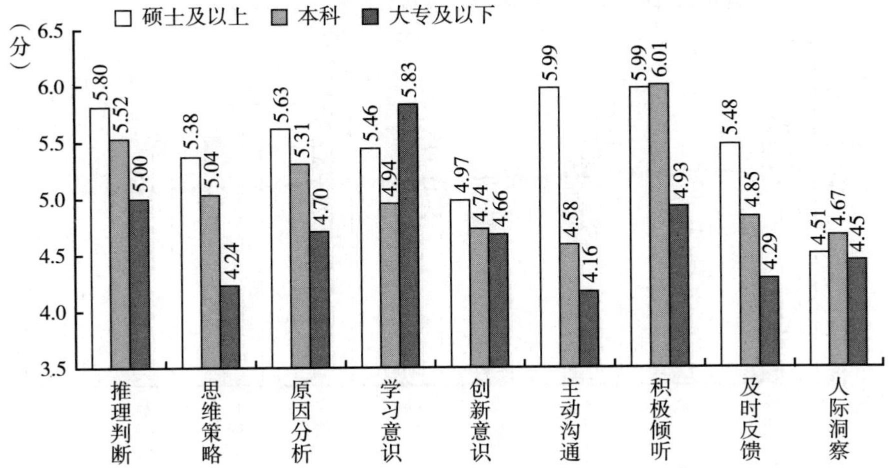

图8　不同学历毕业生的能力特点

（2）不同学校毕业生的能力特点

细分学校类型之后，总体而言国外及港澳台院校毕业生表现优于国内双一流院校毕业生，优于国内普通院校毕业生。国外及港澳台院校毕业生的主动沟通能力最强，可能是因为在国外及港澳台的教育环境下，强调发现问题、提出问题、与人合作解决问题的能力。国内双一流院校毕业生在推理判断方面表现最佳，可能是因为国内的高等教育非常重视对大学生的逻辑推断能力、数理分析思维的培养。国内普通院校毕业生的积极倾听能力强，但主动沟通能力较低，说明他们更倾向于倾听别人的观点，而非与人交流发表自己的见解，在工作中可能主动性不够（见图9）。

2. 个性特点

企业对毕业生最关注的个性依次为责任性（92.73%）、进取性（80.00%）、自信心（69.09%）、自律性（60.00%）和主动性（50.91%）。企业希望能够招聘到认真负责、积极进取，并且充满自信的毕业生（见图10）。

2020届毕业生在自律性上得分最高（5.83分），说明他们有较强的自我约束能力，能够在工作中遵守规则，严格要求自我。但是在主动性上得分

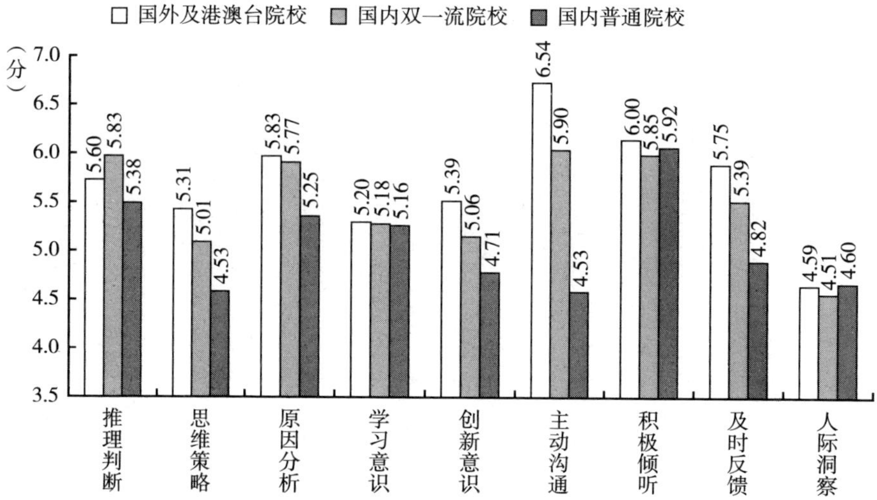

图9　不同学校毕业生的能力特点

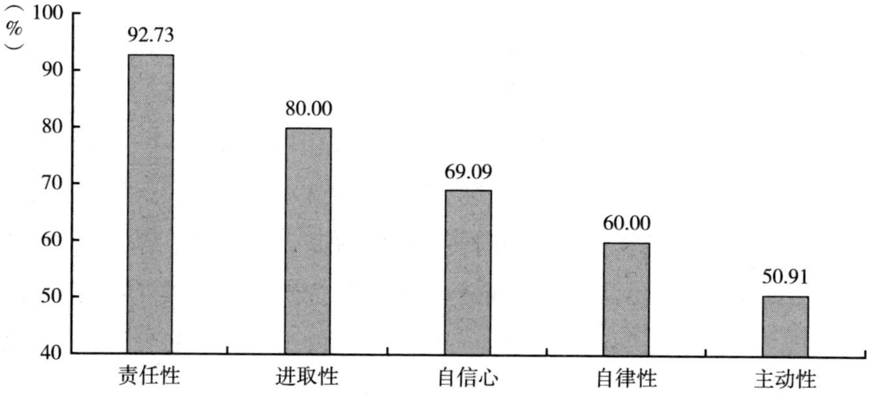

图10　企业关注的毕业生的个性特点

最低（4.3分），在开展工作时可能会表现为较倾向于依赖他人的安排，而并非自主设置工作内容及要求，此外他们在现阶段未体现出较强的追求进步的意愿（进取性分数为4.79分），积极进取的动力不足（见图11）。

（1）不同学历毕业生的个性特点

细分学历之后，毕业生在进取性、自信心和主动性三项指标上，呈

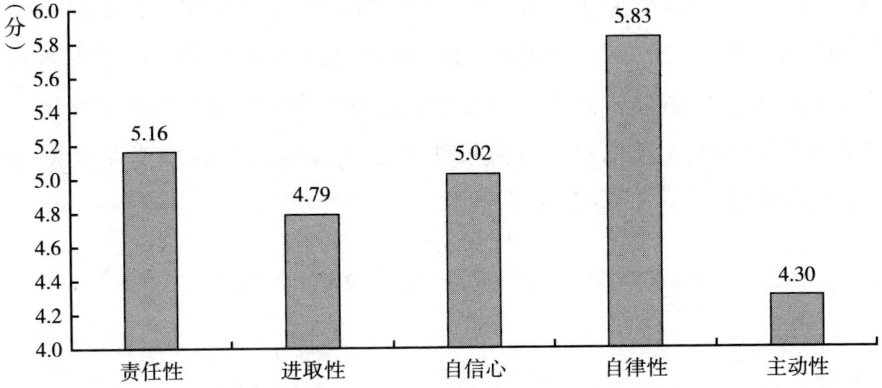

图 11　毕业生个性特点

现学历越高测评分数越高的趋势，即硕士及以上学历的毕业生在这三个方面表现最好。而大专及以下学历的毕业生在责任性和自律性上表现突出，可能是因为专科类院校更强调培养他们的责任意识，要求他们对待工作认真负责，善始善终，同时他们更加善于遵循规则，在工作中进行自我约束（见图 12）。

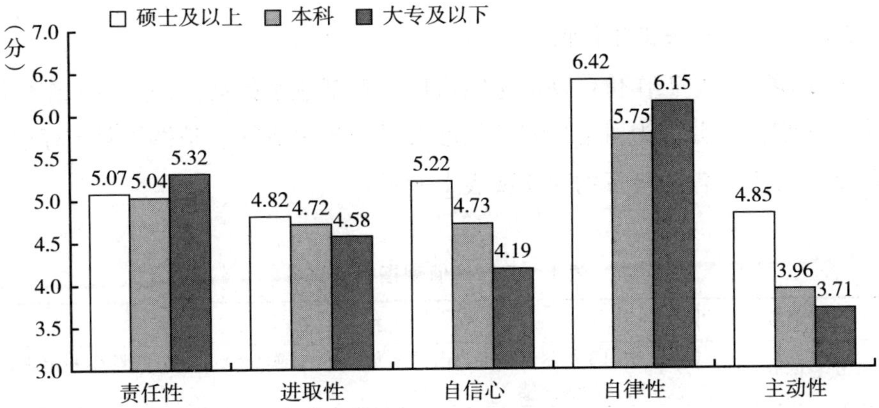

图 12　不同学历毕业生的个性特点

（2）不同学校毕业生的个性特点

细分学校类型之后，毕业生在自信心、自律性和主动性三项指标上，呈现国外及港澳台院校的毕业生优于国内双一流院校的毕业生、优于国内普通院校的毕业生的趋势，国外及港澳台院校的毕业生主动性强，能够主动地发现探索问题并积极解决，并且他们也有更强的自我约束能力，自律性强。在责任性和进取性上，国内双一流院校毕业生比其他两类院校毕业生表现略好，但整体相差不大（见图 13）。

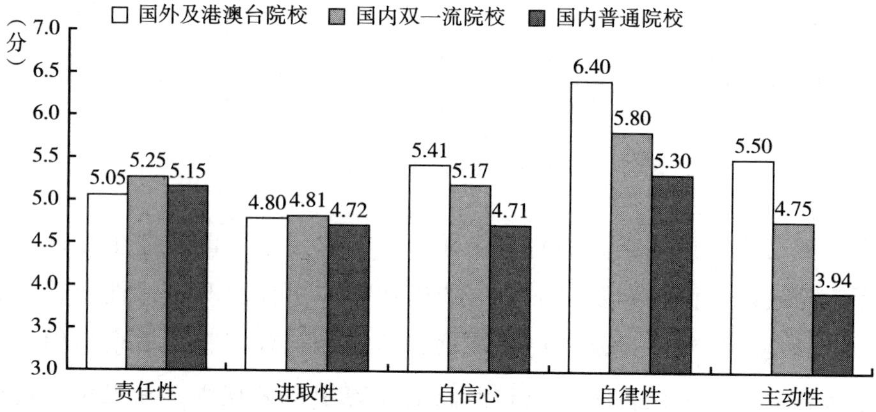

图 13　不同学校毕业生的个性特点

3. 动力特点——工作价值观

通过对毕业生工作价值观的考察可以了解毕业生的动力特点，工作价值观为一组指标，分别为风险偏好、人际关系、学习成长、条件待遇、尊重认可和独立自主。各项指标的含义如表 1 所示。

表 1　工作价值观指标含义

指标名称	指标定义
风险偏好	指更倾向于能尽量施展自己的才华的工作或任务，不惜冒风险不断追求成就所带来的满足感
人际关系	指更倾向于服务充满人情味的、有着良好人际关系的工作或任务
学习成长	指更倾向于选择能够促进自身成长帮助其进步与提高的工作或任务
条件待遇	指更倾向于把工作条件和待遇放在重要的位置来选择工作或任务
尊重认可	指更倾向于自己的努力能得到领导或同事的认可、肯定的工作或任务
独立自主	指更倾向于能拥有更多的自主权、自主决断、自由发挥的工作或任务

工作价值观的得分采取百分制，使用时通常看候选人得分最高的三项，即为毕业生最看重的驱动因素。2020届毕业生最看重的三项驱动因素为风险偏好、人际关系和学习成长。他们希望能够在工作中充分展示自己的优势，创造价值，获得成就感。此外他们重视工作环境中和谐的人际关系，希望组织充满人文关怀。并且他们还倾向于选择能够促进自己能力提升的一些工作任务，希望能够在工作中不断成长（见图14）。

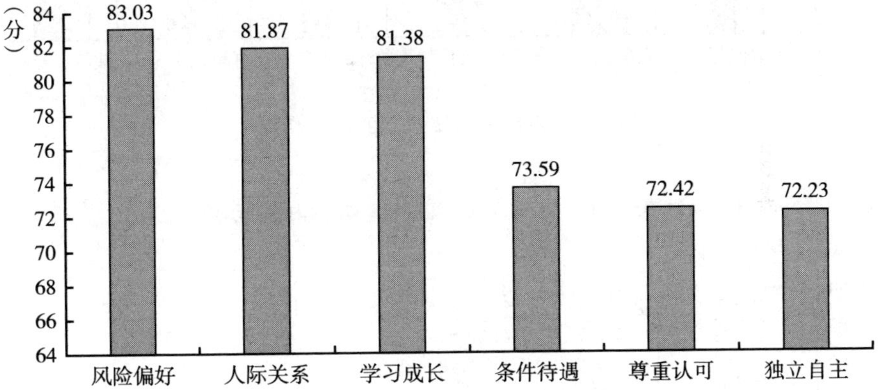

图14　毕业生看重的驱动因素

（1）不同学历毕业生的动力特点

细分学历之后，各学历毕业生最看重的三项驱动因素依旧为风险偏好、人际关系和学习成长，接下来依次是条件待遇、尊重认可和独立自主。但值得注意的是，对于大专及以下学历毕业生，他们更加追求独立自主，说明相较于经济报酬和社会地位，他们想要拥有更多的自主权，在工作中能够自由发挥做出决策（见图15）。

（2）不同学校毕业生的动力特点

细分学校类型之后，各院校毕业生最看重的三项驱动因素依旧为风险偏好、人际关系和学习成长，接下来依次是条件待遇、尊重认可和独立自主（见图16）。

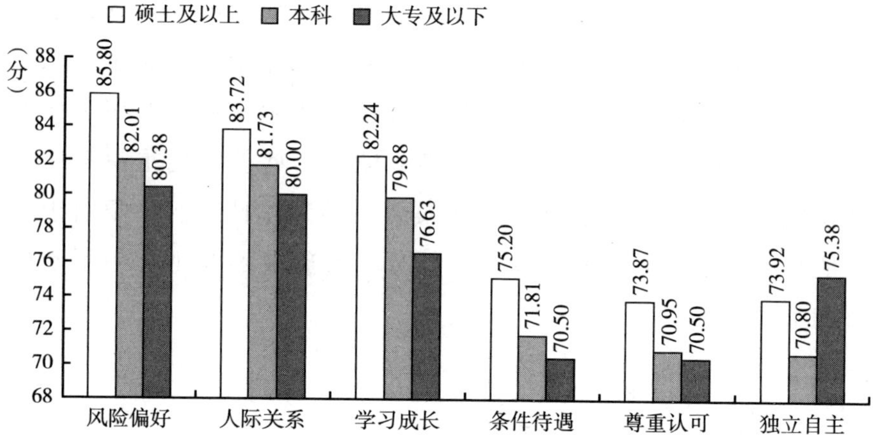

图 15　不同学历毕业生的动力特点

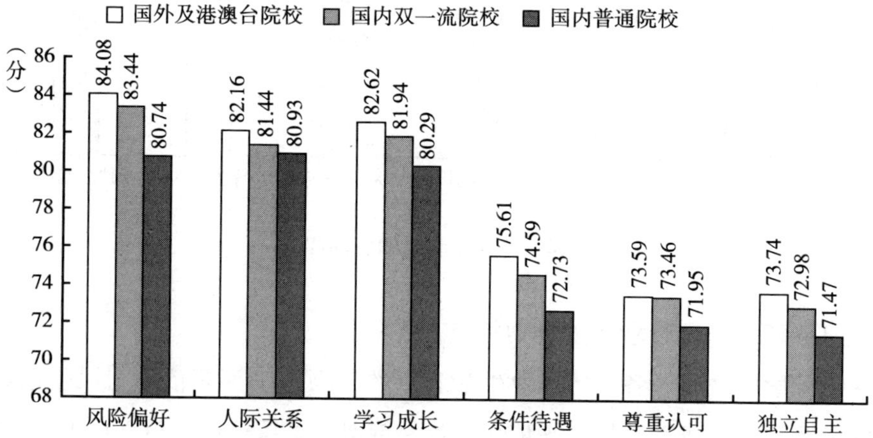

图 16　不同学校毕业生的动力特点

4. 动力特点——职业心理稳定性

针对毕业生的动力特点还考察了毕业生的职业心理稳定性，毕业生是否有较强的职业心理稳定性，是否会因为自我意识太强、过分追求变化等而频繁离职也是企业关注的热点问题。

职业心理稳定性包括现实、耐挫、理智、希望、乐观和沉稳六个方面，各因素含义如表 2 所示。

表 2　职业心理稳定性指标含义

指标名称	指标定义
现实	立足当下，依据自身的能力和外在因素，做出切实的选择，不将外在物质条件和社会声望等与高标准比较，即使不可避免产生比较，也能积极面对
耐挫	在工作中面对困难情境（冲突、失败、挫折、压力等）时，能积极看待，冷静处理，及时自我调整，保持平稳的工作状态
理智	理性寻求工作上的突破或变化，对待工作的变化会做详细客观的评估，选择适合自己的做法使工作处于稳定的状态
希望	为工作设定挑战性的目标并保持实现目标的决心，积极寻求目标实现的途径，并付诸行动，对工作目标的希望使工作处于稳定且积极的状态
乐观	对工作持正面的期望，对当前的工作状况持正面的看法，对工作中遇到的问题或者难题抱积极的心态，工作状态积极向上而稳定
沉稳	工作或处理事情脚踏实地，对待工作高度专注，充满耐心，心态平和，工作状态稳定

2020 届毕业生在现实方面得分最高，说明他们在实际工作中能够正确认识自己。其次他们有一定的抗压能力，面对困难时能够冷静应对并想办法解决。另外他们的沉稳性表现最差，在工作时容易受到外界刺激的影响，可能会出现工作浮躁的情况（见图 17）。

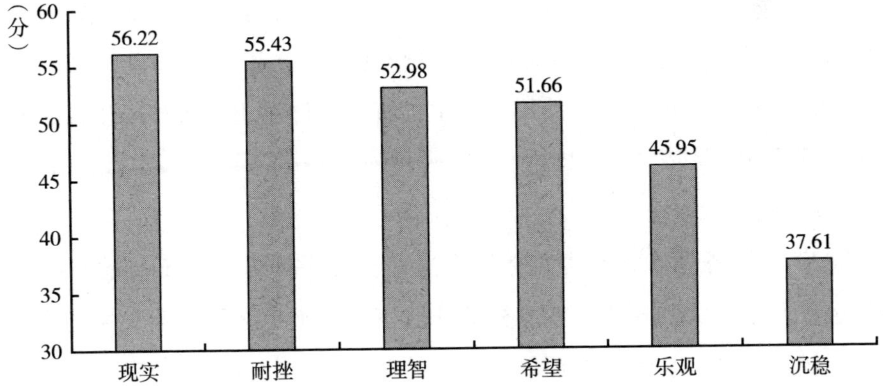

图 17　毕业生的职业心理稳定性

（1）不同学历毕业生的职业心理稳定性

细分学历类型之后，总体而言，硕士及以上学历的毕业生整体上具有较高的职业心理稳定性，但本科毕业生在沉稳方面得分最高，说明他们更能够脚踏实地地工作，对待工作专注稳重，充满耐心，心态平和（见图 18）。

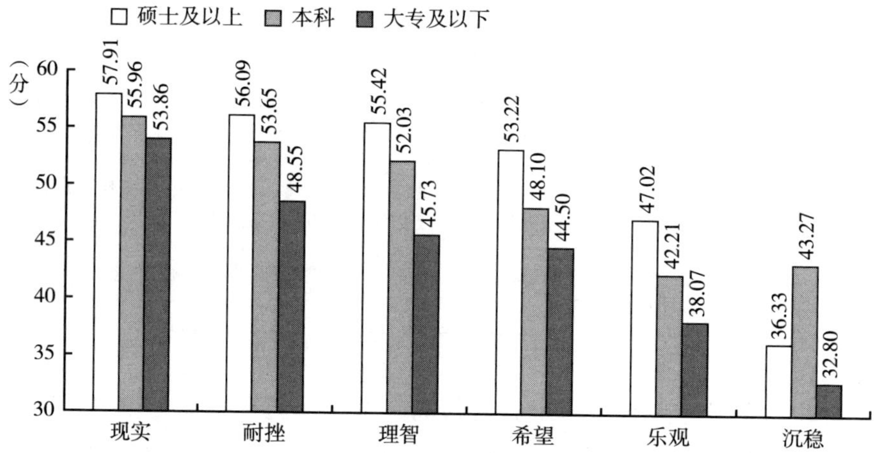

图 18　不同学历毕业生的职业心理稳定性

（2）不同学校毕业生的职业心理稳定性

细分学校类型之后，国外及港澳台院校毕业生在希望方面表现较好，对工作目标有希望，能够为工作设定挑战性目标，并积极寻求目标实现的途径，付诸行动。国内普通院校毕业生更加沉稳，能够更加沉浸于工作，专注踏实（见图 19）。

5. 心理健康

2020 年的新冠肺炎疫情，使企业招聘、人才应聘受到不小的影响，毕业生也承受了更大的压力，在这样的环境下，越来越多的企业关注到毕业生的心理健康表现。从目前测评频率最高的 4 项指标上看，各项测评指标得分均有所降低，其中，乐观性在疫情前得分相对较高，疫情后下降分数较多（见图 20）。

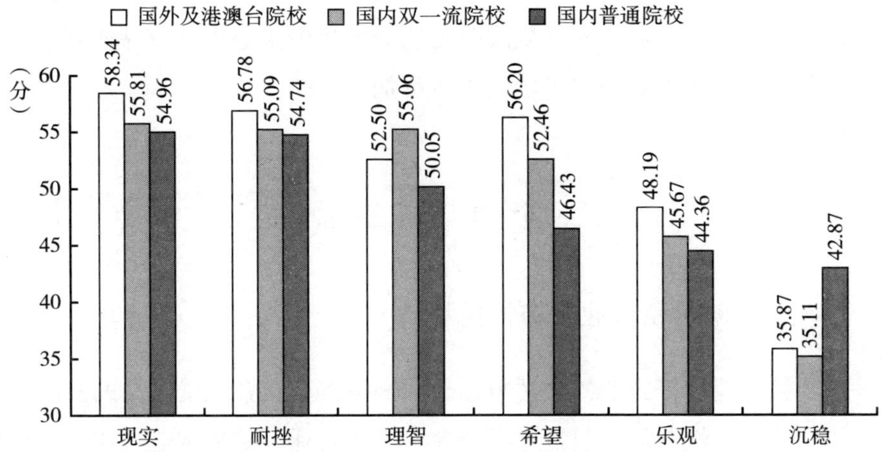

图 19　不同学校毕业生的职业心理稳定性

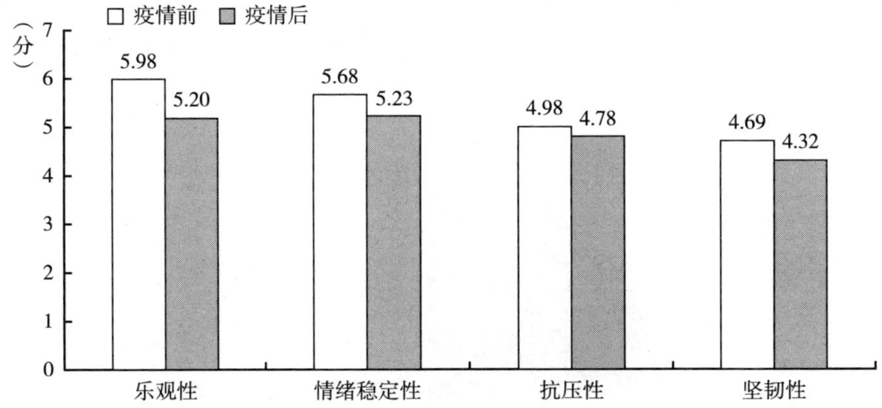

图 20　毕业生的心理健康表现

总体而言，毕业生的心理健康水平呈现积极的状态，具有较高的情绪稳定性和乐观性。以 2020 年 1 月划分界限，2020 年 1 月之前的测评分数为疫情前毕业生的心理健康水平，2020 年 1 月之后的测评分数为疫情后毕业生的心理健康水平，由此看出疫情前参加招聘的毕业生其心理健康水平高于疫情后参加招聘的毕业生，疫情对于毕业生的乐观性影响较大，不少毕业生会产生一定的焦虑心理。此外他们的抗压性和坚韧性得分较低，说明他们处在高工作压力环境下或面对困难挑战时可能会产生消极心理并容易放弃，承受压力以及坚韧不拔地处理挫折的能力有待加强。

三　行业毕业生画像

（一）调研对象行业分布情况

基于各行业标杆企业的测评数据，我们得到各行业最受关注的素质指标及毕业生能力个性画像，包括金融行业、汽车行业、机械制造行业、医药行业、建筑行业、化工能源行业、零售行业及其他行业。各行业分布情况如下：应聘金融行业的毕业生在此次调研中占 46.82%，其次是汽车行业占 15.10%，机械制造行业占 13.48%，医药行业占 10.49%。本部分选取这四大行业进行分析，分析行业关注的人才素质指标及毕业生的素质情况（见图 21）。

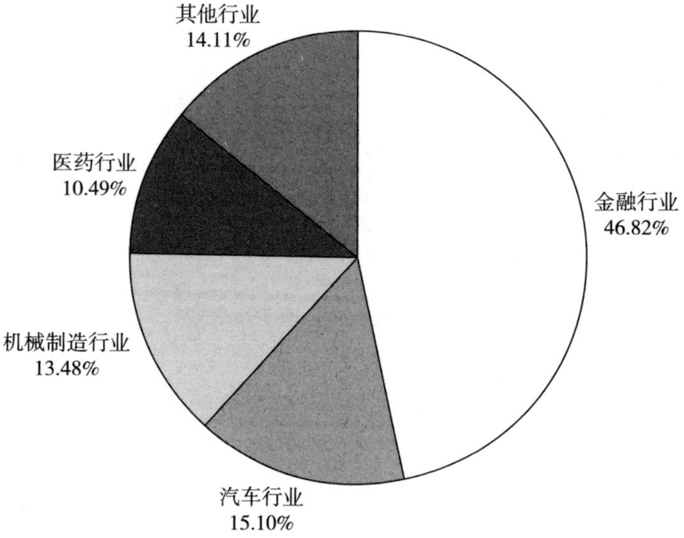

图 21　行业分布

（二）金融行业

1. 金融行业最关注的毕业生素质指标

以各行业代表公司选取的频率高于50%的指标作为各行业最关注的毕业生的素质特点。

金融行业关注毕业生的责任性（100%）、情绪稳定性（100%）、学习意识（82.35%）、进取性（82.35%）、自信心（82.35%）和合作精神（76.47%）等素质。说明金融行业重视毕业生的责任性和情绪稳定性，要求他们能够将工作落实完成，面对困难挫折时保持稳定良好的情绪，此外金融行业希望毕业生有上进心，能够保持持续学习的习惯以及在工作中与他人友好配合（见图22）。

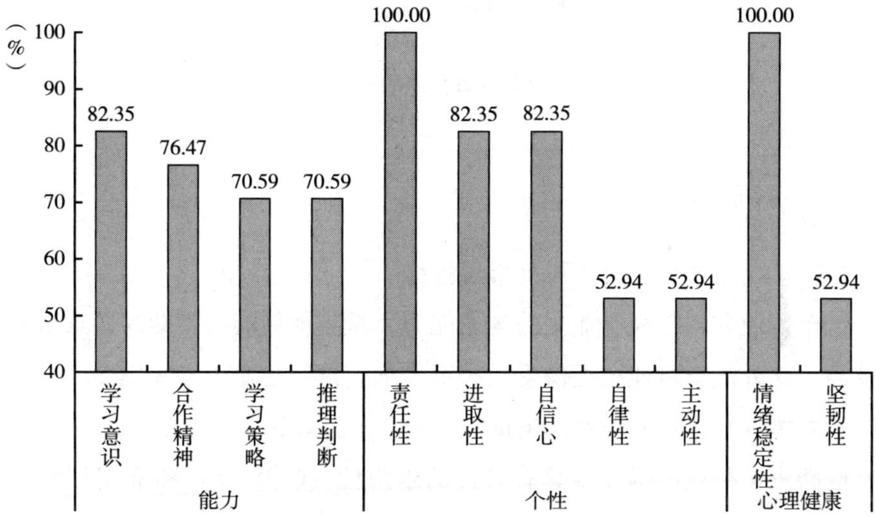

图22　金融行业最关注的指标

2. 应聘金融行业的毕业生画像

应聘金融行业的毕业生具有高度的自律性（6.43分）和优异的推理判断能力（5.92分），能够在工作中约束自我、遵循规则，具有逻辑思维，判断推理等抽象思维强，且他们有较高的情绪稳定性（5.8分），面对困难能够控制与调节自己的情绪。但是他们的主动性得分最低（4.46分），在工作中较为依赖他人来推动工作而非自己计划设置目标（见图23）。

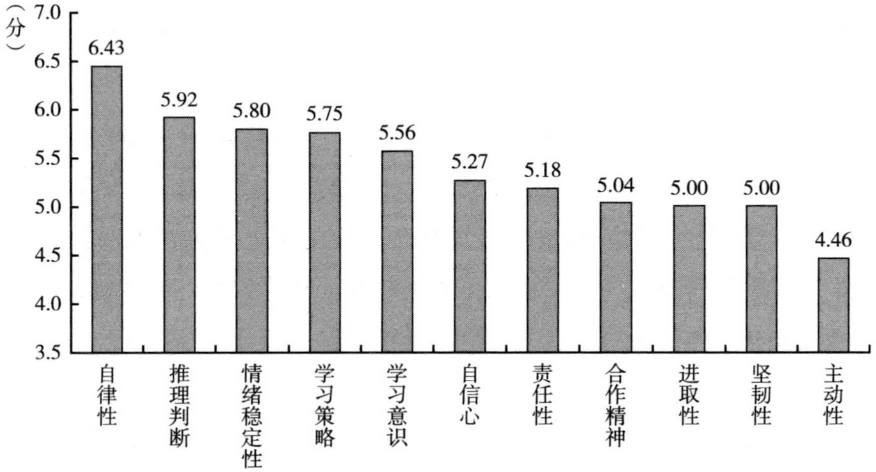

图23 应聘金融行业的毕业生画像

（三）汽车行业

1. 汽车行业最关注的毕业生素质指标

汽车行业非常重视毕业生的沟通能力，希望他们能有主动沟通意识和倾听技巧。此外汽车行业也更偏爱敢担责、求上进的毕业生（见图24）。

2. 应聘汽车行业的毕业生画像

应聘汽车行业的毕业生具有较强的乐观性（6.38分）和推理判断能力（5.69分），他们对待事物抱持着一种正向、积极的态度，情绪稳定性高，具有逻辑推断能力，并且能够在工作中主动沟通（5.25分），通过沟通解决问题。但是他们的及时反馈和人际洞察分数较低（分别为4.58分和4.79分），在沟通交流中不擅于及时、积极地对对方做出回应，并且缺乏对沟通中非言语信息的理解能力，此外他们还缺乏一定的自信心（4.92分），对于自己在工作中是否有能力成功地完成工作任务不太自信（见图25）。

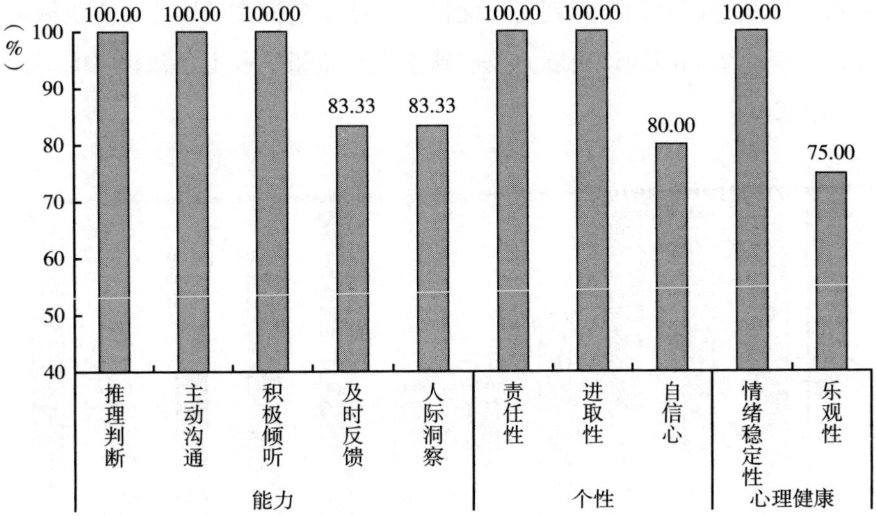

图 24　汽车行业最关注的指标

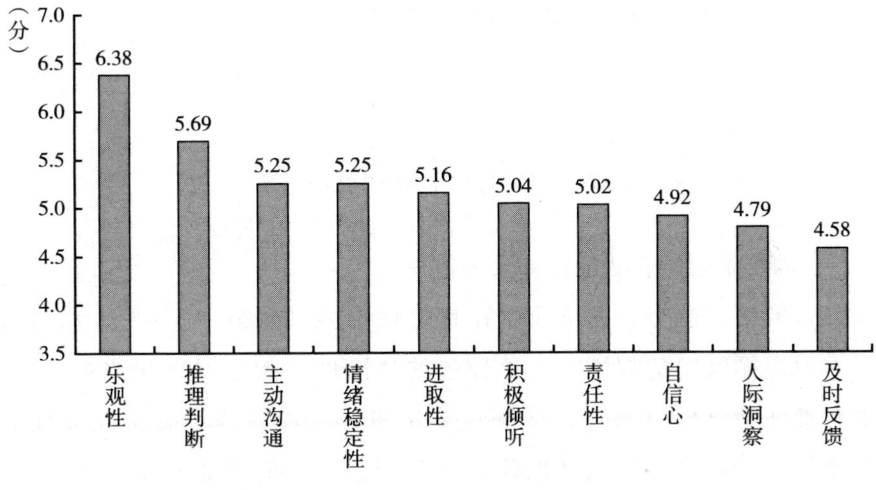

图 25　应聘汽车行业的毕业生画像

（四）机械制造行业

1. 机械制造行业最关注的毕业生素质指标

机械制造行业重视毕业生的逻辑思维能力，即推理判断、思维策略、原因分析，以及它们希望招聘到责任性强和情绪稳定性高的毕业生。机械制造行业注重毕业生的问题解决能力及创新意识，希望毕业生具备较强的理性思维（见图 26）。

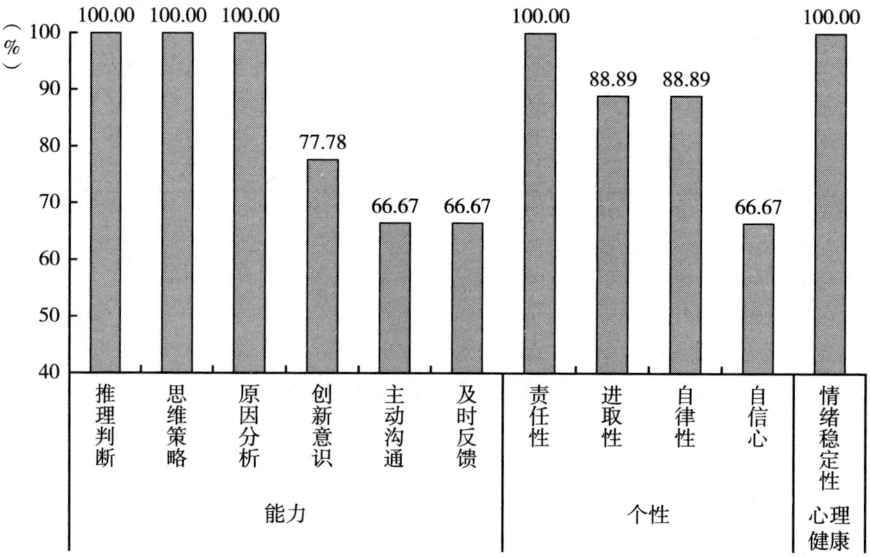

图 26　机械制造行业最关注的指标

2. 应聘机械制造行业的毕业生画像

应聘机械制造行业的毕业生在自律性上表现最好（5.48 分），他们在工作中遵循既定的规则，有比较强的严谨性，能进行自我约束，在工作中有责任性（5.29 分），能够认真负责，善始善终，妥善完成任务，此外他们的情绪稳定性水平也较高（5.23 分）。但是他们在工作中较为缺乏原因分析能力（4.44 分），较少思考问题产生的原因抑或是寻求解决办法的能力。同时，就现阶段而言，他们的进取性也有待提升（4.65 分）；缺乏创新意识（4.65 分）也是他们的一个劣势，没有创造新事物的动机或意识。整体而言，他们在能力素质上得分并不突出，需要进行加强（见图 27）。

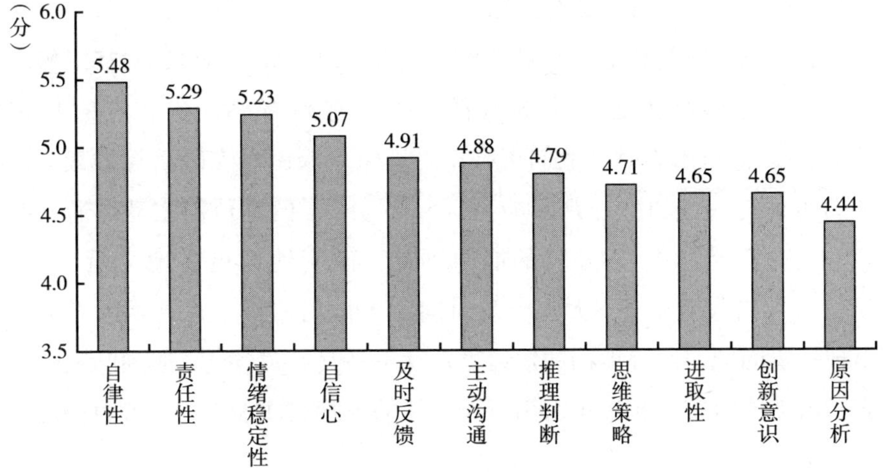

图 27　应聘机械制造行业的毕业生画像

（五）医药行业

1. 医药行业最关注的毕业生素质指标

医药行业重视毕业生的人际交往能力，他们希望毕业生具有高度的责任性，除此以外医药行业面对服务对象也要时刻保持良好的情绪（见图 28）。

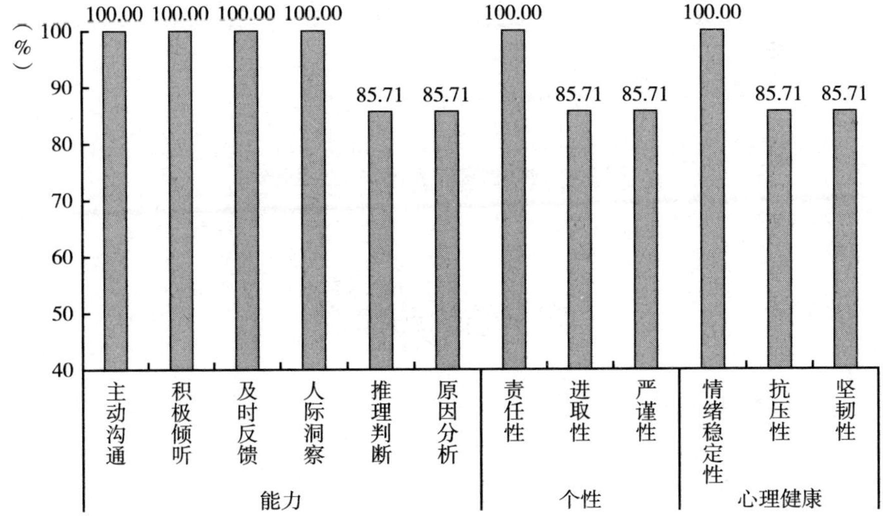

图 28　医药行业最关注的毕业生素质指标

2. 应聘医药行业的毕业生画像

应聘医药行业的毕业生在责任性上表现突出（5.65 分），对待工作任务认真负责，能够承担起一定的责任，做到有始有终，有一定的坚韧性（5.18 分），面对困难时，他们也有持之以恒克服困难实现目标的毅力，此外他们还具有一定的推理判断能力（5.15 分）。但是他们主动沟通（4.42 分）和及时反馈（4.77 分）的能力不足，说明他们更多地“听”，而非“说”，且在与人交流时不太善于及时向对方做出回应，在人际沟通上可能会出现一定问题，此外他们的情绪稳定性不高（4.72 分），遇到问题时可能会容易激动或沮丧。相较于医药行业关注的人际交往能力，他们目前还有较大的不足，亟须加强改进（见图 29）。

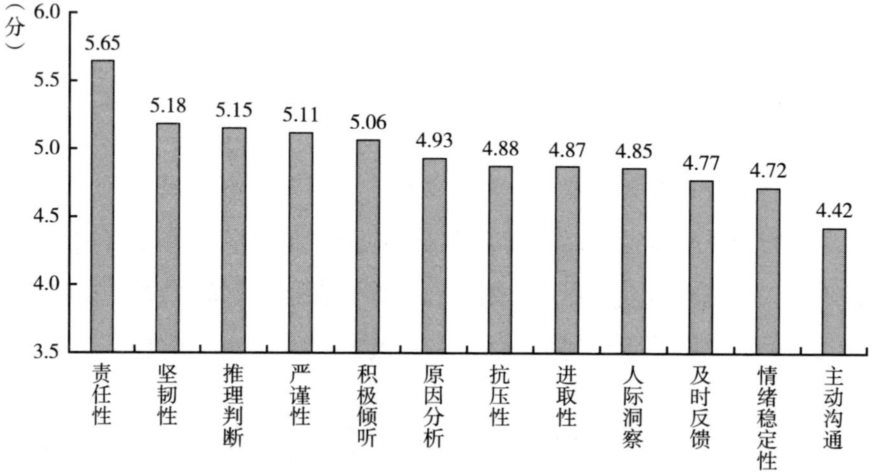

图 29　应聘医药行业的毕业生画像

四　结论和建议

（一）主要结论

1. 不同学历、不同学校类型毕业生的素质情况存在差异

硕士及以上学历的毕业生和国外及港澳台院校的毕业生在能力和个性上

表现更好，并且在主动沟通、自律性和主动性方面都略胜一筹。

2. 毕业生在积极倾听和自律性上表现最好，排名第一的驱动因素为风险偏好

总体来看，毕业生在日常工作与生活中善于倾听，对自我有约束，能够遵守规则；毕业生希望在工作中能够展现自己的才华，注重在工作当中获得满足感和成就感。

3. 毕业生的职业心理稳定性测评表明其在现实方面表现好而沉稳方面表现较差

毕业生注重当下，正视自己的能力和外在因素，不过多地将外在物质条件和社会声望等与高标准比较，现实性强；但是较为缺乏耐心，工作时可能不能够脚踏实地、高度专注。

4. 企业在校园招聘中关注毕业生的逻辑思维、工作态度及情绪稳定性

企业在校园招聘中选取最多的指标为推理判断、责任性和情绪稳定性。企业关注毕业生的工作潜能及工作态度，希望毕业生具有逻辑思维能力，能够认真负责地完成工作任务，并且保持稳定良好的情绪。

5. 校园招聘中各行业的毕业生画像总体上与行业特质比较相符

金融行业求职的毕业生具有较强的自律性，在解决问题时有逻辑分析思维，具备学习意识，日后工作能够保持继续学习。

汽车行业求职的毕业生对待事物抱持正向积极的态度，有良好的主动沟通能力，在面对同事和客户时能够主动以沟通的方式解决问题。

机械制造行业求职的毕业生能够进行自我约束，对待工作认真负责，具有一定的及时反馈和主动沟通能力，与人交流愉快。

医药行业求职的毕业生面对困难能够坚持不懈，积极克服，对待工作认真负责，善始善终，他们还具有良好的逻辑思维和倾听品质。

（二）相关建议

1. 对企业的建议

校园招聘是企业吸收人才的重要途径之一，由于应届毕业生大多还没有

经历过完整的工作，企业应更加关注毕业生的潜力素质。人才素质测评则能够为企业准确有效地甄别毕业生的能力个性素质，使企业对毕业生的特点进行快速的了解。将候选人面试结果与人才素质测评相结合，可同时关注到候选人的显性工作技能和潜在工作能力，使企业对候选人有更全面的了解，提高人才选拔的准确性。依据本报告的数据，企业可对不同学历及不同学校类型的毕业生的优劣势进行分析。建议企业充分考虑对毕业生的要求，结合企业特点，选取合适的素质指标对毕业生进行考察，按需招聘。

2. 对毕业生的建议

除了看重毕业生的“硬技能”外，越来越多的企业开始关注到毕业生的“软素质”，如创新意识、人际交往能力、责任性、情绪稳定性等。这些在学校里学不到的东西往往在职场发挥着巨大的作用，因此毕业生也要注意在这些“软素质”上的自我培养。依据本报告的校园招聘数据，个人可在能力、个性、动力和心理健康方面对毕业生有全面的了解，进一步明确自身的能力强项与短板，并且对标不同学历和不同学校类型的毕业生数据进行自我分析，在优势上继续加强，劣势上弥补改进。同时毕业生还可参考不同行业最关注的素质指标及各行业的毕业生画像，比对自己目前的素质现状进行有针对性的提升。

2020 年新冠肺炎疫情以来，校园招聘也受到了不小的冲击，不少企业不得不缩小招聘规模，推迟招聘时间，也有越来越多的企业关注到毕业生的职业心理稳定性和心理健康水平。但是随着疫情得到控制，校园招聘全面复苏，企业和毕业生都顶住了压力，最终度过了这一段艰难的时期。本报告得出的相关结论希望能够为各企业及职场人士提供参考。

B.8

数智化人力资源转型：人力资源大数据与分析应用现状及发展新趋势

王军宏　郑耀洲*

摘　要：　自2020年新冠肺炎疫情以来，数字化速度的加快、人工智能的迅速发展和应用，给组织全面开展数智化转型创造了非常好的条件。当今世界，组织应用数字化不仅是为了提升速度，而是要更进一步，全面实现智能化，因此，未来的数字化一定是和智能化深度结合的数智化。对人力资源管理来说，要想在未来获得一席之地，必须进行全面而深刻的数智化变革。具体来看，数智化在人力资源管理领域的体现主要是：是否拥有自动化技术和手段，并在此基础上通过数据分析能力的提升，实现智能化场景处理能力。因此，我们在前期调研的基础上持续对人力资源大数据与分析应用方面进行跟踪研究，调查不同类型组织中人力资源自动化场景、人力资源数据分析的应用现状、制约人力资源大数据应用的因素以及存在的问题等，在此基础上提出了实践努力的方向，为提升人力资源数据分析能力，推动数智化转型提供借鉴和参考。

关键词：　人力资源数智化　自动化　大数据与分析

---

* 王军宏，博士，高级经济师，中国人才研究会工资福利专业委员会理事，主要研究方向为数字化人力资源管理、人力资源分析、战略人力资源管理；郑耀洲，博士，中南财经政法大学工商管理学院人力资源管理系副教授，数字经济与商业伦理研究中心主任，主要研究方向为人力资源培训与开发、商业伦理与社会责任、责任管理与可持续发展教育。

一　研究背景

近年来，随着大数据、移动互联网、云计算的日益成熟，数字经济发展迅猛。根据 IDC 对全球 GDP 的分析，2018 年数字化服务和产品带来的 GDP 总值估算大概是 13.5 万亿美元，占全球 GDP 总值的 17%，而到 2023 年，IDC 预测超过 50% 的全球经济将由数字经济驱动。而以 5G 为代表的新一代信息技术，不但推动着人们的生产生活方式发生深刻变革，也会大大加速数字化智能化时代的到来。根据估算，我国数字经济增加值规模已从 2005 年的 2.6 万亿元增加到 2019 年的 35.8 万亿元，占国内生产总值的 36.2%。为了进一步推动数字化智能化发展，我国“十四五”规划明确提出，“加快数字化发展”，“加强数字社会、数字政府建设，提升公共服务、社会治理等数字化智能化水平”。

2021 年 4 月 24～25 日，国务院国资委有关负责人出席第四届数字中国建设峰会，在会上明确表示，国务院国资委将进一步指导推动中央企业加快数字化建设步伐，以生产经营数字化提升供给质量，以企业管理智能化提高运营效率，积极探索数字化转型新路径，坚持生态赋能，共建协同创新平台，充分释放数字化转型新动能，加快建设世界一流企业，并发起“共创共建数字国企倡议”。

无论是对整个社会而言，还是对微观组织而言，数字化智能化转型要想成功，有两个基础条件，第一是实现了较高水平的自动化，从传统的手工操作到自动化，这其中包括机器人、人工智能技术的广泛应用而导致的自动化处理流程，包括因使用工业机器人、传感器、超高清视频等而形成的智能化车间、智慧工厂，因管理信息系统使用而形成自动化管理流程，如采用机器人流程技术而实现的自动化、智能化管理流程；第二是要有足够的分析技术和分析能力，对生产经营管理中产生的数据进行深度挖掘，分析其中的模式并用于预测未来。

基于上述认识，我们在 2017 年、2019 年、2020 年 3 次开展人力资源大数据与分析研究的基础上，采用问卷调查法继续开展此项调查。此次调研与以往不同的是，我们在调研问卷中添加了针对人力资源管理流程自动化的相关问题，希望能了解企业在人力资源管理实践中已经实现了什么样的自动化，并且为广大组织提供借鉴。

二　研究样本情况

（一）样本概览

此次调研总共收到65家组织的反馈问卷，与2020年调研相比较，政府机构和事业单位对数字化智能化兴趣不减，占到调研组织数量的23.08%。这在一定程度上也呼应了我国在“十四五”规划中所提到的“加强数字社会、数字政府建设，提升公共服务、社会治理等数字化智能化水平”的要求。国有企业占23.08%，民营企业占38.46%，外资企业（含中外合资）占9.23%（见图1）。

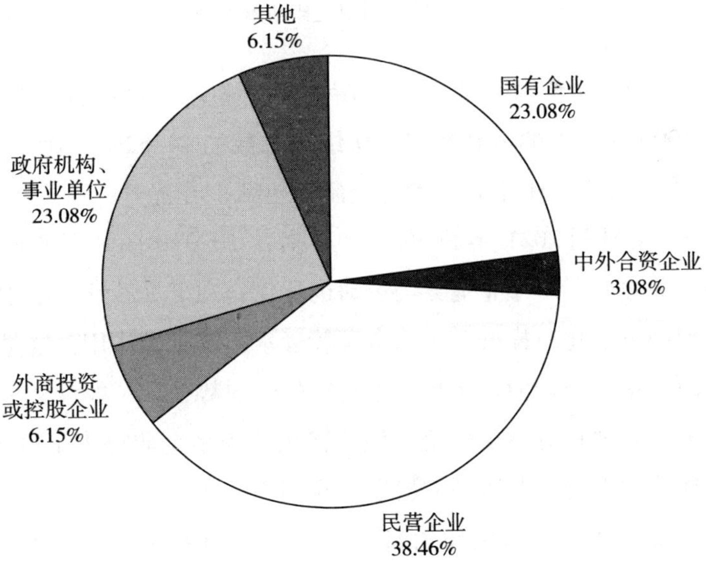

图1　参与调研组织的所有制属性

参与此次调研的组织来自十个行业，其中，排在前两位的是计算机/互联网/电子、专业服务/教育/培训，占比分别为20%、18%；其次是来自会计/金融/银行/保险、贸易/制造/消费的组织，占比均为10%（见图2）。

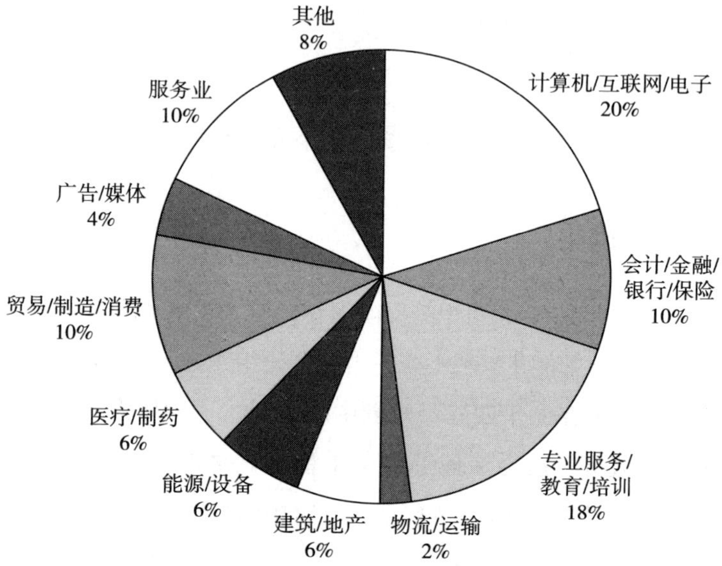

图2　参与调研组织所属行业

如果我们用被调查组织的人数来衡量组织规模，可以发现，被调查组织的人数在1000人以上的占到参与调研组织总数的44.62%，比2020年调研提升1.72个百分点。中小企业参与调研的热情也在提升，所占比例从2020年的40.17%上升到2021年的46.16%。对比2020年的数据我们发现，除了超大型企业之外，中小企业参与调研的比例也在上升，这说明中小型企业也逐步意识到数智化对提升其人力资源管理水平的重要作用，这是一个可喜的变化。因为中小企业面对市场竞争往往处于弱势，从一般意义上看，中小企业人力资源管理相对不很规范，但数智化为中小企业提供了以较低成本、获得较为规范的人力资源管理的机会（见图3）。

2021年调研中，参与组织总部所在地主要分布在北京、上海、武汉、深圳等较大的城市，其次为一些二线城市如郑州、成都、合肥、太原，但与2020年相比，北京所占的比例从50.89%降低到36.92%（见图4）。

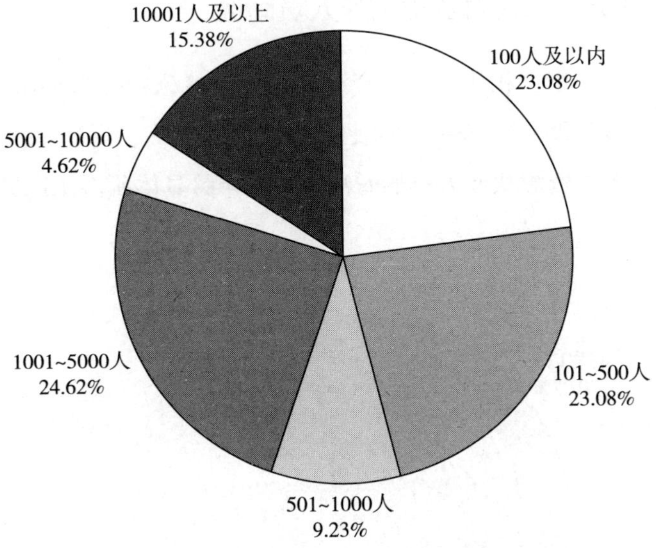

图3　参与调研组织的员工人数占比

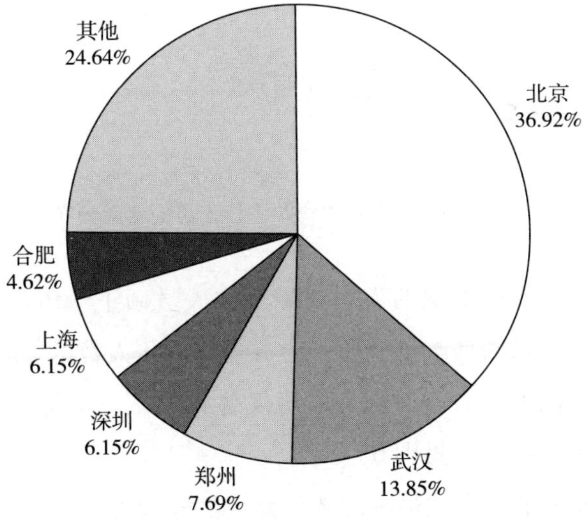

图4　参与调研组织的地域分布

（二）受访组织人力资源工作人员画像

调查发现，与以往相比，人力资源从业者年龄分布较为平均，其中 45 岁以上、36 ~45 岁、25 ~35 岁所占的比例均为 30% 左右，这让本次调研更能代表不同经验的人力资源从业人员的看法，不同年龄具体所占比例见图 5。

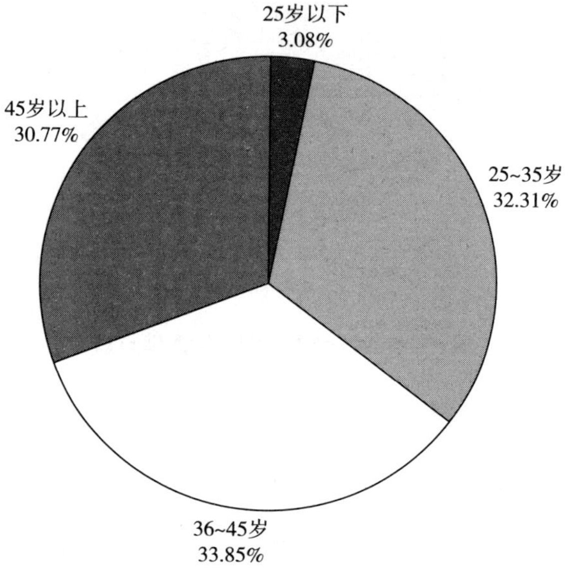

图 5　受访组织人力资源工作人员的年龄分布

在学历方面，受访组织的人力资源工作人员硕士学历占比为 46. 15% ，占大多数；排在第二的是本科学历，约占参与调研人数的 43. 08% ，接下来是博士学历，占比为 9. 23% ，大专学历仅占 1. 54% 。和前两次调研相比较，总体学历水平明显提升（见图 6）。

在所学专业方面，占比最高的依然是经济管理类，占比 76. 92% ，其次是理工农医类占 15. 38% ，文史哲以及法律类的共计占 7. 69% 。与前几次调研相比，理工农医类占比明显提升（见图 7）。

在工作年限方面，具有 10 年以上工作经验的占 43. 08% ，这可能也解释

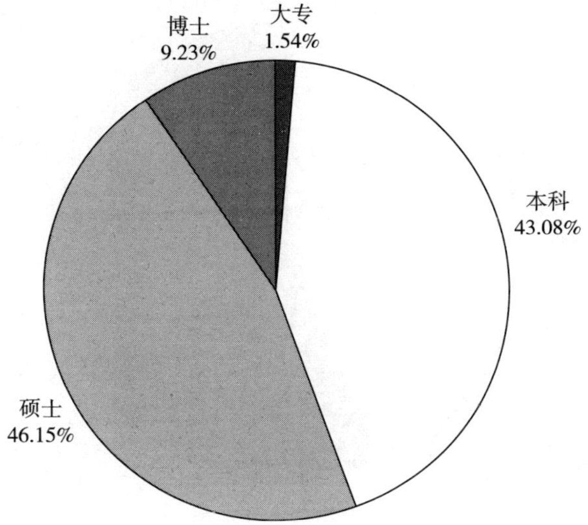

图 6　人力资源工作人员学历分布

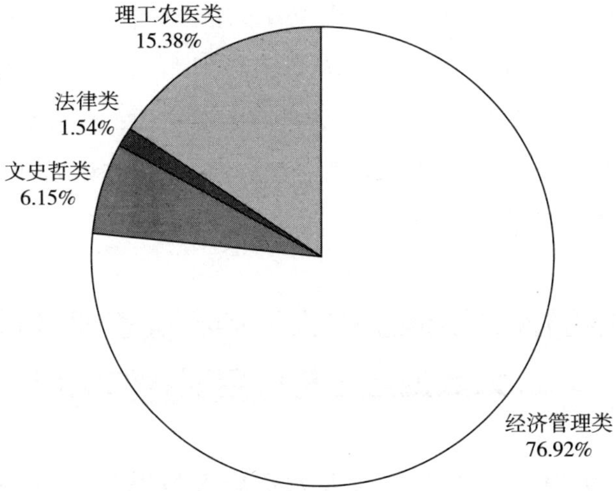

图 7　人力资源工作人员所学专业

了前面所提到的 45 岁以上的参与调研的人力资源工作人员年龄占 1/3 左右的原因。其次为 1～3 年（含）工作经验的人力资源工作人员，占比 33.85%，3～5 年（含）工作经验的为 12.31%，5～10 年（含）的为 10.77%（见图 8）。

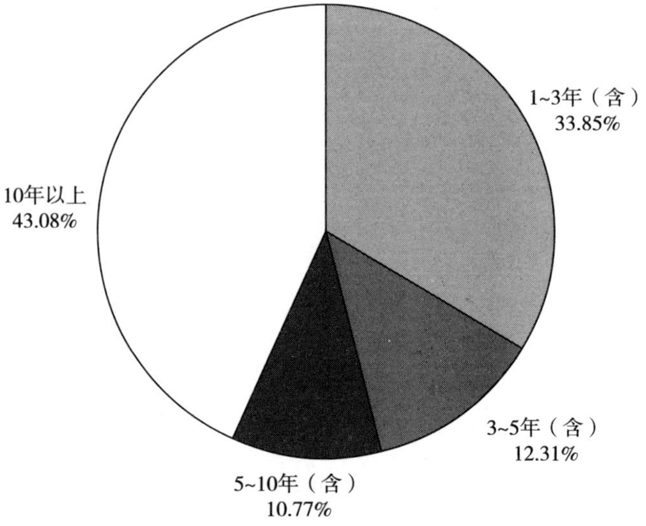

图 8　人力资源工作人员工作年限分布

此次调研还调查了受访人员的岗位或职级分布情况，调查对象涵盖不同层级的人员，其中，人力资源总监及以上级别占 27.69%，比 2020 年上升 5.38 个百分点，比 2019 年的 8.3% 更是有大幅增加；经理级别占 23.08%，主管所占比例为 21.54%。专员级别占比最高，比例为 27.69%，专员职级所占比例有一定的下降（见图 9）。

三　组织中的人力资源工作人员和高层管理者对人力资源大数据与分析应用现状的认识

（一）人力资源工作人员对人力资源大数据与分析的了解程度整体依然偏低，但比以往有所提高

与 2020 年调研结果相比较，从受访者总体来看，人力资源工作人员对人力资源大数据与分析依然不是很了解，但已经呈现逐年上升态势：认为自己“非常了解”“了解”人力资源大数据与分析的人员占 35.38%（2020 年

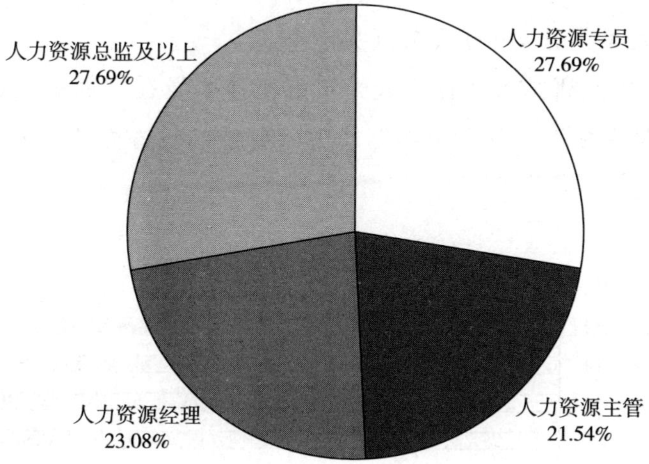

图 9　人力资源工作人员岗位级别分布

为 29.46%）。认为自己“不了解”和“非常不了解”人力资源大数据与分析的调研人员则从 2020 年的 30.36%下降到 2021 年的 26.15%（见图 10）。

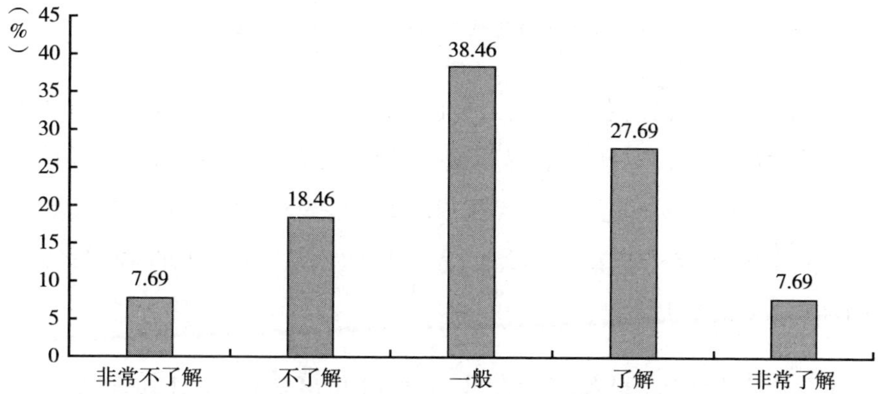

图 10　人力资源工作人员对人力资源大数据与分析的了解程度

与前 3 次调研类似，2021 年调研中，我们继续了解人力资源工作人员对统计知识的了解程度，结果发现，参与调研的组织中人力资源工作人员在“相关性分析”“回归分析”“简单描述性统计分析”“方差分析”等指标上的得分均大于3分（采用1～5分的评估表），人力资源工作人员在其余5项统计技术方面的得分均小于3分（见图11）。

与2020年调研结果相比，人力资源工作人员在“简单描述性统计分析”“相关性分析”“回归分析”“方差分析”等方面的了解程度都有所提高。

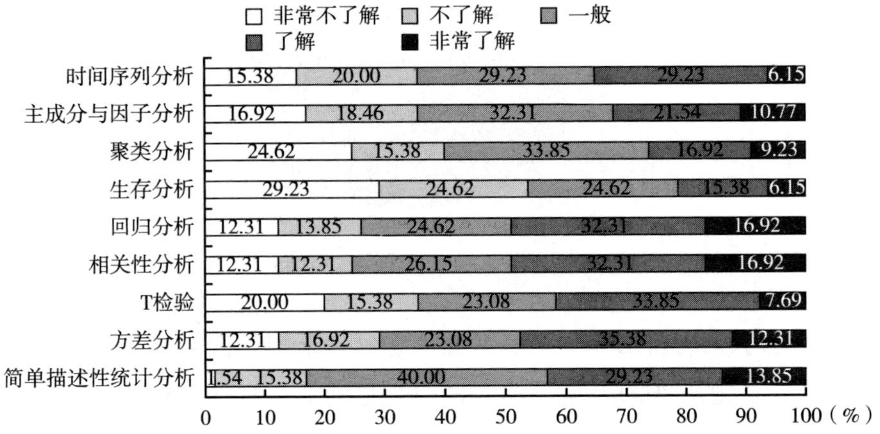

图11　人力资源工作人员对统计学的了解程度

在此次调研中我们发现，人力资源工作人员对大数据相关技术的了解程度有较大的提升，选择“了解”或“非常了解”大数据结果呈现技术的人员比例为29.23%，比2020年的13.22%提高了1倍以上；对大数据分析技术“了解”或“非常了解”的人员比例也从2020年的18.31%提升到24.61%（见图12）。

（二）参与调研的人力资源工作人员非常认可人力资源大数据与分析的价值

与以往调研相比较，大部分参与调研单位的人力资源工作人员仍然非常认可人力资源大数据与分析的价值，对其应用前景也仍然抱有乐观态度，认为人力资源大数据与分析对提升人力资源管理水平非常重要，采用1～5评分量表，

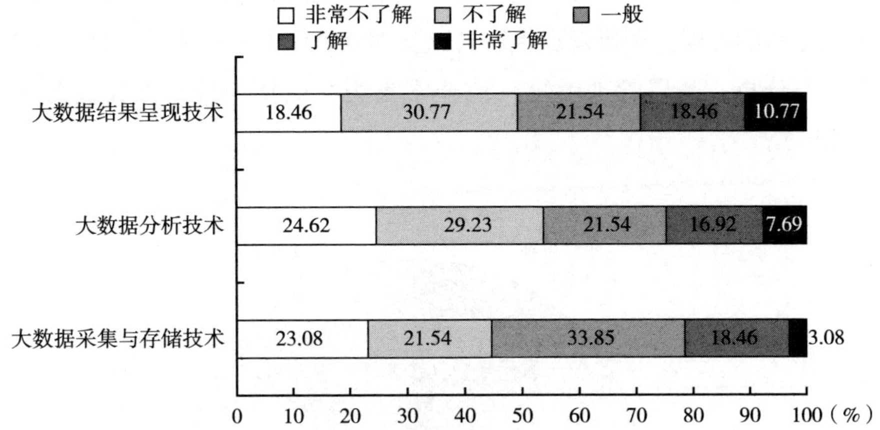

图 12　人力资源工作人员对大数据相关技术的了解程度

所有参与调研的组织平均分为 4.05 分，选择 3 分及以上的组织占总调研对象的 93.85%，认为“不重要”和“非常不重要”的不到 7%（见图 13）。

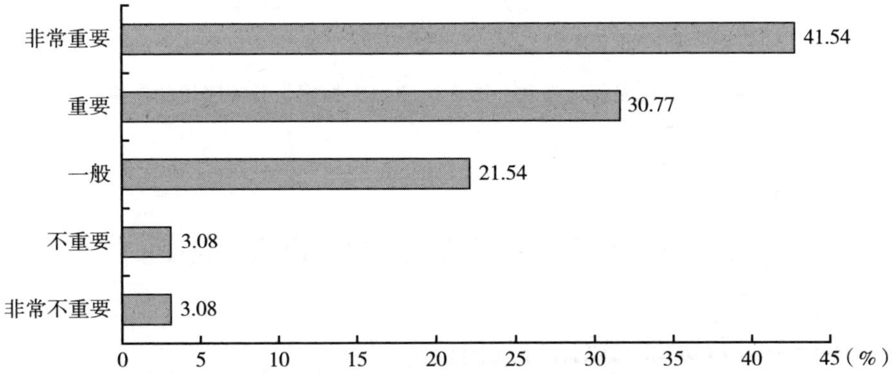

图 13　人力资源大数据与分析对提升人力资源管理水平的作用

（三）组织高层管理者对开展人力资源大数据与分析的态度

实践表明，组织高层管理者的态度对任何一件新生事物的发展起着决定性的作用，他们的态度和决策对企业能否顺利实施人力资源大数据与分析至关重要。因此，在此次调查中，我们重点了解了高层管理人员对人力资源大数据与分析的态度。调研发现组织高层管理者总体上还不是很重视人力资源大数据与分析。高层管理者重视或非常重视大数据与分析的比例为40%（见图14）。

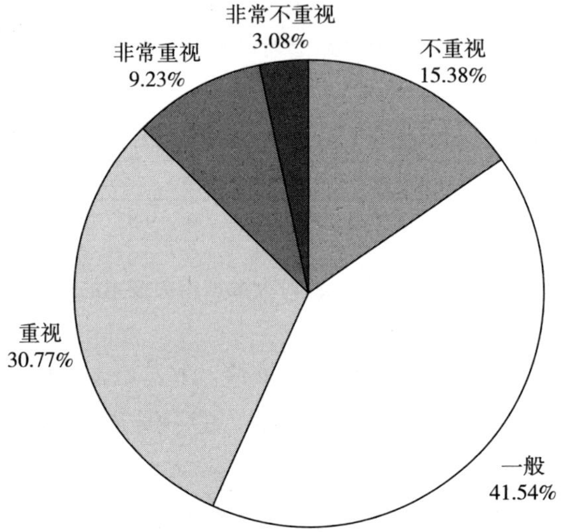

14　组织高层管理者对开展人力资源大数据与分析应用的态度

四　人力资源大数据与分析的应用方向

（一）人力资源大数据与分析体系建设

首先，在人力资源管理信息系统建设方面，参与此次调研的组织中绝大部分都建立了人力资源管理信息系统，使用人力资源管理信息系统能及时将组织中各类数据进行存储，有利于数据分析人员及时调用，并为相关分析提供了便利。调研显示，有63.08%的组织建立了人力资源管理信息系统，其中直接购买第三方提供的人力资源信息化软件系统的占比为49.23%，还有36.92%的组织仍然没有建立人力资源管理信息系统（见图15）。

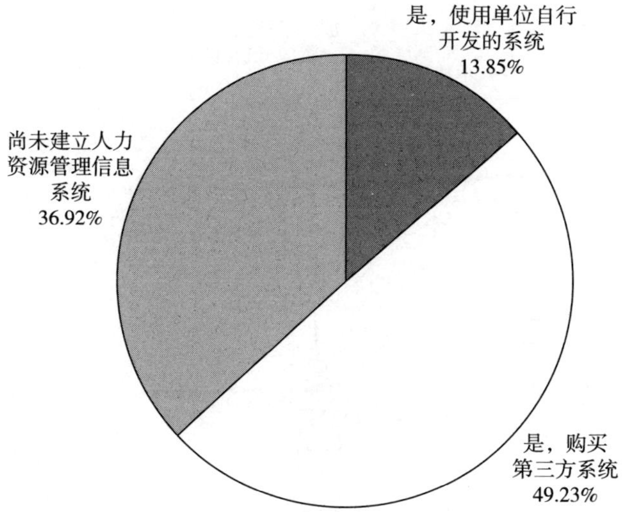

图 15　是否建立了人力资源管理信息系统

其次，调研了解了组织中是否设置了专门的人力资源大数据与分析岗位，因为这是衡量组织是否重视人力资源大数据与分析的重要因素之一。调查发现 27.69% 的受访单位选择了“人力资源部员工兼职负责分析职能”，13.85% 的受访单位人力资源部设有专门的人力分析岗位，6.15% 的组织成立了独立的人力资源分析部门。此外，选择“尚未设立专职人力资源数据分析岗位”的组织所占比例为 33.85%（见图 16）。

人力资源大数据与分析岗位向谁汇报，从另一个侧面反映了组织对人力资源大数据与分析的重视程度。调研显示，人力资源大数据与分析岗位的直接上级大多是人力资源部门负责人，占参与调研组织数量的 67.44%，4.65% 的组织中人力资源大数据与分析岗位的直接上级为人力资源副总裁。在某些受访单位中，人力资源大数据与分析职能被纳入该单位的数据分析部门，直接上级为数据分析部门的负责人（见图 17）。

（二）人力资源管理自动化程度

如前所述，要想充分实现人力资源的数字化智能化，离不开人力资源管

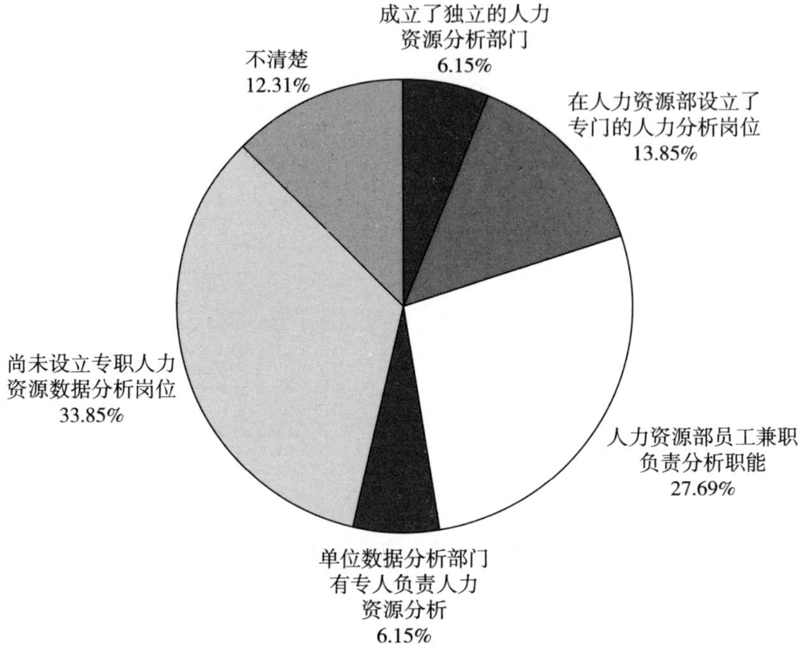

图 16　受访单位人力资源大数据与分析岗位设置情况

理流程的自动化。与以往调研不同的是，此次调研我们特别设计了相关问题来了解各类组织人力资源管理的自动化水平。从某种意义上讲，人力资源管理的自动化实际上也是智能化的体现。根据目前的实践，在人力资源管理数智化方面比较领先的组织，一般都会采用机器人流程自动化技术（RPA 技术），对一些重复性、耗时多的人力资源管理流程进行自动化处理，其中包括工资处理流程、考勤、招聘等环节。

从调研组织的反馈来看，各类组织在招聘和工资发放、offer 及审批、简历收集和筛选等环节上逐步开始使用流程机器人，在上述方面的应用比例达到 20% 及以上，但在其他领域还基本没有开始使用，即使是在招聘领域，也没有做到在招聘全流程使用 RPA 流程机器人，更多的组织开始尝试在招聘信息发布阶段使用流程机器人把招聘信息发布到指定的招聘平台上。相比之下，一些世界领先的企业则在整个招聘流程中广泛使用 RPA，比如在招

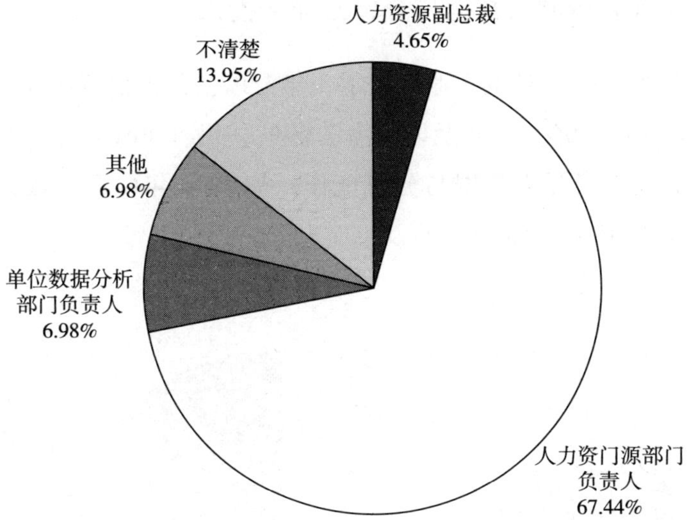

图 17　受访单位中人力资源大数据与分析岗位的直接上级

聘信息发布、简历筛选、面试通知甚至在 offer 阶段也能自动生成 offer 并发给候选人，大大节省了人力资源工作人员的时间，在此过程中也能形成了足够的数据积累，为数智化人力资源转型创造了条件（见图 18）。

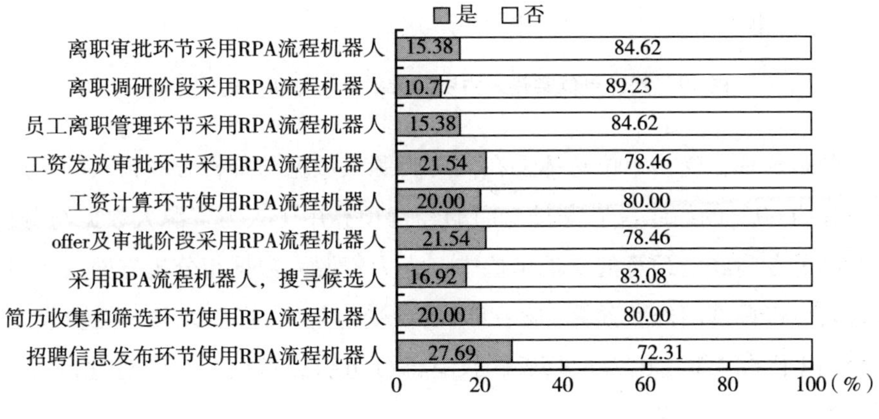

图 18　调研组织中人力资源管理的自动化程度

（三）人力资源大数据与分析方面的投入

调查发现，32.31%的企业开展了3年及以上的人力资源大数据与分析工作，1～2年为20%，1年及以下为7.69%，仍有40%的组织尚未开始进行系统性的人力资源大数据与分析工作，与2020年的调研数据基本持平（2020年为40.18%）（见图19）。

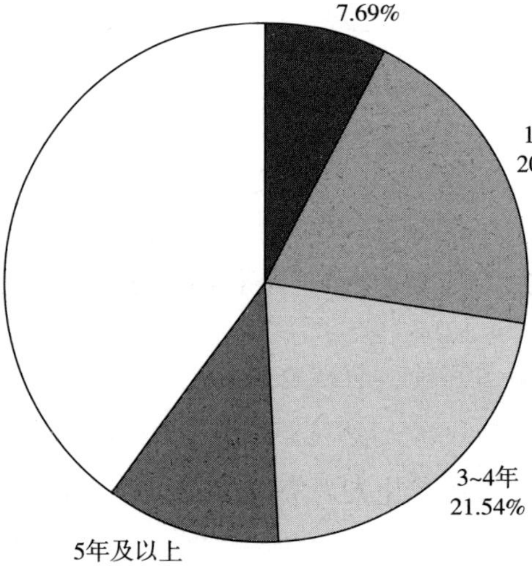

图19　受访单位实践人力资源大数据与分析的时间长短

调研发现，受访单位总体上在人力资源大数据与分析方面投入的费用不高，有约40%的组织没有安排专门的经费预算用于人力资源大数据与分析。在安排了专门经费预算的受访单位中，人力资源大数据与分析方面的经费投入为人力资源部门经费预算1%～5%的占受访单位的36.93%，经费投入占比1%以下的组织占比为6.15%，仅有部分组织经费投入占比超过5%（见图20）。

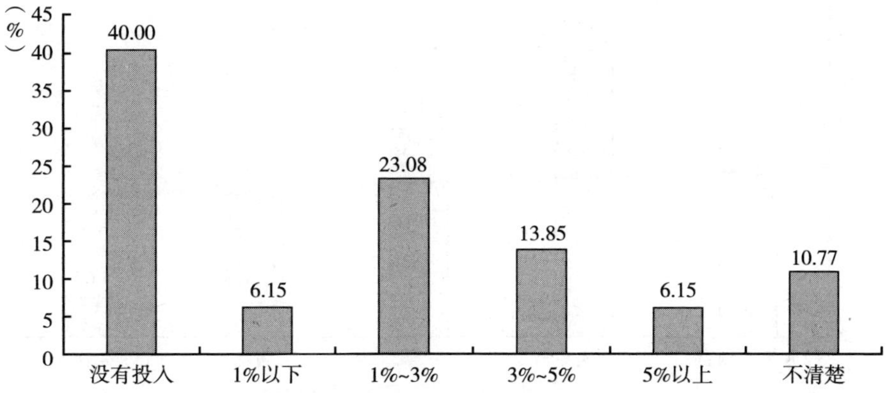

图 20　人力资源大数据与分析方面的投入占当年人力资源部门预算的比例

（四）人力资源大数据与分析的应用场景

调查发现，在对组织中人力资源大数据与分析的整体评价方面，人力资源工作人员的满意度偏低（均分为 2. 52 分），与 2020 年的 2. 38 分基本持平。其中，仅有 4. 62% 的人力资源工作人员非常满意，16. 92% 的人力资源工作人员对人力资源大数据与分析感到满意。53. 85% 的人力资源工作人员选择了“不满意”或“非常不满意”（见图 21）。

和之前的调研类似，此次调研围绕人力资源管理的关键环节如人才招聘与选拔、培训与人才发展、人才保留等场景，进行了专门调研。调研结果显示，各类受访单位目前仍然主要依赖经验，对数据进行汇总和初步分析，采用回归分析和构建复杂统计分析的组织占比仍然低于 20%，虽然所占比例较 2020 年的不超过 10% 的比例有了大幅提高，但总体比例还比较低，其中人才招聘与选拔的比例为 16. 93%、培训与人才发展的比例为 18. 46%、人才保留环节则为 15. 39%。

具体地，在人才招聘与选拔、培训与人才发展和人才保留方面，分别有 24. 62%、26. 15% 和 32. 31% 的组织主要依靠直觉和经验盘点进行人力资源相关决策。用 Excel 对公司现有数据进行简单汇总分析的占比分别为：人才招聘

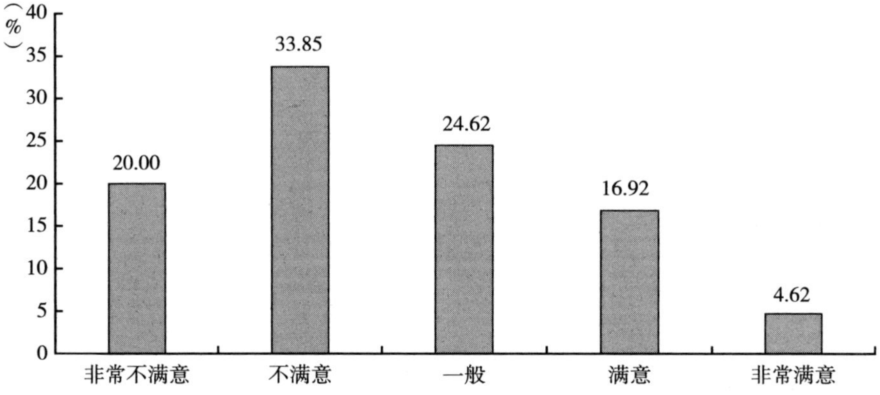

图 21　人力资源工作人员对所在单位人力资源大数据与分析的评价

与选拔（44.62%）、培训与人才发展（44.62%）、人才保留（38.46%）（见图 22 至图 24）。

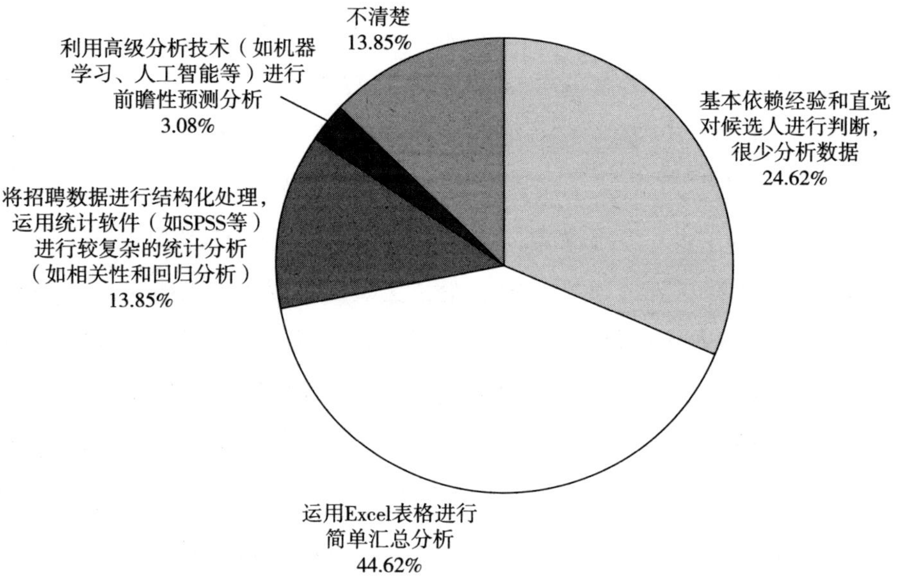

图 22　人才招聘与选拔中的数据分析

为了更深入地了解不同的组织在人才招聘与选拔、培训与人才发展、人才保留、绩效评估等方面是如何进行数据分析的，我们又对大数据与分析在

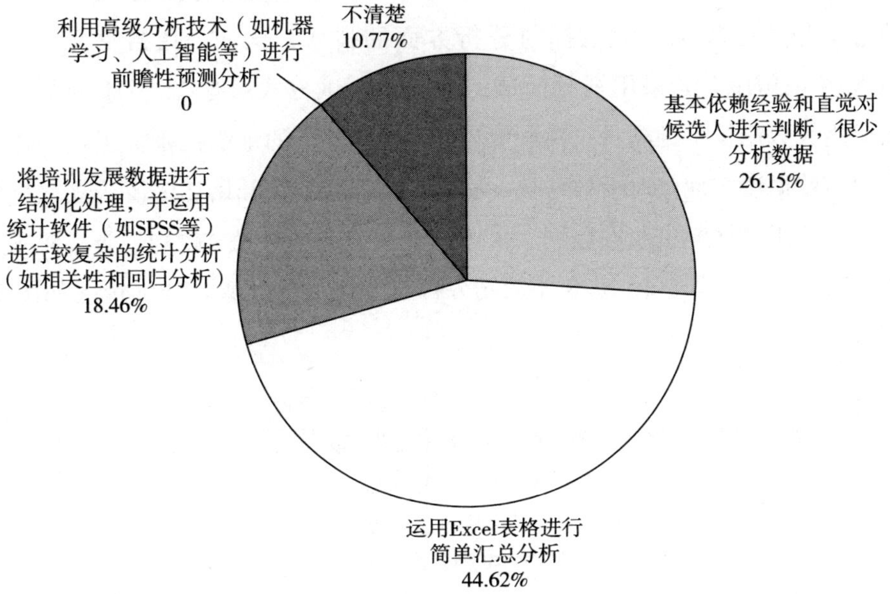

图 23　培训与人才发展中的数据分析

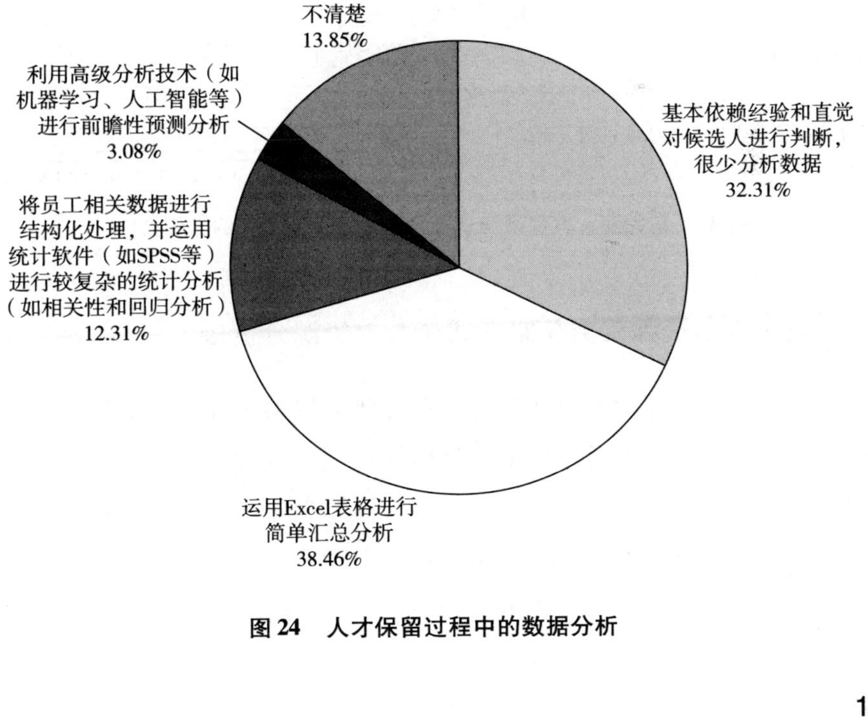

图 24　人才保留过程中的数据分析

以上方面的应用场景进行了调研，结果显示，在上述各方面有 20% ~30% 的组织开始逐步采用大数据与分析方面的技术，比如，在招聘方面，有 33. 85% 的组织开始采用视频面试、游戏化面试方式；有 27. 69% 的组织开始运用大数据技术预测员工离职倾向，有 23. 08% 的组织记录员工在工作中的行为数据以实现实时绩效考核，有 26. 15% 的组织开始在法律法规允许的情况下使用网络爬虫获取数据、采用大数据方式精准投放招聘广告、建立人才需求预测模型等，较 2020 年的结果都有了很大的改善。详细情况如图 25 所示。

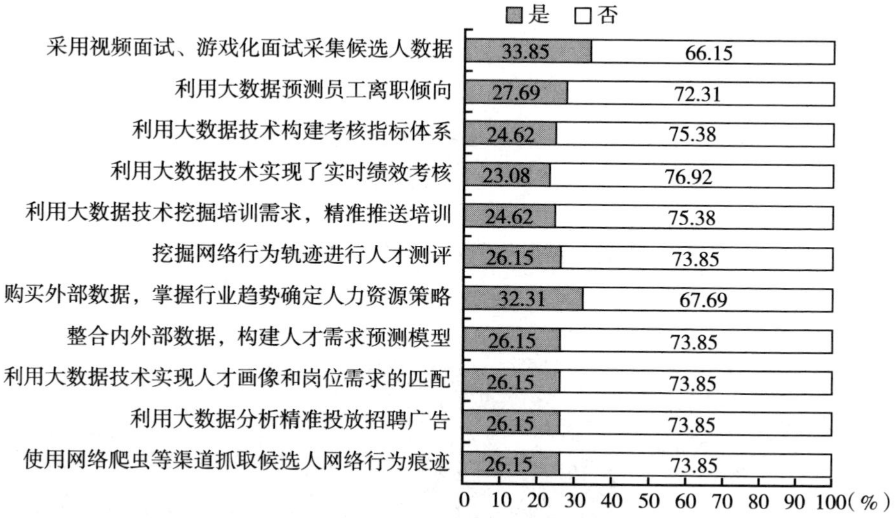

图 25　在关键人力资源场景中采取大数据与分析的组织占比

（五）人力资源数据存储方式与人力资源分析报告

毫无疑问，要进行大数据分析，首先要有数据来源，这是整个工作的基础，本次调研还了解了受访单位是如何存储大量的人力资源数据的，并且更进一步对组织如何制作及使用人力资源数据分析报告进行调研。研究结果显示，绝大多数组织没有对数据进行处理，以原始形态进行存储（53. 85%），这些形式包括 Word、Excel 文本或音视频等格式；有一小部分组织会对人力资源数据进行结构化，之后用电子表格形式保存（15.38%），仅有15.38%的受访单位会安排专门的人员对人力资源数据进行加工处理。上述结果表明，总体上人力资源数据存储方式还处于比较传统的阶段（见图26）。

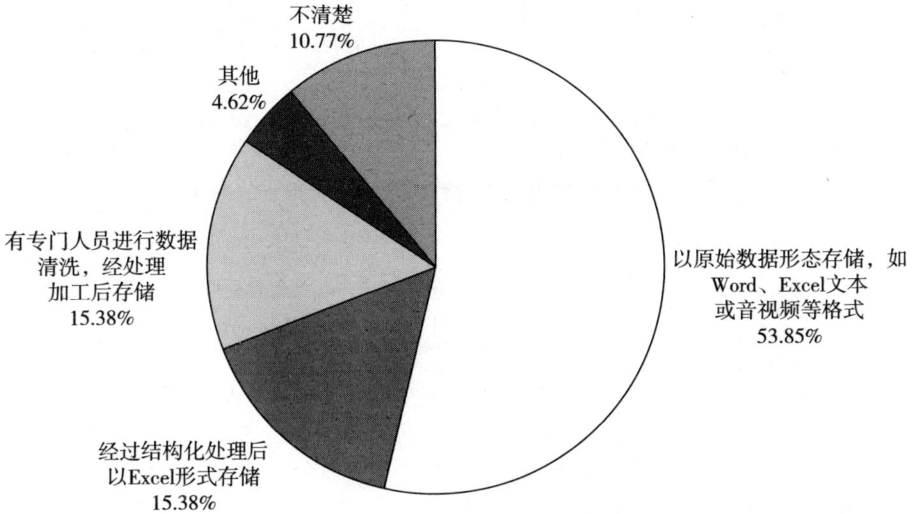

图26　各类人力资源数据的存储方式

本次研究还发现，各类受访单位对人力资源数据分析报告的要求差异也很大，其中有的组织要求人力资源部门每月提交人力资源数据分析报告（21.54%），13.85%的组织每季度提交一次，还有6.15%的组织每半年才提交一次人力资源数据分析报告，仅9.23%的组织可即时生成人力资源数据分析报告（见图27）。

为了更深入了解组织是如何制作人力资源数据分析报告的，我们询问了制作人力资源数据分析报告所使用的工具的情况，调研结果显示，大部分组织仍然采用最基础的工具进行分析（占比47.69%，采用Excel工具等）。有一小部分组织利用单位的人力资源信息化软件中嵌入的工具进行数据分析（占比18.46%），仅有3.08%的组织采用商业智能工具进行人力资源数据分析（见图28）。

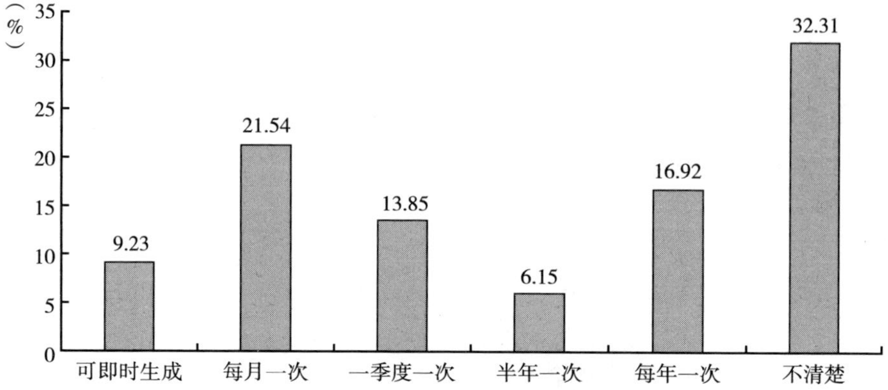

图 27　受访单位提交人力资源数据分析报告的频次

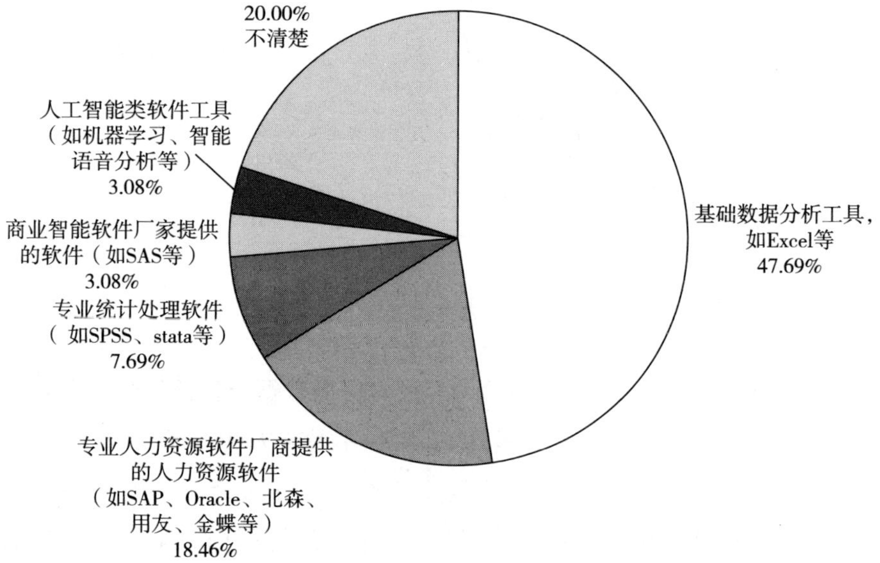

图 28　受访单位采用何种分析工具制作人力资源数据分析报告

五　人力资源大数据与分析的未来趋势

（一）组织使用的人力资源大数据与分析服务及制约因素

与 2020 年不同的是，有 33.85% 的组织开始购买人力资源数据分析培训课程，有36.92%的组织提到，他们会购买专业的人力资源数据分析软件或者配置相应的硬件，由内部人士进行数据分析，这说明组织不但意识到数据分析的重要性，而且也在采取切实的措施，提升人力资源专业人士的数据分析水平和能力（见图29）。

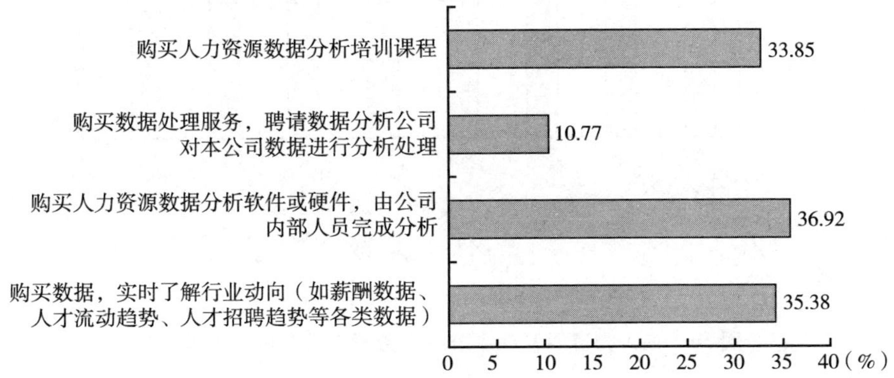

图29　受访单位购买过哪种人力资源大数据与分析

此次研究显示，有三个主要因素对组织是否能进行人力资源大数据与分析产生重要的影响：缺乏人力资源大数据与分析人才（占比为46.15%）、领导不重视（占38.46%）、预算不足（占35.38%）。另外，缺乏明确的规划，数据过于分散难以整合、人力资源部门还没有做好相应准备等也是无法有效开展人力资源大数据与分析的重要原因。此外，部分组织反映，业务部门认为人力资源大数据与分析的作用有限，占比为13.85%，这比2020年有了大幅下降，说明业务部门对人力资源大数据与分析的认识也在逐步改变过程中（见图30）。

（二）实践界对人力资源大数据与分析的需求展望

通过本次调研，我们发现即使人力资源工作人员非常认可大数据与分析在人力资源领域的价值，但从认可到现实中间还有较大的距离，其中也可能是组织没有相应的预算或者高层管理者并没有真正认识到大数据与分析能带来的价值，体现在调研结果上，只有非常少的被调查单位（13.85%）提到

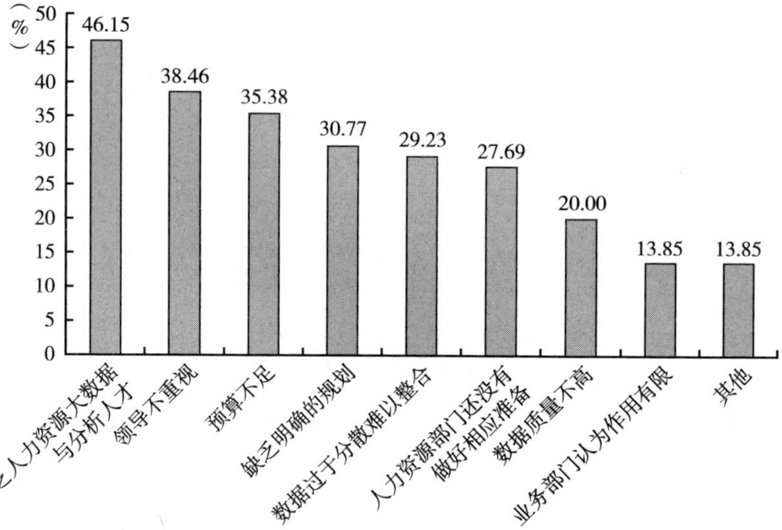

图 30　在人力资源管理中进行大数据与分析的主要障碍

在一年内可能有购买人力资源大数据与分析服务的计划，或者计划采取行动提升组织的人力资源大数据与分析能力，而绝大部分组织还没有从行动上进行改变，这与之前几次调研的结果是一致的（见图 31）。

为了能深入了解组织的需求，我们还进一步了解计划购买大数据与分析服务或计划提升人力资源大数据与分析能力的组织具体聚焦于哪些类型的服务或将要采取何种行动来提升数据分析能力，大部分组织的着眼点在于购买数据分析工具和购买各类人力资源数据，也有的组织希望能聘用具备分析能力的人力资源数据分析人员（20%），这似乎显示，组织在面临数据分析能力不足时，更愿意从内部培养而不愿意招聘新的数据分析人员（见图 32）。

调查发现，影响各类组织做出购买决策的因素很多，其中，最重要的是人力资源部门期待在人力资源管理实践中运用新的工具和技术，从而提升自己的价值（占比 55.56%）；排在第二位的是组织正面临不断加大的市场压力，希望通过提升人力资源管理水平来加以应对（占比 44.44%）（见图 33）。

与以往调研类似，我们还了解了人力资源工作人员是否愿意参加相关的

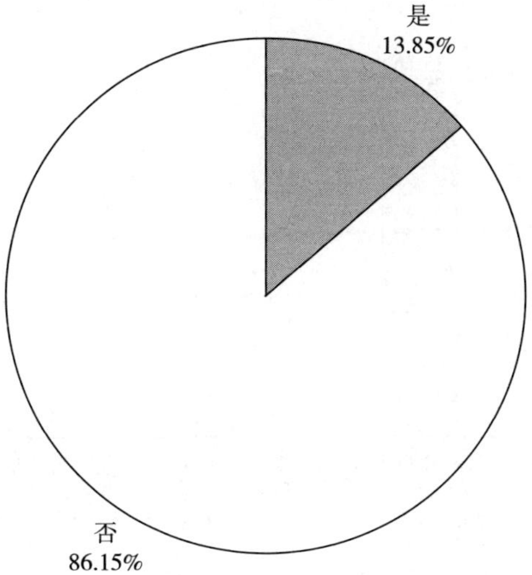

图 31　受访单位 12 个月内的人力资源大数据与分析需求

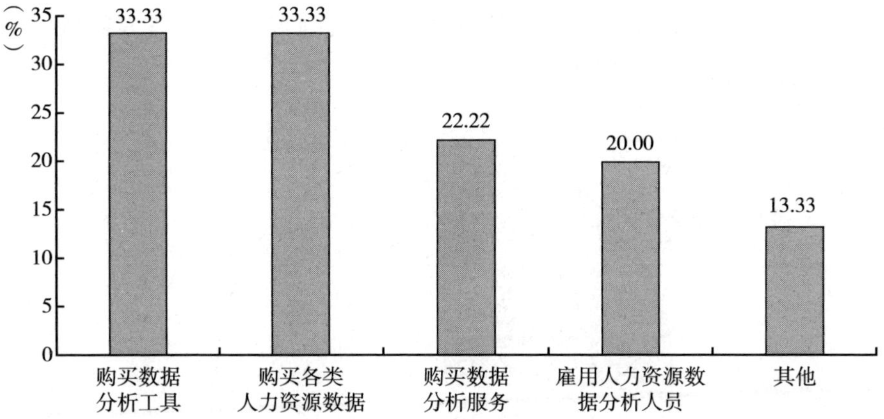

图 32　各类组织计划购买哪种人力资源大数据与分析服务或采取何种行动

人力资源大数据与分析培训，有 73.85% 的人力资源工作人员态度积极，其中绝大多数人员希望参加在线课堂培训（占比 91.67%），比 2020 年的 82.98% 增加了 8.69 个百分点，有半数左右的人力资源工作人员同时也愿意参加线下培训。和以往调研结果相比，依然有 66.15% 的人力资源工作人员

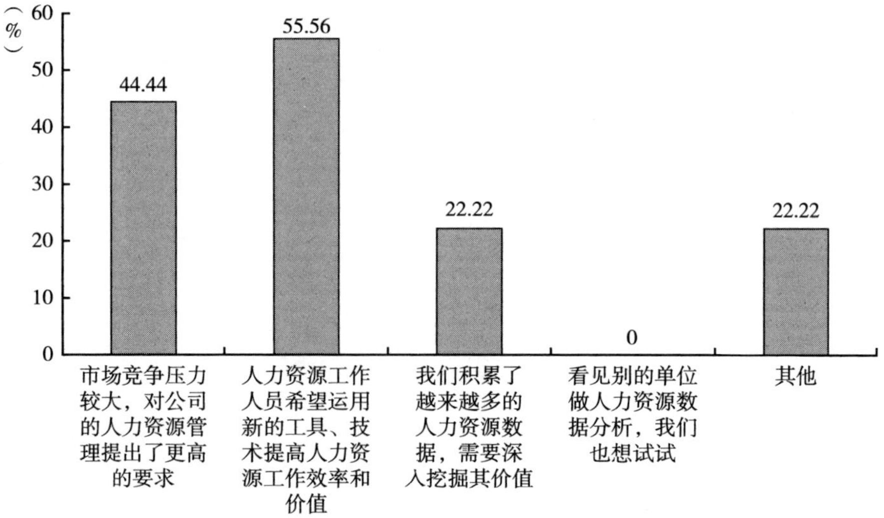

图33　影响各类组织做出购买人力资源大数据与分析服务的因素

表示愿意与其他组织的人力资源从业人员分享他们在人力资源大数据与分析方面的经验和做法（见图34至图36）。

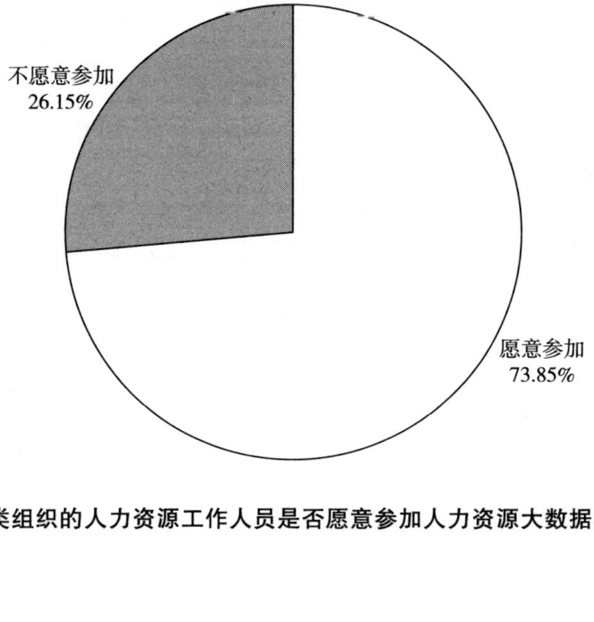

图34　各类组织的人力资源工作人员是否愿意参加人力资源大数据与分析培训

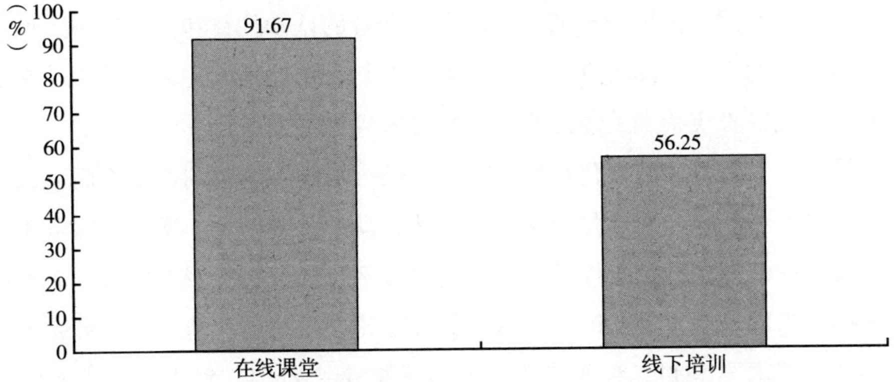

图 35　人力资源工作人员愿意参加哪种形式的人力资源大数据与分析培训

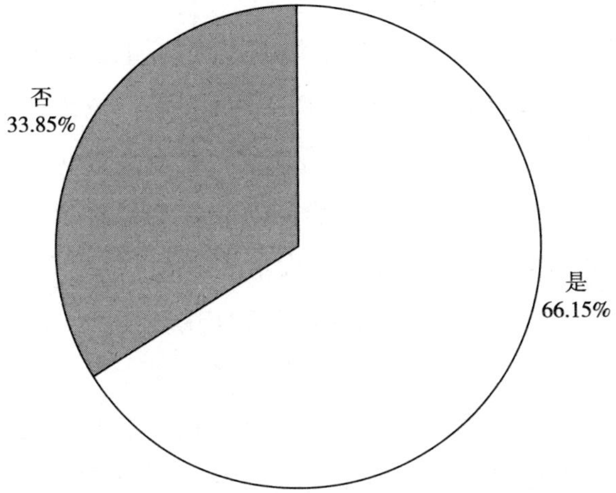

图 36　人力资源工作人员是否愿意与他人分享人力资源大数据与分析的经验

六　加快组织人力资源数智化转型的建议

从本次调研结果来看，组织要想加速人力资源大数据与分析的应用，推动数智化转型，必须解决几个关键的问题。

第一，组织高层管理者的认知。从几次调研结果看，人力资源工作人员非常认可大数据与分析的价值，但高层管理者的认知往往和人力资源工作人员不同，他们可能还没有真正意识到大数据与分析能给人力资源管理带来的好处。因此未来应特别关注怎样争取高层管理者的支持。

第二，人力资源数智化转型的成本问题。对于一个营利性组织而言，如何平衡成本和收益，永远是组织采取某项行动的关键考量。摆在人力资源工作人员面前的问题，是怎样证明人力资源数字化和分析能带来价值，而不仅仅是抱怨高层管理者不支持。因此，需要能建立一个商业情景，或者通过实施某个“速赢”项目，证明人力资源技术能带来价值。对于一些预算紧张的组织，可以尝试采用基于云平台的人力资源管理系统或数据分析软件，比如阿里推出的钉钉，就可以提供价格低廉但质量较好的云人力资源管理软件。

第三，加快 RPA 流程自动化技术等在人力资源领域的应用，这是实现人力资源数智化转型的基础。随着技术的快速发展，诸如流程机器人技术等都可以在组织内以较低的成本进行部署使用，特别是在重复性工作如考勤记录、工资发放计算等方面，流程机器人不仅能带来工作速度和工作质量（准确度）的提升，也可以为组织节省大量的成本。一些传统企业在此方面甚至走在了前面，例如首钢集团某企业广泛使用新技术，大大降低了工资发放环节使用的人工数量，并提高了工作的质量。

第四，抓住政府倡导数字化发展特别是国有企业数字化转型的契机，推动企业将数字化智能化人力资源纳入议事日程。无论是“十四五”规划还是 2021 年的两会，都浓墨重彩地提到数字化智能化转型的重要性和意义，国务院国资委更是从 2020 年开始启动了国有企业数字化转型专门行动。人力资源专业人士应当思考如何利用好这样的机会，搭上企业数字化转型的快车，积极推进人力资源数智化转型，提升人力资源效能。

参考文献

陈兵：《有序升级消费者权益保护系统新发展格局下扩大消费需求的关键路径》，人民论坛网，2021 年 2 月 5 日。

《中共中央关于制定国民经济和社会发展第十四个五年规划和二〇三五年远景目标的建议》，《人民日报》2020 年 11 月 4 日。

韩文秀：《学习党的十九届五中全会精神的几点体会》，《宏观经济管理》2020 年第 12 期。

汪玉凯：《数字经济发展趋势与政府角色》，《软件和集成电路》2021 年第 1 期。

国资委科创局：《翁杰明出席国有企业数字化转型论坛并致辞》，http：//www. sasac. gov. cn/。

霍炜：《政务数据资源共享是区块链技术自主创新的主战场》，《信息安全与通信保密》2021 年第 1 期。

郝鹏：《坚持创新驱动　在服务和融入新发展格局上展现更大作为》，《中国产经》2021 年第 9 期。

吴新星：《以数字化助力高效能基层治理》，《中国报业》2021 年第 2 期。

区域与行业人力资源市场

Regional and Industrial Human Resources Market

B.9
北京国际化人才的发展和相关需求分析

贾燕娜*

摘　要：　本调查分别从人才、用人单位 HR 等不同角度对北京国际化人才的相关需求进行了访谈及问卷分析，涉及群体包括海聚人才、外籍人才、海归人才等；调查单位包括企业、科研机构等不同类型。调研得出了国际化人才的真实需求及对北京相关政策的建议。同时，通过与其他城市政策的对比，本报告分析出北京在生活成本政策、激励保障政策、人才服务政策、创新创业政策等方面的情况，给出一定的政策建议。

关键词：　北京　国际化人才　需求分析

* 贾燕娜，中瑞方胜金融服务外包（北京）有限公司管理咨询部经理，主要研究方向为人力资源管理体系设计。

为全面贯彻落实中央《关于深化人才发展体制机制改革的意见》，牢牢把握人才集聚大举措，围绕新时期北京作为全国政治中心、文化中心、国际交往中心、科技创新中心城市战略定位和建设国际一流的和谐宜居之都的目标，加快实施创新驱动发展战略和京津冀协同发展战略，北京作为首都，在吸引国际化人才方面需要更加有针对性。因此，中瑞方胜通过调研有国际化人才需求的客户从业人员及行业 HR，了解国际化人才的核心诉求，同时对比北京与其他城市国际化人才政策，分析差异点，为国际化人才引进、发展和服务政策提供依据。

一　调研整体情况概述

为客观反映目前国际化人才在首都发展面临的政策性障碍，为首都未来更好地引进国际化人才，实现首都人才战略，中瑞方胜对 150 多家企业 300 多名国际化人才及 HR 进行了调研。调研主要通过访谈及问卷调查的形式展开，调研单位覆盖了企业、科研机构、医院，调研人员包括海聚人才、外籍人才、海归人才。在调研的基础上，根据人员的结构和企业的性质进行分层分类分析，并对反映问题的重要程度进行了进一步归纳总结。

二　人才发展的政策环境分析

（一）海聚人才在首都发展的政策环境分析

1. 海聚人才特点描述

海聚人才源自北京市于2009 年制定并实施的“北京海外人才聚集工程”（简称“海聚工程”），主要集中在电子信息、生物医药、能源环保、文化教育、卫生医疗等各个重点领域。调研以访谈形式展开，调研范围主要涵盖企业、科研院所与高校，如北汽集团、北京生命科学研究所、中国人民大学、北京工业大学等。调研发现，该类调研对象的主要特点为海外留学的博士及博士后，在海外科研机构有一定的工作经验，年龄集中在40岁以上，孩子基本在国外出生。该类人群现任企业的高层技术专家、科研机构或者高校的中高层，有一定的经济基础，更看中个人价值的体现，所以携家眷选择回国发展。

2. 访谈主要问题

访谈问题主要集中在：海聚人才的招聘难点；海聚人才不愿意回国或来中国工作的主要原因；北京颁布的海聚人才引进及激励的相关政策中哪些直接或间接阻碍了海聚人才引进工作；为有效落实海聚人才引进目标，希望政策有哪些改进等。

3. 海聚人才对上述问题的看法

经访谈发现，由于北京海外人才聚集工程对海聚人才制定了一系列的优惠政策，对该类人群的政策利好较多，所以其对政策的满意度相对较高。

（1）在招聘方面，人才政策不够明朗，很多政策仅是对内执行，对外不公布，且办理条件时刻在变，导致招聘工作无所适从。

（2）海聚人才不愿意回国或来中国工作的主要原因集中在：外籍人身份在众多生活方面限制问题；薪酬待遇问题；子女与家属的安置问题。

（3）在政策限制方面，人才评价标准缺失或不科学合理；国民化待遇有待提升、申请永久手续需要简化；职业发展空间与事业平台，如科研机构或者高校院所负责人对科研项目开展自主权需要加强等直接或间接阻碍了海聚人才引进工作。

（4）在政策改进方面，希望未来北京在政策上给予完善与创新的方面主要有以下几点：第一，外籍身份问题；第二，社保问题；第三，薪酬待遇问题，如科研机构与高校薪酬水平整体没有竞争力；第四，子女与家属的安置问题，如子女回国上学问题、家属就业问题等。

（二）外籍人才在首都发展的政策环境分析

1. 外籍人才特点描述

外籍人才包括来首都的纯外籍人员和入外国籍的华人，调研以深入访谈为主，调研范围涵盖了大量的企业与科研机构，如亚马逊、京东方、北汽集团、北京洛奇临床检验所有限公司、北京生命科学研究所、中国人民大学、北京工业大学等。调研发现，该类调研对象的主要特点为外派高管、外籍技术专家及在国外工作多年回国的外籍华人，目前年龄均在 35 岁以上。该类人群在任职单位大多数属于技术专家或者高层管理者，子女在海外上学或者在国内国际学校上学。

2. 访谈主要问题

访谈问题主要集中在：是否了解北京针对外籍人才的各项优惠政策；回国/来中国就业的最大动力和原因；朋友和同学回国或不回国的原因；目前工作和生活中急需解决的问题有哪些；相较于国外的人才引进政策，北京市有哪些政策有待改进；在外籍人才招聘中有哪些困难。

3. 外籍人才对上述问题的看法

经访谈发现，外籍人才在北京工作、生活困扰主要集中在以下几方面。

（1）外籍人才认为，北京针对外籍人才政策变动快，导致很多准备工作或者以前的积累作废。

（2）回国/来中国就业的最大动力和原因是看好国内宏观经济形势和个人在中国未来的长期发展。

（3）朋友和同学回国和不回国的原因包括：社保对外国人的针对性、实用性不强，养老金形同虚设，医疗不适用；职称考试对外国人形同虚设；配偶调动和安置困难；外籍人才年检过程十分烦琐，时间长，办理过程当中护照上交，无法出国；外籍人才来中国，他们的子女只能上国际学校，国际学校的学费很高；环境污染问题非常严重；大额收入结余无法通过便利途径带回本国。

（4）目前工作和生活中急需解决的问题中收入较高的人群更加关注人文环境、空气质量、交通拥堵等生活环境问题；收入偏低的人群则更关注住房、医疗及子女教育等生活成本问题，希望未来出台的政策能在此方面加大补贴倾斜。

（5）相较于国外的人才引进政策，北京市在办理签证、出入境、申请绿卡等方面流程过于烦琐，周期较长，希望未来在政策上能给予完善；国内三甲医院的国际医疗部费用十分昂贵，商业保险看病的理赔程序也十分烦琐，希望解决外籍人员医疗保险问题；外籍人员没有身份证，不能使用任何网络支付功能，每次入境都要 24 小时之内到派出所申报，希望解决外籍人员类国民化问题。

（6）相较于国外的人才引进政策，北京市没有专门的国际化人才招聘渠道供用人单位引进国际化人才。

（三）海归人才在首都发展的政策环境分析

1. 海归人才特点描述

海归人才主要包括在国外学习或工作后回国但未取得外籍身份的人员。该类调研对象的主要特点为本科或者研究生阶段选择出国留学，年龄集中在 30～40 岁，无海外工作经验或有 5 年内海外工作经验的人群。调研以问卷调查形式展开，调研样本量 78 人，调研范围主要针对大型国企和科研机构，如北汽集团、北京建筑设计研究院等。该类人群在任职单位大多数属于基层管理者或者中层管理者，年薪集中在 20 万～40 万元，目前无子女的居多。

2. 调研问卷主要问题

调研问卷问题主要集中在：回国或来北京的原因；在北京工作和生活还有哪些方面的顾虑；海归人才在招聘上的主要困难；回国/来华后，在工作、生活中遇到的政策性障碍及严重性排序；工作居留证办理过程中遇到的政策性问题；针对国际化人才的税收政策；为有效落实国际化人才引进工作，增强吸引力，哪些方面的政策应进一步改进及重要程度排序；哪些国家的国际人才政策值得借鉴及重要程度排序等。

3. 海归人才对上述问题的看法

（1）促使海归人才回国或来北京的原因是看好国内宏观经济形势和个人在中国未来的长期发展。

（2）在北京工作和生活的主要顾虑是空气差、交通堵、生活成本高，房价、房租高，物价高。

（3）海归人才招聘上的困难主要包括：在海外的留学生回国找工作的成本很高，经常赶不上招聘时间；不能招聘应届生，必须有两年以上国外工作经验；没有开放实习签证，很多人不想冒险回中国。

（4）回国/来华后，海归人才在京工作、生活中遇到的政策性障碍排名前三的问题为：第一，在京买车、买房没有政策上的优惠；第二，海归人才落户政策时间要求比较严格；第三，与外籍人才相比，海归人才无任何税收抵扣政策。

（5）工作居留证办理过程中，遇到的问题是缺乏统一标准，办理证件每个窗口标准不一，材料无从准备。

（6）针对海归的税收政策，存在的问题是外籍人才有相关的抵税政策，海归人才没有任何抵税政策。

（7）海归人才最希望未来在政策上有所创新与改进的方面排名前三为：第一，买车买房有相关的优惠政策；第二，子女上学的优惠政策；第三，税收优惠政策。

（8）海归人才认为首都未来政策可以借鉴其他地区的方面排名前三为：第一，落户及永居政策；第二，财政补贴政策；第三，子女就学教育政策。

三　用人单位对国际化人才发展的政策环境认知

本项目还以用人单位的视角对企业单位人才国际化发展政策和关注重点进行了调研，调研分别围绕企业单位、科研机构及HR视角展开，核心问题集中在：国际化人才招聘难的原因；国际化人才招聘中，是否遇到政策性障碍；针对国际化人才的税收政策，操作中遇到哪些问题；企业中的海外人才在首都发展存在的问题等。

（一）企业单位人才国际化发展的政策问题

企业中的海外人才在首都发展存在的问题集中在以下几个方面：第一，税收较高，对海归人才没有税收上的政策倾斜；第二，国际学校及国际医院的成本过高，上公立学校及去三甲医院还存在很多不便利问题，如教育机制、语言障碍、文化氛围等；第三，证件办理不便，想长期发展的海归人才认为绿卡的申请，签证、出入境的办理流程烦琐，相关政策信息不好查找。与此同时，对于出台引才补贴政策或加大引才补贴的力度也是该类人群的关注重点，具体见图1。

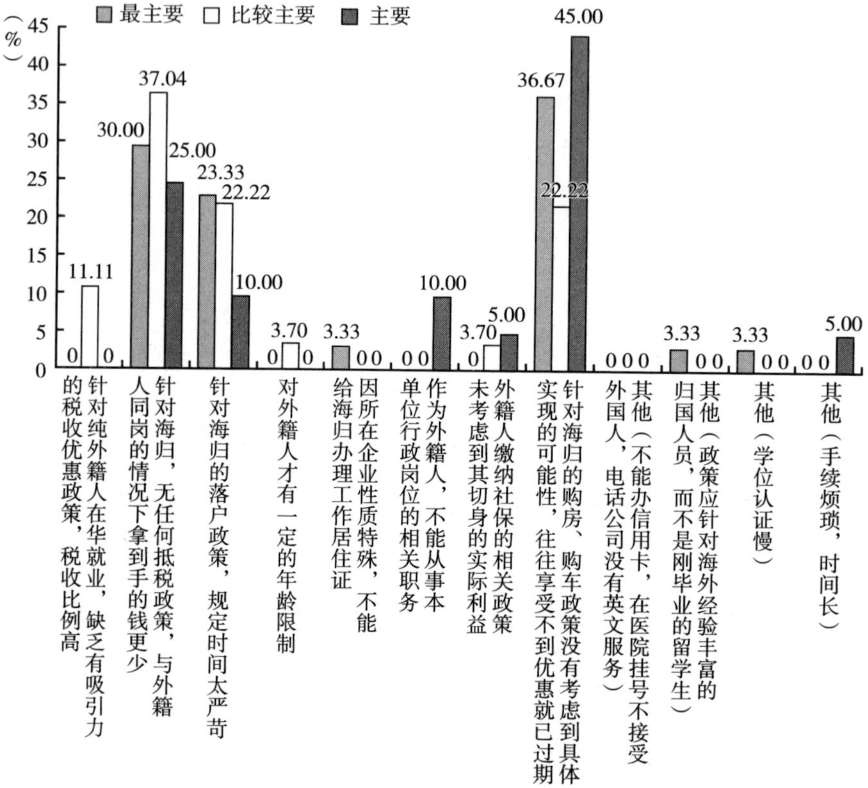

图1　海归人才认为在京工作、生活中遇到的政策性障碍

（二）科研机构人才国际化发展的政策问题

海外人才在首都发展存在的突出问题受企业自身性质影响较大。科研机构中的人才国际化发展存在的问题主要表现在以下几个方面：第一，科研机构属于非营利性机构，薪酬水平整体偏低，对引进高层级海外人才薪酬不具有吸引力；第二，在薪酬整体偏低的情况下，海外人才在京生活成本过高的问题就显得尤为突出，包括买房买车、医疗及子女上学问题；第三，科研机构人员门槛较高，科研单位更缺少高端海外人才，希望未来在政策上对该类人才的引才补贴力度能够加强（见图2）。

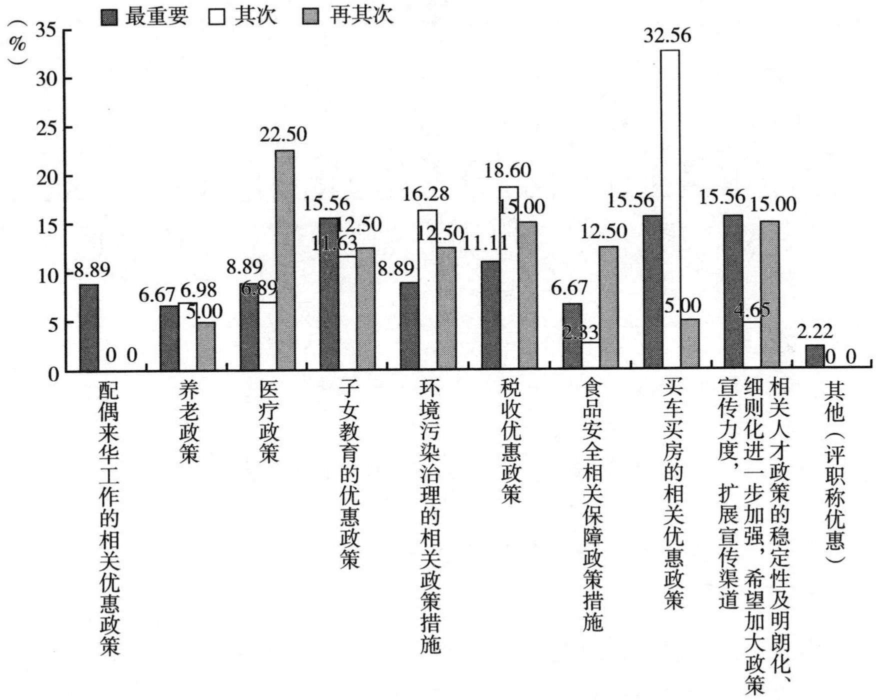

图2　海归人才希望改进的政策

（三）HR认为影响单位人才国际化发展的政策

1. HR视角

为从多角度了解海外人才在首都的发展需求情况，我们对企业的HR进行了访谈及问卷调研，其中有效问卷167份，来自130多家企业，还对个别公司人力资源主管进行了访谈调研。调研发现，公司招聘的海外人才以外国籍华人和海归人才居多，纯外籍人员相对较少。用人单位对海外人才均较重视，更倾向于招聘专家及技术人员，招聘的外籍专家在薪酬待遇上均比国内

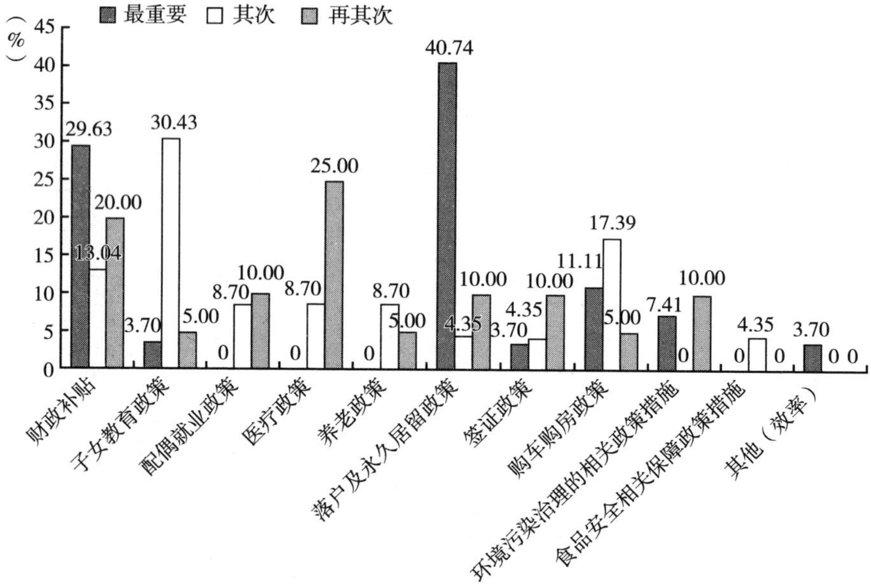

图3　海归人才认为哪些政策值得借鉴

同等员工高，但海归人员在薪酬待遇上基本与国内同等员工持平。

2. 政策的主要影响因素

从用人单位角度，国际化人才招聘的主要困难排名前三为：第一，海归人员没有税收抵扣优惠政策；第二，回京落户及子女上学较难；第三，买车买房生活成本较大。HR 认为未来在政策上需要有所创新与改进的方面排名前三为：第一，落户及永久居留政策；第二，财政补贴政策；第三，签证政策。从中介服务角度，国际化人才最需要的服务排名前三为：第一，签证及工作居留证的办理；第二，高级医疗产品的提供；第三，社保缴纳与薪酬发放。还需要强调的是，在与 HR 的调研访谈中多次提到，用人单位比较希望留学生在华实习，但是政策目前没有相应的支持。

四　北京人才国际化发展的政策建议

为进一步创新首都人才国际化政策建议，我们对已出台的北京海外人才相关的政策进行收集、梳理与细分，同时，为了客观地了解目前政策的优劣势，选取上海、深圳等城市进行政策梳理与政策的研究和对比，提出政策改进的建议。

（一）生活成本政策

1. 住房政策

在住房政策方面，各个省份均采用的是住房补贴与住房供给相关政策。但是政策的主要差异体现在补贴的金额差异和补贴人群差异。北、上、深三地的房价居全国前三，但是北京对于住房补贴的金额相对较低，与深圳住房补贴金额差距较大。同时，深圳市对各级海外人才均有相应的住房补贴，目前北京的住房补贴主要集中在海外高层次人群，建议扩大住房补贴范围及增加补贴金额。

2. 医疗政策

北京市与对标省份对海外人才的医疗政策相似，都采用了分级医疗保健与完善商业医疗保险的方式。未来，北京市三甲医院的就医环境需要进一步完善，包括提升医护人员的外语能力、实施国际医疗保险结算服务等。北京市可以进一步探索搭建面向海外高层次人才的本市保险企业国际商业医疗保险信息统一发布平台。

3. 子女教育政策

北京市出台的对海外人才子女入学相关政策比对标省份略显优势。市区教育行政部门为各级海外人才子女入学问题做了大量的协调工作，但是，北京优质教育资源相对稀缺，再加上很多海外高层次人才子女由于海外背景原因更青睐国际学校。所以，未来北京市可以进一步扩大国际教育资源供给以满足海外人才子女教育需求。

（二）激励保障政策

1. 人才引进政策

与其他省份政策相比，北京市人才引进政策相对补贴力度较小。首先，北京市对人才引进补贴对象划分过于笼统，只针对入选“海聚工程”的人员，没有对人员进行进一步细分且补贴金额同比相对较低。从深、沪政策可以看出，对标省份对海外高层次人才进行细分，对不同级别的人才配以不同的财政补贴。其次，北京市还未出台针对北京市特需专业人才的引进计划及相应政策，对于与北京功能定位相符的、北京战略发展目标相适应的特需专业人才，还未出台相关引进政策。最后，北京市对于人才服务机构、用人单位的联动激励机制相对缺乏。未来，北京市可以进一步探索充分调动与发挥高端猎头机构、单位、中介等对高层次人才的推荐与引进作用。

2. 人才专项资金政策

目前北京市还未建立人才“专项资金”政策，上海市人才“专项资金”管理政策的出台为北京市未来的人才“专项资金”政策的制定起到了很好的借鉴与指导作用。

3. 职称评价与认定政策

北京市现已分层分类地设立了对各类海外人才的人才评定意见与办法，北京市人才评估办法主要特点是以政府为评审主体，以职称认定开辟绿色通道为主要的政策办法。与对标省份的相应政策相比，目前对标省份都在探索以市场为人才评价主体的人才认定机制，政府逐步从人才主导评定向监督管理的角色转变。

4. 高校与科研机构薪酬激励政策

在中央出台关于加强对科研人员经费使用改革和薪酬改革政策之际，北京在科研项目经费的使用模式、政策支持方向及薪酬待遇方面都做了政策上的创新。与对标省份的相关政策相比，北京市的政策从出台的及时性及改革的力度上均显优势。但是，在政策改革的实用性上需要以受益部门的后期跟踪、反馈为主导，建立政策动态回访机制。对于北京生命科学研究所的“成果导向、自主管理”的经费使用模式的成功经验，可以在北京范围内进行推广。

（三）人才服务政策

1. 签证、出入境政策

首先，北京市目前对于所有外籍人士的证件办理采用统一的方式，没有针对外籍专家、高端外籍人才等提供特殊办理流程及政策，而其他省份会对外籍专家给予相关的特殊通道；其次，北京市办理就业许可需要提供2年相关工作经验，没有针对北京市稀缺、急需专业的外籍专家给予条件放宽；最后，政府部门的政策出台后，宣传力度不够，许多企业并不能及时知道新出台或者已调整的相关政策文件，外籍人士来京工作提供出入境及居留的便利服务等相关政策需要进一步提升。

2. 社保政策

社会保险就其作用而言，有利于实现社会公平，发挥社会稳定器的作用，所以，在社保方面各个省份针对外籍人士的特殊政策相对较少。各个省份在外籍人士的社保政策上也逐步向同市民化待遇靠拢。未来，针对外籍人士的社保政策完善也主要集中在同国民化待遇、申报办理流程的完善、处理好国内外工龄衔接问题等几个主要方面。

3. 税收政策

上海的税收政策除了遵循国家税法规定的相应外籍税收优惠政策外，主要新增了科技成果转化的税收优惠。目前北京市外籍人士税收优惠政策还未有特殊新增优惠政策，现有的税收政策对外籍人士实际优惠效应不大。

4. 落户政策

目前北京市出台了各级各类海外人才落户政策并建立实施北京市积分落户管理办法。在北京市积分落户政策中，逐步探索稀缺专业、创新创业、特殊贡献人才的特殊加分项，建立有针对性的人才引进绿色通道。

5. 人才服务政策

与其他省份人才服务政策相比，目前北京市外籍人士的证件办理、社保缴纳、完税情况等信息没有整合构建全市统一的人才综合服务平台，导致外籍人士在申报办理不同业务的时候需要重复提交相应信息，各个办理部门间的信息不共享，导致业务办理效率较慢。另外，北京市相关证件办理的网络信息系统开发与运用不充分，还未能实现海外人才相关证件办理的网上预约与网上审批，证件办理效率相对较慢。

（四）创新创业综合配套政策

1. 创新创业政策

北京市对留学人员创业给予了注册资金、财政补贴、贷款贴息、融资担保等一系列优惠政策。但是在财政资助金额上跟对标省份补贴力度相比略显不足。未来，在提高财政补贴力度的同时，需要完善创新创业环境，进一步建立与完善发明成果收益分配制度和市场化的创新成果利益分配机制。

2. 国际化合作政策

相比对标省份政策，北京市国际化合作模式可以尝试“走出去”与“引进来”，一方面，支持有条件的企业在境外设立研发中心、分支机构等，积极开发利用海外人才智力资源；另一方面，可以通过中关村进行服务试点，培育和建设专业性、行业性人才市场，吸引境外专业人才合作。

B.10
上海市新能源汽车产业人才教育培训现状分析

刘 娜　卢怡冰*

摘　要： 在我国新经济、新业态的大背景下，汽车制造业不断增长，因受到碳减排、碳中和因素的影响，新能源汽车产业呈现迅猛发展的态势，为适应企业增长需求，新能源汽车产业人才的教育培训成为产业发展的关键。本文重点分析了上海市新能源汽车产业人才教育培训的供需现状、培训结构和培训内容现状。研究发现，上海市新能源汽车产业人才教育培训存在教育培训机制不完善、人才队伍结构不合理、校企合作力度有待加强三方面问题，本文针对问题提出了对策和建议。

关键词： 新能源汽车产业　人才　教育培训

2020年的新冠肺炎疫情影响了全球经济，上海市的经济虽然也受到了一定影响，但六个重点行业的工业总产值中有五个重点行业较上年同期相比不降反升，如表1所示，2020年上海市六个重点行业的工业总产值为23784.22亿元，增长了4.1%，高出上海市工业增长2.2个百分点。尤其是汽车制造业，由于新能源汽车产业需求的增长和生产能力的提高，工业总产值增长得最多，达到了9.3%，在六个重点行业中居于首位。

---

* 刘娜，博士，上海电机学院商学院副教授，主要研究方向为劳动经济与人力资源管理；卢怡冰，上海电机学院商学院学生，主要研究方向为劳动经济。

表1 上海市2020年六个重点行业的工业总产值及其增长速度

单位：亿元，%

指标名称	12月	比上年同月增长	1~12月	比上年同期增长
六个重点行业的工业总产值	2528.13	12.1	23784.22	4.1
电子信息产品制造业	693.45	3.9	6466.23	5.3
汽车制造业	687.77	31.3	6735.07	9.3
石油化工及精细化工制造业	344.44	4.3	3488.97	0.5
精品钢材制造业	116.39	12.7	1120.40	-4.2
成套设备制造业	530.91	8.6	4556.95	0.6
生物医药制造业	155.17	6.8	1416.61	2.9

资料来源：上海市统计局。

数据表明，汽车制造业已成为上海市的重点产业，工业总产值增速较快。依据2020年第二季度的国家统计局统计数据，劳动力市场总体而言需求大于供给，专业技术人才和高技能人才供需不平衡，用人需求缺口较大。需求数据显示，在劳动力市场中，41.4%的人才招聘对职业资格、技术等级有明确规定和要求，14.7%的人才招聘对专业技术岗位有明确要求；供应数据显示，劳动力市场中求职者具有一定的技术等级或职业资格、专业技术职称的只有14%。根据《中国制造2025》预测，新能源汽车产业人才缺口到2025年将高达103万人。

本文以国家统计局、人力资源和社会保障部、上海市统计局、全国乘用车市场信息联席会的数据为基础，数据的跨度多为1990年至2020年，对上海市新能源汽车产业发展现状、新能源汽车产业人才教育培训现状，以及教育培训中存在的问题进行了分析，并提出相应的对策和建议。

一 上海市新能源汽车产业发展现状

《上海市加快新能源汽车产业发展实施计划（2021～2025年）》（简称

《计划》）提出："到2025年，新能源汽车年产量超过120万辆，产值突破3500亿元，占上海市汽车制造业产值35%以上。"2020年，上海市新能源汽车销量以12.55万辆位居榜首，较2019年增长88.16%。其中纯电动汽车占60.2%，混动汽车占39.8%，相较于第二位的北京市多3.46万辆（见图1）。

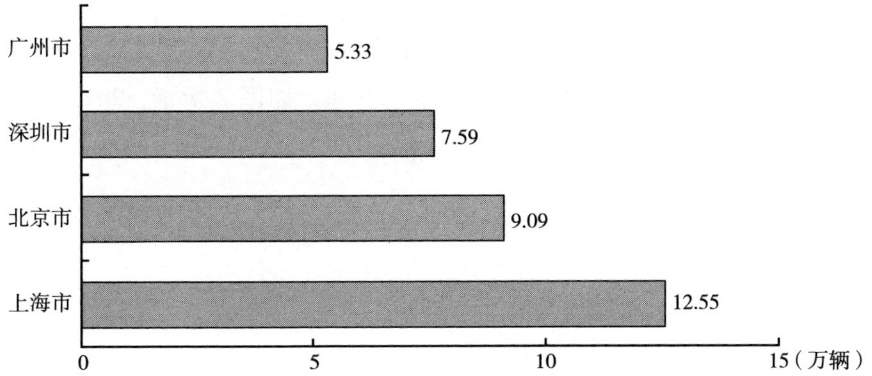

图1　2020年北上广深新能源汽车销量

资料来源：全国乘用车市场信息联席会。

2020年，上海新能源汽车产量23.86万辆，同比增长190%，产值达到663.64亿元，同比增长170%，为持续扩大新能源汽车应用规模提供有力的支撑。从产业发展态势看，随着国内经济环境的持续向好，以及上海市地方相关政策的带动，市场需求仍将继续增长。

为加快上海市汽车制造业中的新能源汽车产业发展，《计划》中还明确指出，为加快上海市新能源汽车产业发展，对符合条件的新能源汽车领域国内外优秀人才，按照有关规定给予直接落户、人才奖励等支持。加快落实企业薪酬制度改革，完善人才创新容错、企业考核激励机制。上海市汽车制造业是工业发展中的重中之重，而新能源汽车产业人才的教育培训成为上海市汽车制造业发展的关键，只有高水平、高质量人力资本的支撑，新能源汽车产业才能实现可持续发展，适应新时代。

二　上海市新能源汽车产业人才教育培训现状分析

（一）新能源汽车产业人才教育培训供需现状分析

当前，上海市乃至我国的新能源汽车产业的劳动力市场供需严重失衡，尤其是近年来上海市人口自然增长率逐年下降，如图 2 所示，2019 年上海市常住人口自然增长率低至 0. 15% 。

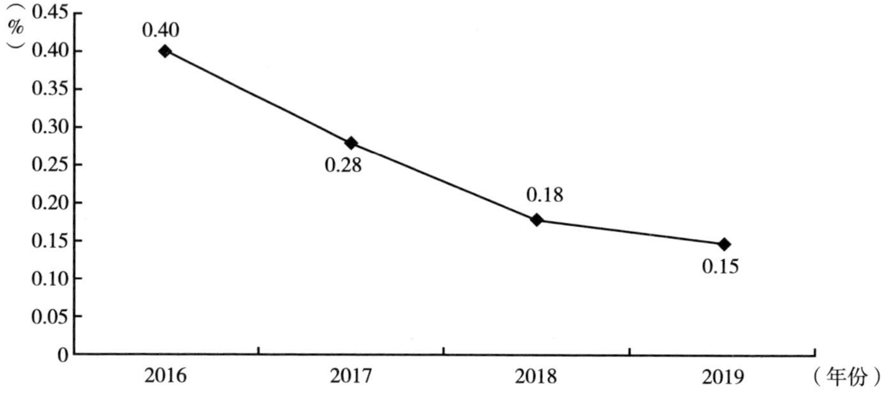

图 2　上海市 2016 ~ 2019 年常住人口自然增长率

资料来源：上海市统计局。

根据 2020 年第七次全国人口普查公报得知，如图 3 和图 4 所示，上海市总人口数 24870895 人，与 2010 年相比，十年共增加 1851699 人，年平均增长率为 0. 8% ，与 2000 ~ 2010 年的年平均增长率 3. 4% 相比，下降了 2. 6 个百分点。

上海人口老龄化程度进一步加深，如图 5 所示，上海市老年常住人口比重呈上升趋势。相关数据证明，上海市劳动人口数量不够充足。

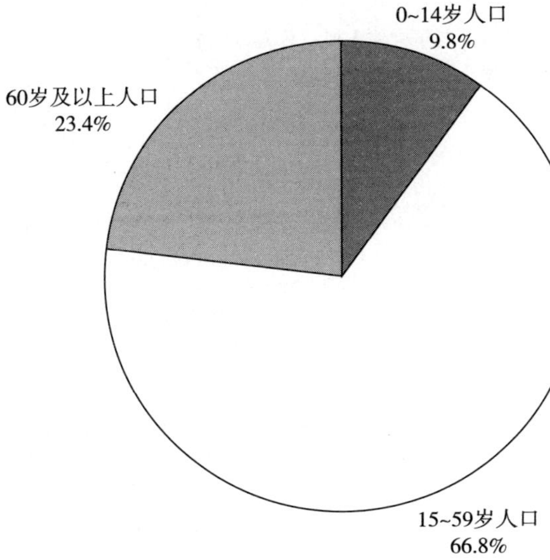

图3　2020年第七次全国人口普查上海市各年龄段人口占比

资料来源：上海市统计局。

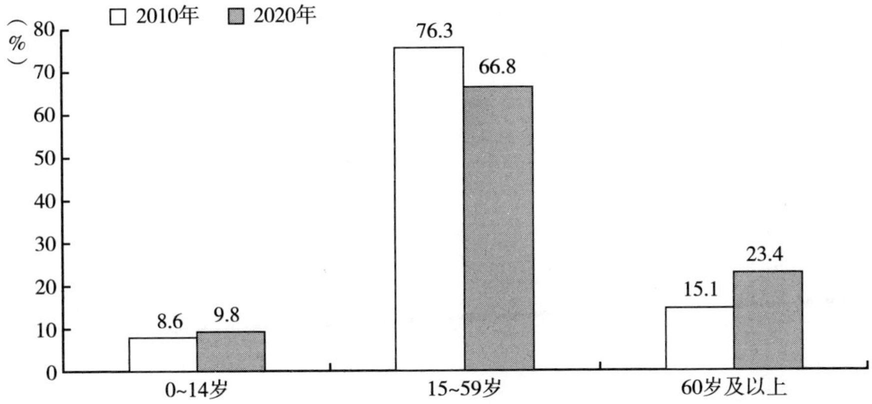

图4　上海市常住人口年龄结构变化情况

资料来源：上海市统计局。

以高技能人才为例，劳动参与程度明显不足，上海市2014~2019年技能鉴定考核人数及2014~2019年职业技能鉴定获取证书人数呈下降趋势

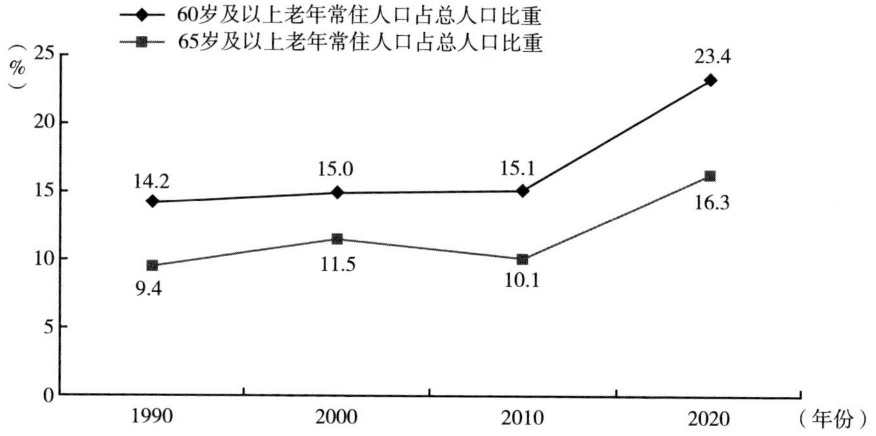

图5　上海市老年常住人口比重变化情况

资料来源：上海市统计局。

（2016年相关数据缺失）。2014年，上海市全年技能鉴定考核人数474068人，其中高级技师5833人，而2019年上海市全年技能鉴定考核人数289979人，高级技师3685人，如图6所示。随着2020年下半年全面复工复产的推进，国民经济基本恢复正常，且进入第四季度以来，疫情期间受抑制的消费

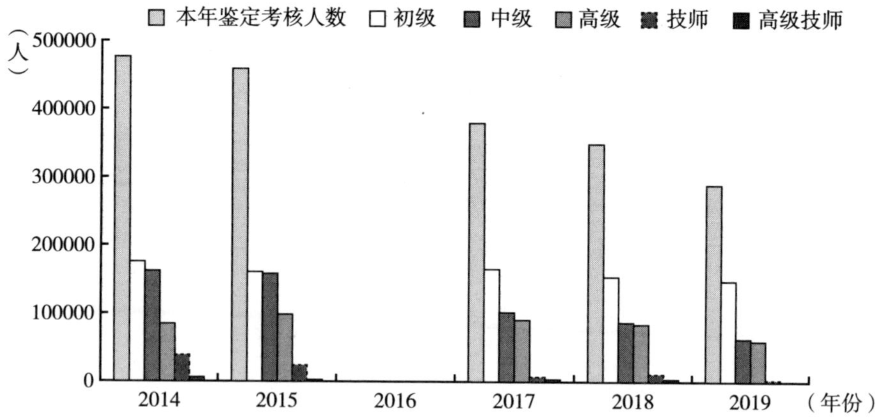

图6　上海市2014～2019年技能鉴定考核人数

资料来源：国家统计局、人力资源和社会保障部。

需求加速释放，招聘需求和蓝领指数[①]都在上涨。依据2020年人社部发布的第三季度招聘求职数据，疫情期间，制造业复苏快，用工需求量大。

如图7所示，2014年上海市获取证书人数295489人，其中获高级技师证书人数为2686人，2019年上海市全年获取证书人数为147233人，其中获得高级技师证书人数为1034人，技师和高级技师的人数呈明显下降趋势。

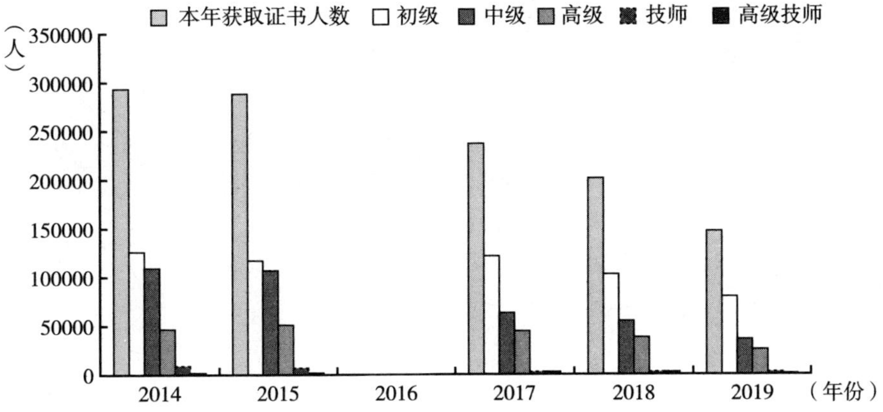

图7　上海市2014～2019年获取证书人数

资料来源：国家统计局、人力资源和社会保障部。

从2020年6月开始，招聘需求人数和蓝领指数都同比上升，2020年第四季度以来维持上涨趋势，12月的招聘需求人数同比上涨到108%，蓝领指数涨幅高达109%，如图8所示。

图9数据表明，在长三角城市群内，2020年第四季度，嘉兴和镇江的蓝领指数较高，上海的蓝领指数最低。相关数据证明了上海市高技能人才社会参与度不足，高技能人才供给量需要提升。

为落实《计划》制定的目标，支持新能源汽车产业转型升级，加快新能源汽车产业的人才供给与培养。各车企、高校、培训机构等，都开始进

---

① 蓝领指数：中国蓝领就业市场景气指数（China Blue-collar Index），简称“蓝领指数”，是反映我国第二、三产业基层人员就业的整体走势及市场景气程度的重要指标。

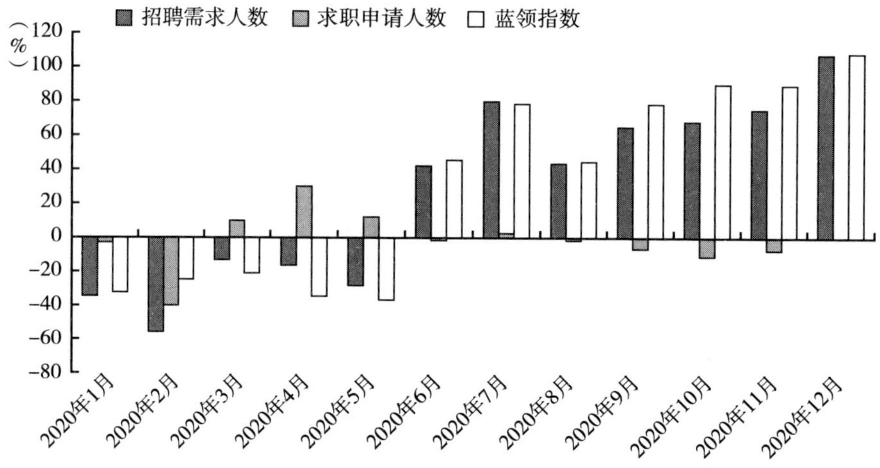

图8　2020 年 1 ~ 12 月蓝领指数及供需同比变化

资料来源：《中国蓝领就业市场景气指数报告》。

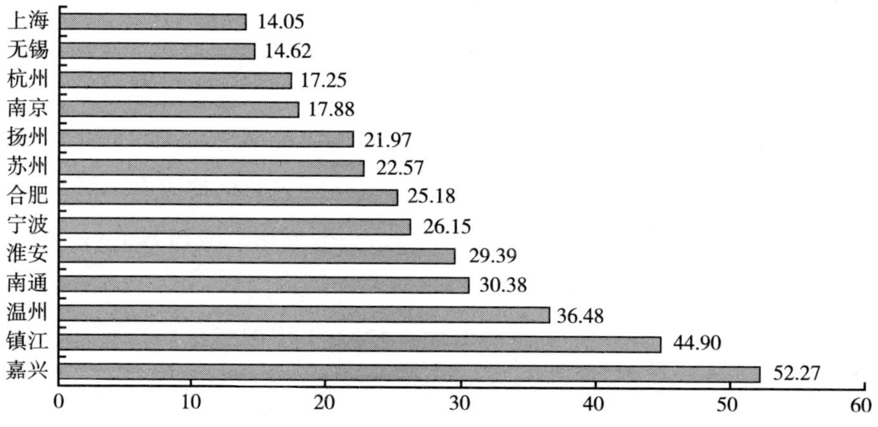

图9　2020 年第四季度长三角城市群样本城市蓝领指数

资料来源：《中国蓝领就业市场景气指数报告》。

行教育培训内容调整，尤其是在新能源汽车产业人才供给端加强校企合作。例如，上汽通用五菱的“新能源汽车专业技术”培训班开班仪式于 2019 年 10 月 14 日在柳州职业技术学院举行。此类型的专题培训班的开办，推进了校企合作深入开展，强化了人才供给，但数量有限。同样，以长三角地区为例，重点是优化新能源汽车产业人才供给结构，实现新能源汽车产业和社会组织的资源共享、互利共赢，推进长三角新能源汽车产业一体化发展。

（二）上海市新能源汽车产业人才教育培训内容现状

作为六大重点行业之一的汽车制造业，尤其是新能源汽车产业的人才教育培训内容结合了企业自身发展理念和发展战略，特色各异。其中，《国家职业教育改革实施方案》中所提到的“1 + X”证书制度的人才培训方案，广受各大企业以及高校、高职院校的青睐，其培训内容体系如图 10 所示。“1 + X”证书制度的输出端是具有创新意识、工匠精神、德技兼修的复合型新能源汽车产业人才。

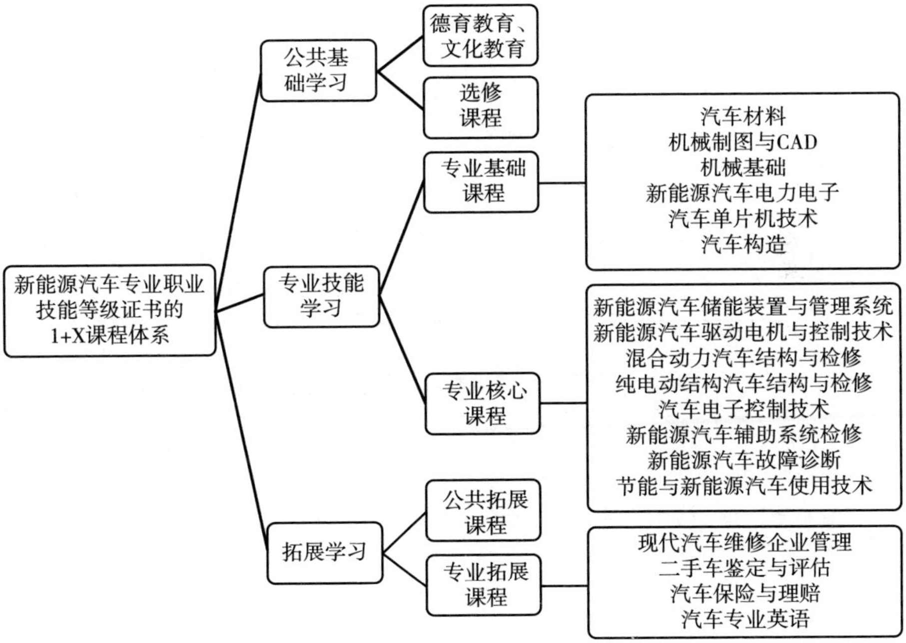

图 10　新能源汽车专业职业技能等级证书的 1 + X 课程体系

新能源汽车“1+X”证书制度的人才培训方案，是一种相生相伴、共生共长的标准体系，“1+X”证书制度的构建搭建了学历证书与职业资格证书的桥梁，真正实现了校企合作、产教融合的新能源汽车产业人才教育培训模式。[①] 同时“1+X”证书制度不仅是校企合作的结果，还是政府宏观政策指导的产物，如图11所示。根据个人所需进行多元化、智能化选择，完善新能源汽车产业人才教育培训的内容，从而形成高效的新能源汽车产业人才教育培训体系。

“1+X”证书制度相对于传统的教育培训内容发生了质的变化，更加注重对职业素养以及高技能的掌握。而新经济、新业态下的人工智能、互联网、大数据、新技术、新材料等层出不穷，对不同类型的高技能人才需求也持续增长。新能源汽车产业人才教育培训中的“新技术、新工艺、新规范、新要求”，是“1+X”证书制度中的关键，[②] 决定了“X”的时代性、创新性及动态性。

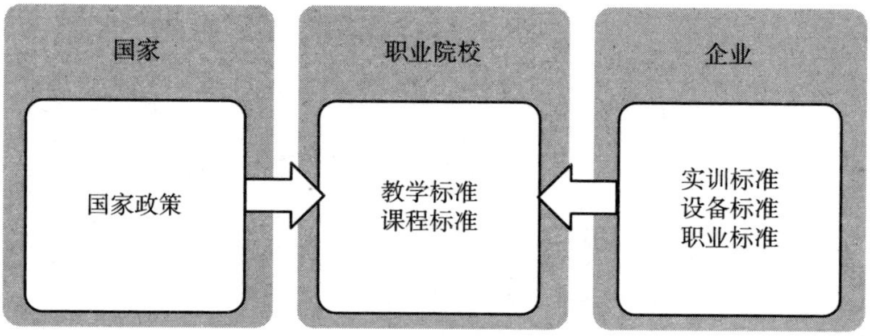

图11 “1+X”证书制度实施主体之间的衔接

“1+X”证书制度的内涵也蕴含了新能源汽车产业人才教育培训的新思路。“1+X”证书制度的改革探索[③]，需要政府、市场第三方教育培训机

① 孙善学：《对1+X证书制度的几点认识》，《中国职业技术教育》2019年第7期。

② 叶华：《我国职业教育实施1+X证书制度：诉求、价值与路径》，《河北职业教育》2020年第4期。

③ 吴南中、夏海鹰：《1+X证书制度下职业院校变革逻辑与推进策略》，《教育与职业》2020年第8期。

构、企业以及高校和高职院校的通力协作，目前“1 + X”证书制度仍需不断完善和推广，这是一个复杂的人才教育培训体系。

（三）上海市新能源汽车产业人才教育培训的结构现状

1. 新能源汽车产业人才的教育培训结构

传统汽车制造企业都有明确的岗位需求、专业、人员设置及相关指导意见，而新能源汽车产业目前尚没有非常详尽、规范、标准的相关指导意见。通常新能源汽车产业人才的教育培训结构分为经营管理人才培训、专业技术人才培训和高技能人才培训。

新能源汽车产业作为新兴产业，高校人才培养和企业需求之间存在不均衡，目前，专业技术人才和高技能人才稀缺，而高校培养的相关专业人才有限，尚不能充分满足市场需求。高技能人才也是新能源汽车产业教育培训结构体系中的重要部分。近年来，高职院校借鉴世界技能大赛经验，创新技能人才培养机制，明确了新能源汽车产业未来发展方向，构建了各专业技能协调发展的专业架构，在参加比赛的同时，积累实际经验，体现了大国工匠精神，但培养的人才还是不能满足劳动力市场日益增长的需求。

因此，无论是对于高校、高职院校还是企业而言，构建合理的人才教育培训结构体系都是非常必要的。

2. 新能源汽车产业人才教育培训的结构优化原则

新能源汽车产业应遵循结构优化、公正公开、德才兼备的原则，以打造出高技能、高素质、高效率的新能源汽车产业人才教育培训体系。结构优化原则是企业人才教育培训的核心，在新能源汽车产业的人才教育培训中，一定要遵循结构优化的原则。

后备人才的选拔与培养是企业放眼未来，为企业注入新活力的重要因素之一。需做到企业人才教育培训原则明确、结构合理、内容科学，合力推进人才统筹规划，立足于国家及上海市的新能源汽车产业发展需求，结合国家、上海地区和企业自身的发展战略，提升新能源汽车产业人才的教育培训效率。新能源汽车产业人才的教育培训结构体系，需要依据人才的岗位需求、学历水平、技能水平等进行细化培养，构建与人力资本自身相符，满足企业所需的培训结构，不断完善和优化教育培训结构原则和体系。

以上海汽车集团股份有限公司（简称“上汽集团”）为例，作为汽车制造业的龙头企业，以较为创新及全面的培训机制，建立了自己的培训中心，制定了自己的人才培训的内容体系和结构体系（见图12）。

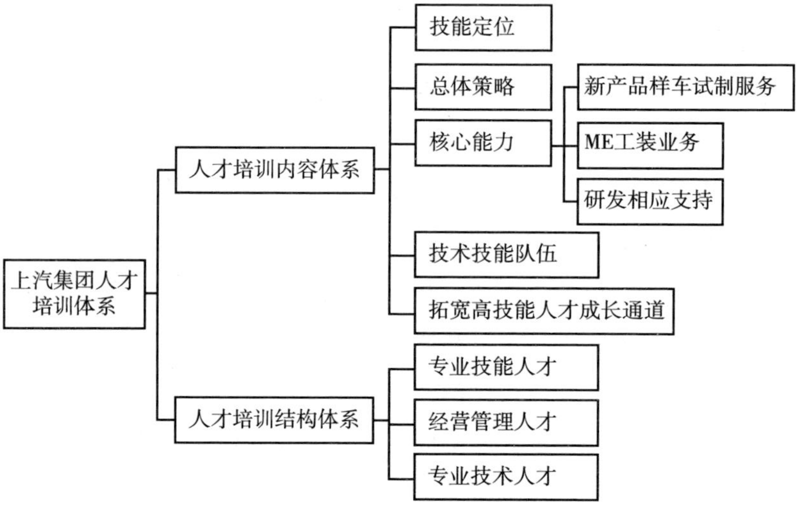

图12　上汽集团人才培训体系

上汽集团秉承“人才是科学发展第一资源”的理念，[①] 在人才教育培训结构中努力打造“经营管理人才、专业技术人才和专业技能人才”三支重要队伍。上汽集团提供资源协助员工完成职称培训，建立一套完备的新能源汽车产业人才培训体系。员工可以通过自身背景及个人成长战略设计进行选择。

在内容培训体系中，上汽集团通过技能定位，制定人才培训整体策略，致力于锻炼和培养德才兼备、善于沟通、能打硬仗的高级经营管理人才；培育吃苦耐劳、积极向上的实用型技术人才、技师、工程师；以锻炼其核心能

① 朱一溟：《上汽集团新能源汽车发展战略分析》，上海交通大学硕士学位论文，2016。

力，建设高技术、高技能人才队伍。还制定了新能源汽车产业人才教育培训结构体系金字塔。如图 13 所示，上汽集团的培训结构体系分为五个层次。①2019 年以来，面对巨大的行业竞争压力，上汽集团仍保持高增长，而且在众多创新项目上取得了重大进展。上汽集团正积极推进新能源汽车和互联网汽车的商业化，硕士与博士占总人数的2/3 以上。其中，企业的大专生主要是实验室技师。上汽集团正不断开展智能驾驶等技术的研究和产业化、商业化探索。

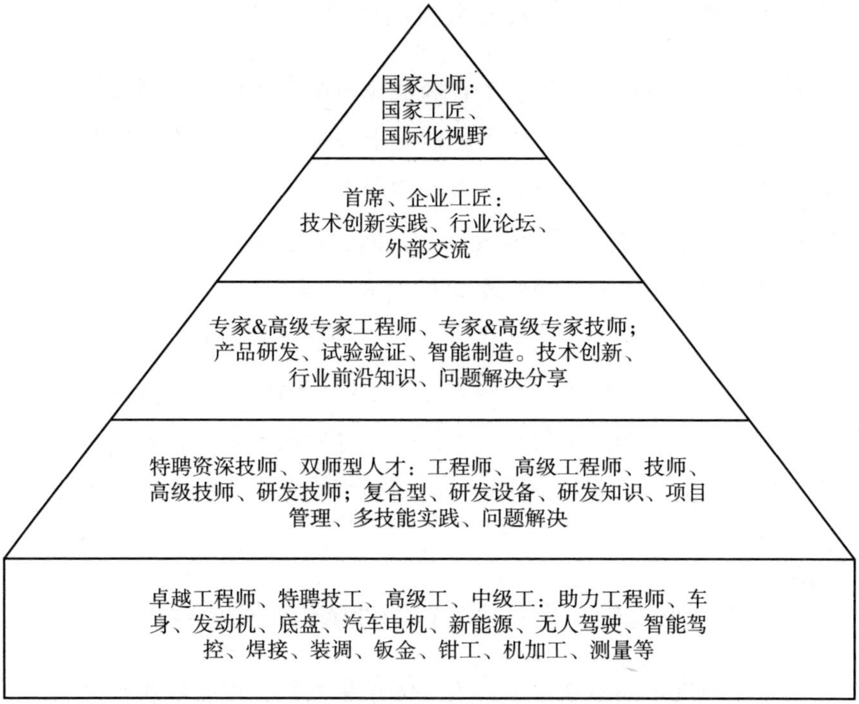

图 13　上汽集团新能源汽车产业人才教育培训结构体系金字塔

上汽培训中心的人才培养、队伍建设奠定了上汽集团进一步发展的基石，并不断优化新能源汽车产业人才的教育培训结构体系和培训原则。

① 李福贵、张菲、潘敏、田沙沙、甘文昌、易泽武：《浅谈汽车制造业技能型人才梯队建设》，《时代汽车》2020 年第 20 期。

三　上海市新能源汽车产业人才教育培训存在的问题

目前上海市汽车制造业，尤其是重点发展的新能源汽车产业，人才普遍匮乏。教育培训存在以下问题。

（一）新能源汽车产业人才教育培训机制不够完善

上海市大部分高校、高职院校在新能源汽车专业设置和高技能人才、专业技术人才的教育培训方面，尚不能满足上海地区的劳动力市场对新能源汽车产业人才的需求。新能源汽车产业高质量的人力资本不足，成为限制上海市新能源汽车产业发展的重要因素。一方面，院校的课程设置、师资力量、实验设备等仍主要为培养传统汽车机械类人才服务，需要不断更新和完善；另一方面，大部分工作人员是从传统汽车产业转型到新能源汽车产业工作，专业分工不清，缺乏算法等互联网人才的培养，因此在产业重构和技术变革之下，新能源汽车、物联网汽车、智能制造等领域人才的教育培训和输送供给明显不足，供需不平衡。企业自身对新能源汽车产业的人才培养数量和质量也有待提高。

（二）新能源汽车产业人才教育培训队伍结构不合理

随着新能源汽车的不断发展，人才需求量加剧，现有专业水平与所需人才存在一定的差距。大部分工作人员实际操作能力较弱，经验不足，理论应用于实践能力需要加强。虽然相关部门定期对员工进行培训，却仍然无法满足新能源汽车发展的现实需求，人才教育培训队伍的结构有待优化、合理化。

（三）校企合作力度有待进一步加强

地方企业的发展离不开与当地高校的合作，二者是相辅相成、互通互融的关系。目前校企“产学研”合作不够深入，校企合作成果屈指可数，难以维系上海市新能源汽车产业人才教育培训的新需求，高校要深入了解企业的用人需求，以培养符合企业增长需要的新型专业人才，为新能源汽车产业发展提供强有力的支撑。校企合作有待进一步深入和加强。

四　解决上海市新能源汽车产业人才教育培训问题的对策

（一）完善新能源汽车产业人才教育培训机制

上海市高校、高职院校应结合实际情况，进行实地企业调研，制定恰当、合理、科学的教学大纲和培养方案，以此适应新能源汽车产业发展的需要。将相关课程加入教育教学当中，建设相关师资队伍，制定科学规范的新能源汽车产业人才教育培养体系，让学生通过标准化、系统化、科学化的学习，成长为企业真正需要的专业技术人才和高技能人才。

第三方教育培训机构应该承担一部分高校和高职院校无法完成的人才培训任务，开展定期的技能人才培训，确保其能够掌握和新能源汽车相关的最新知识和技能，整体提升新能源汽车产业专业人才的技能、水平。还要通过大数据，动态地分析新能源汽车产业的人才需求量和培训需求内容，进而优化新能源汽车产业人才培养模式，为新能源汽车产业的发展培养与输送更多优秀的人才。

政府应该提供相应的支持，企业自身也要不断加强所需人才的培养能力。形成高校、企业、政府、第三方机构四位一体的高效新能源汽车产业教育培训机制。

（二）优化新能源汽车产业人才队伍结构

上海市高校相关专业应精准对接智能制造、绿色制造、信息设计等产业，打破传统专业壁垒，根据专业群课程体系设置，实行分层次教学，以促进学生全面发展为目标，制定开放性校中厂、开放性校内实训室等制度，发挥新能源汽车、汽车设计、能源经济、国际经济与贸易、智能制造等多个专业的作用，通过分层教学、分阶段教学的育人模式，为学生的全面发展提供有效保障。

上海市的高校和高职院校也应加大新能源汽车产业人才的培养，尤其是“算法人”等新型高技术专业人才的培养，加快专业培养目标的调整，甚至可以增设新能源汽车技术专业，对新能源汽车产业人才进行专业化、个性化、多样化的培训与培养。优化新能源汽车产业人才的人才队伍结构建设。

（三）加强高校、高职院校与企业通力合作

上海市高校、高职院校应该重视和企业之间的合作，这不仅能够让学生对自己的专业有更加深刻的认识，还能够组织教师与学生对企业成果进行参观、学习，与企业共建“双师型”教师实践基地。增强上海市校企“产学研”深入合作，组建校企产学研合作共建技术研究室等。并且在参与企业实践过程中，引导、帮助学生进行案例分析。加强校企合作、产学研基地、专业实习基地、实践基地的建设，能够明确企业的市场需求，以提供充足的新能源汽车产业发展所需人才，推进“产学研”成果转化，实现企业需求与学校培养高度契合，以此促进新能源汽车产业可持续发展。

参考文献

孙善学：《对 1 + X 证书制度的几点认识》，《中国职业技术教育》2019 年第 7 期。

叶华：《我国职业教育实施 1 + X 证书制度：诉求、价值与路径》，《河北职业教育》2020 年第 4 期。

吴南中、夏海鹰：《1 + X 证书制度下职业院校变革逻辑与推进策略》，《教育与职业》2020 年第 8 期。

朱一溟：《上汽集团新能源汽车发展战略分析》，上海交通大学硕士学位论文，2016。

李福贵、张菲、潘敏、田沙沙、甘文昌、易泽武：《浅谈汽车制造业技能型人才梯队建设》，《时代汽车》2020 年第 20 期。

谭逸萍、房德将：《基于新能源汽车人才需求探讨高职院校新能源汽车技术专业建设对策》，《内燃机与配件》2020 年第 4 期。

B.11
成都人才市场基本状况及人才招聘服务模式创新分析

薛 驰 殷邦泽*

摘 要: 2020年，在新冠肺炎疫情背景下，成都市人才服务中心快速响应、科学研判、危中觅机，积极转变服务模式，助推企业复工复产、人才高效就业。全年线上线下累计服务招聘单位9828家次、发布需求岗位54.1万个次、服务求职人员71.2万人次，按服务工作日计，日平均发布需求岗位2157个、服务求职人员2836人，同比分别增长20.1%、48.5%，服务成效明显。

关键词: 人才招聘 服务模式 成都

一 总体情况分析

（一）供需总量

在人才供需总量上（见图1），2019年第一至第四季度，成都市现场和网络招聘单位数、需求岗位数、求职人数总体呈现规律性发展态势，即第一季度招聘求职旺季后，第二、三、四季度逐步回落，恢复常态。

* 薛驰，成都市人才服务中心副主任，高级经济师，主要研究方向为人力资源市场、工商管理；殷邦泽，成都市人才服务中心策划发展部一级企业人力资源管理师，主要研究方向为人力资源市场。

2020 年受疫情影响，全年现场和网络招聘单位 9828 家次、需求岗位 54.1 万个次、求职人员 71.2 万人次，同比分别减少 18.0%、增加 20.1%、增加 48.5%。第一季度在积极组织招聘需求保障复工复产的努力下，招聘单位数、需求岗位数保持了年度相对高位。防疫趋于稳定后，第二、三季度求职人数逐步增长，第四季度有所回落。企业复工复产的招聘需求、人才的流动配置需求双向得以满足。

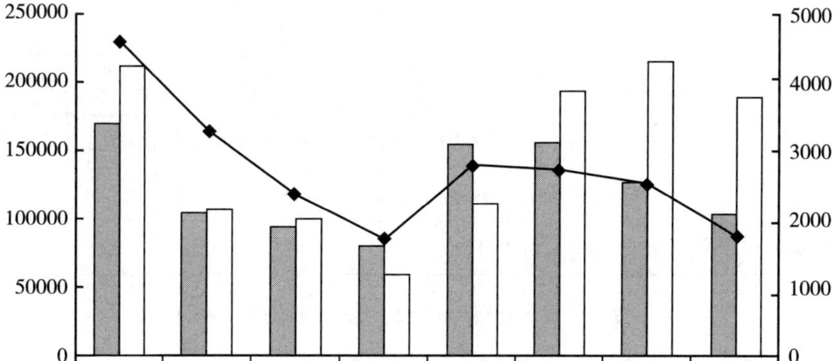

	2019年第1季度	2019年第2季度	2019年第3季度	2019年第4季度	2020年第1季度	2020年第2季度	2020年第3季度	2020年第4季度
岗位数（个次）	170203	105505	95074	80034	155227	155129	127079	103918
求职人数（人次）	211784	106919	101347	59483	111061	194994	216345	189498
单位数（家次）	4603	3324	2346	1713	2792	2737	2539	1760

图 1　招聘单位总数、需求岗位总数和求职人员总数

资料来源：成都市人才服务中心人才招聘业务管理系统。

1. 现场招聘

2020 年现场招聘服务总量同比明显减少（见图 2），招聘单位 3635 家次，同比减少 6612 家次，下降 64.5%；需求岗位 11.1 万个次，同比减少 15.3 万个次，下降 57.9%。

2. 网络招聘

2020 年持续开展系列网络招聘活动（见图 3），招聘单位 6193 家次，同比增加 4454 家次，增幅 256.1%；需求岗位 43.0 万个次，同比增加 24.4 万个次，增幅 130.8%。

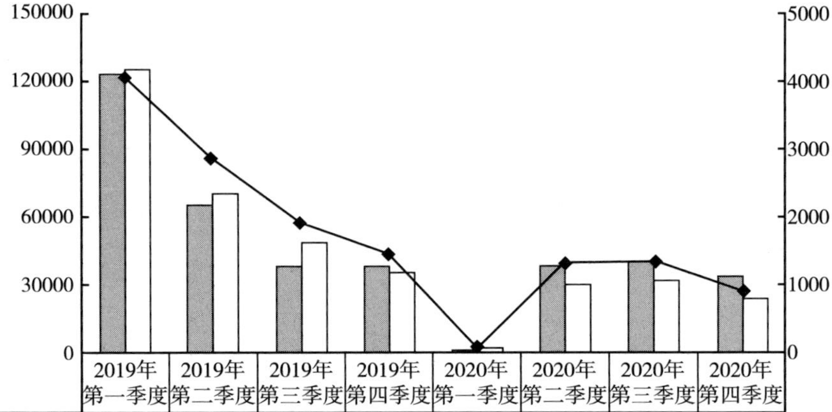

	2019年第一季度	2019年第二季度	2019年第三季度	2019年第四季度	2020年第一季度	2020年第二季度	2020年第三季度	2020年第四季度
岗位数（个次）	123264	64933	38495	37847	1061	38402	38371	33545
求职人数（人次）	125324	69921	48726	35606	2681	30181	32065	23469
单位数（家次）	4015	2854	1923	1455	64	1331	1329	911

图 2　现场招聘单位数、需求岗位数和求职人数

资料来源：成都市人才服务中心人才招聘业务管理系统。

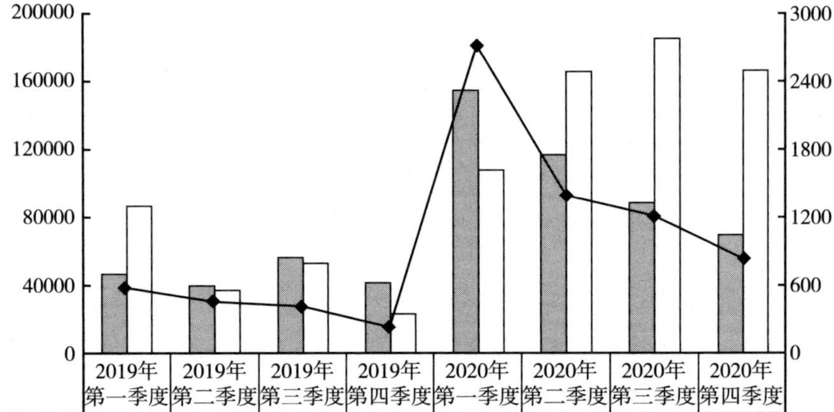

	2019年第一季度	2019年第二季度	2019年第三季度	2019年第四季度	2020年第一季度	2020年第二季度	2020年第三季度	2020年第四季度
岗位数（个次）	46939	40572	56579	42187	154166	116727	88708	70373
求职人数（人次）	86460	36998	52621	23877	108380	164813	184280	166029
单位数（家次）	588	470	423	258	2728	1406	1210	849

图 3　网络招聘单位数、需求岗位数和求职人数

资料来源：成都市人才服务中心人才招聘业务管理系统。

（二）预期情况

1. 招聘预期

因疫情关系，就单位招聘预期情况看（见图4），2020年夏季、秋季、冬季对1108家现场招聘单位抽样调查数据显示，认为当前招聘员工“不好招”的比例同比明显增加，全年平均为54.6%，同比增加26.5个百分点。

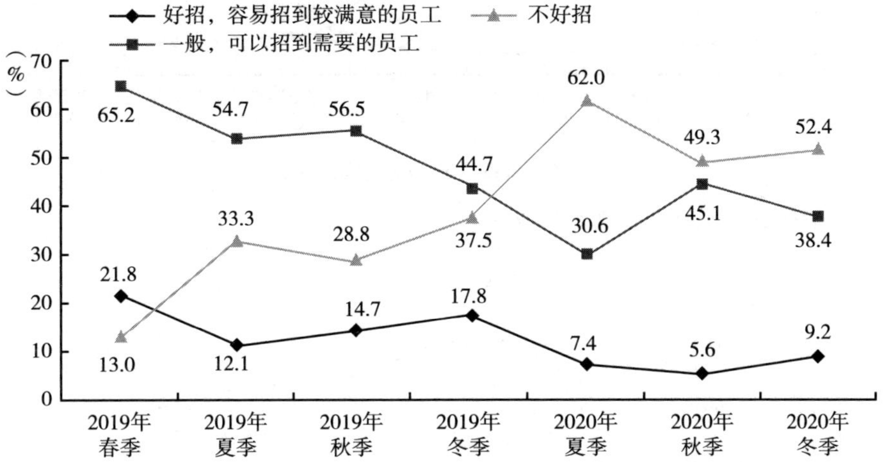

图4　单位招聘预期情况

资料来源：成都市人才服务中心抽样调查。

2. 求职预期

从人才求职预期情况看（见图5），与招聘单位招聘预期情况一致，2020年夏季、秋季、冬季对5913名网络求职人员抽样调查数据显示，认为当前工作“不好找”的比例同比明显增加，全年平均为65.6%，同比增加24.7个百分点。

（三）薪酬情况

1. 招聘提供薪酬

抽样调查薪酬数据显示（见图6），2020年招聘单位聘用应届本科毕业

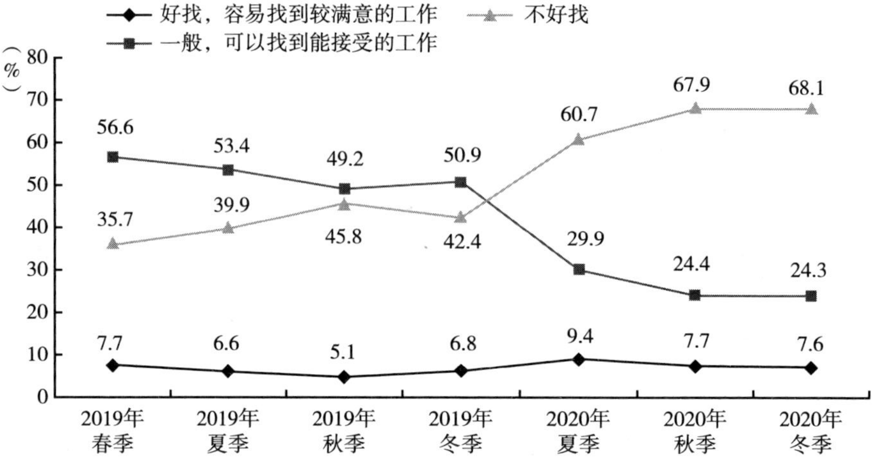

图5 求职人员求职预期情况

资料来源：成都市人才服务中心抽样调查。

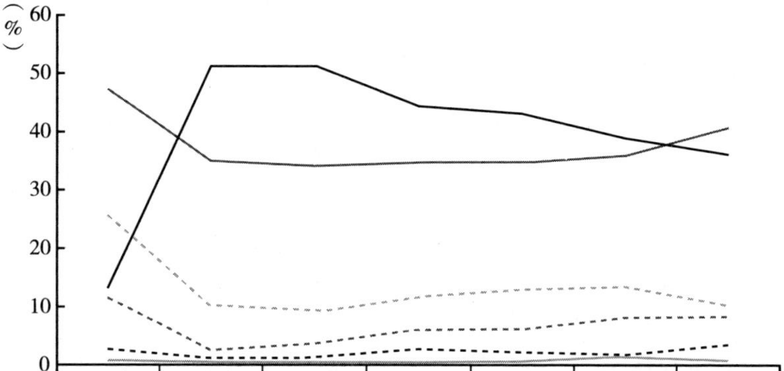

	2019年春季	2019年夏季	2019年秋季	2019年冬季	2020年夏季	2020年秋季	2020年冬季
3500~4000元	13.3	50.9	51.2	44.6	43.2	39.0	36.3
4000~5000元	47.1	35.2	34.0	34.9	34.8	36.1	40.8
5000~6000元	25.5	9.9	9.2	11.7	12.8	13.3	10.4
6000~8000元	11.5	2.7	3.9	6.0	6.0	8.3	8.3
8000~10000元	2.7	1.0	1.2	2.7	2.4	1.5	3.5
10000元以上	0.0	0.2	0.6	0.0	0.8	1.8	0.7

图6 招聘单位提供薪酬调查情况

资料来源：成都市人才服务中心抽样调查。

生的月薪起点范围主要集中在“3500～5000元”，占比76.7%。其中，“3500～4000元”平均占比39.5%，同比增加0.5个百分点，“4000～5000元”平均占比37.2%，同比减少0.6个百分点。

招聘岗位薪酬数据专项统计显示（见图7），2020年夏季、秋季、冬季平均月薪分别为6773元、7877元、7392元。三个季度月薪平均为7347元，同比增加944元，增长14.7%。

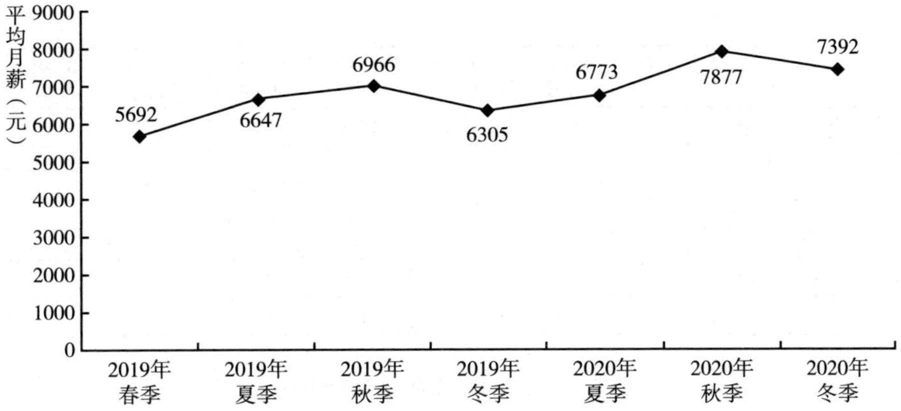

图7　招聘岗位提供薪酬统计情况

资料来源：成都市人才服务中心招聘业务管理系统。

2. 求职期望薪酬

抽样调查薪酬数据显示（见图8），2020年求职人员可接受的月薪范围主要集中在“4000～8000元”，占比63.1%。其中，“4000～5000元”平均占比19.8%，同比减少3.5个百分点，“5000～6000元”平均占比19.1%，同比减少4.1个百分点，“6000～8000元”平均占比24.2%，同比增加2.0个百分点。

二　服务模式创新情况

（一）畅通多元人才配置渠道

采取网上招、线下招、特大招、校园招、赴外招、巡回招等各具特

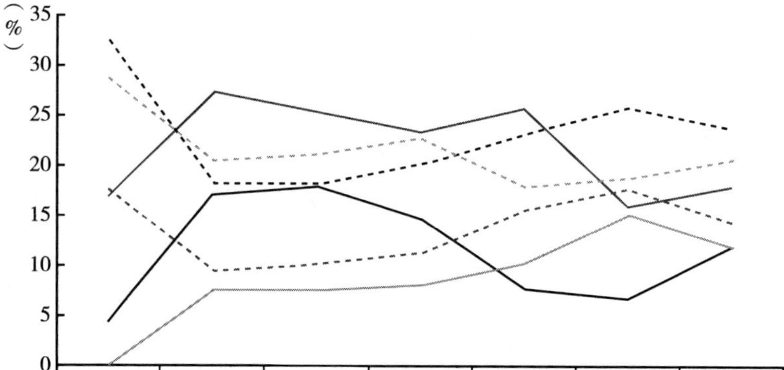

	2019年春季	2019年夏季	2019年秋季	2019年冬季	2020年夏季	2020年秋季	2020年冬季
3500~4000元	4.3	17.0	17.9	14.6	7.7	6.7	11.8
4000~5000元	17.0	27.3	25.4	23.3	25.6	16.1	17.8
5000~6000元	28.7	20.6	21.0	22.7	18.0	18.8	20.5
6000~8000元	32.4	18.2	18.2	20.1	23.1	25.8	23.6
8000~10000元	17.5	9.4	10.1	11.3	15.4	17.6	14.4
10000元以上	0.0	7.5	7.5	8.0	10.3	15.1	11.8

图 8　求职人员期望薪酬调查情况

资料来源：成都市人才服务中心抽样调查。

色的人才招聘形式，线上线下联动，组织高校毕业生专场招聘活动 100 场。搭建“天府招聘云”平台，持续推进 2020 高校毕业生云招聘活动；每周一设高校毕业生专场招聘会；以“高校毕业生招聘”“蓉漂青年人才招聘”为主题，举办 4 场特大型招聘会，每场规模 300～500 家用人单位。

（二）延伸供需两端服务平台

升级常态化人才供需平台，面向所有在蓉企事业单位共享人才供需信息，拓展求职服务人群，高效链接用人单位招聘需求和人才求职需求。集成“成渝双城经济圈”“成德眉资”同城化人才招聘信息，为高校毕业生提供更多就业机会。引导和鼓励高校毕业生面向基层一线就业，扩大实施高校毕业生服务基层项目计划，在2019年基础上增加110%，招募2500名高校毕业生到城乡基层服务。

（三）开辟重点主体保障路径

新冠肺炎疫情冲击下，积极为企业招聘、人才求职纾危解困，稳就业、保民生，筑牢经济社会发展的基本面。针对重点企业，市县联动，快速反应，开辟“疫情防控与民生保障企业紧急招聘专区”，全力保障防控物资生产企业用人需求，及时组织发布招聘需求岗位2158个。

三　服务创新成效

（一）“双线”招聘联动，服务成效明显

精心谋划，持续组织“同舟共济、人才战疫”“心心向蓉、成就未来”“成德眉资”“高校毕业生”等九大系列网络招聘活动，组织参会单位3058家，提供岗位13.6万个。敢为人先，及时启动线下招聘，2020年3月23日在国内率先恢复线下招聘活动之后，首创“预约码”，把握时机举办万人以上规模大型人才招聘活动，组织参会单位1727家，求职人才超5万人。

（二）突出重点群体，服务落实落细

面向高校毕业生重点就业群体，拓展就业新渠道，助力高校毕业生就业，疫情期间首次开通“一村一大”服务基层志愿者定向招募网络渠道。首次开通“就业职通车”，安排10条专线包车接送在蓉高校学生参加“蓉漂人才荟”招聘活动。全年深入实施“三送一稳”，即送政策、送指导、送岗位、稳就业，有效开展高校毕业生就业服务，提供高校毕业生岗位30万个以上。

（三）社会持续关注，服务反响积极

《中国劳动保障报》报道指出，“成都的做法在全国很有代表性”，成渝双城人才招聘会次日，中国政府网即登载了活动举办情况。新华社、人民网等国家和省区市主流媒体对人才服务宣传报道全年达 235 篇。抽样调查显示，单位招聘效果满意率 93%，招聘服务满意率 99%，高校毕业生就业创业公益培训满意率 94%。

B.12

2020年青岛人才供需情况分析

青岛市人才服务中心*

摘　要：2020年青岛市人才市场依托青岛人才网搭建“招聘e站”人才供需对接平台，提供365日不打烊的招聘服务，形成“线上+线下”相结合的人才招引格局。平台举办各类线上线下招聘活动百余场，累计服务企业2.4万家次，发布岗位需求约12.07万个，吸引求职人才约62万人次。新产业、新行业用人需求增快，高学历人才需求加大，硕士人才求职相对压力大，整体就业形势稳定。

关键词：人才需求　求职情况　青岛

2020年，突如其来的疫情打破了正常的经济社会运行秩序，也打破了人才招聘的正常节奏，青岛市人才服务中心主动作为，依托青岛人才网搭建“招聘e站”人才供需对接平台，提供365日不打烊的招聘服务，形成“线上+线下”相结合的人才招引格局，先后举办“中国海洋人才市场（山东）春季招聘大型人才线上招聘会”“山东半岛蓝色经济区城市联盟线上招聘会”“国内‘双一流’高校线上专场招聘活动”等各类线上线下招聘活动百余场，累计服务企业2.4万家次，发布岗位需求约12.07万个，吸引求职人才约62万人次。相关数据显示，2020年青岛人才市场表现出比较旺盛的人

* 执笔人：宋雪燕，青岛市公共就业人才服务中心高级经济师，主要从事人力资源市场分析与研究工作。

才需求，“云招聘”逐渐成为用人单位和求职者招人、求职的重要工具和途径。

一　人才需求情况

（一）需求总量：岗位需求呈放量增长

2020 年受疫情影响，青岛人才服务中心第一时间将以举办现场招聘会为主的业务升级至以线上招聘为主，受线上招聘便利度高、成本低等因素影响，当年单位参与数量、需求人数等较往年同期有较大的增长。2020 年全年约 6500 家次用人单位发布招聘计划，全年同比增长 7%，提供岗位 12.07 万个次，同比增长 88%。

（二）行业需求：新产业、新行业培育出新就业岗位成亮点

根据 2020 年用人单位所属行业进行岗位分类，需求排名前十的行业占总需求的 82.99%，主要集中在制造、教育、科研和技术服务、商务服务等相关行业，具体岗位需求集中在销售、机械制造、行政、房地产开发、计算机信息技术等相关岗位。随着山东省经济结构不断优化调整及重点行业建设工作的推进，新行业、新产业培育出的新就业岗位为求职者提供了新的发展空间，如物联网、人工智能、大数据、云计算等领域的人才需求数量同比增长 12%（见表 1）。

表 1　2020 年青岛排名前十行业岗位需求分布

单位：%

排名	需求所属行业分布	占比
1	制造业	21.13
2	教育	10.64
3	科学研究和技术服务业	9.91
4	租赁和商务服务业	9.88
5	批发和零售业	8
6	信息传输、软件和信息技术服务业	6.79

续表

排名	需求所属行业分布	占比
7	建筑业	5.92
8	金融业	3.98
9	房地产业	3.38
10	卫生、社会保障和社会福利业	3.36

资料来源：历年《青岛人力资源和社会保障事业发展报告》，后同。

（三）学历需求：高学历人才需求量攀升

2020 年 12.07 万个岗位需求中，专科以上学历需求占比达 70%，其中，本科学历需求占 30%；硕士学历需求占 6%，同比增长 0.48%；博士学历需求占 9%，高于硕士学历，同比增长 5.5%。目前，吸纳博士等高层次人才的主阵地依然是高校、科研院所，占博士总需求的 45%，但有越来越多从事新兴产业的民营企业对博士等高层次人才的需求增加，如成为新一代“青岛金花”培育对象的青岛明月海藻集团博士人才需求占比达 12.72%（见图 1）。

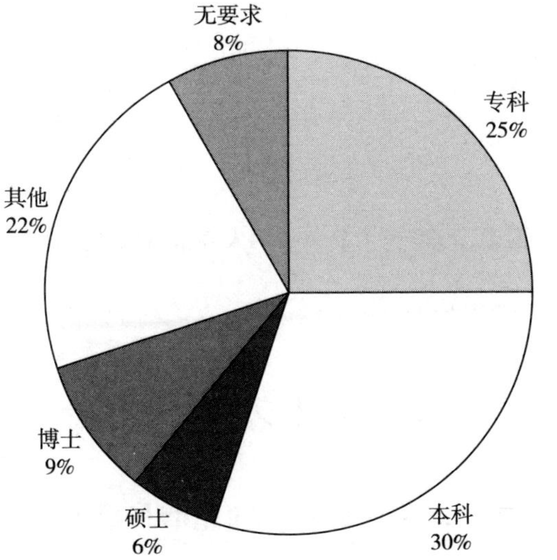

图 1　2020 年青岛学历需求情况分布

（四）用人经验需求：应届毕业生为市场需求主力军

受突发新冠肺炎疫情和经济增长放缓等多种因素的影响，国家出台一系列高校毕业生就业扶持政策，各类企业加大对应届毕业生的招聘力度。从单位用人经验需求分布来看，2020 年青岛市中高端人才市场无工作经验的应届毕业生岗位需求占七成以上。在用人经验需求方面，与其他企业有较大差别的国有企业社会招聘，尽管有岗位经验需求的占比仍达六成以上，但同比为无工作经验的应届毕业生提供的社招岗位也增加 7.4 个百分点（见图 2）。

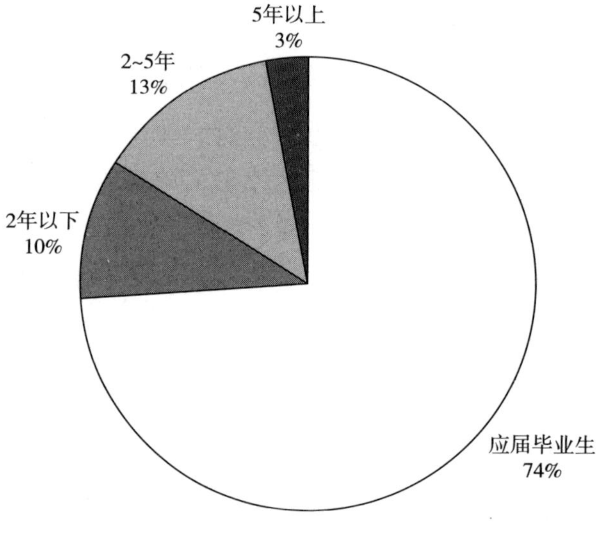

图 2　2020 年青岛单位用人经验需求情况分布

二　求职人才情况

（一）求职人数：求职人数整体同比增长显著

2020 年初为确保疫情期间人才公共服务质量，帮助企业年后顺利复工生产，青岛市人才服务中心第一时间搭建线上招聘平台，“云应聘”“云投递”“云面试”受到求职者的喜爱，2020 年全年线上线下入场求职人次数约 62 万人次，同比上年线下增长 16.7 倍。从时间分布上来看，2020 年第一季度受疫情冲击较大，求职者以观望为主，往年热闹的春节招聘显得比较冷清。第二季度开始，随着疫情缓解以及线上各类专场招聘的举行，大量求职者涌入“云招聘”，线上求职者数量呈阶梯式增长，线上服务人数达 60 多万人次。招聘自 7 月底启动以来，因线上招聘的便利度、疫情期间现场招聘企业数量受限以及高校封闭式管理等因素，现场求职者数量较往年同期大幅减少，线下服务人次数约 1.06 万人次。

（二）学历层次：本、硕学历人才求职队伍庞大

根据线上简历投递数据不完全统计，2020 年中国海洋人才市场（山东）本科及以上学历求职者简历投递数占总求职者简历投递数的 85.18%，其中博士学历求职者简历投递占比仅 1.68%。相对于岗位学历需求来说，本、硕学历求职者入职意愿高，在岗位供给“供大于求”的大环境下，硕士学历人才出现“供过于求”的现象，而博士学历求职者因以猎头招聘、线下签约等形式为主，线上数据显示“一博难求”（见图 3）。

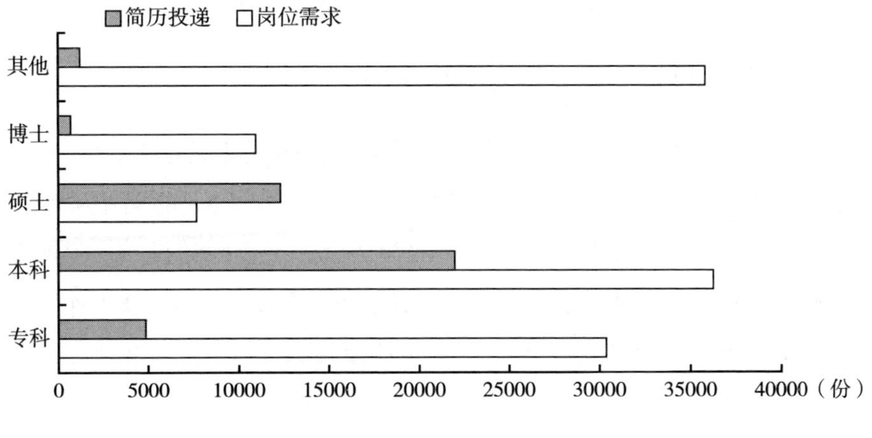

图 3　2020 年青岛岗位需求学历数与简历投递学历数对比

（三）就业偏好：行政/财务、医疗、制造业、销售、房产建筑岗位更受青睐，国企、事业单位受追捧

从简历揽收情况统计，行政/财务、医疗、制造业、销售、房产建筑类岗位为简历投递前五岗位，分别占比 15.78%、11.83%、7.75%、7.55%、6.13%，其中医疗岗位因疫情需要及线上医疗专场的举行，年度求职者数量增加比较明显。从各类型岗位简历投递的求职者学历情况看，近七成的岗位简历投递以本科及以上学历求职者为主，其中，教育科研类岗位求职者学历以博士为主，医疗类和行政/财务类岗位求职者以硕士为主，行政/财务类岗位求职者以本科为主，但很多硕士学历人才也倾向于此类岗位。从企业性质看，国企、事业单位求人倍率①保守估计是 0.66，而本次统计周期内提供了八成以上岗位的民营企业的求人倍率约 4.8，企业需求与就业偏好依旧存在较大差异。

三　情况分析

通过对上述年度周期内人才需求和求职人才数量的分析，2020 年中国海洋人才市场（山东）人才供需情况表现出以下几个趋势。

（一）岗位供大于求，招人难现象仍存在

根据 2020 年线上线下招聘数据，统计年度提供就业岗位 12.07 万个次，简历投递人员达 4.1 万人次，求人倍率为 2.94，八成以上的岗位类型处于“供大于求”的状态，虽然有一定数量的简历通过企业邮箱投递，但通过对近 6000 家次企业的回访显示，大部分受访企业表示 2020 年招聘工作开展起来存在一定难度，招人难现象是大部分企业面临的窘境。如近年来招聘需求

① 求人倍率是劳动力市场在一个统计周期内有效需求人数与有效求职人数之比，它表明了当期劳动力市场中每个岗位需求所对应的求职人数。理论上求人倍率可以反映一个统计周期内劳动力市场的供需状况，当求人倍率大于 1，说明岗位供过于求；如果求人倍率小于 1，说明岗位供不应求。

稳居首位的销售类岗位，尽管求职人数和匹配率有一定的增长，但销售类岗位的求人倍率仍为7.18，远超总体求人倍率。

（二）高层次人才引进方式有待拓宽和完善

从年度招聘数据看，以招聘博士人才为主的教育、培训、科研类岗位求人倍率为3.73，高于总体求人倍率；营销总监、区域经理、高级管理等高端岗位求人倍率为16.07，软件技术工程师、机械设计等高技能人才岗位求人倍率为15.8，求人倍率极高，表明此类岗位的人才十分短缺。由于中国海洋人才市场（山东）为政府参与的人才引进平台，主要作用是提供供需对接环境，针对企业对高学历、高管理、高技能人才的需求，无法做到像专业猎头那样手头有高端资源，可提供“点对点”高端人才推送等服务内容，这也是高层次人才引进数据不理想的重要原因，高层次人才引进方式还需进一步拓宽和完善。

（三）单位需求与求职意向存在一定偏差

从有关统计数据看，存在求职者偏好事业单位、国企和上市公司的企业性质与就业偏好的偏差，而89%的岗位由民营企业提供，求职者对单位性质热度两极分化明显；存在求职者对平台低、流动性强的岗位与求职热情低的偏差；存在学历要求与学历结构的偏差，如行政/财务类岗位硕士学历人才需求仅为447个，简历投递数却达2419人次，求人倍率为0.18，表示10个求职者竞争1.8个岗位。由于岗位学历要求与薪酬挂钩，出现硕士学历人才扎堆求职数量有限的硕士岗位，增加了硕士学历求职者的难度，学历要求与学历结构的偏差在2020年表现尤为突出。

四　有关建议

（一）建立适应企业发展的中长期人才配置

从2020年的招聘情况看，硕士研究生入职意愿是岗位设置需求的1.61

倍，尤其是对国有性质企业的入职偏好达到13.59倍，硕士人才扎堆现象突出。在经济由高速增长向高质量发展的转型时期，企业首先应从人才入手，确保高质量发展目标的实现。建议企业做好人才储备的战略性布局，合理规划社会招聘的岗位设置，在开发质量更高的与企业快速发展相匹配岗位的同时，增加高学历人才的岗位数量，建立适应企业发展的中长期人才配置。

（二）政企配合做好高端岗位、重要领域的人才需求对接

一方面，企业人力资源部门应根据企业发展战略提前制定人才规划需求，建立与企业发展相关联的长期人才引进计划，避免“头疼医头、脚痛医脚”；另一方面，政府通过对高端人才引进参与主体、方式及保障机制的探讨，创新理念、突出特色、科学规划，构建适合本地发展的人才引进政策，建立高层次人才引进创新机制，优化高层次人才成长环境，政企配合做好高层次人才引进工作。

（三）完善教育培养模式，提高人岗匹配度

近年来，高校扩招政策和中国教育现代化规划在提高人均受教育水平的同时，大学毕业生就业难现象日趋严重。从2020年统计数据可以看出，硕士人数的增加与有限的硕士岗位需求使硕士就业竞争变得更加激烈。扩招带来的高等教育门槛降低也使一些学生的综合素质降低，缺少市场竞争力，难以找到与自身学历、专业匹配的工作，“就业难”与“用工荒”现象并存，人才错配现象严重。因此，下一步相关部门应积极完善教育培养模式，在大力培养创新引领性人才的同时，积极发展职业教育，缓解就业压力，解决高技能人才短缺问题，这将是提高人才配置率的重要手段。

B.13
2020年昆山人力资源市场供需分析

朱心杰*

摘　要：　昆山人力资源市场以品牌建设和服务升级为两大抓手，主动作为，服务地方经济，充分发挥国有人力资源机构在区域人力资源配置过程中的示范引领作用。昆山人力资源市场以“天天市场”为线下招聘服务品牌，迄今为止已运营十年有余，成为昆山地区企业和人才高效对接的首选途径，其供需数据变化很大程度上代表着昆山劳动力市场的供需变化趋势，因此深入分析供需数据具有重要参考价值。2020年初，受到新冠肺炎疫情的影响，宏观经济下行压力依然较大，企业用工需求多样化趋势明显，线上掌上招聘需求更为旺盛，相反，现场招聘参会企业数据、岗位需求数据和求职数据均呈现下降趋势，结构性矛盾仍然突出，国有人力资源机构在资源配置中仍然面临较大挑战。本文将结合“天天市场”统计的数据，从企业招聘需求和人才求职需求等多方面展开讨论。

关键词：　昆山　人力资源市场　供需分析　招聘数据

* 朱心杰，昆山人力资源市场考试培训中心副主任，昆山人力资源开发研究中心主任助理，中级经济师，人力资源管理师，主要研究方向为人力资源供需分析、人力资源服务业发展、人力资源调研数据分析、政府工作人员招聘考试、政务服务外包等。

昆山人力资源市场（简称“市场”）作为全国第一家贯通整合人才、劳动力、毕业生三大市场组建而成的国有人力资源服务机构，始终走在人力资源服务业理念创新、模式创新、产品创新的最前沿，以“政府主导、市场运作”为主导思想，以“互联网+”、大数据、跨界融合为战略导向，致力于成为人力资源全产业链领航者。2020年，市场紧抓科学防疫和人才服务，继续维持传统现场招聘服务品质，确保人才服务不离线、人才引进不断线。

此次供需数据来源于2020年昆山人力资源市场现场招聘关于企业招聘和入场求职者的每日动态数据，以确保数据的及时性、有效性及严谨性。

一　总体情况

2020年，昆山人力资源市场组织并服务各企事业用人单位1.04万余家次，同比减少50.6%，各类招聘岗位需求人数为23.09万人次，同比减少50.26%，累计进场求职人数11.26万人次，同比减少54.36%（见表1）。

表1　招聘会总体数据对比（2019～2020年）

年份	招聘单位数(家次)	岗位需求人数(人次)	求职人数(人次)
2019年	21120	464126	246634
2020年	10433	230855	112567
变动幅度(%)	-50.60	-50.26	-54.36

资料来源：2020年昆山人力资源市场现场招聘关于企业招聘和入场求职者的每日动态数据，后同。

二　招聘单位分析

（一）现场招聘需求规模分析

现场招聘需求持续下滑。2020年，受新冠肺炎疫情影响及线上、掌上招聘方式越发成熟，现场招聘参会企业数各月均出现下降，其中2月线下市场直接关停，3月也仅有545家次企业参会，同比降幅高达82.17%；其余各月同比也出现大幅下降趋势，降幅均在20%~63%区间（见图1）。

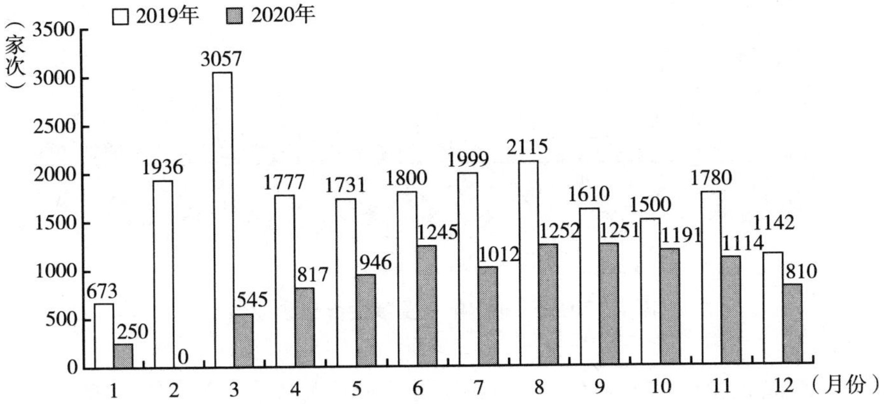

图1　2019~2020年招聘单位参会数

（二）参会单位的行业分布

制造业、IT互联网行业合计参会超八成。制造业企业2020年全年现场招聘单位5930家次，占所有参会企业的56.83%，居所有参会行业企业首位。IT互联网行业以2595家次的参会数量列第二位，占所有参会企业的24.87%，两者合计占所有参会企业的八成以上。

商业服务、金融保险行业参会依然呈下降趋势。2020年，商业服务行业参会大幅减少，同比上年减少83.27%，而金融保险行业也受到宏观环境影响，参会热情大幅下降，参会企业数量仅85家次，同比减少85.22%（见图2）。

（三）参会单位的规模分析

从企业人员规模来看，200~500人的中型企业占参会总数的33.3%，

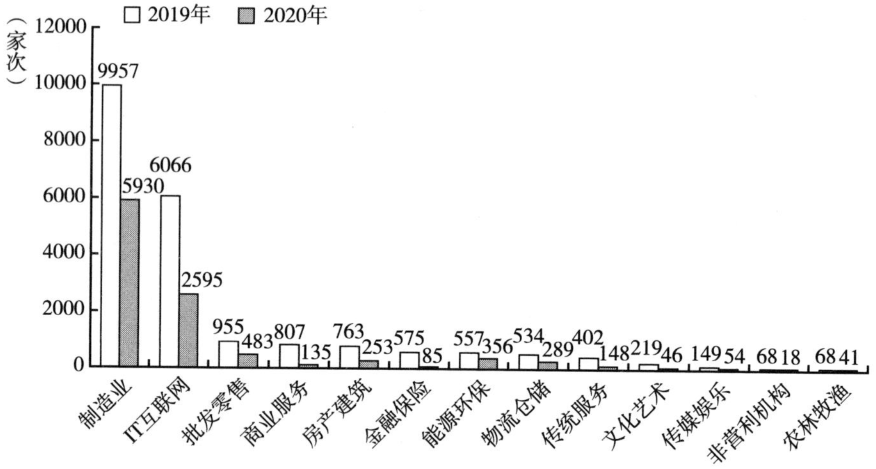

图2　2019~2020年主要参会行业企业数

为占比最高的企业规模类型，其次是1000人以上规模的大型企业以24.73%的占比排名第二，50~200人规模的企业以18.96%的占比排名第三（见图3）。

（四）企业性质分析

外资企业参会7387家次，占比70.8%；民营企业参会2412家次，占比23.12%，合资企业占比4.42%，位居第三（见图4）。

三　需求岗位分析

（一）岗位的需求规模分析

需求人数下降明显。2020年，企业通过现场招聘方式释放的岗位需求数每月均出现减少，上半年，除2月暂停招聘活动外，其余各月同比减少45.05%以上，其中3~6月受新冠肺炎疫情影响较大，同比降幅均超过55%。下半年，企业发展逐步企稳，岗位需求降幅缩小至20%

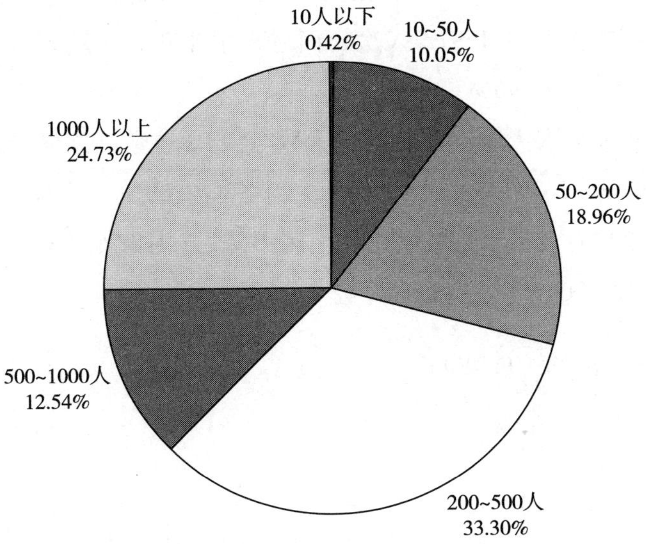

图3　2019～2020年参会企业规模

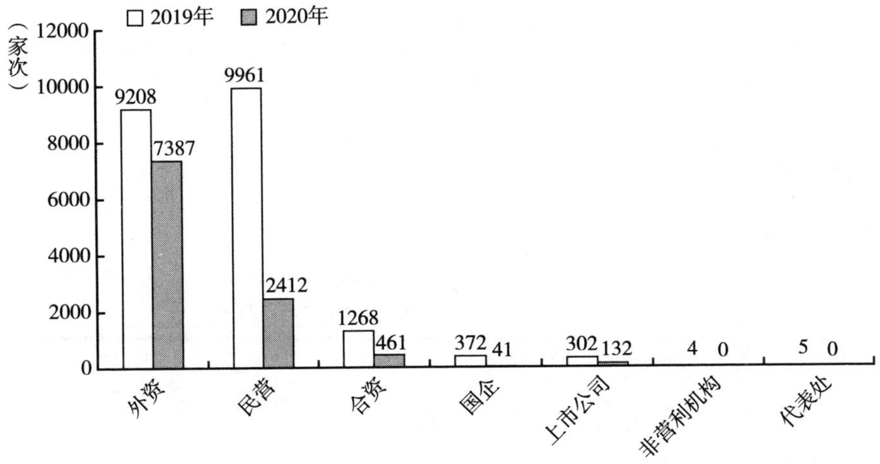

图4　2019～2020年参会企业性质

左右（见图5）。

下半年需求逐步复苏。2020年第一季度受新冠肺炎疫情影响，企业招聘需求释放受到严重影响，自 4 月起，企业需求呈现逐步复苏迹象，第二季度平均每月需求人数为 15912 人次，而进入下半年，平均每月需求人数为 28158 人次，增长 76. 96%。

从单位企业需求人数（岗位需求人数/招聘单位数）来看，2020 年单位企业需求人数为 22. 13 人次，相比 2019 年增长 0. 68%。从月度需求情况来看，上半年单位企业需求人数同比均出现下降，7 月起则出现明显反弹，其中 7、8 月增加接近 20%（见图 6）。

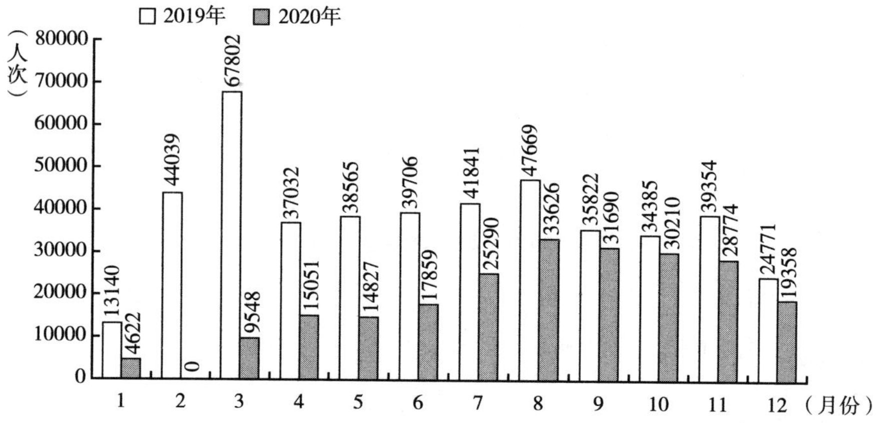

图 5　2019～2020 年岗位需求人数

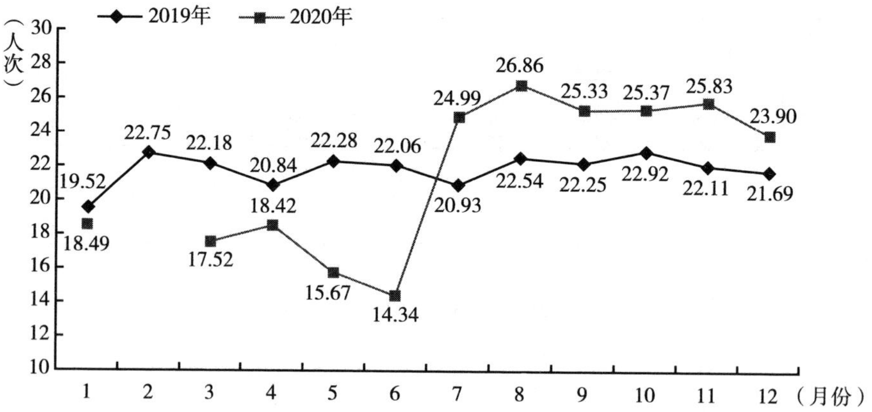

图 6　2019～2020 年单位企业需求人数

（二）需求前十岗位类别分析

用工需求主体仍偏向基层普工、技能人才。从岗位类别需求人数来看，技工、普工需求量排名前两位，分别有52257人次和47222人次，占需求总量的22.64%和20.46%，同比减少4.76%和14.24%；机械机电类岗位以28170人次的需求排名第三，但相比上年下降15.54%；质量安全类岗位需求人数为12215人次，同比减少高达29.67%（见图7）。

结构占比小幅降低。从前十岗位类别的需求结构占比来看，前十岗位需求人数占总需求人数的83.12%，较上年增加29.22个百分点，可见昆山市用工需求结构总体发生变化，产业发展转型较为明显。

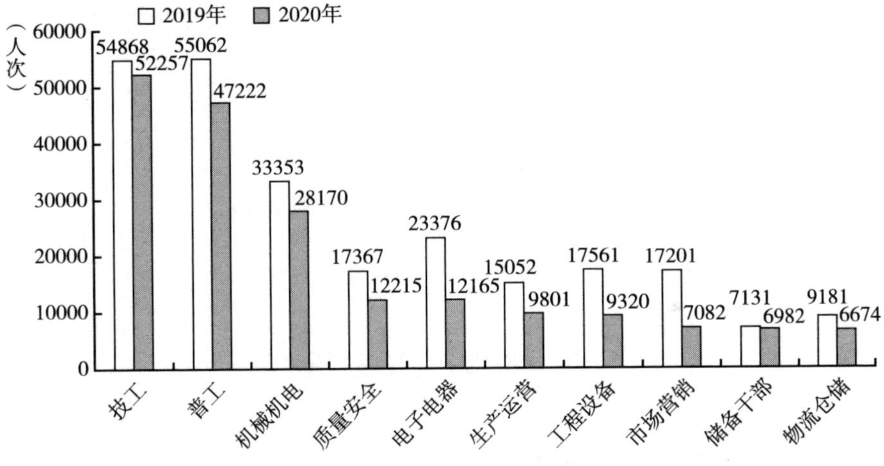

图7　2019～2020年前十岗位需求人数

（三）岗位专业分析

从需求前十的专业来看，机械模具类、电子信息类、电气类分别以39216人次、11489人次、5377人次排名前三，分别占需求总量的16.99%、4.98%、2.33%，同比减少43.23%、64.88%、51.08%。计算机类专业以4131人次的需求跃居第4位，同比减少71.67%，工商管理类排第 5 位，需求下降幅度达到 63.44%。物流管理与工程类 3123 人次，排第 6 位，同比降幅 53.16%，仪器仪表类需求下降 41.20%，降幅是前十岗位最少的（见图 8）。

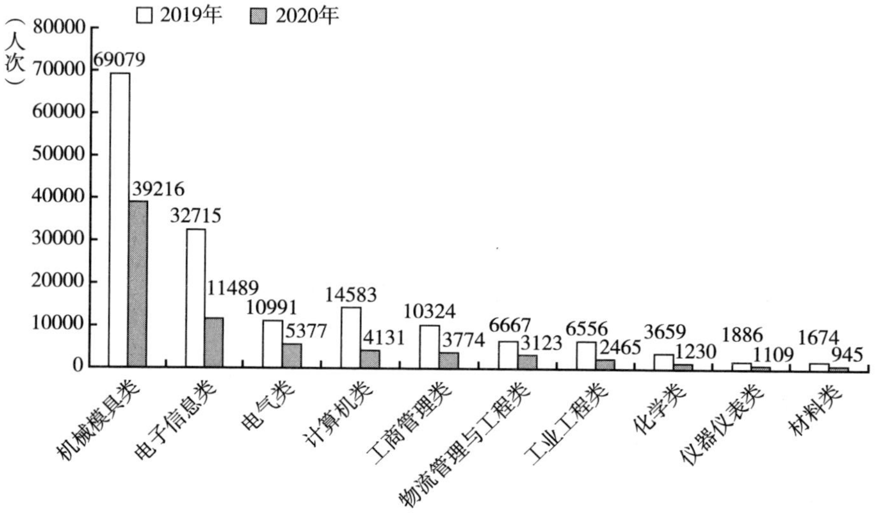

图 8　2019～2020 年前十岗位专业需求人数

四　求职人员分析

（一）现场求职人员规模

受新冠肺炎疫情影响，2 月现场招聘暂停，3 月逐步开放，因此 3 月求职人数仅为 5186 人次，4～5 月恢复到万人以上规模，4 月的 15916 人次达到全年求职人数峰值，但同比降幅达 40.75%。三、四季度月均求职人数维持在 1 万人次左右，现场求职热情明显走低（见图 9）。

（二）现场求职人员的籍贯构成

根据求职人员籍贯分布数据，求职人数超万人次以上的分别为江苏省

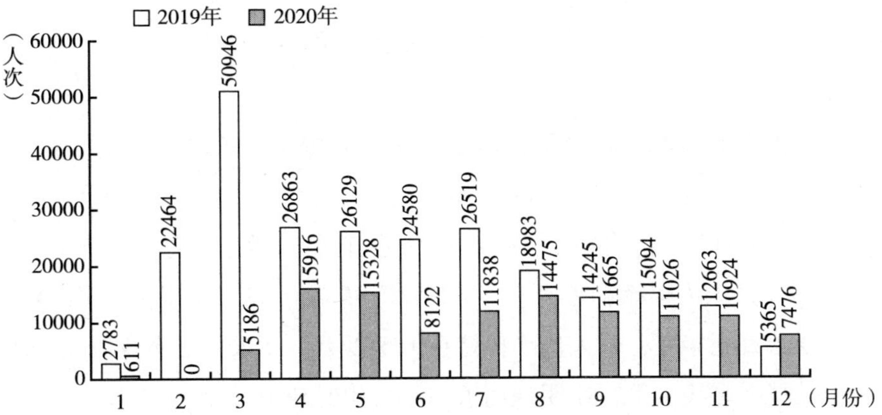

图9　2019～2020年现场求职人数

（29147人次，占比25.89%），河南省（17166人次，占比15.25%），安徽省（10046人次，占比8.92%）；求职人数4000～8000人次的依次为陕西省（7886人次，占比7.01%）、甘肃省（6716人次，占比5.97%）、湖北省（5909人次，占比5.25%）、山东省（4555人次，占比4.05%）；求职人数低于3000人次的分别为四川省（2555人次，占比2.27%）、山西省（2511人次，占比2.23%）、江西省（2309人次，占比2.05%）（见图10）。

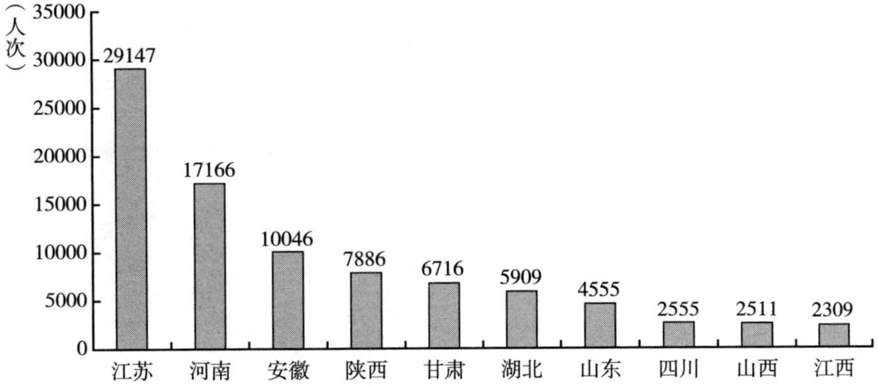

图10　2020年现场求职人员籍贯

五 求人倍率分析

求人倍率常年维持高水平，现场求职压力较小。2020 年 1 月，由于供需双方均大幅走低，求人倍率达 7.56，2 月由于疫情影响招聘会暂停，无法获取数据，3 月国内疫情趋于稳定招聘会正常开放，3 月求人倍率达到 1.33，4 ~5 月求人倍率趋近于 1，分别为 0.95 和 0.97，趋于供需平衡状态。从 6 月开始直到年底，求人倍率保持在 1.5 以上，从求人倍率数值来看，全年高于供需平衡线水平，说明现场求职压力相对较小（见图 11）。

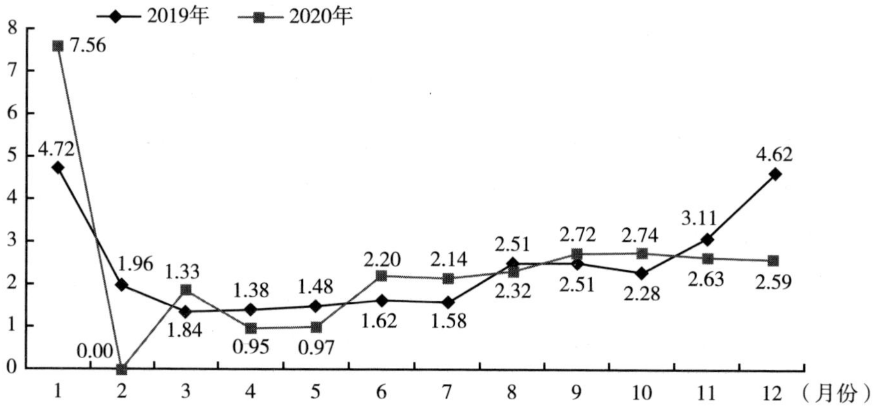

图 11 2019 ~2020 年求人倍率

B.14

广东省薪酬水平调查和分析（2020）

林 凡　田文娜　马 赫*

摘　要：　本文通过对广东省薪酬数据进行分析与研究发现，全省平均薪酬水平增长逐步恢复常态，与经济持续稳定恢复态势基本一致；疫情冲击下行业间薪酬水平走势进一步分化，新兴产业呈上扬态势，文娱、住宿、餐饮等行业有所下降;职工薪酬同企业规模、学历和工龄呈正相关，影响作用越发明显；随着工资收入的不断增长，合同制度用工与劳务派遣用工的薪酬水平差距变大。

关键词：　广东省　薪酬调查　薪酬水平

2020 年是我国全面建成小康社会和“十三五”规划收官之年，是脱贫攻坚决战决胜之年。突如其来的新冠肺炎疫情对我国经济社会发展和企业经营发展带来诸多难题和挑战，经营环境复杂严峻，利润空间明显收窄，生产成本持续上涨，人才需求也持续低迷。第二季度以来，随着国内疫情防控形势持续向好，经济运行稳步复苏，企业基本实现复工复产，经营效益持续回暖。在这一时期，企业用人需求爆发，如何吸引并保留优秀人才尤其是高技

---

* 林凡，广州市南方人力资源评价中心有限公司资深管理咨询顾问，主要研究方向为人力资源管理、薪酬数据分析等；田文娜，广州市南方人力资源评价中心有限公司管理咨询部总监、专家管理咨询顾问，主要研究方向为人力资源管理、薪酬数据分析、人才评价等；马赫，广州市人才集团副总经理、广州市南方人力资源评价中心有限公司总经理，主要研究方向为组织管理、薪酬与绩效管理等。

术高技能人才，以便进一步助推企业加快复苏发展？如何平衡人才需求与人才成本管控？这些都是企业当下亟须关注的重点难点问题。

在现代企业管理中，薪酬福利激励在人力资源管理方面发挥着重要作用，它有利于帮助企业吸引人才、留住人才、激励人才，充分发挥人才的主观能动性和工作积极性，实现人力资源的价值最大化，为企业战略发展提供强有力的人才支撑。一个科学合理的薪酬福利体系必须满足三个基本原则。①战略文化特性。企业在制定薪酬福利制度时，能否与组织发展战略、企业文化特性相结合，能否体现企业管理理念和文化倾向。②外部竞争性。企业职工收入水平在同地区同行业人力资源市场上处于什么位置，与竞争对手相比是否具备人才竞争优势。③内部公平性、合理性。企业职工收入水平高低差距是否具备相对公平性，收入分配与价值贡献是否相匹配。战略文化特性和内部公平性、合理性与企业自身的愿景、使命、价值观、宗旨等息息相关，外部竞争性除企业薪酬福利策略外，还需要参考同地区同行业人力资源市场收入水平。如果企业自身收入水平低于同地区同行业人力资源市场收入水平，职工的工作积极性和稳定性将受到直接影响，容易造成人才流失的连锁反应。因此，企业对能够准确反映市场水准、行业水准的外部薪酬福利数据十分渴望。

本研究旨在通过对广东省薪酬数据的分析与研究，一方面为广东省企业提供全面准确、时效性高的外部薪酬水平参考标准，帮助企业更好地掌握自身薪酬方案在人才竞争中的优劣势；另一方面为求职者提供相对客观的薪酬水平数据，帮助求职者了解企业的薪酬支付水平，以便做出更好的职业选择。

一　研究对象

本研究的研究对象为广东省薪酬数据，文中提到的薪酬均指平均月薪，包括基本工资、绩效工资、津补贴、加班加点工资四个部分。

（一）基本工资

指按照劳动合同中约定的、与职工本人岗位相对应的、发放周期和发放水平相对固定的工资报酬，如标准工资、基础工资、岗位工资、合同工资、底薪等，也包括其他不与绩效考核结果挂钩的工资项目，如工龄工资（津贴）。

（二）绩效工资

指职工根据所在企业的经济效益、集体或本人绩效或实际表现获得的浮动性工资报酬，包括按月度、季度、半年、全年考核发放的奖金，效益工资或奖金性质的绩效工资，以及销售提成、项目奖金、特别奖励、技术交易奖、生产奖、劳动竞赛奖、年底双薪、全勤奖等工资项目。

（三）津补贴

指按照国家或企业规定，为补偿本单位就业人员因特殊或额外的劳动消耗或因其他特殊原因支付的津贴，以及为保证其工资不受物价影响而支付的物价补贴，包括艰苦岗位津贴、夜班津贴、倒班津贴、保健津贴、技术性津贴、地区津贴等津贴，过节费、交通补贴、通信工具补助、无食堂补贴、职工不休假补贴、住房租房补贴，以及企业从福利费用中支付的职工个人的各种现金补贴。

（四）加班加点工资

指按照国家和本地区有关法规政策，由企业支付的加班工资和加点工资，是调查期内职工因超时劳动而获得的劳动报酬。

二　样本分布

本研究中2020年的企业样本量共计17915家，职工样本量共计2951923人；2019年的企业样本量共计16319家，职工样本量共计2408616人。企业和职工样本的详细分布情况如下。

（一）企业样本分布

本研究的企业样本以制造业为主，2020 年占比为 45.38%，同比 2019 年有所减少。相比而言，采矿业样本量较少，2019 年和 2020 年的占比均不足 1%（见表 1）。

表 1　2019～2020 年调查企业样本的行业分布

单位：家，%

行业	样本量		占比	
	2020 年	2019 年	2020 年	2019 年
农林牧渔业	269	255	1.50	1.56
采矿业	65	34	0.36	0.21
制造业	8129	8090	45.38	49.56
电力、热力、燃气及水生产和供应业	332	251	1.85	1.54
建筑业	715	553	3.99	3.39
批发和零售业	1777	1723	9.92	10.56
交通运输、仓储和邮政业	655	623	3.66	3.82
住宿和餐饮业	1028	1218	5.74	7.46
信息传输、软件和信息技术服务业	550	438	3.07	2.68
金融业	265	215	1.48	1.32
房地产业	809	512	4.52	3.14
租赁和商务服务业	1003	923	5.60	5.66
科学研究和技术服务业	403	237	2.25	1.45
水利环境和公共设施管理业	235	122	1.31	0.75
居民服务、修理和其他服务业	746	615	4.16	3.77
教育	330	202	1.84	1.24
卫生和社会工作	251	126	1.40	0.77
文化、体育和娱乐业	353	182	1.97	1.12
总计	17915	16319	100.00	100.00

资料来源：研究发放的调查问卷统计，后同。

本研究的企业样本以中小型企业为主，2020 年和 2019 年的中小型企业的样本量占比在 70%～80% 区间；大型、微型企业的占比相对较小。企业规模的划分标准按照国家统计局《统计上大中小微型企业划分办法

(2017)》和《关于印发〈金融业企业划型标准规定〉的通知》（银发〔2015〕309号）执行，上述两个文件中未明确标准的铁路运输业、教育、卫生共计3个行业不需填写规模，相关企业占比不足5%（见表2）。

表2　2019～2020年调查企业样本的规模分布

单位：家，%

企业规模	样本量		占比	
	2020年	2019年	2020年	2019年
大型企业	1472	1067	8.22	6.54
中型企业	4476	4239	24.98	25.98
小型企业	8915	8507	49.77	52.13
微型企业	2378	2380	13.27	14.58
无企业规模标准	674	126	3.76	0.77
总计	17915	16319	100.00	100.00

（二）职工样本分布

本研究中涉及的职工以高中、中专或技校及以下学历为主，2019年和2020年的占比均在70%以上；大学本科、大学专科学历的职工数量接近，占比均在10%以上；研究生（含博士、硕士）学历的职工数量相对较少（见表3）。

表3　2019～2020年职工样本的学历分布

单位：人，%

学历	样本量		占比	
	2020年	2019年	2020年	2019年
研究生（含博士、硕士）	41492	22422	1.41	0.93
大学本科	447474	318851	15.16	13.24
大学专科	375454	278062	12.72	11.54
高中、中专或技校	874981	743483	29.64	30.87
初中及以下	1212522	1045798	41.07	43.42
总计	2951923	2408616	100.00	100.00

职工分工龄看，工龄 11 年及以上的样本量占比最高，2020 年达到 47.52%，同比 2019 年有所增加；工龄 1 年及以下、2～3 年、4～5 年的样本量占比较小，平均在 10% 左右（见表 4）。

表 4　2019～2020 年职工样本的工龄分布

单位：人，%

工龄	样本量		占比	
	2020 年	2019 年	2020 年	2019 年
1 年及以下	254976	275185	8.64	11.43
2～3 年	390413	323034	13.23	13.41
4～5 年	315580	264829	10.69	11.00
6～10 年	587918	524414	19.92	21.77
11 年及以上	1403036	1021154	47.52	42.39
总计	2951923	2408616	100.00	100.00

职工分用工形式看，合同制用工的职工数量较多，占比超过 98%，劳务派遣用工的职工数量较少，占比不足 2%（见表 5）。

表 5　2019～2020 年职工样本的用工形式分布

单位：人，%

用工形式	样本量		占比	
	2020 年	2019 年	2020 年	2019 年
合同制度用工	2899584	2377619	98.23	98.71
劳务派遣用工	52339	30997	1.77	1.29
总计	2951923	2408616	100.00	100.00

三　分析指标

本研究中的分析指标包括薪酬水平的平均数、90 分位、75 分位、50 分位、25 分位和 10 分位，详细定义如下文所述。

（1）平均数：抽样数据的算术平均数，反映数据的集中趋势。

（2）90 分位：将抽样数据由低到高进行排列，处于数列 90% 位置的数值，反映市场的极高水平。

（3）75 分位：将抽样数据由低到高进行排列，处于数列 75% 位置的数值，反映市场的较高水平。

（4）50 分位：将抽样数据由低到高进行排列，处于数列 50% 位置的数值，反映市场的中等水平。

（5）25 分位：将抽样数据由低到高进行排列，处于数列 25% 位置的数值，反映市场的较低水平。

（6）10 分位：将抽样数据由低到高进行排列，处于数列 10% 位置的数值，反映市场的极低水平。

四　广东省薪酬水平情况分析

（一）广东省薪酬总体水平概况

2020 年，广东省平均薪酬水平为 8048 元/月，同比增长 5%，增幅与 2019 年相比减少 4 个百分点。从分布情况来看，90 分位同比涨幅最高，75 分位次之，50 分位基本维持不变，25 分位、10 分位同比略有下降。从数据来看，在新冠肺炎疫情冲击下，广东省收入差距有所扩大，高收入群体的工资增长更快，中低收入群体的工资稳中略降（见图 1）。

（二）不同行业薪酬水平状况

分行业看，18 个行业中平均薪酬最高的依然是金融业，2020 年平均薪酬达到 20704 元/月；最低的依然是住宿和餐饮业，为 5466 元/月。与 2019 年相比，卫生和社会工作平均薪酬同比上升 17%，成为升幅最大的行业；文化、体育和娱乐业平均薪酬同比下降 5%，成为降幅最大的行业（见图 2）。

在 90 分位中，金融业显著高于其他行业，达到 38026 元/月；住宿和餐

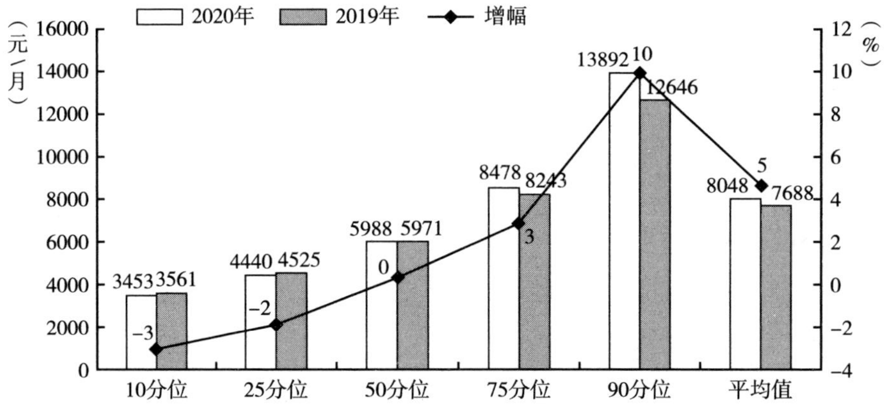

图1　2019～2020年广东省薪酬总体水平概况

资料来源：南方人才市场薪酬数据调查，后同。

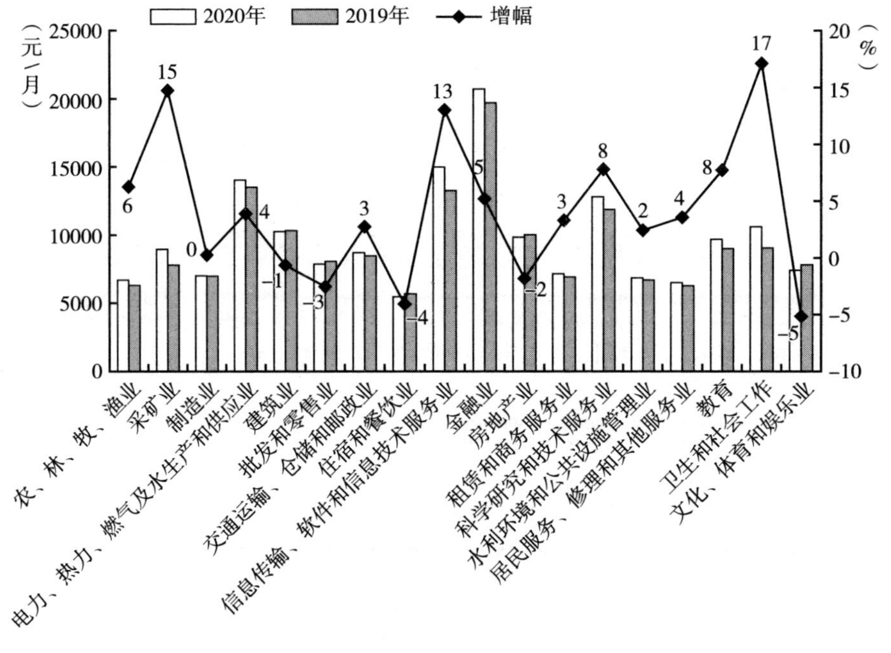

图2　2019～2020年广东省不同行业的平均薪酬状况

饮业最低，为8208元/月。与2019年相比，90分位增幅最大的行业是采矿业，同比增长36%；降幅最大的是水利环境和公共设施管理业，同比下降13%（见图3）。

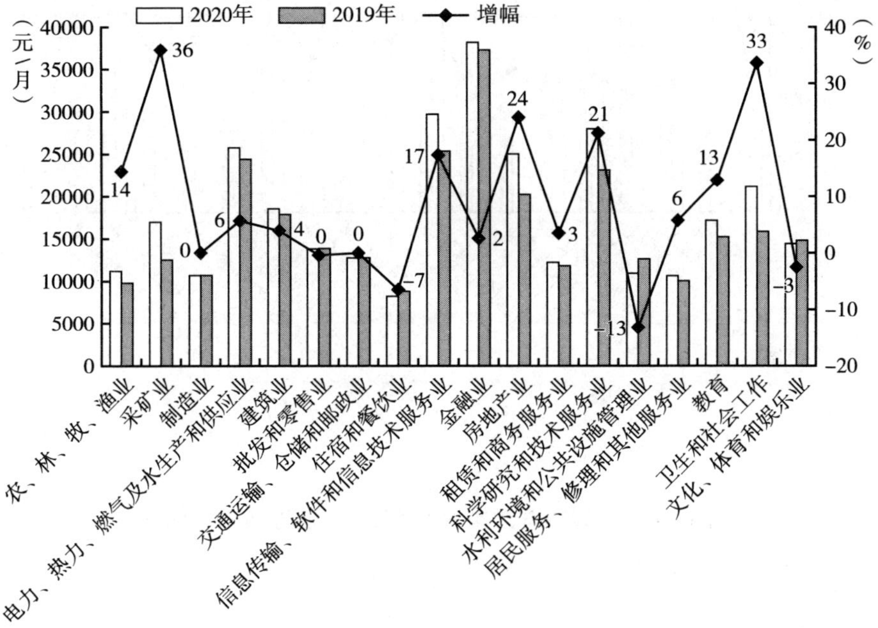

图3　2019～2020年广东省不同行业薪酬的90分位状况

在75分位中，金融业同样占据行业首位，但与其他行业的差距有所缩小，达到24330元/月；住宿和餐饮业仍然居行业末位，为5929元/月。与2019年相比，75分位增幅最大的行业依然是采矿业，同比增长43%；降幅最大的行业是水利环境和公共设施管理业，同比下降23%（见图4）。

在50分位中，金融业依然保持领先地位，达到16218元/月；住宿和餐饮业依然最低，为4526元/月。与2019年相比，50分位增幅最大的行业是信息传输、软件和信息技术服务业和金融业，均同比增长15%；降幅最大的是采矿业，同比下降4%（见图5）。

在25分位中，金融业依然领先于其他行业，达到10901元/月；住宿和

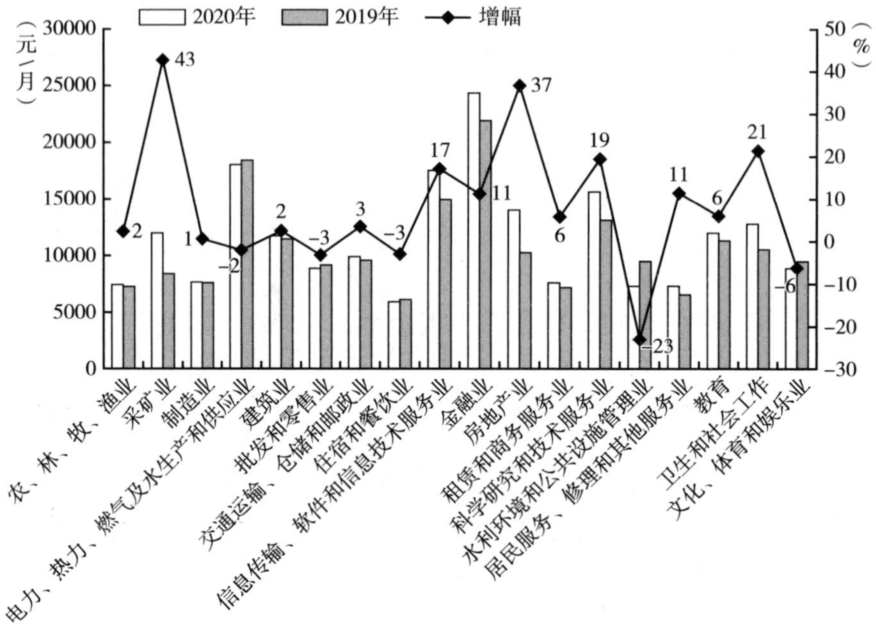

图4 2019～2020年广东省不同行业薪酬的75分位状况

资料来源：南方人才市场薪酬数据调查，后同。

餐饮业最低，为3564元/月。与2019年相比，25分位增幅最大的行业是金融业、水利环境和公共设施管理业，均同比增长10%；降幅最大的是房地产业，同比下降13%（见图6）。

在10分位中，金融业同样远远领先于其他行业，达到6456元/月；文化、体育和娱乐业最低，为2695元/月。与2019年相比，10分位增幅最大的行业是水利环境和公共设施管理业，同比增长19%；降幅最大的是房地产业，同比下降16%（见图7）。

（三）不同企业规模薪酬水平状况

分企业规模看，规模越大，企业支付给职工的薪酬越高。2020年，大型企业平均薪酬为9493元/月，同比增长6%；微型企业平均薪酬为6471元/月，同比下降1%（见图8）。

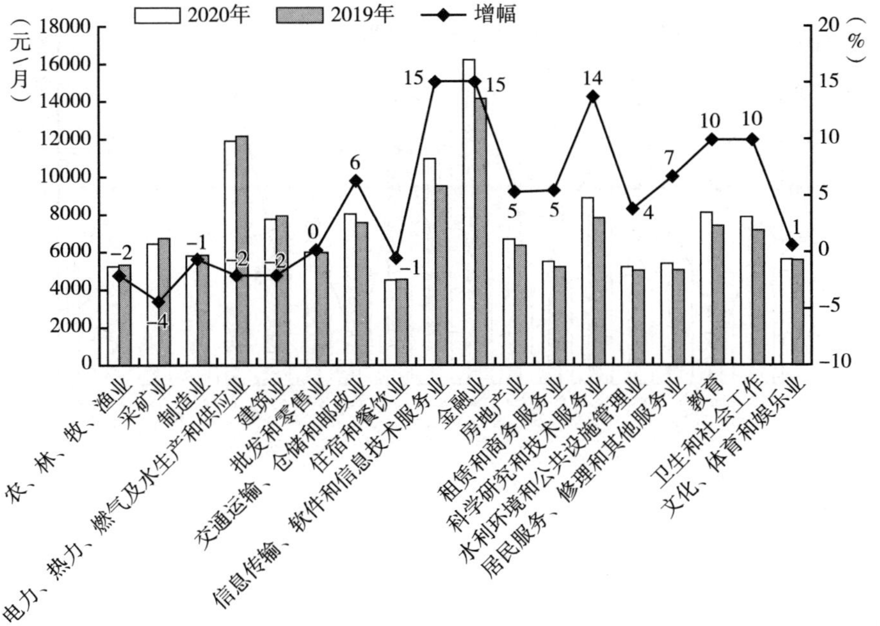

图 5 2019～2020 年广东省不同行业薪酬的 50 分位状况

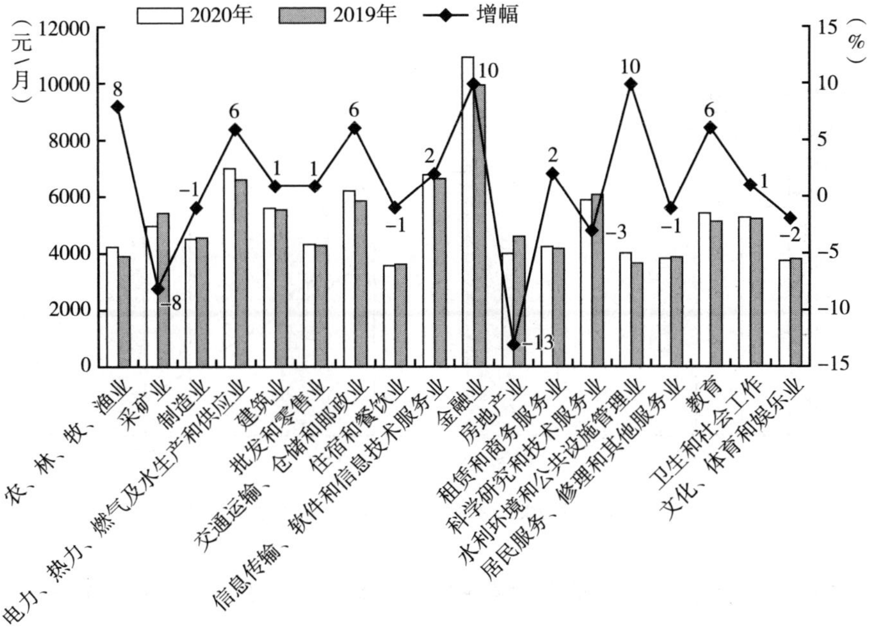

图 6 2019～2020 年广东省不同行业薪酬的 25 分位状况

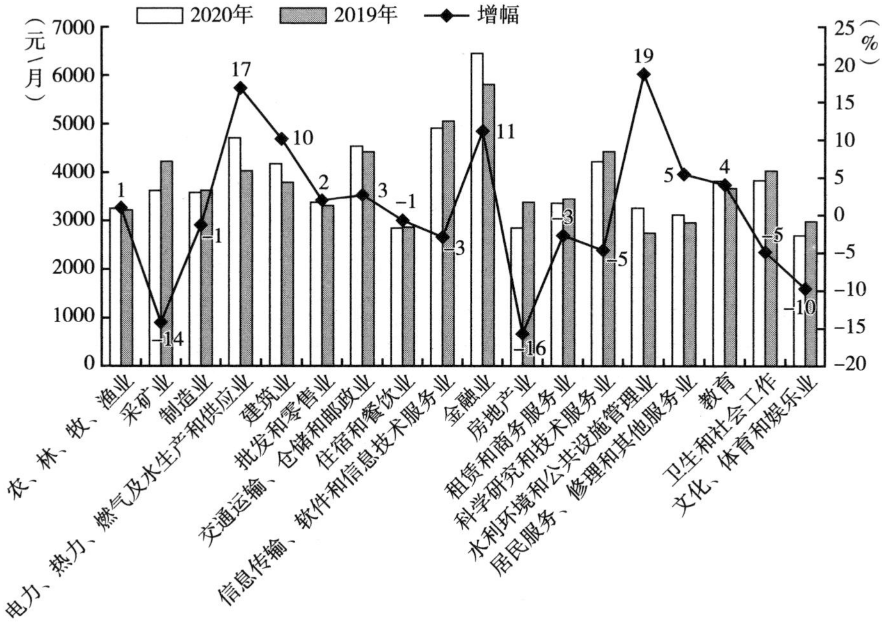

图7　2019～2020年广东省不同行业薪酬的10分位状况

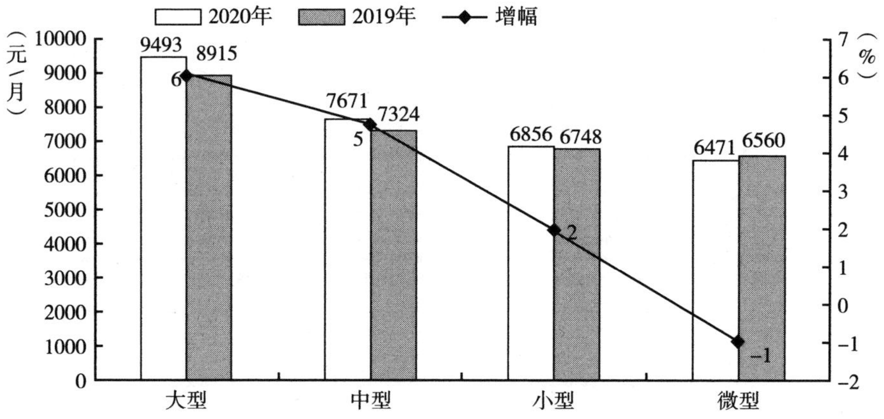

图8　2019～2020年不同企业规模的平均薪酬状况

在90分位中，大型企业薪酬明显高于其他规模的企业，达到17094元/月，同比增长14%；微型企业虽然最低，但同比增长最为明显，达到15%（见图9）。

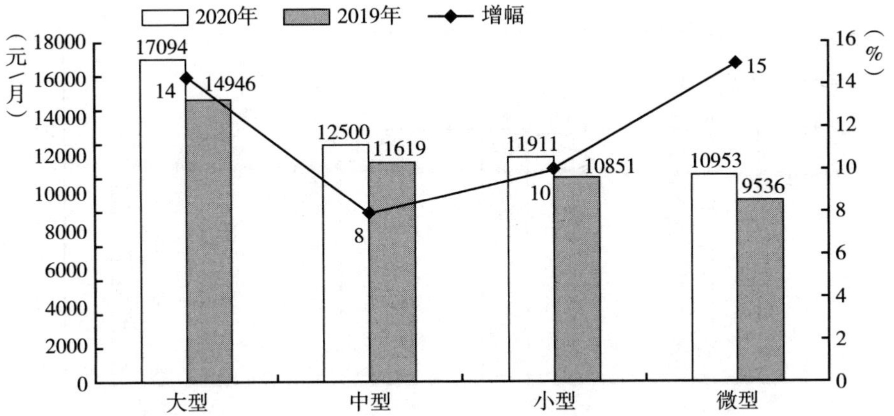

图9　2019～2020年不同企业规模的薪酬的90分位状况

在75分位中，大型企业薪酬最高，达到9755元/月，同比增长3%；微型企业最低，为6855元/月，同比下降4%（见图10）。

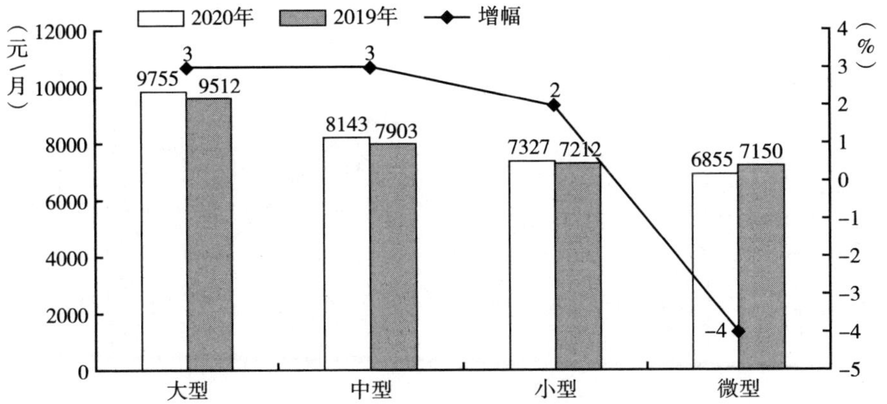

图10　2019～2020年不同企业规模的薪酬的75分位状况

在50分位中，企业规模越大，薪酬水平越高。其中，大型企业薪酬达到6683元/月，同比下降1%；微型企业为4785元/月，同比下降2%（见图11）。

在25分位中，企业规模越大，薪酬水平越高。其中，大型企业为5032

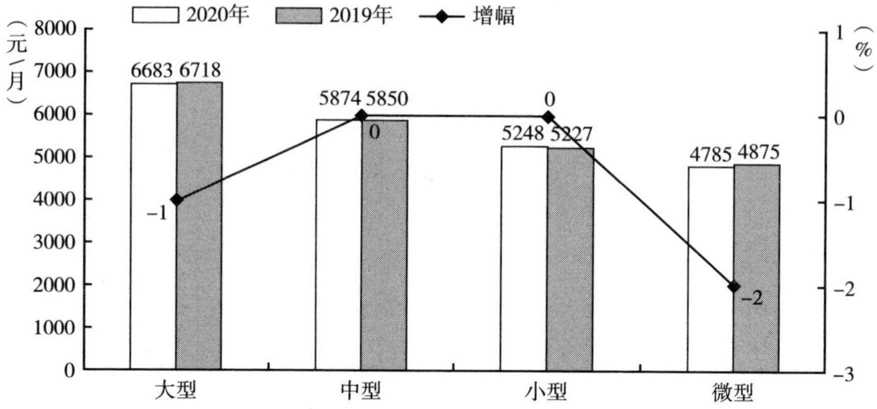

图 11　2019～2020 年不同企业规模的薪酬的 50 分位状况

元/月，同比下降 4%；微型企业为 3595 元/月，同比下降 5%。值得关注的是，不同规模企业的 25 分位同比均有所下降（见图 12）。

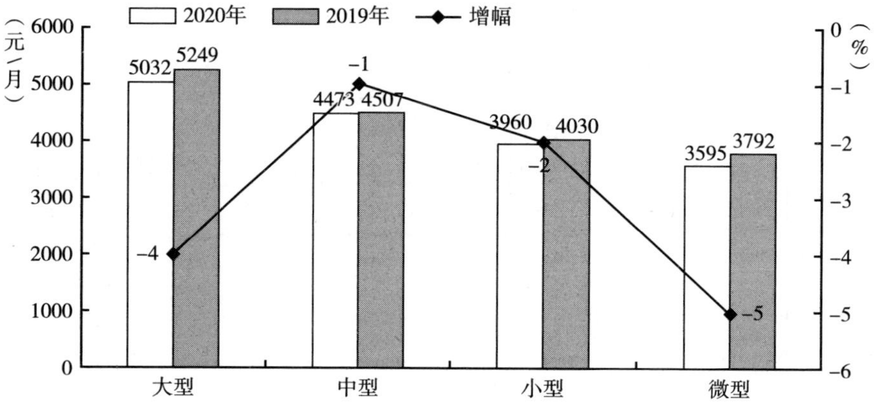

图 12　2019～2020 年不同企业规模的薪酬的 25 分位状况

在 10 分位中，企业规模越大，薪酬水平越高。其中，大型企业最高，达到 3853 元/月，同比下降 6%；微型企业最低，为 2818 元/月，同比下降 6%（见图 13）。

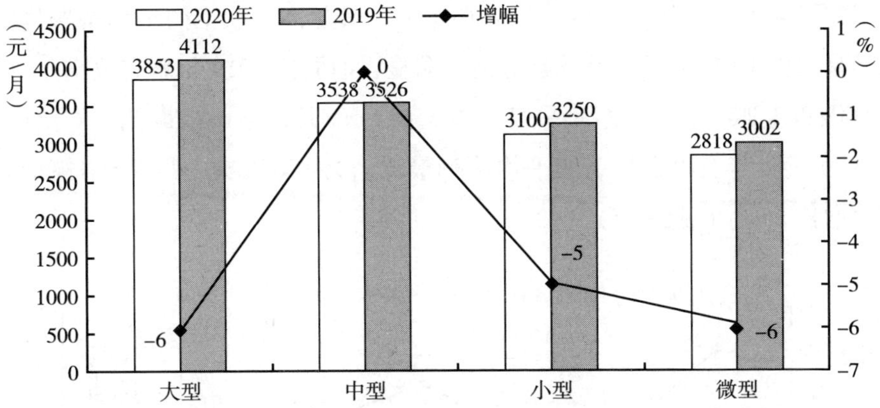

图 13　2019～2020 年不同企业规模的薪酬的 10 分位状况

（四）不同学历与工龄薪酬水平状况

分学历看，职工的平均薪酬与学历层次呈正相关，即职工学历层次越高，收入水平越高。从薪酬增幅来看，基本也呈现学历越高、薪酬增幅越大的趋势。其中，最高的是研究生（含博士、硕士）学历职工，平均薪酬达到 26683 元/月，同比增长 19%；最低的是初中及以下学历职工，平均薪酬为 5173 元/月，同比下降 7%（见图 14）。

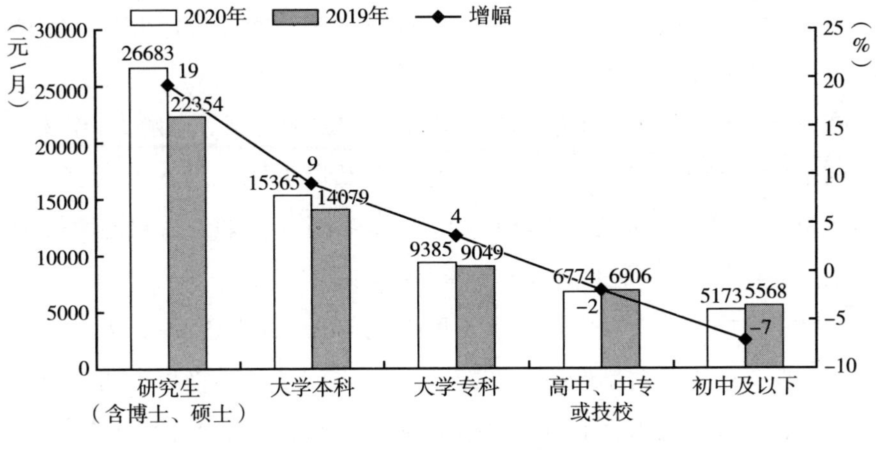

图 14　2019～2020 年不同学历的平均薪酬状况

在研究生（含博士、硕士）学历中，工龄越高，职工的平均薪酬越高，尤其是工作10年以后，上升趋势最为明显，但同比2019年略有收窄。工龄11年及以上职工的平均薪酬最高，为35614元/月，但增幅最低，同比增长4%；工龄1年及以下职工的平均薪酬最低，为17870元/月，但增幅最高，同比增长26%（见图15）。

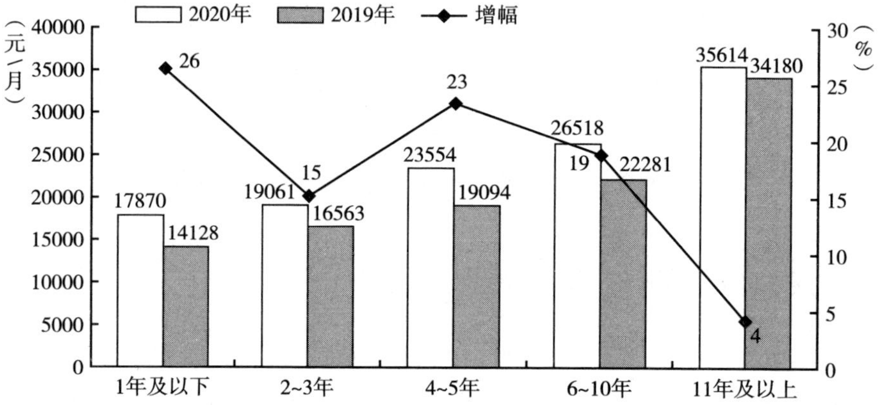

图15　2019~2020年研究生（含博士、硕士）学历不同工龄职工的平均薪酬状况

在大学本科学历中，工龄越高，职工平均薪酬越高。工龄11年及以上职工的平均薪酬为19423元/月，工龄1年及以下职工为8947元/月。与2019年相比，增幅最大的是工龄6~10年的职工，同比增长14%；增幅最小的是工龄1年及以下职工，同比增长2%（见图16）。

在大学专科学历中，工龄越高，职工平均薪酬越高。工龄11年及以上职工的平均薪酬为11148元/月，工龄1年及以下职工为6782元/月。与2019年相比，增幅最大的是工龄6~10年和4~5年的职工，同比增长3%；降幅最大的是2~3年职工，同比下降1%（见图17）。

在高中、中专或技校学历中，工龄越高，职工平均薪酬越高。工龄11年及以上职工的平均薪酬最高，为7367元/月，工龄1年及以下职工为5563元/月。与2019年相比，不同工龄职工的平均薪酬同比均有所下降。其中，降幅最大的是工龄1年及以下、2~3年职工，同比下降6%；降幅最小的是

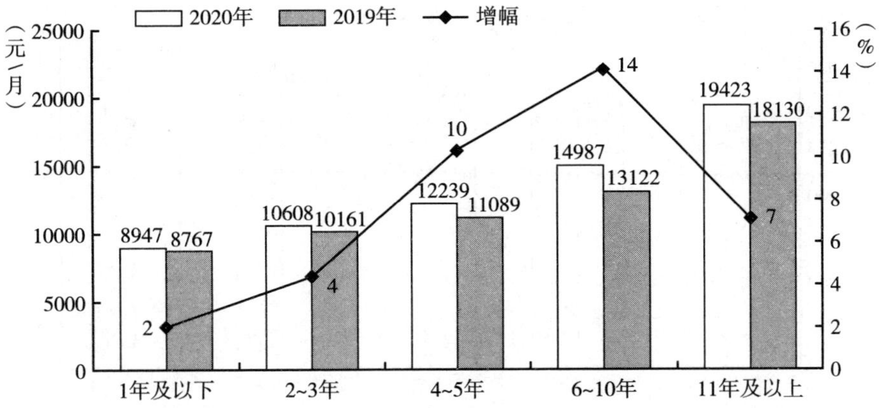

图16　2019～2020年大学本科学历不同工龄职工的平均薪酬状况

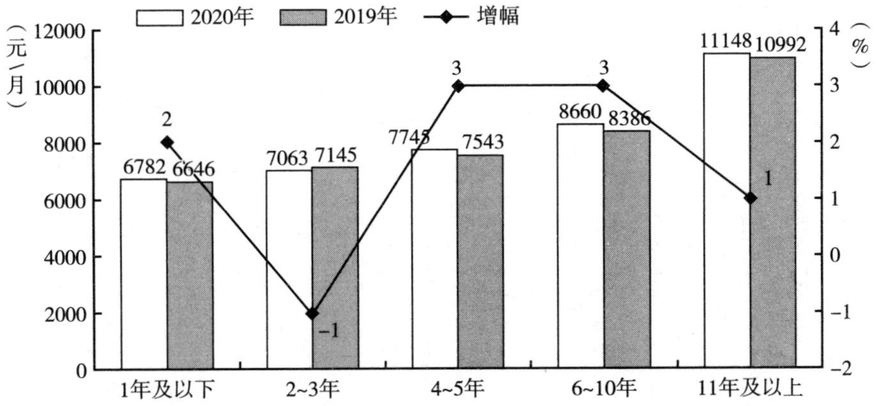

图17　2019～2020年大学专科学历不同工龄职工的平均薪酬状况

工龄6～10年和11年及以上职工，同比下降2%（见图18）。

在初中及以下学历中，工龄越高，职工平均薪酬越高。工龄11年及以上职工的平均薪酬为5460元/月，工龄1年及以下职工为4916元/月。与上年相比，不同工龄职工的平均薪酬均有不同程度的下降。降幅最大的是工龄2～3年的职工，同比下降10%；降幅最小的是工龄11年及以上职工，同比下降5%（见图19）。

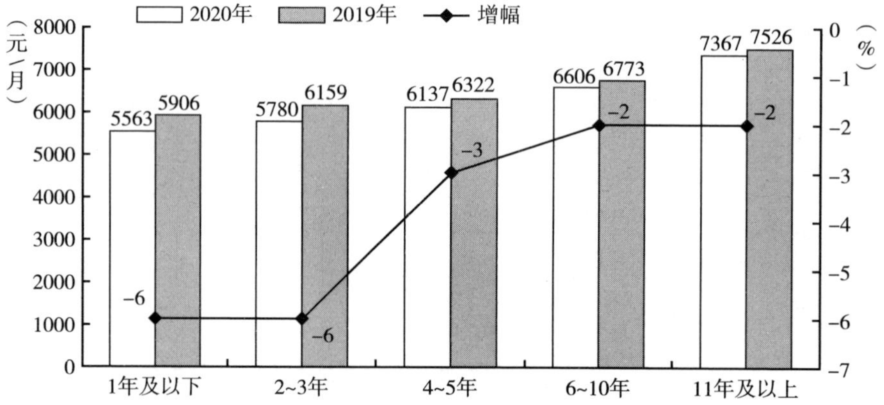

图18　2019～2020年高中、中专或技校学历不同工龄职工的平均薪酬状况

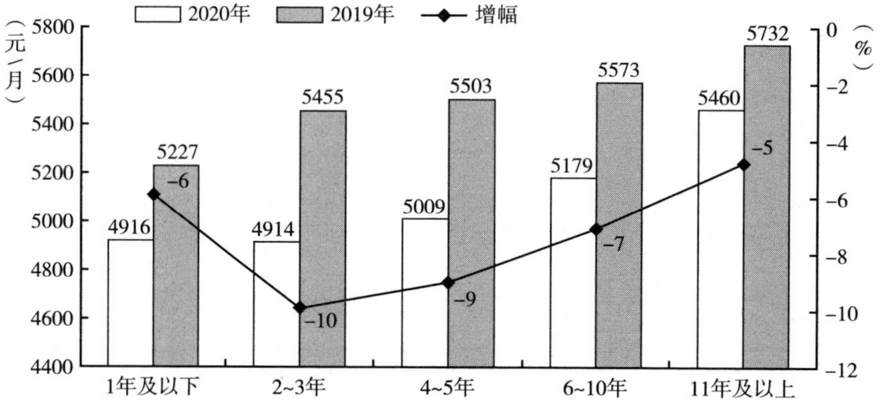

图19　2019～2020年初中及以下学历不同工龄职工的平均薪酬状况

（五）不同用工形式薪酬水平状况

分用工形式看，合同制用工的平均薪酬达到8156元/月，明显高于劳务派遣用工5852元/月。与2019年相比，合同制用工的平均薪酬同比增幅为6%，而劳务派遣用工同比下降1%，两者平均薪酬的差距继续扩大（见图20）。

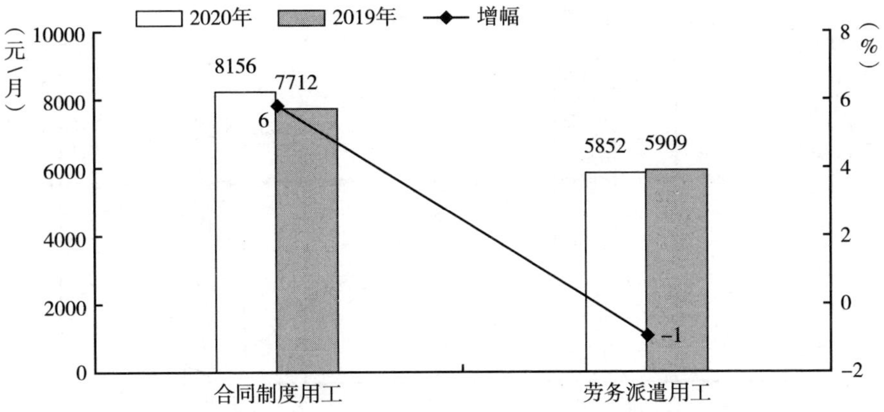

图 20　2019～2020 年不同用工形式的平均薪酬状况

在 90 分位中，合同制度用工平均薪酬达到 13984 元/月，是劳务派遣用工的 1.58 倍。与 2019 年相比，合同制度用工同比增长 10%，劳务派遣用工同比下降 2%，两者相差 12 个百分点（见图 21）。

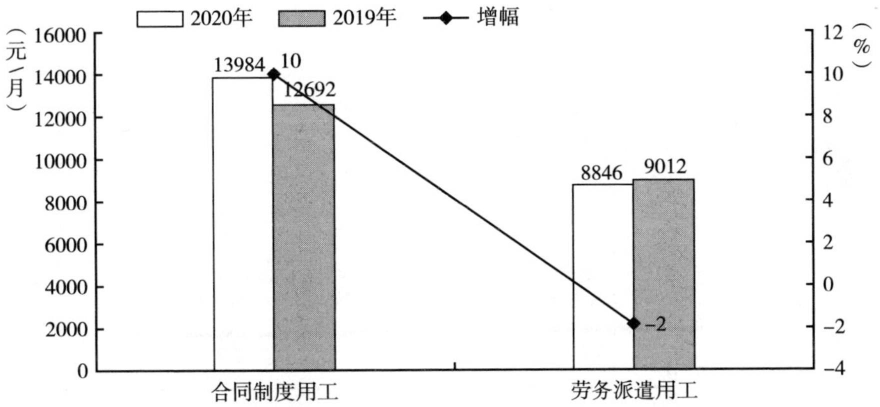

图 21　2019～2020 年不同用工形式的薪酬的 90 分位状况

在 75 分位中，合同制度用工平均薪酬达到 8519 元/月，是劳务派遣用工的 1.34 倍，与 90 分位相比差距有所缩小。与 2019 年相比，合同制度用工同比增长 3%，劳务派遣用工同比下降 3%，两者相差 6 个百分点（见图 22）。

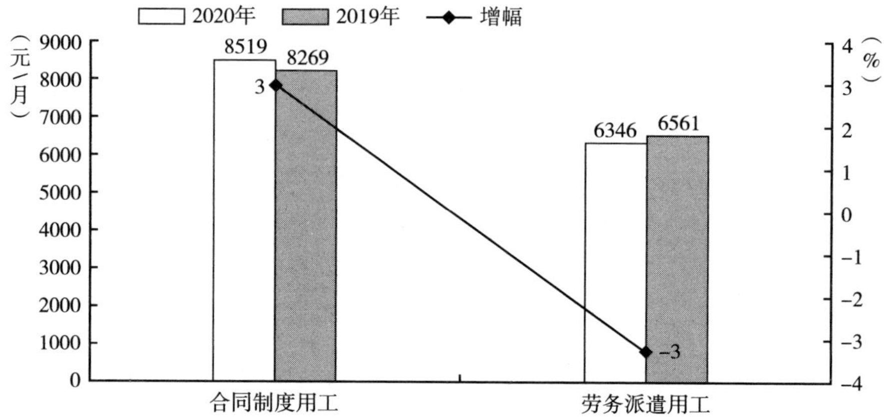

图 22　2019～2020 年不同用工形式的薪酬的 75 分位状况

在 50 分位中，合同制度用工平均薪酬达到 5960 元/月，是劳务派遣用工 5258 元/月的 1.13 倍。与 2019 年相比，合同制度用工基本维持不变，劳务派遣用工同比下降 3%，两者相差 3 个百分点（见图 23）。

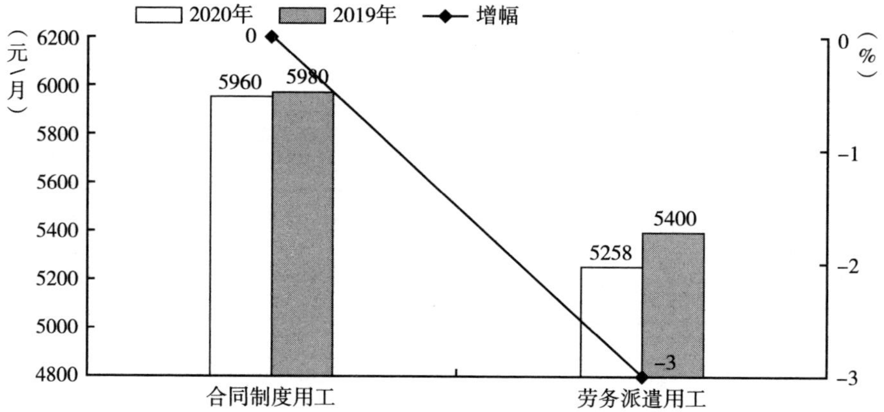

图 23　2019～2020 年不同用工形式的薪酬的 50 分位状况

在 25 分位中，合同制度用工平均薪酬达到 4442 元/月，与劳务派遣用工 3989 元/月较为接近。与 2019 年相比，合同制度用工、劳务派遣用工同比均有不同程度的下降。其中，劳务派遣用工降幅更大，同比下降 4%（见图 24）。

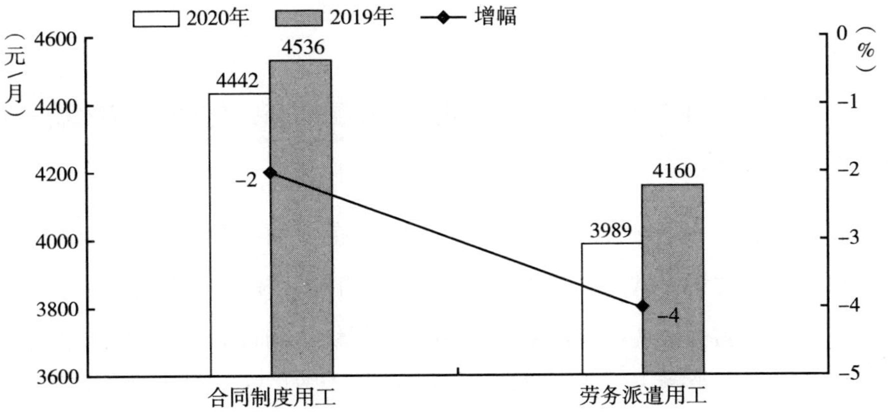

图 24　2019～2020 年不同用工形式的薪酬的 25 分位状况

在 10 分位中，合同制度用工的职工平均薪酬为 3460 元/月，与劳务派遣用工 3246 元/月较为接近。与 2019 年相比，合同制度用工、劳务派遣用工均均下降 3%（见图 25）。

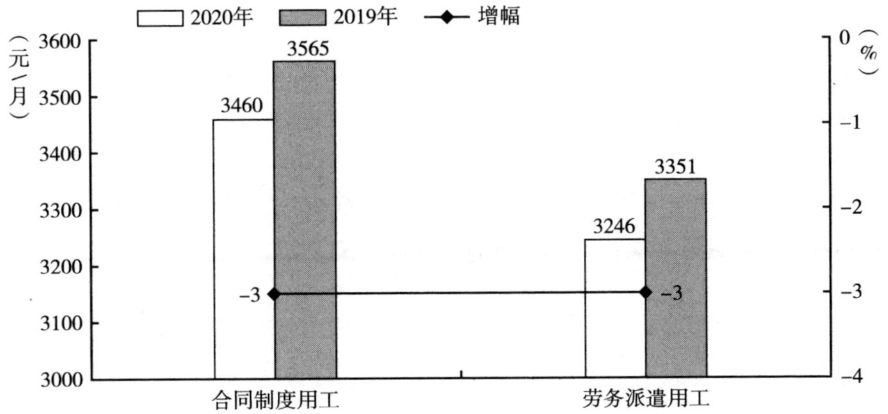

图 25　2019～2020 年不同用工形式的薪酬的 10 分位状况

五　结论与讨论

（一）全省平均薪酬水平增长逐步恢复常态，与经济持续稳定恢复态势基本一致

2020年初，受新冠肺炎疫情冲击影响，企业面临较大生产经营压力，利润空间明显收窄，这对职工薪酬水平产生直接影响。随着疫情防控常态化，全省经济运行呈现稳定恢复、稳中加固、稳中向好态势，企业经营状况回暖带动用工需求增大，成为推动薪酬上涨的主要因素。调查数据显示，广东省2020年的平均薪酬同比增长5%，增速有所放缓，与同期地区生产总值同比增长2.3%的趋势基本一致。

从分布情况来看，90分位、75分位同比有所上升，25分位、10分位同比略有下降。从数据来看，在新冠肺炎疫情冲击下，高收入群体的工资水平增长较快，低收入群体的工资水平稳中略降，全省收入差距出现持续扩大趋势。由于平均数易受极端数据的影响，与50分位结合使用更能准确反映数据的真实情况。本次统计结果发现，广东省平均薪酬与50分位的差距出现扩大倾向，2020年平均数比50分位高34%，略高于2019年29%，这一结果进一步说明了高收入群体的薪酬水平增长更为明显。

（二）疫情冲击下行业间薪酬水平走势进一步分化，新兴产业呈上扬态势，文娱、住宿、餐饮等行业有所下降

分行业看，金融业职工平均薪酬达到20704元/月，远领先于其他行业；其次是信息传输、软件和信息技术服务业，为14978元/月；再次是电力、热力、燃气及水生产和供应业，为14020元/月。平均薪酬较低的三个行业为住宿和餐饮业（5466元/月），居民服务、修理和其他服务业（6526元/月），农、林、牧、渔业（6711元/月）。其中，最高的金融业是最低的住宿和餐饮业的3.79倍，与2019年3.64倍、2018年3.45倍相比均有所增加，

行业间差距持续扩大。

从同比增幅来看，除受疫情影响较大的文化、体育和娱乐业（-5%），住宿和餐饮业（-4%），批发和零售业（-3%），房地产业（-2%），建筑业（-1%）共计5个行业外，其余13个行业均有不同程度的增长，卫生和社会工作（17%），采矿业（15%），信息传输、软件和信息技术服务业（13%）增长最为明显。

从行业内部差距来看，房地产业最大，90分位（24906元/月）是10分位（2849元/月）的8.74倍；其次是科学研究和技术服务业，90分位（27856元/月）是10分位（4225元/月）的6.59倍；再次是信息传输、软件和信息技术服务业，90分位（29564元/月）是10分位（4910元/月）的6.02倍。交通运输、仓储和邮政业差距最小，90分位（12698元/月）是10分位（4539元/月）的2.80倍；其次是住宿和餐饮业，90分位（8208元/月）是10分位（2845元/月）的2.88倍；再次是制造业，90分位（10656元/月）是10分位（3585元/月）的2.97倍。

（三）职工薪酬同企业规模、学历和工龄呈正相关，影响作用越发明显

分企业规模看，总体上职工薪酬和企业规模呈正相关，即企业规模越大，职工薪酬水平越高，企业在薪酬领域的竞争优势越大。其中，大型企业的职工平均薪酬最高，达到9493元/月；微型企业的职工平均薪酬最低，为6471元/月。前者为后者的1.47倍，与2019年1.36倍相比有所扩大，即不同规模企业职工的薪酬水平差距相对扩大。从同比增幅来看，中大型企业平均薪酬增长较为明显，同比增长分别为5%、6%；小型企业稳中有升，同比增长2%；微型企业同比下降1%。

学历与工龄的交互作用依旧是造成职工薪酬差距的显著因素。分学历看，总体上职工的平均薪酬水平与学历呈正相关关系，即随着学历的提升，职工的平均薪酬水平逐渐提升。研究生（含博士、硕士）学历职工的平均薪酬最高，达到26683元/月；初中及以下学历职工的平均薪酬最低，为

5173元/月。前者为后者的5.16倍，与2019年4.01倍相比明显扩大。从数据来看，在新冠肺炎疫情冲击下，学历因素对职工薪酬水平的影响作用越发明显。此外，随着工龄的增加，职工平均薪酬也呈上升趋势，而且学历层次越高，职工平均薪酬增长越快。其中，本科学历职工平均薪酬增长最快，工龄11年及以上是工龄1年及以下的2.17倍；初中及以下学历职工增长最缓慢，工龄11年及以上是工龄1年及以下的1.11倍。

（四）随着工资收入的不断增长，合同制用工与劳务派遣用工的薪酬水平差距扩大

合同制用工的平均薪酬和同比增幅均高于劳务派遣用工，这一趋势还体现在各个分位水平上。合同制用工职工平均薪酬为8156元/月，是劳务派遣用工5852元/月的1.39倍，与2019年1.31倍相比有所扩大。这一数据结果说明，合同制用工与劳务派遣用工的薪酬水平差距呈持续扩大的趋势。而且，随着工资收入的不断增长，合同制用工与劳务派遣用工的薪酬水平差距越来越大。10分位、25分位、50分位、75分位、90分位的合同制用工与劳务派遣用工的薪酬水平差距分别为1.07倍、1.11倍、1.13倍、1.34倍、1.58倍。

从内部差距来看，合同制用工职工差距较大，90分位（13984元/月）是10分位（3460元/月）的4.04倍；劳务派遣用工职工差距较小，90分位（8846元/月）是10分位（3246元/月）的2.73倍。

参考文献

《南方人才2020～2021年度广东地区薪酬调查报告》，广东省人民出版社，2020。

《南方人才2019～2020年度广东地区薪酬调查报告》，广东省人民出版社，2019。

广东省人力资源和社会保障厅：《2019年广东省人力资源市场工资指导价位及行业人工成本信息》，2020。

广东省人力资源和社会保障厅：《2020年广东省人力资源市场工资价位及行业人工

成本信息》，2021。

中华人民共和国国家统计局：《国民经济行业分类（GB/T 4754－2017）》，2017。

中华人民共和国国家统计局：《关于印发〈统计上大中小微型企业划分办法（2017）〉的通知》，2017。

中国人民银行、中国银行业监督管理委员会、中国证券监督管理委员会、中国保险监督管理委员会、国家统计局：《关于印发〈金融业企业划型标准规定〉的通知》，2015。

王伟：《广东省劳动力成本上升对产业结构升级的倒逼效应研究》，广东财经大学硕士学位论文，2015。

张瑾、王磊、吴婧：《人力资源薪酬福利的管理思路与实践方式》，《企业改革与管理》2016 年第 20 期。

王飞：《浅议人力资源中绩效与薪酬福利管理研究》，《商场现代化》2016 年第 13 期。

黄亚敏：《薪酬调查及数据的应用研究》，《现代营销》（下旬刊）2017 年第 9 期。

广州招商银行：《广州市 2019 年各行业薪酬福利分析报告》，2019。

于永健：《企业人力资源绩效和薪酬福利风险管理分析》，《财经界》（学术版）2020 年第 10 期。

B.15
高科技、金融、大健康行业人才洞察及薪酬趋势*

付晓薇**

摘　要：“十四五”开局之年，科技创新已成为中国高质量发展的核心，也是“十四五”的首要任务。本文介绍人力资源重点行业包括高科技、金融、大健康领域的人才流动趋势、人才缺口、人才获取来源及重点岗位薪酬状况，更好地助力企业了解人才市场状况、进行市场对标，并为制定人才战略提供参考。

关键词：人才缺口　薪酬　人才流动

“十四五”开局之年，科技创新已成为中国高质量发展的核心，也是“十四五”的首要任务。在政策的支持下，人工智能、5G、芯片等前沿高科技产业发展迅速，产业的发展、企业的创新能力提升，都离不开科技人才的支撑，高科技行业部分主要分析了大数据、芯片等热门领域的人才市场趋势

* 本文节选自科锐国际《2021 人才市场洞察及薪酬指南》，主要介绍人力资源重点行业的行业整体及人才发展趋势，以及由此产生的人才需求及来源，并列出重要职位薪酬数据。行业上，选取了高科技、金融和大健康三个重点行业。科锐国际《2021 人才市场洞察及薪酬指南》对 3700 多家企业（45% 外资，44% 本土，央企国企、政府、非营利组织占 11%）及科锐国际信息库中 60 万余名中高级管理及专业候选人薪资数据进行分析，对 70 多位行业及职能资深顾问进行点评。

** 付晓薇，科锐国际高级调研经理，主要研究方向为社会学、发展学、人才市场发展与人才吸引流动。

及薪酬。

疫情给各个行业带来了重大冲击，也加速了各行各业数字化转型的进程，后疫情时代，技术与金融行业的融合也越来越深入，金融行业部分主要分析了金融领域投资、金融科技的人才市场趋势及薪酬。

2020 年医药行业依然保持高速增长的态势，疫情更是带动了抗疫防疫相关领域的增长。但是整个医药行业的驱动因素已经发生了变化。老龄化的发展以及政府构建高质量医疗服务的诉求，资本的涌入、生物技术以及互联网技术驱动的诊疗突破，使就医格局发生了变化。医改也发生了变化，当前中国医改聚焦成本和质量，将越来越注重质量。传统的增长模式已经改变了，创新将成为永恒的主题。大健康行业部分将对大健康各领域的人才需求变化及薪酬趋势进行分析。

本文涉及的薪酬数据为基本年薪，指年度整体的现金收入（年度底薪+年度固定部分奖金，以人民币 1000 元为单位）。25 分位值表示有 25% 的数据小于此数值，反映科锐国际信息库的较低端水平；50 分位值（中位值）表示有 50% 的数据小于此数值，反映科锐国际信息库的中等水平；75 分位值表示有 75% 的数据小于此数值，反映科锐国际信息库的较高端水平。一线城市为北京、上海、广州、深圳；二线城市为省会及热点城市，例如天津、苏州、杭州、重庆、成都。

一　高科技行业

（一）大数据领域市场及人才趋势

国家实施大数据战略，大数据产业得到了快速增长，大数据在产业领域的应用是一个系统且复杂的过程，数据应用落地的旺盛需求也催生了相关岗位人才的需求激增。同时，随着数据对于企业重要性的提升，企业对于数据安全保护的需求也将持续攀升。如今各行各业都在加紧拥抱大数据技术，人才需求旺盛趋势明显。

从人才需求类型来看，深度学习、数据产品经理及算法工程类为主要岗位人才类型。各大数据产品和服务提供商根据自己的产品平台特点和架构组成设置与大数据相关的工作岗位，基本可以分为九大职业角色：大数据运维工程师、大数据平台研发工程师、大数据云端研发工程师、大数据前端应用开发工程师、大数据架构师、大数据分析师、数据挖掘师、算法工程师、大数据可视化工程师。在数据采集与数据管理技术领域，需要大数据运维工程师，负责搭建大数据平台集群及维护、清洗数据。在分布式存储和并行计算以及大数据应用开发技术领域，需要大数据开发工程师，又可以细分为大数据平台研发工程师和大数据云端研发工程师，大数据云端研发工程师是面向业务场景的大数据后台服务开发人员，负责基于大数据的业务应用系统和产品的云端后台服务开发。在大数据前端应用技术领域，需要大数据前端应用开发工程师，就是面向业务场景的大数据前端开发人员，负责设计实验良好的人机交互、进行系统优化、设计并完善前端基础服务架构、解决浏览器兼容问题、进行移动应用开发，并与后台技术开发保持良好沟通，快速理解、消化各方需求，最终落实为具体的开发工作。

从人才分布来看，大部分大数据产业依然集中在华北、华东区域，以北京、上海、深圳为主。人才主要集中在互联网行业。

表 1　高科技行业——大数据薪酬

单位：年，千元

职位名称	工作年限	一线城市		
		25 分位值	中位值	75 分位值
数据平台工程师	5 +	700	1000	1500
数据开发工程师	5 +	500	800	1200
数据仓库工程师	5 +	500	800	1200
数据科学家	3 +	1500	2600	5000
数据产品专家	5 +	500	700	1000
数据挖掘工程师	3 +	500	800	1500
数据分析师	3 +	300	500	800
数据平台工程师	5 +	700	1000	1500

资料来源：《2021 科锐国际人才市场洞察及薪酬指南》，后同。

（二）芯片领域市场及人才趋势

近年来，集成电路产业高速发展，市场对于集成电路相关人才的需求也在急剧增加。相关数据显示，预计在2022年前后，集成电路产业有74.45万人才的需求，从业人员虽然在逐年上升，但专业研发人才依然供不应求。集成电路产业的人才分布与我国集成电路产业布局相辅相成，以几大核心经济区域为主：一方面，北京、上海和深圳在集成电路产业的发展上领跑全国，北上深因此成为人才分布的第一梯队；另一方面，西安、成都、天津、广州、苏州、武汉、南京等城市也成为集成电路产业人才的主要选择区域。

芯片人才按岗位职能划分，可分为研发、市场营销、客户支持、生产制造、通用及其他类型。从整个芯片产业链的上下游来看，产业链的每个环节对人才的需求度都非常高，特别是技术类和科技类人才。其中核心研发人才主要集中在产业链上游和芯片设计环节，其中又以上游EDA设计研发岗位以及高端设计研发岗位人才最为紧缺，整体而言对人才综合能力要求也更高。芯片制造类的人才主要分为三大岗位方向，包括晶圆制造类岗位、晶圆加工类岗位和半导体制造设备类岗位。由于关键生产设备基本上被欧美及日本企业垄断了，特别是光刻机等高端设备，因此设备制造类这方面的人才也是非常短缺的。芯片封测的人才包括封装类和测试类岗位，芯片封装工作往往被认为技术含量不高，但是实际上先进的晶圆级封装技术含量依然很高，所以人才的紧缺度也很高，人才主要来源于电子类相关专业、计算机专业、电气工程及自动化专业等。随着高校招生数量增加及国家对芯片产业“留才引才”的多项利好政策的出台，芯片行业的从业人员逐年增长。然而从质量方面而言，要跟上芯片产业的发展速度，普通大学很难在教育资源方面达到一流大学水准，在对高精尖人才输送方面后继乏力。从薪资水平来看，虽然近年来行业薪酬水平有所上涨，但与互联网等热门行业相比竞争力不强。从产业长远发展来看，无论是产业人才培养还是人才发展都亟待多方协作以及更多政策倾斜支持。

表 2　高科技行业——芯片薪酬

单位：年，千元

职位名称	工作年限	一线城市		
		25 分位值	中位值	75 分位值
IC 设计工程师	7～10	650	800	1000
IC 验证工程师	7～10	650	800	1000
FPGA 专家	5～10	500	1000	1500
SoC 系统架构师	8+	800	1000	1200
CPU/GPU 领军人物	10+	2000	3000	5000
异构计算领军人物	10+	2000	3000	5000

（三）整体高科技行业薪酬趋势

大数据行业整体薪酬呈上升趋势，幅度在 10%～40% 区间，其中数据科学家薪酬上涨最快，数据开发工程师和数据仓库工程师的薪酬维持平稳。

芯片领域 2020 年薪酬整体呈现小幅上升趋势，主要是因为高端技术领域人才竞争激烈、企业相互挖角等原因。但从长远来看，芯片人才薪资上升空间比较有限，后期薪资爆发力不足，除副总裁及高管以上级别，企业总体薪资涨幅较低，这是芯片人才招聘的一个痛点。

二　金融行业

伴随疫情走过 2020 年，各个行业均受到不同程度的波及。但从整体上看，金融行业发展呈稳步向好趋势。整个行业马太效应明显。2020 年是金融类机构数字化转型的大年。对金融机构而言，客户经营已不再停留于传统的展业模式，无论是在银行、保险，还是在证券、公募基金、信托等金融分支行业，建设强大的中台已成为战略性工程之一。业务中台建设离不开数据中台和技术中台的支持，将大数据、人工智能、金融云等技术应用于金融场景，整合内部外部、线上线下的用户数据，实现客户画像并提供个性化产品与服务，且能较好地控制金融风险，金融行业的数字化转型已经颇具雏形。未来，金融科技将为金融企业创新发展提供源源不断的动力。

2020 年，也是中国经济持续开放的一年，中国的资本市场继续对外开放，引入多元化市场参与主体，实现更具开放性经济发展。金融监管、金融政策均为外资金融企业进驻中国铺垫了良好的政策基础。外资的进驻，在给中国的金融企业带来挑战和竞争的同时，也为中国的金融类企业乃至资本市场、金融行业带来了更多的发展，催动整个市场更加成熟，砥砺市场参与者更好地服务于主体经济。

2020 年资本市场发展在跌宕起伏中走向一个高度，注册制、科创板给市场带来了更多的机会。同时国有金融机构也展现出了更大的活力。

（一）投资领域市场及人才趋势

投资领域发展前景乐观，科创板、注册制的推动给投资银行业务带来更大的市场及发展机会。中资券商，马太效应明显，打造券商航母进展加速。头部券商过往以极低费率抢占市场，使市场竞争已然白热化，中小券商发展逐步受到挑战和威胁。在外资及合资券商发展中，投资银行业务同样成为外资金融机构进驻中国最为看重的业务之一。外资券商的风控体系、对本土市场和文化的适应以及经营理念将成为决定外资是否能够稳健立足中国市场的重要因素。从人才流动趋势上看，优秀的人才和资源日益流入头部券商，强者恒强的局面出现。中小券商力求在市场上谋得一席之地，对引进大券商高级管理人员的意愿走高。外资跟合资券商的入驻进一步加速，也为人才流动提供了更多的选择。

从人才需求上看，短期需求主要集中在承揽、承做，主要还是以承揽为主。未来，一旦资本市场出现饱和，承销会成为业务的一个重要支点，如何获得更多的投资人支持，将成为未来券商作为金融中介的核心竞争力。

PE 投资领域，受宏观经济金融环境以及监管政策影响，我国股权投资市场仍普遍面临募资困境。头部集中效应愈发明显，新募基金数量、基金管理规模呈下降趋势，资金向头部机构和国有机构集中。

从人才需求上看，拥有产业背景和金融投资、资本运作经验的复合型人才成为热需。资产管理投资领域，随着银行理财子公司的加速成立，权益市场的牛市到来，行业整体变化十分迅猛。目前银行、公募、券商、基金、保险、信托等各类金融机构均已开展资产管理业务，随着资产管理行业竞争加速以及监管政策的转变，市场格局也将有所变化。银行业资金和渠道的优势明显，有望成为资产管理业务中的“航空母舰”，业内人士也对银行理财子公司有一定期许。券商资管应监管政策的要求，进行公募化改造，未来券商资管获取公募牌照也将成为趋势。

随着资产管理监管政策的完善，银行理财子公司、券商资管、公募基金内部人员流动速度会更快。目前来看，投资方向从公募基金到银行理财子公司流动的人员占比较小，主要还是过往薪酬差异较大。同时2020年新成立了几家保险资产管理公司，保险资产管理公司的资金优势，也是资管行业人员关注的重点。

从人才需求上看，由于2020年权益市场火爆，行业研究、权益投资类人才需求相对旺盛。需求主要集中在公募基金、券商资管等领域。债券投资方面的招聘，集中在银行理财子公司、保险资管等机构和领域。

表3　金融行业——投行薪酬

单位：年，千元

职位名称	工作年限	一线城市		
		25分位值	中位值	75分位值
投行部总经理	6+	3000	5000	8000
保荐代表人	4~8	600	800	1500
投行项目负责人	3~5	300	600	1000
债权/股权团队负责人	6~10	600	1200	2000
投行质控(债)	3~5	300	500	600
基金经理	8+	1000	3000	8000
基金经理助理	5+	500	800	2000
高级研究员	6~10	400	600	1000
研究员	3~5	200	400	600

（二）金融科技领域市场及人才趋势

近年来，传统金融机构加速数字化布局，纷纷成立金融科技部门甚至平台公司，互联网公司也加大对金融领域的渗透，对金融科技领域的人才依然保持刚性需求。但是，在互金暴雷、监管趋严的背景下，整个人才市场趋于冷静。消费金融业务，由于受牌照管制和牌照经营业务条款的限制，小公司、细分领域越来越难有生存空间，市场出现饱和。整个候选人端也出现了严重的两极分化现象。

一方面，人才流动更倾向于选择稳健合规的大平台、传统金融机构。其中银行、保险、国有金融机构、大型持牌互金机构、上市公司金融板块等各类大型且持牌的金融机构是人才流入的主要方向；另一方面，大部分类银机构希望挖猎来自银行的中高层管人员。然而在当前的经济形势下，银行的中高层管人员跳出银行体系需要更大的魄力，他们更希望寻求银行体系内或者同业机构内，以及头部互联网大厂的机会，整个人才市场呈现供过于求的局面。一些持牌的机构需求相对旺盛，热门岗位主要集中在互联产品、互联网运营、大数据、技术研发这些岗位。大数据风控岗位逐渐饱和。

表4　金融行业——金融科技薪酬

单位：年，千元

职位名称	工作年限	一线城市		
		25 分位值	中位值	75 分位值
首席信息官	15 +	700	1000	1500
技术总监	8 +	500	800	1000
后端工程师	5 +	200	250	300
运维工程师	5 +	150	200	250
AI	8 +	400	600	800
算法	8 +	400	600	800
系统	5 +	300	400	500
网络	5 +	300	400	500
数据库	5 +	400	500	600
软件设计	5 +	300	400	500
测试	5 +	200	300	400

（三）整体金融行业薪酬趋势

券商整体薪酬呈现上升趋势，未来随着项目的增加，各家券商为了能够留住自身人才，会加大对人才基础薪酬的投入，以保证其薪酬的核心竞争力。业绩较好的公募机构薪酬较高，投资岗位的薪酬上涨较快，银行系的人选比较平稳。

随着风险人才对金融行业日益重要，以及疫情防控趋势向好，其薪资也得到回升，市场需求加大，跳槽的薪酬涨幅增加。

金融科技人才的需求活跃。尤其是大数据风控、人工智能、云计算、数字化转型类岗位薪酬涨幅略高于行业平均水平，跳槽的薪酬涨幅在20%～30%区间。

三　大健康行业

（一）医药领域市场及人才趋势

带量采购促进医药行业加大仿制药的开发和创新药领域的投入，产业升级加速。受政策影响，企业的营销模式也在发生深度变革。新冠肺炎疫情也使互联网医疗重焕生机，医疗电商领域蓬勃发展，行业规模持续扩大，巨头纷纷入场布局大健康领域。

从人才需求来看，外企的人才需求在缩减。一方面，可操作品种越来越少。这场从采购出发的变革，直接影响了行业的每个环节，导致药品价格下降、中间环节费用被砍掉、压缩。医药从业人员，特别是基层医药代表和推广人员会面临队伍解散、需要寻找新岗位的局面。另一方面，新模式、新业态下传统医药代表数量也将减少。带量采购削弱了医药代表的作用，同时互联网技术的应用大大提高了医生的沟通效率，互联网+医疗、智慧医疗、AI医疗、线上会议、远程视频等的普及，对于医药代表特别是传统医药销售的需求在降低。同时，民企的人才需求则在增加。近几年内资药企的研发陆续实现突破，加之国家政策扶持，国内医药制造业一直处于快速发展阶段，其中研发支出保持快速增长，随之带来的是企业医药研发、生产、销售各个环节岗位的大量人才缺口。

表 5　大健康行业——医药薪酬

单位：年，千元

职位名称	工作年限	一线城市		
		25 分位值	中位值	75 分位值
研发总监	15 +	1200	1800	2500
研发经理	7 +	400	600	800
化学工艺合成总监	10 +	700	1000	1400
医学总监	12 +	900	1400	2000
医学经理	5 +	400	600	700
医学联络官	3 +	280	420	550
注册总监	15 +	800	1200	1800
注册经理	7 +	400	500	600
统计总监	8 +	1100	1300	1600
统计编程总监	10 +	800	1100	1300
临床数据管理总监	10 +	800	1100	1300

（二）医疗器械领域市场及人才趋势

随着经济的增长，市场对医疗器械的需求在不断扩大。加之国家在注册流程方面的政策改革，对于新技术进入市场及创新产品的申报均呈现利好，越来越多的资源及资本涌入医疗器械领域，市场活跃度不断增加。尤其是在一些创新型的领域，如机器人/高值介入/分子诊断等细分方向。冠脉/骨科/眼科等高值领域带量采购也使这类产品的市场格局及人才流动产生变化。

医疗器械领域的人才分布，除了北京、上海作为过往医疗器械人才集中的高地，江浙区域、广深区域逐渐开始形成一定的产业群，吸引越来越多的医疗器械人才。外资企业在中国的发展逐渐进入平稳期，但中国依然是增长潜力巨大的市场，不断吸引着外资企业将新产品、新技术引入中国。国内环境及政策的利好也在吸引很多海外人才以及在外企具备多年管理经验的人员创业。

从人才需求来看，除个别技术优势巨大的产品线外，外企整体人才需求趋缓。民企的发展根据企业发展的不同状态各有差异。在企业发展早期以研发人才的招聘为主，产品上市后则对营销类人才需求更大，同时民营企业也更希望引入外企高端管理人才，学习更系统的管理体系经营方式。

表 6　大健康行业——医疗器械薪酬

单位：年，千元

职位名称	工作年限	一线城市		
		25 分位值	中位值	75 分位值
研发总监	15 +	800	1500	1800
研发经理	10 +	450	700	1100
项目经理	10 +	350	550	700
法规总监	15 +	1000	1400	1800
法规经理	10 +	400	600	800
研发首席工程师	10 +	400	600	800
工厂厂长	15 +	600	900	1500
生产经理	8 +	350	550	900
工程经理	8 +	400	550	750
质量经理	7 +	350	550	750

（三）整体大健康行业薪酬趋势

医药领域，外资企业的薪酬变化不大，民营企业的薪酬涨幅接近甚至高于外资企业。自然涨幅在 7% ~15%，跳槽的薪酬涨幅在 20% ~40%。CMC、临床类岗位涨幅比较高。

医疗器械领域，受疫情影响，整体没有非常激进的增长，甚至无论是企业方还是候选人对于跳槽增长比例的预期较往年都有所下降。但是一些技术研发型的高端人才，企业方还是愿意提供高薪或者有吸引力的股票、期权的激励计划予以吸引，涨幅较高的甚至有 30% 以上的增长。同时，国内企业对于注册、临床岗位也有较普遍的需求。一些企业积极拓展海外业务，尤其是IVD企业，在2020年疫情下，“走出去”的趋势明显，所以在海外营销人才的需求上有一定比例增加，高端海外营销人才甚至达到百万年薪。而国内常规类销售岗位薪资增长比较缓慢，甚至有部分降薪的情况出现。市场类岗位，因为需求量比较集中，跳槽的薪酬涨幅在正常比例范围，达20%～25%。

人力资源服务

Human Resources Services

B.16
高职院校人力资源管理专业人才培养与人力资源服务业发展的适应性分析

郑振华*

摘　要：　人力资源服务业是国家鼓励发展的朝阳产业，行业发展迅速，人才需求旺盛。我国高职院校人力资源管理专业每年培养1万余名毕业生，供不应求；目前的专业人才培养侧重培养组织内部人力资源管理人才，复合型高技能人才紧缺；开设院校数量难以适应行业发展，不同区域开设院校数量无显著差异，难以适应区域经济和行业发展需要。增强专业与行业发展适应性是一项系统工程，需要政、校、企、行多方合作，明确角色定位，发挥各自职能，以市场需求为导向，设置和调整专业，深化专业内涵建设，缓解专业人才培养与行业人才需求的结构性矛盾。

* 郑振华，北京劳动保障职业学院副教授，主要研究方向为人力资源服务、人力资源统计。

关键词： 高职 人力资源管理专业 人力资源服务业 适应性

我国人力资源服务业从改革开放以来得到蓬勃发展，尤其是最近十几年以来，国家高度重视，行业蓬勃发展，营业收入高速增长，人力资源服务机构发展迅速，行业从业人员数量同步增长。人力资源管理专业人才是人力资源服务行业发展的核心竞争力，直接影响行业未来的发展前景。杨河清等①认为，我国高校的人力资源管理专业已形成从博士到专科，层次完整的、适应多种需求的、以本科和专科为主的人才培养体系。截至 2020 年 12 月 31 日，教育部阳光高考网最新公布的数据显示，我国开设本科人力资源管理专业的院校达 474 所，毕业生规模为 34000 ~ 36000 人，平均每所院校毕业生在 75 人左右。根据教育部最新公布的 2021 年高职院校人力资源管理专业设置备案结果，开设人力资源管理专业的高职院校达 238 所，毕业生规模为 12000 ~ 14000 人，平均每所院校毕业生在 55 人左右。另据阳光高考网公布的数据，全国本、专科人力资源管理专业毕业生规模在 5 万名左右，高职院校人力资源管理专业毕业生占本、专科毕业生的近 1/3。目前来看，相对于组织内部的人力资源管理从业人员，人力资源服务业从业人员能力素质和结构亟待提升和优化，急需培养高素质高技能人才。《国家职业教育改革实施方案》指出，高等职业学校要培养服务区域发展的高素质技术技能人才，2021 年全国职业教育大会的召开为高职教育发展带来了契机，再次强调职业教育是一种类型教育，稳步发展职业本科教育，建设一批高水平职业院校和专业，推动职普融通，增强职业教育适应性，加快构建现代职业教育体系，培养更多高素质技术技能人才、能工巧匠、大国工匠。高职院校人力资源管理专业作为人力资源服务业的对口专业，需要进一步提升专业与产业发展的适应性。

---

① 杨河清、王欣：《回望改革开放：人力资源管理专业在中国大学的诞生及其初期发展》，《中国人力资源开发》2018 年第 11 期。

本文以教育部、人力资源和社会保障部及相关研究机构的数据为基础，从高职院校人力资源管理专业开设数量、毕业生规模、人力资源服务机构及从业人员数量等方面，对我国高职院校人力资源管理专业与人力资源服务业发展进行适应性分析。

本文数据的跨度为2013～2021年，其中，高职院校人力资源管理专业情况数据跨度为2013～2021年，人力资源服务业发展状况数据为2016～2020年，具体分析时以最近三年为主。

一　高职院校人力资源管理专业与人力资源服务业的关系

（一）高职院校人力资源管理专业为人力资源服务提供专业化人才

人力资源服务是为劳动者就业和职业发展，为用人单位管理和开发人力资源提供的能力和价值提升的系列活动。高职院校人力资源管理专业属于公共管理与服务大类的公共服务类，对应行业为人力资源服务，主要职业类别为人力资源管理专业人员和人力资源服务专业人员。该专业旨在面向组织内部人力资源管理部门和外部人力资源服务等行业的人力资源管理专业人员、人力资源服务专业人员等职业群体提供高素质技术技能人才。行业发展是专业设置的根本影响因素，高职院校人力资源管理专业主要为人力资源服务业培养对口的专科层次人才，提升人力资源服务业从业人员专业化水平。

（二）高职院校人力资源管理专业设置与产业发展存在超前或者滞后的关系

由于产业发展的传导效应存在一定的时差，专业设置往往滞后于产业的调整和变化，难以完全满足产业发展的需要。另外，人力资源管理专业的设置可以有一定的预判性，可以事先预见产业的未来发展，具有一定的前瞻性，从而为人力资源服务业发展提前进行人才储备，并根据行业发展前景制定人才规格以适应未来行业发展需要。

（三）人力资源服务业发展引导高职院校人力资源管理专业人才培养模式改革

高职院校人力资源管理专业以就业为导向，主要培养行业急需的高技能人才。校企合作是人才培养的必由之路。人力资源服务业的发展直接引导高职院校人力资源管理专业的培养目标、规格、课程体系、教学内容、考核评价等人才培养模式的改革，从人才市场供求分析到毕业生用人单位满意度分析，从学生入学到实习就业，无不需要人力资源服务行业企业的全程参与。

二　高职院校人力资源管理专业发展现状

（一）高职院校人力资源管理专业设置总体情况

根据 2021 年我国高职院校专业设置备案结果，开设人力资源管理专业的高职院校共有 238 所。截至 2020 年 6 月 30 日，全国高职（专科）院校共有 1468 所，开设人力资源管理专业的院校占比 16.2%，平均每 6 所院校就有 1 所开设该专业。从 2013 ~ 2021 年专业设置数量变化来看，2021 年比 2013 年减少 3 所院校，整体相对平稳，围绕在 250 所上下波动，2017 年后有明显下降趋势，均在 240 所以下，开设院校数量有增有减，2014 年增加最多，为 14 所，2018 年减少最多，为 23 所（见表 1）。

（二）不同地区高职院校人力资源管理专业设置情况

2021 年，全国共有 28 个省份的高职院校开设人力资源管理专业，仅有西藏、青海、吉林三个省份尚未开设，专业开设的地区覆盖率高，平均每个省份开设院校数量约为 8.5 所。开设院校数量在 10 所及以上的省份共有 11

所，依次为广东省、河南省、江西省、山东省、广西壮族自治区、安徽省、河北省、江苏省、湖北省、四川省、陕西省，占全部开设院校数量的72.7%，其中，广东省和河南省开设数量遥遥领先，分别为36所和27所（见表2）。

表1　2013～2021年我国高职院校人力资源管理专业设置备案结果

单位：所，%

项目	2013年	2014年	2015年	2016年	2017年	2018年	2019年	2020年	2021年
开设院校	241	255	250	263	259	236	237	231	238
比上年增加	—	14	-5	13	-4	-23	1	-6	7
比上年增长	—	5.8	-2.0	5.2	-1.5	-8.9	0.4	-2.5	3.0

资料来源：全国职业院校专业设置管理与公共信息服务平台，http://zyyxzy.moe.edu.cn/，根据2013～2021年公布数据整理分析，文中其他表中开设人力资源管理专业数据同此来源。

表2　2019～2021年各省份开设人力资源管理专业的高职院校数量

单位：所

省份	2019年	2020年	2021年
广东省	31	35	36
河南省	21	26	27
江西省	16	14	16
广西壮族自治区	14	14	14
山东省	15	14	14
安徽省	11	10	12
河北省	14	12	12
江苏省	9	11	12
湖北省	9	9	10
陕西省	11	10	10
四川省	10	10	10
湖南省	11	10	9
北京市	7	7	8
海南省	5	6	6
新疆维吾尔自治区	6	5	6
云南省	8	6	6
浙江省	7	6	6

续表

省份	2019 年	2020 年	2021 年
山西省	5	5	4
福建省	5	3	3
黑龙江省	4	3	3
内蒙古自治区	4	4	3
贵州省	2	2	2
辽宁省	3	2	2
上海市	2	2	2
天津市	3	2	2
甘肃省	2	1	1
宁夏回族自治区	1	1	1
重庆市	1	1	1
合计	237	231	238

从不同地区来看，2021 年东部平均每省有 9.7 所，中部 11.57 所，西部 5.45 所。从数据对比来看，西部平均开设院校数量少于东部、中部。但从表 5 的单因素方差分析结果来看，在 $\alpha=0.05$ 的水平下，2019～2021 年东、中、西部开设院校平均数量并没有显著差异，说明开设专业院校平均数量并没有呈现明显的地区差异（见表 3 至表 5）。

表 3　2020 年不同地区开设人力资源管理专业的高职院校

年份	地区	省区市数量(个)	均值(所)	标准差	极小值	极大值
2019	东部	10	9.60	8.73	2	31
	中部	7	11.00	5.97	4	21
	西部	11	5.82	4.42	1	14
	总数	28	8.46	6.75	1	31
2020	东部	10	9.40	10.05	2	35
	中部	7	11.00	7.53	3	26
	西部	11	5.45	4.34	1	14
	总数	28	8.25	7.67	1	35
2021	东部	10	9.70	10.33	2	36
	中部	7	11.57	8.14	3	27
	西部	11	5.45	4.39	1	14
	总数	28	8.50	8.01	1	36

表 4　方差齐性检验

年份	Levene 统计量	df1	df2	显著性
2019	1.087	2	25	0.353
2020	1.215	2	25	0.314
2021	1.231	2	25	0.309

表 5　单因素方差分析

年份		平方和	df	均方	F	显著性
2019	组间	134.928	2	67.464	1.539	0.234
	组内	1096.036	25	43.841		
	总数	1230.964	27			
2020	组间	152.123	2	76.061	1.323	0.284
	组内	1437.127	25	57.485		
	总数	1589.250	27			
2021	组间	182.458	2	91.229	1.471	0.249
	组内	1550.542	25	62.022		
	总数	1733.000	27			

（三）高职院校人力资源管理专业人才培养情况

从人才培养的数量来看，根据教育部阳光高考网公布的最新数据（截至 2017 年 12 月 31 日），每年毕业生规模是 1.2 万～1.4 万人，加上在校生的总规模是 3.6 万～4.2 万人，以文科生、女生为主，其中，文科生占 69%，女生占 76%。

从人才培养的质量来看，目前专业培养目标侧重培养企业内部人力资源管理人员，专业课程体系多以人力资源管理的六大模块进行设计。在面向人力资源服务行业的人才培养方面，很多学校已将“人力资源服务”相关课程纳入专业课程体系，但仍缺乏系统的培养。2021 年，教育部新增了“职业指导与服务”专业，该专业主要面向人力资源服务业培养专门人才，目前已同意 6 所高职院校申办该专业。《职业教育专业目录（2021 年）》已将人力资源管理专业纳入职业教育本科专业，为构建现代职业教育体系、培养社会需要的更高层次人力资源服务人才带来了发展机遇。

三　高职院校人力资源管理专业与人力资源服务业发展的适应性分析

（一）人力资源管理和服务的专业化人才总体上供不应求

人力资源服务业的快速壮大为人力资源管理专业带来了良好发展机遇。改革开放40余年来，人力资源服务业发展为促进就业创业起到巨大推动作用，为经济高质量发展提供了有力的人力资源服务支撑。整体来看，目前人力资源服务业专业化、信息化、产业化、国际化水平不高，存在企业规模小型化、产品服务同质化、服务层次低端化、服务水平低质化、服务流程不规范等问题，此与行业从业人员的数量和专业化水平密切相关，迫切需要培养高技能专业人才，提高从业人员的专业化水平。2016年人力资源和社会保障部发布的人力资源市场统计报告显示，从业人员中大专及以下学历占从业人员总量的63.9%，占近2/3，本科学历占33.5%，硕士及以上学历仅占2.6%。另据2017年领英和中国人民大学联合发布的《中国HR职业发展状况报告》，研究生及以上学历占近四成，与企业内部人力资源管理从业人员对比来看，人力资源服务业从业人员的整体学历水平存在较大差距。

高职院校人力资源管理专业为人力资源服务业发展提供了高技能人才的有效供给，年均提供1万余名毕业生。从近几年毕业生去向来看，除了单位内部人力资源从业人员外，毕业生去往人力资源服务机构的数量呈现增长态势，以2020年北京某高职院校人力资源管理专业毕业生为例，约1/3毕业生去往单位内部从事人力资源管理岗位，约1/3毕业生去往人力资源服务机构，还有1/3的毕业生升学、参军及去往其他相关岗位。

随着人力资源市场规模的快速扩张，人力资源服务业从业人员数量需求旺盛。2020年末，我国人力资源服务业从业人员达84.33万人，比上年增加16.85万人，增长率达25%，增势迅猛。由图1可见，开设人力资源管理专业的高职院校数量并未与人力资源服务机构、从业人员人数得到同步增长。通过表6的相关分析结果发现，开设院校数与人力资源服务机构数呈现高度的负相关，充分说明目前的专业设置滞后于行业发展需要，迫切需要加大专业人才培养规模。2016~2020年平均每年增加7.3万从业人员，按2/3的比例计算需要大专及以下学历近5万人，若全部考虑为大专及以下学历人才，供需缺口最高可达4万余人。

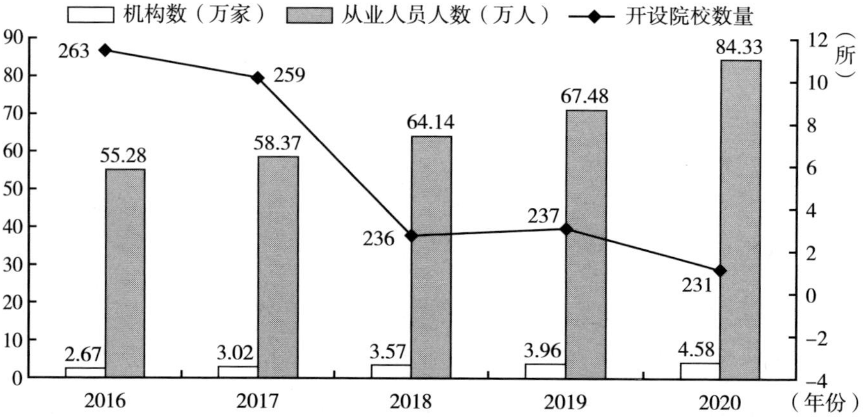

图1　2016~2020年高职人力资源管理专业开设院校与人力资源服务业发展数据对比

表6　高职人力资源管理专业开设院校与人力资源服务机构及从业人数相关系数

项目		机构数	开设院校数	从业人数
机构数	Pearson 相关性	1	-0.928*	0.960**
	显著性(双侧)		0.023	0.009
	N	5	5	5
开设院校数	Pearson 相关性	-0.928*	1	-0.828
	显著性(双侧)	0.023		0.083
	N	5	5	5
从业人数	Pearson 相关性	0.960**	-0.828	1
	显著性(双侧)	0.009	0.083	
	N	5	5	5

注：*表示在0.05水平（双侧）上显著相关；**表示在0.01水平（双侧）上显著相关。

（二）复合型高技能人才紧缺，培养力度不够

随着社会分工的细化、人力资源服务行业的蓬勃发展和企业人力资源管理职能的转变，过去需要在企业组织内部完成的招聘、测评、员工服务等工作，现在可以由市场上专业的人力资源服务机构来提供。企业人力资源管理部门从烦琐的事务性工作中解脱出来，更加专注于核心业务管理，从而衍生了人力资源服务的需求。人力资源服务机构作为乙方，要根据客户需求提供相应的服务。市场调研、营销推广、服务提供、客户管理等成为人力资源服务的重要环节。人力资源服务领域要为各行各业的用人单位和劳动者提供增值服务，不同行业、不同性质企业的人力资源管理需求和方式千差万别，这就要求从业人员不仅要掌握人力资源管理知识，还要掌握相关行业知识、国家和地方法律法规、财务知识等，掌握从事人力资源服务工作的基本能力和技能，提高创造性思维能力、实际应用能力及职业适应性。目前，人力资源服务行业从业人员整体的专业化水平不高，近 2/3 是大专及以下学历，相对于企业内部人力资源管理人员学历层次较低，迫切需要培养复合型高素质技术技能人才。

（三）开设人力资源管理专业的高职院校数量在区域分布上差异不大

人力资源服务业是派生产业，是服务区域经济发展的，区域经济越发达，人力资源服务业发展越迅速，对人才的需求也越旺盛。萧鸣政①指出，我国经济发展呈现东、中、西部发展不平衡，人力资源服务业发展契合经济发展状况，呈现明显的东、中、西部水平差异，东部地区省份的人力资源服务业发展水平明显优于其他地区，中部地区的省份大多处于中等水平，而西部省份的发展水平比较落后。

由于 2020 年各省人力资源服务业发展状况排名数据尚未公布，这里将 2019 年 28 个省份已开设专业的高职院校数量与 2019 年各省人力资源服务

① 萧鸣政：《中国人力资源服务业蓝皮书 2019》，人民出版社，2020。

业发展状况排名进行等级相关分析（$\alpha=0.05$，$p=0.189$，$r=-0.256$，$n=28$），发现开设专业院校数量与各省人力资源服务业发展状况并无显著相关。例如，上海人力资源服务业综合得分排名第二，但开设院校仅有两所，广西人力资源服务业综合得分排第 22 位，但开设院校数量排第 5 位，说明各省份高职院校人力资源管理专业设置数量未能契合人力资源服务业的发展水平。通过表 3 开设专业院校的区域分布来看，东、中、西部并无显著差异，也说明与行业发展并不吻合，专业设置的市场机制并未充分发挥作用。

表 7　2019 年高职人力资源管理专业开设院校数量与人力资源服务业发展水平排名对比

单位：所，名

省份	开设院校数量	人力资源服务业发展水平排名
广东省	31	1
上海市	2	2
江苏省	9	3
浙江省	7	4
北京市	7	5
福建省	5	6
山东省	15	7
重庆市	1	8
河南省	21	9
天津市	3	10
安徽省	11	11
湖北省	9	12
辽宁省	3	13
湖南省	11	14
陕西省	11	15
江西省	16	16
河北省	14	17
四川省	10	18
内蒙古自治区	4	19
山西省	5	20
宁夏回族自治区	1	21
广西壮族自治区	14	22

续表

省份	开设院校数量	人力资源服务业发展水平排名
吉林省	0	23
云南省	8	24
贵州省	2	25
海南省	5	26
新疆维吾尔自治区	6	27
青海省	0	28
黑龙江省	4	29
甘肃省	2	30
西藏自治区	0	31

注：2019 年人力资源服务业发展水平排名数据来源于萧鸣政《中国人力资源服务业蓝皮书 2020》，人民出版社，2021，第 143 ~ 144 页。

四　增强高职院校人力资源管理专业与人力资源服务业发展适应性的对策

（一）政府方面

目前人力资源管理专业设置、招生数量均受到一定程度的计划控制，不同地区分布也无显著差异，难以适应人力资源服务业发展。建议进一步发挥市场在专业设置中的主导作用，以市场需求为导向，给予学校更多的自主权。政府应加强引导、调控和监督，教育部门、人力资源服务主管部门定期及时发布人才市场供求信息，为学校设置人力资源管理相关专业提供科学、权威信息。

（二）学校方面

学校应定期开展人力资源管理及相关专业的专业调研，由于专业设置往往滞后于产业发展，因此，专业设置要具有前瞻性和科学性，提前为行业发展进行人才培养的储备。尤其是人力资源服务业发展迅速、开设人力资源管理专业较少的地区和省份，应关注本地区人力资源服务业的发展需求，及时开设专业，适时调整扩大专业人才培养规模。已开设人力资源管理专业的院校应加强专业的内涵建设，重新构建专业课程体系，积极申报职业指导与服务新专业，人才培养要契合人力资源服务业发展需求，根据学校特色打造专业集群，开展校际专业资源共享，利用其他专业优势资源，突出市场营销、客户管理、市场调研、大数据分析等多能力的培养，培养复合型高素质高技能人才。

（三）企业方面

人才培养是校企合作的核心和纽带，产教融合是人才培养的必由之路，融合度的高低决定了人才与社会需求的吻合度。国家陆续出台了很多职教改革政策，如 1 + X 证书、中国特色学徒制等，给予企业金融、财政、土地、信用多方面的组合激励政策。人力资源服务企业应提高参与职教改革的敏锐度，具有高度的社会责任感，抓住政策利好，积极主动参与职教改革和专业建设，在投资兴办职业教育、接收学生实习实训、接纳教师岗位实践、开展校企深度合作、建设产教融合实训基地等方面发力，与学校共同培养人力资源服务行业人才，从而实现合作共赢。

（四）行业方面

充分发挥人力资源服务行业协会的作用，收集、整理行业人才供求信息，联合行业领军企业制定人才从业岗位标准，及时向社会发布。联合企业开展人力资源服务业从业人员资格培训和考试，开展职业道德素养和诚信主题教育，将该专业毕业生纳入考试群体，提前为用人单位培训和储备人力资源从业人员。通过行业协会，及时向企业发布行业发展、职业教育改革信息，引导企业参与行业发展和国家教育改革项目。

增强专业与行业发展适应性是一项系统工程，需要政、校、企、行多方合作，明确角色定位，发挥各自职能，以市场需求为导向，设置和调整专业，深化专业内涵建设，缓解专业人才培养与行业需求的结构性矛盾，推动专业人才更加充分、更高质量就业，实现人力资源的合理和有效配置，提高从业人员的专业化水平，从而推动人力资源服务业的优质健康、快速有序高质量发展。

B.17
上海人力资源服务行业发展历程和现状分析

朱庆阳　汪艳彦　毛毓郁 *

摘　要： 人力资源服务业是国际性朝阳产业，上海人力资源服务业历经40余年的发展，已形成公共市场健全、规模水平突出、业态体系完备、专业能级领先、国际要素集聚的产业体系。本文通过对上海人力资源服务行业发展历程和现状的分析，全方位反映了上海人力资源服务行业的发展成果。

关键词： 人力资源服务行业　专业化　国际化

人力资源服务业是现代服务业的重要组成部分，在中国社会主义市场经济的产业发展过程中起到了日趋重要的作用。党的十九大报告中指出，着力加快建设实体经济、科技创新、现代金融、人力资源协同发展的产业体系，在中高端消费、创新引领、绿色低碳、共享经济、现代供应链、人力资本服务等领域培育新增长点。

上海人力资源服务业在政府引导、市场参与、行业自律的模式下，围绕打响“上海服务”品牌、提升上海全球人力资源配置能力、服务经济社会高质量发展，已形成公共市场健全、规模水平突出、业态体系完备、专业能

* 朱庆阳，上海人才服务行业协会秘书长、中国人才交流协会副秘书长，主要研究方向为人力资源服务业；汪艳彦，上海人才服务行业协会副秘书长，主要研究方向为人力资源服务业；毛毓郁，上海人才服务行业协会研究室主管，主要研究方向为人力资源服务业。

级领先、国际要素集聚的产业体系，营业收入从 2003 年的 40 亿元迅速增长到 2020 年的 5019.71 亿元，[①] 对上海产业经济建设发挥了配置、开发人力资源的基础性作用。

一　上海人力资源服务业发展历程

改革开放以来，我国人力资源服务业发展迅速。在人力资源和社会保障部及上海市委市政府的关心支持下，上海人力资源服务业经历了从无到有、从小到大、从国有独办到多元竞争的发展历程。

上海作为“改革开放的排头兵，创新发展的先行者”，早在 1994 年便围绕城市定位和发展目标提出了“构筑上海人才资源高地”的战略。2002 年，上海开始执行人力资源服务许可制度，在全国率先开展人力资源服务市场化改革，并建立全国第一家市场化的人才中介行业协会（现为上海人才服务行业协会）；2006 年出台《上海市人才中介服务机构管理暂行办法》，有效规范人力资源服务市场，同年在浦东先行先试，在全国范围内首批中外合资机构外资可拥有不超过 70% 的股权；2008 年浦东新区创新港澳服务提供者设立独资人才中介机构，为上海引入了一大批优秀国际性人力资源机构；2010 年，全国首个国家级人力资源服务产业园区——中国上海人力资源服务产业园揭牌，人社部在《关于同意筹建中国上海人力资源服务产业园区的复函》中明确：“制定促进人力资源服务业发展的优惠政策，加快招商引资步伐，发挥园区集聚产业、拓展服务、孵化企业、培育市场的功能，逐步扩大园区的规模和影响。”

2015 年，上海自贸区取消外资独资设立人力资源企业的限制，并于 2016 年落地了全国第一家外资独资企业，大大推动了国际优秀人力资源服务机构进入上海的步伐。2019 年以来，先后出台了《关于加快本市人力资源服务业发展的若干意见》《中国上海人力资源服务产业园区建设管理办法

① 资料来源：上海人才服务行业协会。

(试行)》《上海市人力资源服务“伯乐”奖励计划实施办法(试行)》等一系列政策文件，组建上海市人力资源服务标准化技术委员会，进一步明确了上海人力资源服务产业更高质量发展的方向。

二　上海人力资源服务业发展现状和特点

上海人力资源服务业在40多年的发展历程中，在政府部门主导、行业协会自律、市场机构有序发展的“三位一体”的“上海模式”推动下“双轮驱动”，已建立起全国领先的公共人力资源服务体系和市场化人力资源服务体系。上海人力资源服务业已经形成在行业经营规模、行业产品体系、行业资本投资、行业国际商圈等层面初具成果和全国领先的服务体系，为上海产业经济和社会发展提供了有效的人力资源服务保障，实现人力资源集聚配置的功能。

(一)行业贡献不断增加

1. 产业规模迅速增长

上海人力资源服务业发展迅速，目前拥有各类人力资源服务机构和劳务派遣机构超过5500家，从业人员数超过7万人，营业收入从2003年的40亿元跃升到2020年的5019.71亿元（见图1）。受疫情影响，2020年行业总收入较2019年略有下降，但仍表现出了强劲的发展态势。2019年12月，中国上海人力资源服务产业园区东部园在杨浦区揭牌，逐步形成新的产业增长点。

2. 社会效益日益突出

上海人力资源服务业立足自身功能定位，在社会公益、脱贫攻坚、维稳就业等方面发挥自身独特优势，为社会健康发展发挥应有作用。在新冠肺炎疫情期间，上海32家机构积极参与人社部“百日千万网络招聘专项行动”和国家级人力资源服务产业园专场招聘活动，组织线上线下共2623家次用人单位参与，提供近40000个岗位，4300余人达成初步意向。上海人才服务行业协会积极发布行业倡议、开展行业调研，助推企业复工复产。据上海

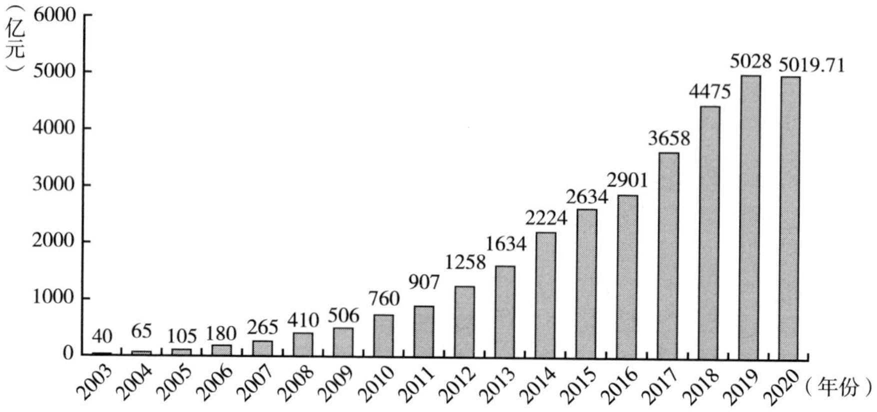

图1　上海人力资源服务行业历年营业收入

资料来源：上海人才服务行业协会，后同。

人才服务行业协会不完全统计，其会员单位共捐款超过3600万元。长期以来，上海人力资源服务机构响应国家打赢脱贫攻坚战的号召，先后与云南、贵州、陕西、青海、新疆等地合作开展扶贫工作，建立了相关公益机构或就业援助机制，培养谋生技能、协助劳务输出、成立公益基金、援建希望小学等。同时，自2004年起开展的“人才服务进校园”公益活动，累计提供近700万个岗位，并对应届毕业生免费开放，超过400万人次学生参与线下招聘会、测评、宣讲会、实习等活动。

（二）专业服务能级不断提升

1. 服务产品不断完善

经过多年的发展，上海人力资源服务业已形成了包括高级人才寻访、人力资源管理咨询、劳务派遣、人力资源外包、人才测评、人才培训、现场招聘会、网络招聘、人力资源软件服务等在内的完善的人力资源服务体系。

从行业细分来看，行业分工日趋细化。横向上，出现了基于服务人群、服务行业细分的人力资源招聘、高级人才寻访等服务产品和服务机构；纵向上，出现了基于服务环节、服务领域细分（如薪酬计算、灵活用工、员工福利等）的新型业态，在全国处于领先地位。

从业态发展来看，人力资源外包、劳务派遣仍是行业的主要收入来源，受相关政策法规以及行业和规划要求，劳务派遣业态占比逐渐下降，人力资源外包业态呈逐年上升趋势（见图2）。

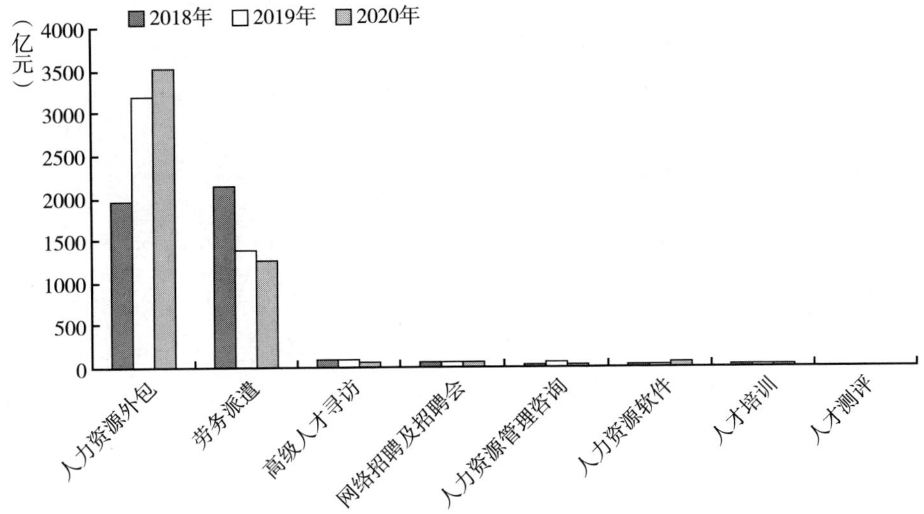

图2　2018～2020年上海人力资源服务业各业态营业收入

2. 产业融合不断加强

近年来，受科技化、信息化影响，在推动传统人力资源服务业能级提升的同时，行业正呈现衍生化、跨界化、融合化发展趋势。人力资源＋金融、人力资源＋保险、人力资源＋健康、人力资源SAAS平台等业态成为行业新兴力量，以“人力资源服务＋”理念跨界与各领域最新技术相结合，形成人力资源服务新业态。业态创新、技术革新，正不断丰富新时期上海人力资源服务业的服务内涵和外延，逐渐从独立产品变为相连接相互支持的人力资源服务产品的生态圈。

3. 新产品新模式不断涌现

随着科技赋能在人力资源服务业的不断深入，人力资源服务机构把握机遇，不断研发新产品、打造新模式，丰富上海人力资源服务业内涵。一是结合大数据，开发科技化产品，帮助企业了解自身痛点，个性化制定解决方案；二是结合行业上下游和人才工作生活的内容，开发陪伴人才全方位服务产品；三是把握新场景，探索便利化实时化产品内容；四是运用技术实现跨区域联网互动，推动全国乃至全世界人力资源服务一体化的实现；五是围绕重点、热点领域，研发灵活用工、共享用工等服务产品，合法合规为企业解决灵活用工的痛点和难点；六是根据行业需求、客户需求和员工需求，开发人力资源与财税、健康、房屋租赁等领域相结合的新产品和新模式。

（三）国际化进程不断加快

在政府引导、市场参与、行业自律的模式下，国际排名前20位的人力资源服务机构纷纷入驻上海，其中包括：3家“世界五百强”人力资源服务机构——德科（Adecco）、万宝盛华（Manpower）、任仕达（Randstad）；国际五大战略咨询兼猎头机构——罗盛（Russell Reynolds）、史宾沙（Spencer）、亿康先达（Egon Zehnder）、光辉国际（Korn/Ferry）、海德思哲（Heidrick& Struggles）；世界四大人力资源管理咨询机构——美世（Mercer）、韦莱惠悦（Willis Towers Watson）、怡安翰威特（Aon Hewitt）、德勤（Deloitte）；各国国内领先的人力资源服务机构——瀚纳仕（Hays）、翰德（Hudson）、必胜人力（Kelly Services）、安德普翰（ADP）。同时，国内知名大型人力资源服务机构也纷纷落户上海，如国有企业——四达、中智、上海外服等，国内三大网站——智联招聘、前程无忧、中华英才网，民营企业——天坤国际、蓝海、博尔捷，新型人力资源服务机构——人力窝、猎上网、社宝通等，以及人力资源第三方媒体机构——HRoot、第一资源等。此外，上海还吸引了全球最大的人才发展领域协会组织——人才发展协会（ATD）在中国设立第一家办公室。

在政府支持和市场驱动下，一大批如上海外服、薪得付、仲望、必博人力、力德人才等人力资源服务机构正在开展“走出去”的战略，业务范围覆盖亚太地区乃至全球，通过跨国收购、绿地投资、基金持有等方式，拓展海外市场。

同时，上海近年来陆续举办中国人力资源产业园区峰会、中国人力资源技术大会、人力资源服务产业领袖对话会等产业交流活动，为各国人力资源服务机构提供了展示、合作机会，也为打造全球化人力资源服务业贡献了一己之力。

（四）规范化体系不断完善

随着上海人力资源服务业规模不断扩大，竞争日益激烈，其对人员、市场、产业规范化、标准化、技术化要求逐渐显现，标准化工作逐步在行业发展中发挥越来越重要的作用。在此背景下，在各级政府部门的指导下，上海人才服务行业协会牵头，组织行业各方专业力量共同积极探索，发布了《人力资源派遣服务规范》《人才测评服务规范》《高级人才寻访服务质量要求和评价方法》《网络招聘服务规范》《人力资源培训服务规范》《人力资源管理咨询服务规范》等上海市地方标准，并以此为依托，牵头编制了《人力资源服务术语》《人力资源外包服务规范》国家标准。2017 年 11 月，国内首个人力资源服务业团体标准《人力资源外包服务先进性质量要求》正式发布。目前已有 595 家次人力资源服务机构贯标行业国家、地方标准或团体标准，有力推动了行业标准化工作的落实。

2012 年 6 月，国家标准化委员会在静安区（原闸北区）开展国内首个“国家级人力资源服务标准化试点项目”。2015 年 2 月，“闸北区国家级人力资源服务业标准化试点”通过国家标准委验收。2020 年，经上海市市场监管局批准，上海市人力资源服务标准化技术委员会成立，并在 2021 年的标委会成立大会上签署了《长三角地区人力资源服务行业协会框架合作协议》，推动长三角地区人力资源服务行业标准化建设更加系统、完善。

（五）品牌体系逐步健全

在政府引导、协会推动以及市场机构的共同努力下，上海人力资源服务业已经形成较为完善的行业品牌体系，在为本土市场和行业机构实际操作过程中树立基础标准及形象标杆同时，也通过品牌效应扩大上海人力资源服务业的国内外影响力，进一步推动我国人力资源服务行业的健康有序发展。

为推进行业高质量发展，上海人才服务行业协会每年开展“创建上海人力资源服务业诚信示范机构”活动，发布行业百强排名以及“招聘、培训、咨询”分业态排名榜单。此外，上海市市场监管局等部门定期开展“中小企业品牌”“上海名牌”“上海市政府质量奖”“上海品牌”等评选活动，截至2020年底，共有20家人力资源服务机构获评上海市“中小企业品牌”、23家机构获评“上海名牌”、2家机构（上海外服、中智上海）获评“上海市质量金奖”、2家机构（上海外服、中智上海）获评“上海品牌”第一批认证企业。

此外，上海人才服务行业协会配合市人社局，展开“上海市人力资源服务‘伯乐’奖励计划”，引导人力资源服务机构充分发挥自身专业优势和服务网络作用，为上海全面强化“四大功能”，加快建设“五个中心”和具有世界影响力的社会主义现代化国际大都市提供更加强有力的人才保障和智力支撑，2020年共有12家人力资源服务机构获此殊荣。

（六）行业资本化发展道路不断探索

资本投资活跃度作为行业兴衰的重要指标之一，伴随着上海人力资源服务业的快速发展，摩根士丹利、软银控股、中信资本、联想资本、蚂蚁金服等国内外知名的金融投资机构纷纷涉足人力资源服务领域。同时，本土代表人力资源服务机构——上海外服、中智上海等纷纷成立人力资源服务行业相关的产业基金，为行业新兴力量、新型产品、新锐机构提供支持。据上海人才服务行业协会统计，协会有近50家会员单位实现各类交易所的挂牌上市，在新兴服务业领域处于较高水平。

人才是第一资源，创新是第一动力。上海人力资源服务业历经40多年的发展，已经能够为上海的产业人才引进、集聚、培养和发展提供国际化、市场化的道路。下一阶段，上海人力资源服务业将继续在政府部门引导、行业协会自律、市场机构共同发展的模式下，创新服务产品、搭建行业平台、优化发展环境，推动上海人力资源服务业更进一步的发展，推进全国人力资源服务行业的共同繁荣。

B.18
重庆市发挥猎头机构在市场化引才方面的作用研究

刘 杨　魏 建　邓 君　邱成楠　罗 潇*

摘　要：本文梳理了重庆市猎头行业发展的基本现状及特征，分析了发挥猎头机构市场化引才作用中存在的主要问题，提出了相应的解决对策建议。研究表明，重庆市猎头行业的发展呈现发展迅速、服务业态多元、服务对象明确、与政府的合作机制不断完善等特点。重庆市可通过构建以精准引才为导向的多元主体协同参与、合作形式多样的市场化引才网络，充分激发包括政府、用人单位、猎头机构及人才个体等在内的各类主体的引才活力，更加有效地发挥猎头机构在重庆市场化引才方面的作用。

关键词：重庆市　猎头机构　人才引进

人才是第一资源，是助推经济社会创新发展的第一动力。在全球人才竞争不断加剧的背景下，猎头机构作为市场化引才的重要力量，可有效破解引

---

* 刘杨，重庆市人力资源开发服务中心主任、高级经济师，主要研究方向为人力资源开发服务工作；魏建，重庆市人力资源开发服务中心副主任、高级经济师，主要研究方向为人力资源开发服务工作；邓君，重庆市人力资源开发服务中心招商与企业服务部部长，主要研究方向为人力资源机构招商与服务工作；邱成楠，重庆市人力资源开发服务中心招商与企业服务部副部长，主要研究方向为人力资源机构招商与服务工作；罗潇，重庆市人力资源开发服务中心招商与企业服务部职工，主要研究方向为人力资源机构招商与服务工作。

才难、能效低的瓶颈。深入研究如何发挥猎头机构在市场化引才方面的作用，对于加快推进重庆市人力资源服务业高质量发展，为重庆全国科技创新中心的建设提供人才保障、智力支撑具有重要意义。

一　重庆市猎头行业发展现状及特征

截至2020年底，重庆市共有各类人力资源服务机构2155家，从业人员2.56万人，行业营业总收入489.53亿元，同比增长37.2%，人力资源服务产业驶入发展的快车道。重庆猎头行业的发展历经初期探索阶段到快速发展阶段，初步形成了层次错落、梯度合理、功能相对健全的猎头服务网络，在全市市场化引才中发挥着越来越重要的作用，并呈现如下特点。

（一）行业发展迅速但缺乏规模龙头

近年来，重庆市高度关注人力资源服务业的发展，降低行业市场准入门槛、压缩备案时限，激发主体活力。同时，通过产业园区平台积极扶持本土猎头发展，吸引一批国内外知名猎头来渝投资设点。“外引内培”的双重推动，使近年来重庆市猎头机构的总体规模迅速扩大。调研发现，从具体规模分布看，在渝猎头机构多数仍为中小型机构，大型猎头机构较少，规模在50人以上的公司占比仅为22%，行业内全球知名猎头机构在渝设立的分支机构数不足5家（见图1）。

从服务覆盖区域及服务能力看，被访重庆猎头机构中具备全国引才及服务能力的为48%，仅有9%的企业具备全球引才及服务能力（见图2）。

（二）服务业态呈现多元化发展

除开展猎头业务外，人力资源派遣、外包、人力资源培训等服务板块的不断完善为企业在人力资源开放与应用中提供更多合作可能性。在被访企业中，26%的重庆猎头机构在主营业务外，拓展了其他人力资源业态。另有39%的人力资源服务机构虽然以其他业态为主，但成立了猎

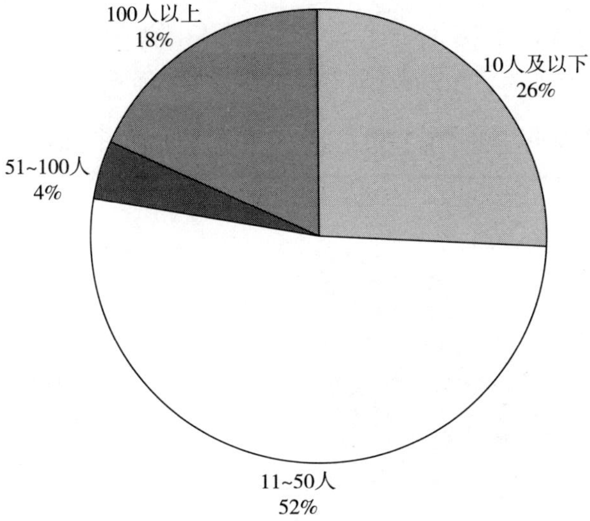

图1　在渝猎头机构人员规模

资料来源：重庆市人力资源和社会保障局，后同。

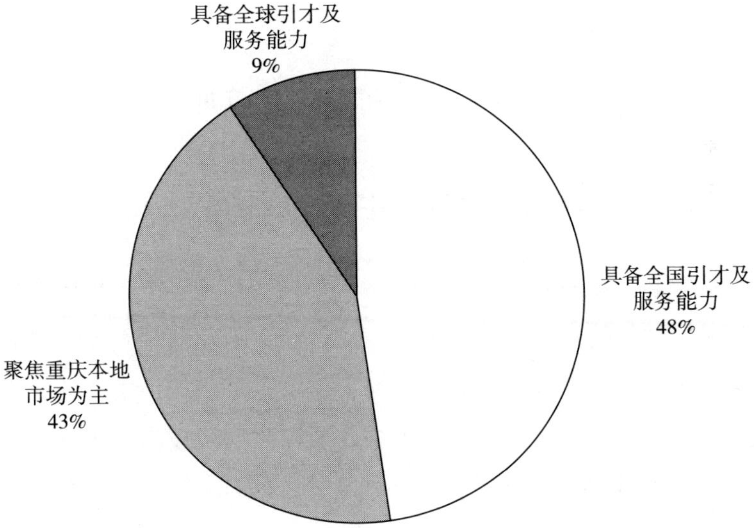

图2　在渝猎头机构服务覆盖区域

头业务事业部，希望进一步强化猎头服务能力。以重庆人才大市场为例，公司于1992年11月16日正式挂牌成立，主营劳务派遣、人力资源外包、人事代理等业务，2000年，公司成立猎头业务部，探索在猎头业务上的发展。诸如此类的情况在重庆人力资源服务行业内普遍存在（见图3）。

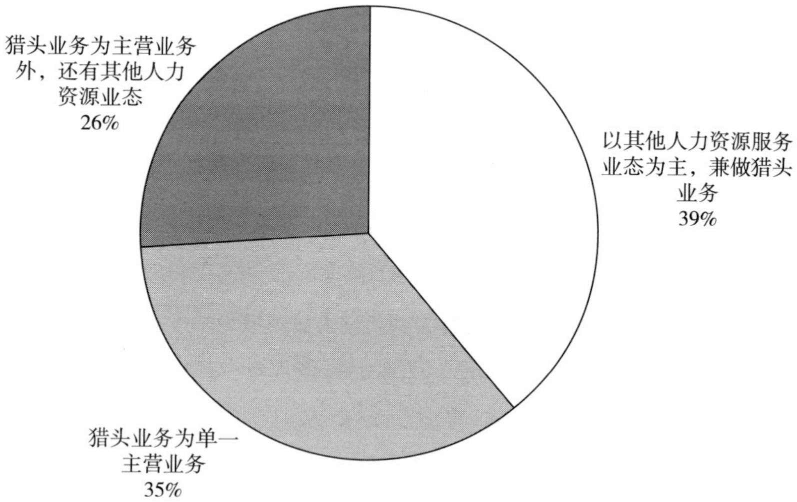

图3 在渝猎头机构服务业态分布情况

（三）本土企业和国有企业为主要客户群体

近年来，重庆发展取得显著成就，产业结构转型升级，形成全球重要电子信息产业集群和重要汽车产业集群，战略新兴产业蓬勃发展，对高层次人才的需求日渐旺盛。调研中发现，当前，重庆猎头机构最主要的客户群体以本土企业为主，包括本地上市及龙头企业及互联网科技类独角兽和快速成长企业，占比均达到26%，同时，国有企业以22%的占比成为重庆猎头机构最大的服务客户群体，外资/合资企业占比17%，另有9%为以科研院所为代表的政府/事业单位/非营利机构（见图4）。

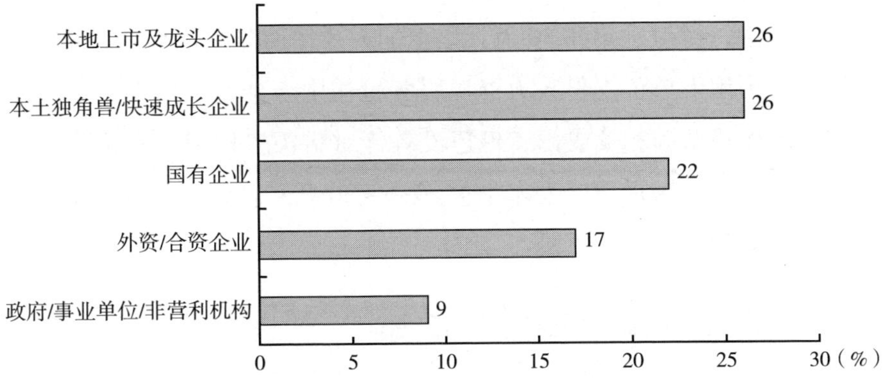

图 4　在渝猎头机构占比最大的服务客户群分布情况

（四）与政府的合作机制不断完善

自 2018 年全国首个猎头企业聚集基地在重庆人力资源服务产业园正式揭牌以来，伴随着一批国内外知名猎头机构的入驻，市、区两级政府主管部门与猎头机构依托产业园区开展引才合作持续深化。通过签订引才服务协议、政府采购服务等方式，猎头机构与政府的合作不断得到深化，合作的长效机制得到完善，合作范围得到全方位拓展，制度化水平不断提高。例如，2020 年 11 月，渝北区政府与 5 家知名猎头机构建立了战略合作关系，合作方面包含人才（项目）引进、人才活动策划等人才工作方面的各个板块。

二　重庆市发挥猎头机构在市场化引才作用中存在的主要问题

（一）政策扶持力度有待加强

近年来，各地政府在促进猎头机构市场化引才方面纷纷出台政策，大力引进猎头机构入驻。如北京采用“用人清单 + 平台对接 + 按比例奖励”的方式加大与猎头机构的合作，上海临港片区、苏州等地则根据人才成果和产业取向给予猎头机构奖励。重庆市虽然制定出台了引进海内外英才相应的奖励办法，对引进年薪30万元以上的人才按照年薪的5%给予用人单位补助，用于用人单位支付人力资源服务机构中介费用、个人推荐人才奖励、引才工作经费等相关支出，但还没有针对猎头机构引才直接奖励的政策。同时，按照市场常规以人才年薪20%～30%为猎头机构的服务费用来说，扶持的激励效应力度不足。

（二）猎头市场监管机制有待完善

在猎头市场规模不断扩大的同时，由于缺乏有效的准入和监管机制，猎头机构在市场化引才方面尚未形成成熟的产业生态，在渝猎头市场呈现小企业聚集、鱼龙混杂的情况。同时，由于部分猎头机构刻意压低市场价格，引发恶性竞争，人才市场容易出现“劣币驱逐良币”的现象。因此，建立明确准入、监督和奖惩体系的猎头产业系统已成当务之急。

（三）中高端猎头机构结构性短缺

在渝猎头机构中、小型猎头机构数居多，大型猎头机构较少，顶尖猎头机构资源稀缺，这一规模布局与重庆未来对高层次人才引进需求之间存在着结构性的矛盾，不利于重庆科创中心的建设。而吸引知名猎头机构进驻重庆市场的核心，一是需要基于产业集聚所产生的相对稳定、持续的高层次人才需求订单；二是需要有力度的招商吸引及产业扶持政策。

（四）用人单位猎头服务使用率较低

目前不少用人单位仅将猎头服务作为企业人才引进的辅助手段之一，多数用人单位仍以自主招聘及内部推荐为主，部分使用猎头机构引进高层次人才也多以具体项目为主，长期委托相对较少。一是考虑猎头服务成本较高，二是由于猎头机构服务能力参差不齐，筛选困难，三是企业对于猎头服务专业价值的认知度、成熟度不足。

三　有效发挥猎头机构在重庆市场化引才方面作用的对策

吸引和凝聚优秀人才，满足经济社会创新发展需要已成为世界各国、各地区的战略首选。在推动成渝地区双城经济圈建设，打造具有全国影响力的科技创新中心的机遇下，充分发挥猎头机构在市场化引才方面的作用，促进优秀人才加速集聚，不能仅仅靠单边发力，更需要政府、用人单位、猎头机构、人才四方的连接与协同。构建以精准引才为导向的多元主体协同参与、合作形式多样的市场化引才网络，充分激发各主体的引才活力与创新动能是有效发挥猎头机构在重庆市场化引才方面作用的必由之路。

（一）政策保障：出台促进猎头机构发挥市场化引才作用专项政策

在当前重庆市现有人才政策的基础上，充分借鉴各地支持猎头行业发展的相关政策及做法的共性与特点，结合重庆实际情况，叠加猎头引才专项引导政策，重点包括：一是拓宽使用猎头机构引才的用人主体范围，鼓励和引导政府机关、事业单位、国有企业等引才主体加大猎头引才使用比例。可在年度预算中将猎头服务费单独列支，并对使用猎头引才效果较好的单位给予一定工作表彰或政策奖励，降低用人单位人才引进成本。二是加强猎头机构人才队伍建设，鼓励支持培育专业猎头人才，建立重庆猎头领军人才数据库，完善猎头人才的业绩评价机制，激发其持续贡献引才工作的积极性。三是鼓励猎头机构技术创新、服务创新，奖励猎头技术创新、服务模式创新、管理创新，并在既有的税收优惠基础上增设针对猎头机构所取得专利等成果的单列奖励，以进一步强化支持政策对猎头机构参与创新的激励作用。

（二）资金保障：设立人力资源服务及猎头专项扶持资金

一是申请猎头发展专项扶持资金，用于给予用人单位及猎头机构的引才奖励兑现，增加引才奖励维度，优化引才奖励标准，激发用人单位及猎头机构的参与度，打造标杆与示范；二是进一步培育全市以猎头、人才测评、人力资源管理咨询为代表的高端人力资源服务业态发展，举行各类行业会议、培训等活动，开展诚信示范、“引才之星”企业评选以及猎头行业领军企业领军人才培养等；三是鼓励各地依托本土产业，为猎头业务的发展搭建服务平台；四是建设运营引才工作站，利用猎头机构国内及海外分支建设全球性引才工作站等。

（三）模式保障：组建重庆市人才发展集团

充分学习深圳人才集团模式，整合现有重庆市级国有人力资源服务企业，形成“以猎头高端业务为引领、以公共服务业务为基础、以人力资源外包业务为主体”的业务发展格局，统筹全市重点领域市场化引才工作，开展高端人才寻访、产业园区运营、人才创新创业、人才教育培训、人才综合服务等业务，为重庆建设科创中心搭建面向全球的招才引智和人才服务平台，形成从人才引进到落地创业再到培育助推最后到安居乐业的服务闭环。

（四）平台保障：整合供需两端资源，成立重庆市引才联盟

围绕人才生态链构建，整合寻求扩大业务范围的猎头企业、其他类型人力资源服务机构以及引才需求强烈的用人单位资源，形成“重点用人单位＋知名猎企”的引才联盟，有效解决目前重庆猎头机构“单打独斗”较多，人才生态链各环节“断链”的问题。引才联盟主要职能包括：汇聚本市各重点用人单位引才需求，形成并定期发布需求清单；举办联盟论坛、峰会等活动，搭建猎头机构与用人单位对接平台；推广应用猎头行业数据库和人力资源服务先进技术等。

（五）平台保障：打造中国（重庆）猎企线上合作交易平台

依托中国重庆人力资源服务产业园，与全球优质的猎头机构合作，以人工智能、大数据、云计算和区块链为技术核心，整合人力资源产业供应链、

人才链、技术链、数据链，实现政府端、人力资源服务机构端、企业端和人才端互联互通。通过构建线上猎头协作平台，打破寻求猎头服务的地域限制；建立平台发单、接单协作机制，一方面聚集全国范围内猎头公司力量为重庆实施高层次人才引进贡献力量，另一方面在接单协作中培养重庆本地猎头机构服务全国市场的能力，帮助其拓展业务规模。与此同时，通过平台合作机制的建立，打破以往猎头市场各自为政、无序竞争的状态，走向合作共赢。

（六）专项计划：实施“渝见未来”城市名片精准营销引才计划

当前，在全国争相吸引高层次人才的态势下，城市营销、城市名片、城市雇主品牌成为吸引人才，特别是外地高层次人才的重要影响因素。为提升重庆城市引才雇主形象，市级公共引才服务平台统筹打造了“百万英才兴重庆”引才系列活动品牌，包括学子渝见习月、海外优秀人才及项目对接会等 9 个子品牌活动，但相比武汉的“楚才回家”，成都的“蓉漂”计划，重庆仍然缺乏一个深入人心的引才口号。为此，可尝试结合重庆特色及亮点，实施精准营销，委托专业的猎头机构打造如“渝见未来”城市引才品牌，凸显重庆在高层次人才的未来发展、前沿引领的定位。

（七）专项计划：打造猎头行业品牌峰会

进一步加强对猎头行业的关注，每年定期举办猎头行业发展峰会，以论坛、沙龙、座谈会、展会等多种多样的形式，邀请国内外顶尖猎头机构高管、人力资源行业投资机构代表、学术机构代表聚焦猎头行业前沿热点话题，对技术、服务、管理模式创新进行分享探讨，同时，通过品牌峰会，进一步宣传猎头服务对于行业与人才发展的积极意义，推广猎头寻才理念，促进猎企与用人单位之间的交流对接，不断提升猎头机构在全社会的影响力与辨识度。

（八）专项计划：实施重庆市“塔尖人才”全球寻访计划

为解决重庆重点支柱产业、战略新兴产业和高精尖“卡脖子”技术等

“塔尖人才”引进难的问题，由政府人才主管部门牵头，分行业、分批次、分阶段面向各类用人单位收集引才需求，形成“塔尖人才”需求清单，并基于该清单与重点知名猎头企业开展“揭榜挂帅”引才项目合作。对在引进“塔尖人才”工作中取得显著成果的猎头企业给予追加奖励，提高猎头企业寻访人才的积极性。

（九）专项计划：绘制重点领域全球引才地图及四缘人才数据库

一是结合重庆区域产业发展规划，研究重点、新兴产业的高端人才需求情况，逐步建立起企业高端人才需求信息的监测、收集及预测机制，为人力资源服务机构提供岗位需求等深度大数据分析，为重庆市集聚高端人才提供有利条件。二是借助猎头等第三方机构，摸排人才分布聚集区域，构建每个产业的重点人才分布地图，对人才的地理定位、专业细分、专长领域等有效信息进行方向性的整合与共享，为创新创业人才、中高端人才、高层次人才、国际顶尖人才、技术核心专家等处在不同发展阶段的人才编制人才图谱。三是在产业人才图谱的基础上，重点标注人虽然在国内及海外其他城市，但与重庆有“四缘”——地缘、亲缘、学缘、业缘关系的人才库，定期向其精准推送重庆产业发展、人才政策、项目清单、岗位信息等，构建“不为所有，但为所用”的灵活用才机制。

B.19
河北省人力资源服务业发展状况分析

邢明强　杨金玲*

摘　要：　本文从河北省2020年人力资源服务业现状入手，从机构总量、行业规模、服务业态、市场配置能力以及产业和人才集聚效应五个方面分析了河北省人力资源服务业的总体情况与主要特点，针对当前河北省人力资源服务业发展存在的差距和问题，以及当前形势下面临的机遇提出了发展河北省人力资源服务业的建议。

关键词：　人力资源服务业　市场　业态　配置

一　总体情况和主要特点

（一）机构总量稳步增长，各机构类别占比涨幅不一

截至2020年底，河北省人力资源服务机构由2019年的1947家增长到2244家，从业人员由2019年的17402人增长到18287人，分别增长15.3%和5.1%，较2019年人力资源服务机构29.8%的增长与从业人员6.7%的增长相比均有所下降。从现有服务机构类别上看，民营性质人力资源服务机构

* 邢明强，河北省人力资源社会保障科学研究所副所长、副研究员，河北师范大学硕士研究生导师，主要研究方向为人力资源；杨金玲，河北师范大学商学院研究生，主要研究方向为人力资源。

数量众多，占据人力资源服务机构总量的绝大部分比例；公共性质的人力资源服务机构占比次之，但数量远少于民营性质的人力资源服务机构；国有性质等其他性质的人力资源服务机构只占据极小的一部分（见图1）。与2019年相比，2020年除民营性质人力资源服务机构占比下降2.19个百分点外，其他三类机构占人力资源服务机构总量的比例均有所提高（见图2）。并且，国有性质的人力资源服务机构数量增长较多，占比增加1.27个百分点，公共就业和人才服务机构的涨幅次之，占比增加0.62个百分点。

经营性人力资源服务机构是人力资源服务业的核心组成部分，其发展壮大是扩大人力资源服务业规模和提高服务水平的重要支撑和保障。与2019年相比，河北省公共服务与经营性服务协同发展的局面进一步加强，但仍是以民营性质的服务机构为主体，以公共服务机构作为国家以及政府提供公共服务的来源。为了应对突发疫情给企业和民众带来的种种不利影响，国有性质人力资源服务机构以及公共人才服务机构迅速得到发展。2020年河北省人力资源服务机构和从业人员数量增长速度放缓的原因主要是疫情延误了企业的复工复产，市场运营受到阻碍，在严峻的就业形势和与西方国家的紧张局势下，国内人力资源服务业各类别机构的设立也受到一定程度的影响。

（二）受疫情影响，行业规模降低

受疫情冲击，2020年行业全年营业总收入由2019年的321.32亿元下降到280.71亿元，同比下降12.64%，结束了连续三年20%以上增长的局面。其中，公共服务机构营业总收入10.06亿元，占比3.58%，较2019年占比增加2.77个百分点；经营性人力资源服务机构270.65亿元，占比96.42%，较2019年占比下降2.77个百分点。公共服务机构营业收入的增加部分抵消了经营性人力资源服务机构营业收入的减少，但经营性人力资源服务机构仍然处于绝对优势，在人力资源服务机构营业总收入中占据重要地位，而公共服务机构在疫情期间也有着突出的表现。

疫情背景下，一些线下运营的人力资源服务机构被迫暂停营业，线下招聘、办理手续等现场服务也因此减少，此外，疫情形势的不断加重使复工复

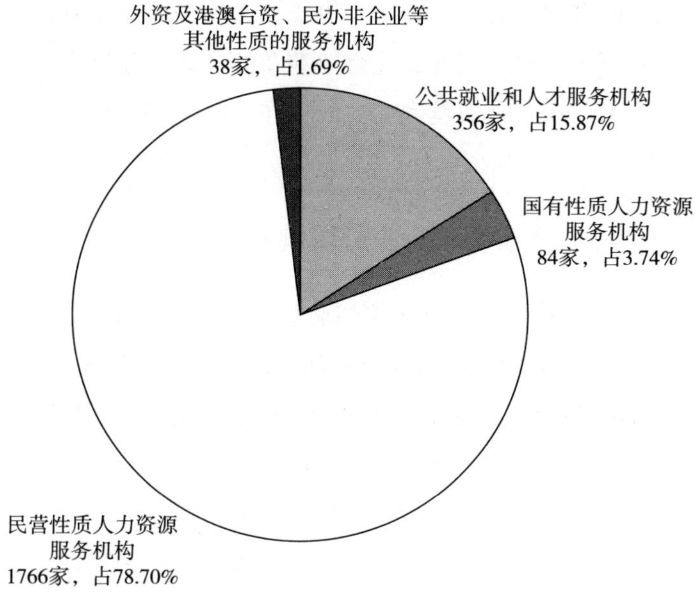

图 1　2020 年河北省人力资源服务机构基本情况

资料来源：笔者研究整理，后同。

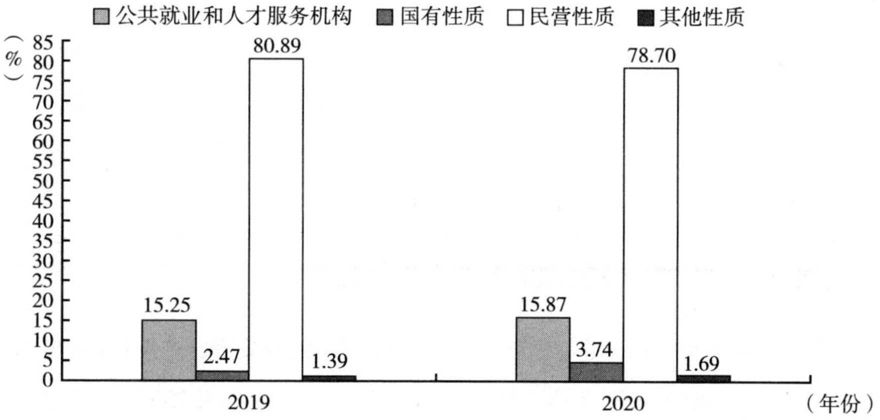

图 2　河北省各机构类别占人力资源服务机构比例变化情况

产难度增大，这些因素很大程度上阻碍了人力资源服务机构的营业收入的增长。人力资源服务机构的发展状况受制于所服务的客户群体类型，在疫情背景下，如果服务的客户是关于社会基本保障、医疗医药等行业，那么机构的营业收入会相对可观一些，因此这些行业涉及的公共服务机构在疫情中的表现也较为突出，但由于不是以营利为目的，在营收方面还是不如经营性人力资源服务机构。

（三）服务业态逐步完善，服务质量大幅提升

2020 年，网络招聘服务发布岗位招聘信息 5992349 条，与 2019 年相比增长了 25.9%；发布求职类信息 8818808 条，是 2019 年发布信息数量的 4.22 倍；人力资源管理咨询共服务 533106 家用人单位，是 2019 年的 32.73 倍。全省各类人力资源服务机构为 16175 家用人单位提供人力资源外包服务，较 2019 年下降 0.68%；举办各种人力资源培训班 5776 次，培训各类人员 339411 人次，同比分别增长 12.30%、4.77%；为 240394 人次提供人力资源测评服务，同比增长 74.43%；高级人才寻访（猎头）服务成功推荐选聘各类高级人才 9524 人，同比增长 42.83%。

随着互联网、5G、区块链等数字技术不断地前进发展，传统业态进一步得到完善，同时衍生和拓展出一些新兴业态，人力资源服务业整体的产业链更加稳定和完整，产业结构更加优化，大大提升了人力资源服务业的服务质量。随着数字化时代的到来和不断发展，河北省人力资源服务行业灵活用工市场规模也逐渐加大，灵活用工的方式在为企业降本增效、提升服务质量和竞争力中的地位和作用日益凸显。

（四）人力资源市场配置能力不断优化

受新冠肺炎疫情影响，2020 年全省各类人力资源服务机构共帮助 1735345 人次实现就业和流动，同比下降 42.23%；有 3921583 人次登记求职和要求提供流动服务，同比下降 21.67%。全省各级各类人力资源服务机构设立招聘场所 1094 个，同比增长 7.68%；建立服务网站 345 个，同比下降 0.58%；建立数据库 838 个，同比下降 13.34%；举办现场招聘会 3512 场次，同比下降 45.66%；提供岗位信息 4314750 个，同比增长 88.47%；

存放流动人员档案3694217份，依托档案提供服务2499784人次，同比分别增长2.34%、23.42%。

由于疫情的影响，2020年大部分线下服务活动都无法开展，加重了线上服务工作的任务量，线上求职与就业、档案信息记录等线上服务成为疫情期间的主旋律。尽管2020年在疫情影响下人力资源服务机构服务人次数量减少，现场招聘会场次大幅下降，但依托技术和平台机制的不断完善，人力资源服务业提供的岗位信息与存放的流动档案数量仍在不断增加，促进了就业创业的良好发展，并使人力资源配置得到进一步优化。

（五）产业和人才集聚效应逐步凸显

为促进河北省经济社会发展，积极推进人力资源服务产业和人才集聚，河北省已提出多项建立人力资源服务产业园的实施方案和建议并大力付诸实施，助力人力资源服务产业繁荣发展。目前，河北省已建成国家级人力资源服务产业园1家、省级人力资源服务产业园3家，均设立在省会城市石家庄，同时在省内其他城市建立了7家市级人力资源服务产业园。各产业园区规模不等，目前已入驻机构数量不一，但都围绕各自园区特点和设置的目标，明确园区重点服务产业和对象，针对河北省人力资源服务业建设中的重点、难点问题进行不断探索。各产业园区协同发展、通力合作，服务河北省各行各业企业单位、劳动者与一些特殊群体，使河北省人力资源服务产业与人才集聚效应大大凸显，吸引了多方面人才来冀发展，共同打造人力资源服务产业和人才资源集聚的新高地。

二　存在的差距和问题

近年来，为助力经济社会与人力资源服务业发展，河北省相继提出和发布了诸多实施意见与通知，并通过交流会、座谈会以及论坛的形式促进多方交流与人才献言献策，以巩固和加强河北省人力资源服务业建设的成果。目前，在河北省政府、企业单位、从业人员的通力合作和努力下，人力资源服务业建设取得了阶段性的成果，行业规模、行业结构、服务体系等方面取得了新的进展。但是，在新的时代、新的背景下，人力资源服务业的发展也面临新要求、新标准以及新挑战，对照先进省份的人力资源服务业建设成果与成效，河北省在人力资源市场发展方面存在的差距和问题也十分明显。

（一）人力资源企业规模总量偏小，经济效益偏低

2020 年全国人力资源服务业全年营业收入达到 2 万亿元，河北省仅为 280. 71 亿元，约占全国的 1. 4%。河北省 2020 年 GDP 达到 36206. 9 亿元，其中人力资源服务业营业收入仅占全省 GDP 的 0. 78%。河北省人力资源服务业产业规模总体偏小，行业整体营收后劲不足，行业规模与经济发展目标之间存在一定的失衡。由于企业规模、行业特点与地域特色等方面的限制，相比于其他省份同产业以及其他类型服务业，河北省人力资源服务企业竞争力明显较弱。除此之外，伴随数字技术而来的一系列新兴的、高端的人力资源服务业态还处于探索或者初步发展阶段，规模普遍不大。而在近些年依靠国家和河北省政府政策的便利取得进一步发展，并且具有一定影响力的人力资源服务机构，规模效应并不明显。还有一些人力资源服务企业发育迟缓和滞后，提供的人力资源服务与社会的多样化需求不相匹配。总的来说，河北省人力资源服务企业产业规模还有很大的发展和上升空间。

（二）机构整体实力偏弱，低端企业过度集中

与 2019 年相比，2020 年营业收入过亿元的、在 500 万～1000 万元的，以及营业收入不足 100 万元的人力资源服务机构占机构总数的比例分别下降 0. 53 个、0. 19 个、2. 43 个百分点；营业收入在 100 万～500 万元的、1000 万～5000 万元的，以及营业收入在 5000 万～1 亿元的人力资源服务机构占机构总数的比例分别上升 2. 32 个、0. 45 个、0. 38 个百分点（见图 3）。营业收入不足 100 万元的人力资源服务机构占比下降最多，而营业收入在 100

万~500万元的机构占比上升的相对较多，但总体营收规模不大。从业人员超过100人的人力资源服务机构占机构总数的0.98%，50~100人的占0.85%，10~50人的占10.65%，不足10人的占87.52%，与2019年相比从业人员不足10人的人力资源服务机构数量更多。

河北省人力资源服务企业的规模有待进一步扩大，大部分是处于规模小、层次低的中小企业，服务的层次和质量偏低，服务的种类偏少，因此这些企业的营收来源与规模均受限。同时，具有地区特色、能起到模范带头作用的先进企业不多，缺乏有影响的、竞争力强的、特色的自主品牌和本土品牌。地区间、企业间发展不平衡，更是阻碍了河北省人力资源服务业的扩大与繁荣，现存的诸多低端企业提供的服务不能有效满足河北省庞大的人力资源服务需求。此外，河北省人力资源服务业在提升营收水平、服务质量、业务价值以及品牌形象等方面与先进省份相比还有很长的路要走。

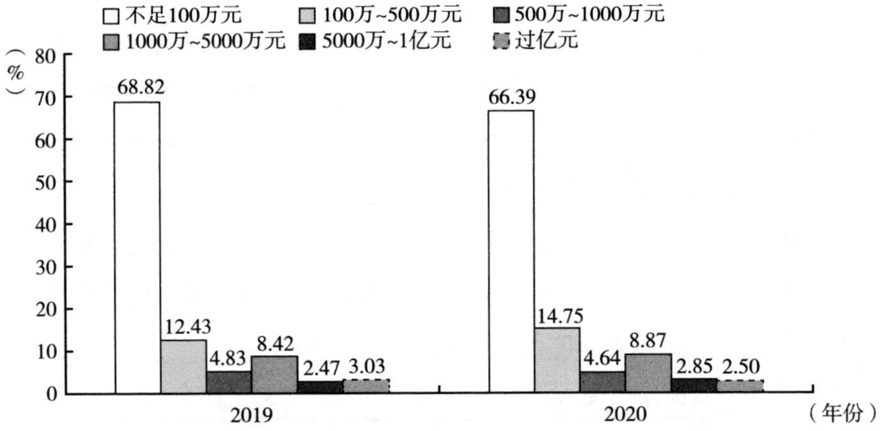

图3 河北省人力资源服务机构不同营业收入占比情况

（三）服务功能单一，产品同质化严重

河北省人力资源服务机构提供的服务仍然是求职就业、职业培训、社保服务等传统服务项目，未能紧跟社会发展需求与技术变革特点，进一步提供多层次、个性化、全方位的人力资源服务。单一化的服务产品与功能、同质

化的服务内容、产品附加值的缺少，使河北省人力资源服务机构缺乏持久的发展动力。加上研发部门和人员、研发投入的不足，与新兴技术相关的多层次、多样化的高端人力资源服务项目开展得相对较少，中高端层次的服务功能及产品内容的探索和开发能力弱，产品同质化严重，顾客对服务的整体满意度不高。

由于以上诸多因素的限制，河北省人力资源服务业呈现低端业态聚集、高端业态供给不足的局面，市场和客户的个性化、多样化、创新性的服务需求得不到满足。人力资源服务业在实际经营中无法形成自身的核心竞争力，只能通过价格比拼的方式在低端市场吸引更多的顾客群体，而且大多是中小企业间相互竞争，人力资源服务业规模难以扩大、服务水平也得不到提高，这是河北省人力资源服务低端企业集中的原因之一。

（四）从业人员素质结构矛盾突出，缺乏高精尖人才

2020 年河北省人力资源服务业从业人员中大专及以下学历 12189 人，占从业人员总量的66.65%；本科学历5812 人，硕士及以上学历286 人，取得职业资格6425 人，与2019 年相比，河北省人力资源服务业从业人员中大专及以下学历与硕士及以上学历人数占从业人员总量的比例分别下降了1.45 个和0.03 个百分点，与之相对应的是本科从业人员占从业人员总量的比例上升了1.48 个百分点（见图4）。本科及以上学历和取得执业资格人数占比均不到1/3，而上海、北京两项占比均超过50%。

河北省人力资源服务业从业人员来源较广泛，往往存在人员流动性大、对企业组织的忠诚度不高、职业状态不稳定、学历与专业水平不匹配的现象。尽管2020 年本科从业人员有所增多，但是整体素质结构仍然有待优化，高层次人才储备不足，一般性人才数量大但专业水平不高，导致人力资源服务行业整体创新能力还有待加强。此外，河北省许多地区的人力资源服务行业的从业人员迭代更新慢、新鲜血液少，从而导致素质结构、年龄结构、性别比例等的失衡，严重影响到该行业的长远健康发展，难以满足新时期、新背景下社会和人力资源服务业市场的需求。

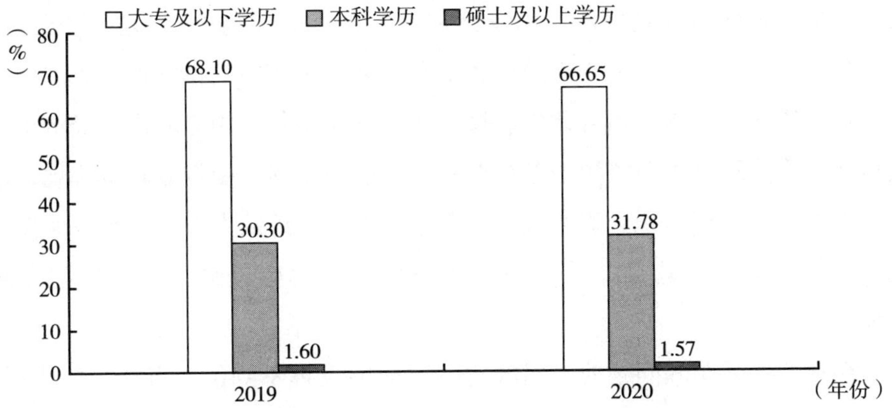

图4　河北省人力资源服务业从业人员中不同学历占比情况

（五）人力资源信息共享不到位，共享平台建设滞后

目前，河北省各地区人力资源市场信息化建设发展水平不一，且省、市、县三级人力资源服务机构以及基层乡镇之间的人力资源信息还处于相互分离的状态，各方人力资源信息尚未得到有效整合与完全共享，能够起到实时更新和完善多方市场人力资源相关信息的调查制度也未曾建立起来，使人力资源服务机构往往难以精准了解各地区人力资源信息变化的情况。此外，由于一些地区基础设施条件不满足，人力资源服务机构掌握的信息不全面，人力资源市场配置的能力不强。

在信息化人力资源服务建设方面，缺少人力资源信息大数据综合应用系统，在加快整合民众基本社会保障、生活保障等基础性人力资源信息上，还没有形成完整的、统一的人力资源信息库和全方位、立体式的公共信息共享服务平台，政府与企业、企业之间、企业与客户间往往出现人力资源信息延迟、信息不全等信息不对称的现象。

（六）各地发展不平衡，人力资源市场管理需进一步完善

目前，河北省人力资源服务业市场化改革的成效并不显著，市场在人力

资源服务中发挥的作用不如发达省份那么明显。主要原因在于河北省部分经济较落后的地区市场规模小、力量薄弱，不能有效地为劳动力提供相匹配的、稳定的就业服务。近年来虽然各市积极采取了相应的措施促进人力资源服务业健康快速发展，但河北省各城市规模普遍偏小，中心城市、经济繁荣的地区对周边地区人力资源服务行业的带动能力不强。受行业政策法规、经济发展水平、地域面积、资源投入等因素影响，各地区人力资源服务业发展规模、服务质量不均衡，县域内行业发展水平总体较低，相互之间差距更大。

存在这些差距和问题的原因既有政府职能发挥不到位、市场规模限制、监管力度不够、相关体制法制建设不健全、各地经济发展水平不均衡等客观因素，也有相关部门对人力资源市场建设和服务业发展的重视不够、思想不够解放、创新意识不强等主观因素，但这些都在一定程度上影响和限制了河北省人力资源市场建设和人力资源服务业的健康发展。

三　面临的机遇

由于疫情的影响，河北省人力资源服务业的发展面临一些挑战和机遇。比如各种防控政策与措施在对疫情防控起作用的同时，也在短时间内造成河北省人力资源服务企业员工复工和返岗困难，使人力资源供给短时间内紧缺，从而增加了用工成本。但是在新的背景下借助信息化技术、数字平台，河北省人力资源服务业也面临新的机遇。

（一）疫情利好企业用工需求增加

新冠肺炎疫情以及数字技术不断发展的背景下，线上经营成为诸多企业业务开展的主旋律，以线上工作为主的行业以及关系民生日常生活需要、医疗防护相关的企业，比如电商、远程办公、线上培训、物流等具有很大的发展潜力。在此背景下利好发展的行业，由于线下活动受限，常常出现企业之间相互借调员工、协同工作的现象，明显为河北省人力资源服务机构加快配置人力资源信息、满足疫情背景下多样化人力资源服务需求提供了机会。

（二）推动人力资源服务企业服务新模式的出现

借助数字平台，企业和政府对用工方式、服务模式有了新的认识和了解。长期来看，为了降低人力资源成本，合理、高效配置人才资源，充分发挥各地人力资源服务优势，共享员工、灵活用工、服务外包等新模式必然会成为人力资源服务企业提供多样化、个性化服务的最佳选择。河北省人力资源服务机构可借机转变经营与服务模式，借助数字化共享平台，提高机构人力资源服务质量，借此寻找新的发展机遇和盈利增长点。

（三）为人力资源服务企业信息化数字化建设提供契机

与经济发达的省份相比，河北省存在部分资源投入不足和分配不合理的现象，信息化、数字化建设相对滞后。在此背景下，人力资源服务企业应该意识到提升线上服务能力的重要性，充分利用信息化技术进行人力资源服务改革，提升顾客接受服务的效用和满意度。疫情期间，一系列信息技术通力合作，为全国疫情防控贡献了强大的力量，加快了我国信息化服务的发展速度，扩大了信息化服务在企业和民众生活中的影响。对于河北省一些发展靠前、资本雄厚的人力资源服务企业来说，加大其信息化数字化建设投入，助力人力资源服务业发展是一个很好的基础和契机。

（四）人力资源服务企业的形象和价值更加凸显

疫情防控期间，河北省各类人力资源服务机构勇担重任，竭尽所能地为企业和劳动者提供其所需的各类人力资源服务，充分发挥自身人力资源服务能力和专业水平，助力各项工作平稳有序进行，对复工复产困难带来的不利影响起到了很大的缓解作用。除此之外，河北省在京津冀协同建设发展、雄安新区规划建设以及北京冬奥会筹办的重大机遇下，各级人力资源服务企业的重要性更加凸显，在政府、社会、企业和顾客中的形象和价值得到进一步的提高。

四 进一步推动河北省人力资源服务业发展的相关建议

人力资源服务业在实施国家就业创业与人才发展及培养相关的政策中承担重要角色，在经济社会的全面可持续发展中占据重要地位。下一步，河北省将按照党的十九届五中全会关于推进要素市场化改革、发展现代服务业的决策部署要求，采取更有效、多样化的措施推动人力资源服务业朝着良好的态势发展。要牢牢把握住机遇，坚持新发展理念，对标先进省份人力资源服务业建设要点和国家政策要求，改进河北省建设中存在的问题，推动人力资源服务业向价值链高端的方向创新发展，明确职责定位、扩大服务范围，提高服务质量，打造人力资源服务业发展的战略高地，为助力河北省人力资源服务业与经济社会繁荣发展提供源源不断的动力和支撑。

（一）完善人力资源市场相关体系建设

一是建立健全人力资源市场法制体系建设，规范人力资源市场运行与竞争环境，营造良好的人力资源服务业发展的法治氛围。二是加强人力资源服务行业诚信制度建设，开展多种形式的线上线下活动大力宣传诚信服务制度，让诚信服务贯穿人力资源服务业发展的全过程，进而打造河北省特色人力资源诚信服务品牌。三是完善人力资源市场监管体系建设，贯彻落实人力资源与社会保障部门有关文件精神，按照京津冀人力资源服务区域协同标准，加强人力资源服务业日常监管、行业监管与人力资源服务活动监管，协同其他相关体系推动人力资源服务业各方面经营活动更加规范化、法治化。

（二）促进人力资源服务业多角度改革

一是深化“放管服”改革，在放宽人力资源服务业市场准入条件的同时做好备案登记，详细了解登记企业各方面信息，在合法合规的基础上简化审批流程，使人力资源服务更加便捷和高效。二是深化人力资源服务供给侧改革，扩大人力资源市场对外开放程度，鼓励采取多种措施吸引国内外高层次人力资源服务业人才以及外商投资，并在河北省着重打造一批先进的、极具河北特色的人力资源服务企业。三是深化人力资源服务业市场化改革，加大执法监察力度，鼓励人力资源服务企业之间良性竞争，严厉打击和惩罚违法违规行为，打造适宜人力资源服务业长远发展的外部环境。

（三）推动人力资源服务业创新性发展

一是推动人力资源服务业技术创新，鼓励有能力的机构运用新一代信息化数字化技术促进人力资源服务业创新服务内容、优化服务功能，加强人力资源服务与技术的融合发展。二是推动人力资源服务业业态创新，引导人力资源服务机构向价值链高端延伸出新的业态，以人力资源服务业为核心，向其他相关服务业延伸，并在疫情这一新背景下，顺应行业发展趋势和市场需求，加强关联行业间的协同发展。三是推动人力资源服务业从业人员创新性发展。加强人力资源服务业高层次人才的引进与培养，提高行业工作人员的服务质量及综合素质，多渠道、全方位打造人力资源服务行业所需的高质量、高水平的领军型人才队伍。

（四）加快人力资源信息整合能力，实现人力资源市场信息公开化、透明化

一是尽快整合企业用工需求和劳动力市场信息，精准实现人力资源市场供需匹配，改变过去省、市、县体制性分割、信息不对称的局面，实现不同地区间人力资源信息共享、资源共享。二是整合并合理配置人力资源，积极推进人力资源服务业市场化改革，有效整合与配置多方资源，以期逐渐消除地区发展不平衡的现象。三是要打破行业进入壁垒和基础设施不足障碍，建立诚信经营、良性竞争、协同发展的人力资源市场环境，为顾客提供完善周到的人力资源服务。

（五）进一步推动产业和人才集聚效应

一是发挥好河北省现有人力资源服务产业园的示范引领作用，进一步完善相关体系和园区配套设施建设，持续优化人力资源服务业市场环境，丰富服务业态、延伸产业链条，推进产业和人才聚集。二是鼓励各市结合当地产业特色，通过政府、社会、人力资源市场等多方力量组合发力，在经济技术开发区、各类产业园区等产业和人才聚集区域，加快建设优质的人力资源服务产业园。三是依托已有的基础条件和已获得的阶段性成果，进一步加大人力资源服务业发展的相关投入，促进人力资源服务产业多维度创新性发展，提高产业和人才集聚效应带来的经济和社会效益。

（六）注重人力资源服务业多方协同发展

一是要注重地区间协同发展，不仅包括省内各地区之间，还包括河北省与京津之间的协同发展。河北省人力资源服务业的质量和水平与京津相比，还有很大的差距，京津冀三地人力社保部门可进一步制定并完善人力资源服务区域协同策略，以期缩小三地人力资源服务业的服务水平和质量差距，同时激发河北省人力资源服务业创新活力，谋求在特殊时期以及今后的协同发展路径。二是要注重行业企业之间的协同发展，随着数字化时代的来临，各行业企业的边界逐渐模糊，跨界融合已不可阻挡，企业联合相关行业的合作伙伴，寻求行业企业间的共赢才是长远发展之计。三是要注重企业内部间、企业与客户之间的协同发展，人力资源服务业主要是服务“人”的工作和业务，需要企业内部互相协调，及时与客户进行沟通，促使自身服务价值最大化。

参考文献

董小华：《加快首都人力资源服务业产业化发展》，《中国人力资源开发》2012 年第

2 期。

郭庆、王涛：《共促人力资源服务业平台化转型发展》，《宏观经济管理》2021 年第 1 期。

韩树杰：《我国人力资源服务业的发展现状与趋势》，《中国人力资源开发》2008 年第 1 期。

李燕萍、陈文：《后疫情时代我国人力资源服务业发展转型：基于疫情防控常态化下人力资源服务政策文本分析》，《中国人力资源开发》2020 年第 10 期。

刘茹：《人力资源服务业发展观察》，《中国人才》2017 年第 10 期。

孙建立：《人力资源服务业高质量发展：成效、问题与对策》，《中国劳动》2019 年第 3 期。

田永坡：《"互联网+"与人力资源服务业创新发展状况：基于调查数据的研究》，《中国人力资源开发》2017 年第 8 期。

田永坡：《人力资源服务产业园"十四五"发展策略》，《中国人力资源社会保障》2020 年第 9 期。

田永坡：《人力资源服务业四十年：创新与发展》，《中国人力资源开发》2019 年第 1 期。

汪怿：《发达国家人力资源服务业的发展趋势及启示》，《中国人力资源开发》2007 年第 4 期。

王睿：《人力资源服务业迎来新时代》，《中国人力资源社会保障》2018 年第 9 期。

吴帅、田永坡：《我国人力资源服务产业园区建设：现状、挑战与对策》，《中国人力资源开发》2015 年第 23 期。

熊颖：《中国人力资源服务业发展形势与路径探析》，《中国劳动》2018 年第 1 期。

张英智：《从"一园多区"到"服务业商圈"——国家级人力资源服务产业园发展的模式探索》，《中国人事科学》2020 年第 11 期。

B.20
云南省人力资源服务行业发展统计分析

曾 辉　郭惠莲　张彩来　方 阳*

摘　要：　2020年，云南省人力资源服务行业总体规模持续增长，服务业态更加丰富和完善，人力资源管理咨询、人力资源服务外包、人才测评等高端服务增长较为迅速，从业人员素质结构进一步得到优化，市场配置能力进一步增强。同时，也存在创新驱动不足、区域发展不均衡、行业集聚作用不明显等短板，需要加以优化和完善。

关键词：　云南省　人力资源服务行业　从业人员

近年来，云南省坚持发挥市场在人力资源配置中的决定性作用和更好发挥政府作用，着力推动人力资源市场建设和促进人力资源服务业发展。2020年，全省人力资源服务机构达到2434家，年营业收入达到203.88亿元，从业人数达到4.09万人，相比2015年分别增长了2.4倍、6.6倍、4.4倍。在行业规模迅速增长的同时，人力资源市场建设规范化程度不断提升，人力资源服务业态不断丰富，为促进就业创业、助力脱贫攻坚、服务乡村振兴等重大战略发挥了重要作用。特别是2020年新冠肺炎疫情发生以来，全省人

* 曾辉，云南省人力资源和社会保障厅人力资源流动管理处处长，主要研究方向为人力资源管理；郭惠莲，云南省人力资源和社会保障厅人力资源流动管理处副处长（二级调研员），主要研究方向为人力资源管理；张彩来，云南省人力资源和社会保障厅人力资源流动管理处副处长（三级调研员），主要研究方向为人力资源管理；方阳，云南省人力资源和社会保障厅人力资源流动管理处一级主任科员，主要研究方向为人力资源管理。

力资源服务行业迎难而上、主动作为，全力服务企业复工复产、人员返岗就业，打造了疫情背景下永不停歇的人力资源服务。

一　发展现状

（一）行业规模持续扩大

从机构数量来看，2020 年全省共设立各类人力资源服务机构 2434 家，同比增长 20.85%。从从业人数来看，全省人力资源服务行业从业人员共有 4.09 万人，同比增长 5.7%。从营业收入来看，全省人力资源服务行业年营业收入 203.88 亿元，同比下降 7.39%。从数据可以看出，2020 年云南省人力资源服务行业总体规模呈现“两增一减”的特点，机构数量和从业人数持续稳步增长，但营业收入略有减少，分析其原因主要是受新冠肺炎疫情影响，部分人力资源服务业务没有得到完全开展（见图 1）。

（二）服务业态更加完善

2020 年，全省各类人力资源服务机构举办现场招聘会 9872 场，同比增长 26.05%，提供招聘岗位 369.49 万个，同比增长 15.38%，吸引求职人员 203.81 万人，同比减少 8.99%，通过网络发布招聘岗位信息 188.19 万条，同比增长 56.65%，通过网络发布求职人员信息 121.77 万条，同比减少 3.97%，为 1.4 万家单位提供劳务派遣服务，同比增长 8.84%，共派遣 36.63 万人，同比增长 30.85%，为 6.34 万家单位提供了人力资源管理咨询服务，同比增长 76.82%，为 0.82 万家单位提供了人力资源外包服务，同比增长 54.53%，举办各类培训 3.44 万次，同比增长 16.95%，培训 177.32 万人次，同比增长 1.01%，开展人才测评服务 39.56 万人次，同比增长 60.36%，通过高级人才寻访服务成功推荐各类高级人才 1.9 万人，同比增长 12.6%。从数据可以看出，云南人力资源服务已基本涵盖了主要业态，各类业务在数量上实现了增长，人才测评、高级人才寻访、人力资源管理咨询等高端业态增长比较迅速，说明行业发展更加成熟和稳健（见表 1）。

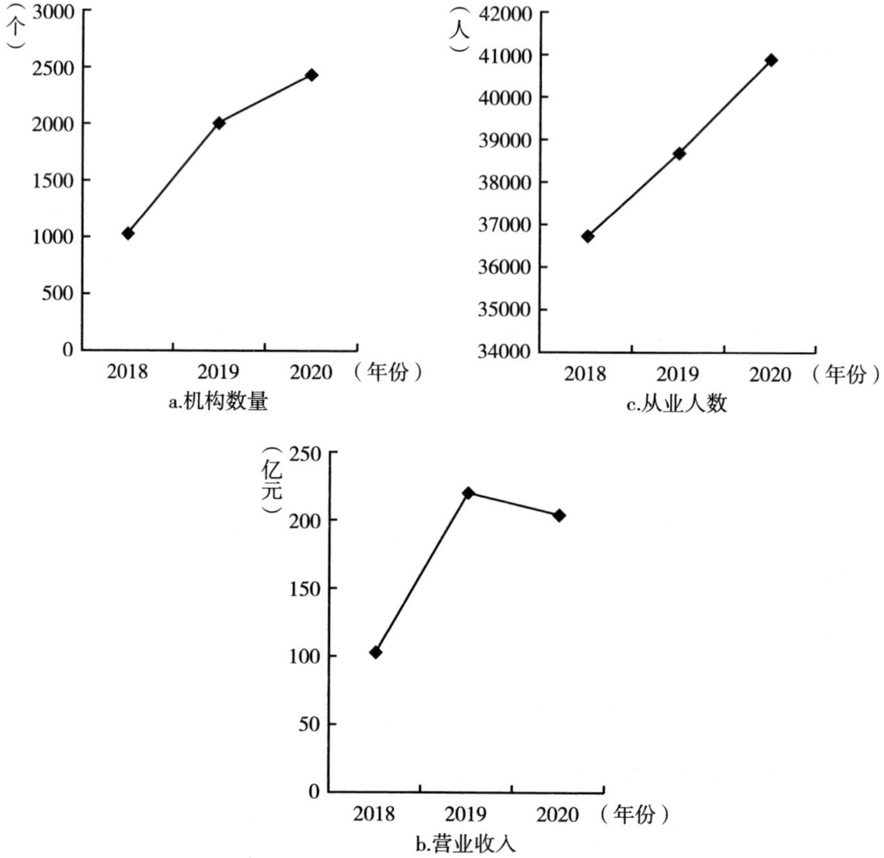

图 1　2018～2020 年人力资源服务机构数量、从业人数、营业收入增长情况

资料来源：《云南省人力资源市场统计年报》，后同。

表 1　2018 年至 2020 年各类服务业态业务量增长情况

服务业态 / 统计年度	现场招聘会(场)	发布招聘岗位信息（万条）	发布求职人员信息（万条）	网络发布招聘岗位信息(万条)	网络发布求职人员信息(万条)	劳务派遣服务单位（万家）	劳务派遣人员（万人）
2018 年	6409	271. 19	252. 67	121. 68	95. 71	1. 41	26. 77
2019 年	7832	320. 23	223. 94	120. 14	126. 81	1. 29	27. 99
2020 年	9872	369. 49	203. 81	188. 19	121. 77	1. 40	36. 63
2020 年同比增长(%)	26. 05	15. 38	－8. 99	56. 65	－3. 97	8. 84	30. 85

续表

服务业态 / 统计年度	人力资源管理咨询服务单位(万家)	人力资源外包服务单位(万家)	举办培训班(万次)	培训人员(万人次)	人才测评(万人次)	高级人才寻访(万人)
2018 年	4.97	1.30	1.40	105.59	89.48	1.32
2019 年	3.59	0.53	2.94	175.54	24.67	1.68
2020 年	6.34	0.82	3.44	177.32	39.56	1.90
2020 年同比增长(%)	76.82	54.53	16.95	1.01	60.36	12.6

(三)从业人员素质不断提高

从学历层次看，硕士及以上学历 458 人，占从业人员总数 1.12%，占比同比减少 0.05 个百分点，本科学历 1.41 万人，占从业人员总数 34.48%，占比同比增加 9.5 个百分点，大专及以下学历 2.63 万人，占行业人员总数 64.4%，占比同比减少 9.46 个百分点。从职业资格看，取得职业资格 1.05 万人，占从业人员总数 25.57%，占比同比减少 11.74%。从数据可以看出，云南省人力资源服务行业从业人员学历结构进一步优化，本科层次从业人员的数量和比例都有明显提升，但从业人员中取得职业资格人数减少，分析其原因，主要是放管服改革降低了对从业人员职业资格的要求，且相关认定已退出国家技能人员职业资格目录（见图 2）。

(四)市场活力持续增强

从机构数量来看，全省经营性人力资源服务机构共有 2004 家，占人力资源服务机构总数的 82.33%，占比同比增加 10.93 个百分点。从从业人数来看，全省经营性人力资源服务机构从业人员共有 3.31 万人，占从业人员总数的 80.82%，占比同比提高 1.09 个百分点。从营业收入来看，全省经营性人力资源服务机构年度营业收入 200.9 亿元，占年度营业收入总数的 98.54%，占比同比增加 2.59 个百分点。从数据可以看出，经营性人力资源服务机构的数量、从业人数和营业收入占比进一步提高，其行业主力军地位更加凸显，说明市场在促进人力资源合理流动和优化配置方面扮演着越来越重要的角色（见表 2）。

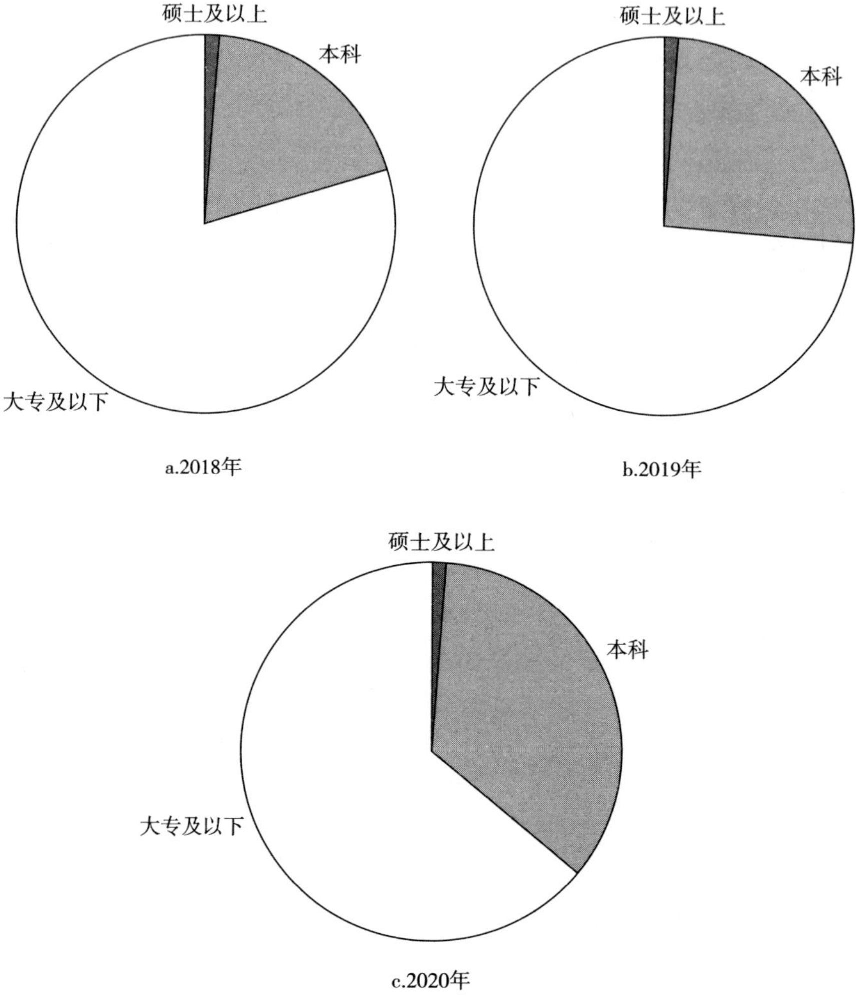

图2　2018～2020年从业人员学历分布情况

（五）区域发展不够均衡

从机构数量来看，昆明1207家，占49.59%，昭通87家，占3.57%，曲靖40家，占1.64%，玉溪172家，占7.07%，保山103家，占4.23%，楚雄25家，占1.03%，红河167家，占6.86%，文山103家，占4.23%，

表 2　2018～2020 年经营性人力资源服务机构占比增长情况

主要指标 / 统计年度	经营性人力资源服务机构数量(家)	占比(%)	经营性人力资源服务机构营业收入(亿元)	占比(%)	经营性人力资源服务机构从业人数(万人)	占比(%)
2018	673	65.92	100.52	97.31	2.45	66.64
2019	1438	71.40	211.22	95.95	3.08	79.73
2020	2004	82.33	200.90	98.54	3.31	80.82

普洱 85 家，占 3.49%，版纳 48 家，占 1.97%，大理 165 家，占 6.78%，德宏 94 家，占 3.86%，丽江 82 家，占 3.37%，怒江 15 家，占 0.62%，迪庆 8 家，占 0.33%，临沧 33 家，占 1.36%。从从业人数来看，昆明 17265 人，占 42.22%，昭通 1025 人，占 2.51%，曲靖 4215 人，占 10.31%，玉溪 2168 人，占 5.30%，保山 1257 人，占 3.07%，楚雄 270 人，占 0.66%，红河 1664 人，占 4.07%，文山 744 人，占 1.82%，普洱 658 人，占 1.61%，版纳 758 人，占 1.85%，大理 2107 人，占 5.15%，德宏 6437 人，占 15.74%，丽江 1551 人，占 3.79%，怒江 226 人，占 0.55%，迪庆 111 人，占 0.27%，临沧 441 人，占 1.08%。从营业收入来看，昆明 134.95 亿元，占 66.19%，昭通 3.68 亿元，占 1.80%，曲靖 2.41 亿元，占 1.18%，玉溪 12.92 亿元，占 6.34%，保山 4.40 亿元，占 2.16%，楚雄 3.07 亿元，占 1.50%，红河 5.89 亿元，占 2.89%，文山 3.02 亿元，占 1.48%，普洱 3.17 亿元，占 1.56%，版纳 1.39 亿元，占 0.68%，大理 7.07 亿元，占 3.47%，德宏 15.68 亿元，占 7.69%，丽江 3.23 亿元，占 1.58%，怒江 0.72 亿元，占 0.35%，迪庆 0.08 亿元，占 0.04%，临沧 2.21 亿元，占 1.08%。从数据可以看出，昆明在机构数量、从业人数、营业收入等方面依然是“一家独大”，说明人力资源服务行业区域发展不够均衡，部分州（市）市场建设和行业发展还有较大提升空间（见图 3）。

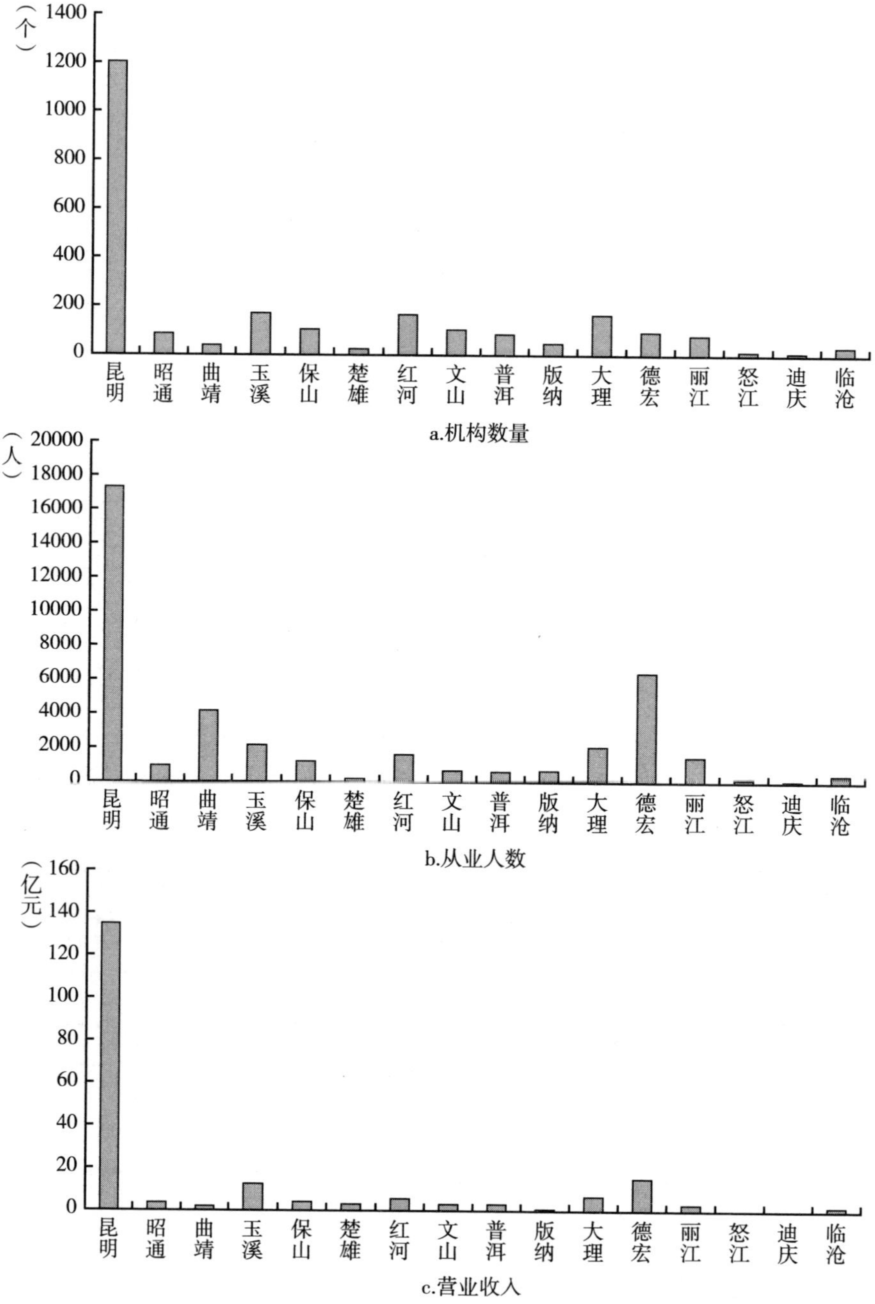

图3　2020年各州（市）人力资源服务行业主要指标对比

二　云南促进行业发展的主要措施

（一）着力完善政策法规体系

坚持政府引导，市场主导，持续抓好《人力资源市场暂行条例》《云南省贯彻人力资源市场暂行条例促进人力资源服务业发展的实施意见》等文件精神的贯彻落实。研究出台《关于改进外商投资人力资源服务机构管理服务工作的实施意见》，从统一投资者资质要求、下放审批权限、优化审批流程、加强事中事后监管等方面对外商投资人力资源服务机构的管理服务工作进行统一和规范，着力营造外商投资发展良好环境，为云南省加强人力资源市场建设、促进人力资源服务业发展进一步提供政策支撑。

（二）积极发挥行业职能优势

面对突如其来的新冠肺炎疫情，多措并举动员引导全行业赢“大战”胜“大考”，线上线下同步发力，加强人力资源供求对接，全力服务企业复工复产、人员返岗就业。结合云南省工作实际，拟制下发《云南省人力资源服务行业助力脱贫攻坚行动方案》《云南省人力资源服务行业促就业行动方案》，通过 14 项具体行动引导全行业助力脱贫攻坚、促进就业创业。组织开展行业助力脱贫攻坚乡村振兴定向支持行动，聚焦服务全省脱贫攻坚挂牌督战县和万人以上异地搬迁安置点，通过外出就业、当地就业、居家就业、创业带动就业、技能培训、爱心维权 6 条途径，帮助贫困地区劳动者脱贫致富。

（三）认真开展市场监管服务

进一步简化优化人力资源服务许可、备案等工作程序，将人力资源服务行政许可（含外资）审批权限全部下放到县（区）级人社部门。落实“双随机、一公开”制度，对投诉举报较多、列入经营异常名录或有严重违法违规记录等情况的人力资源服务机构，加大随机抽查力度。通过 2020 年人力资源市场专项抽查、清理整顿人力资源市场秩序专项执法等抓手，全面加强人力资源市场监督管理。持续开展以“打造守法诚信服务品牌、规范人力资源市场秩序”为主题的人力资源服务诚信主题创建活动，引导人力资源服务行业诚信经营、健康发展。深入人力资源服务机构开展走访调研，梳理下发国家和云南省涉及人力资源服务行业优惠政策汇编，帮助其兑现享受各项扶持政策。

（四）持续开展从业人员培训

赴浙江大学举办云南省人力资源服务行业能力提升专题研修班，采取专题辅导、参观见学、交流互动等形式，组织州（市）人力资源流动管理工作分管领导和业务骨干、部分人力资源服务机构负责人参加集中培训。培训期间，通过“深入贯彻习近平新时代中国特色社会主义思想”等专题辅导，帮助学员进一步提升思想站位，自觉用习近平新时代中国特色社会主义思想武装头脑、推动工作；通过嘉兴南湖红色教育基地等现场教学，带领学员重温建党历史、感悟红船精神、强化理想信念；通过“人力资源服务业发展新思维”“人才测评与发展”等专业课程，帮助学员进一步了解人力资源服务业的发展趋势和前沿动态，提高创新发展能力。

三　未来发展的计划和对策

近年来，通过政府与市场的协同配合，云南省人力资源服务行业在数量和质量上都取得了较快的发展，但由于地处边疆和民族地区，经济社会发展相对滞后，仍然存在行业创新驱动不足、区域发展不均衡、行业集聚作用发挥不明显等短板，需要进一步加以改进和完善，重点做好以下工作。

（一）进一步加强人力资源市场建设

认真贯彻落实《人力资源市场暂行条例》《云南省贯彻人力资源市场暂

行条例促进人力资源服务业发展的实施意见》等政策法规，切实发挥政府在市场培育方面的积极作用，进一步健全加强人力资源市场建设的体制机制，对人力资源服务骨干企业培育、领军人才培养、人力资源服务产业园区建设等进行鼓励和支持，着力营造统一开放、竞争有序的人力资源市场环境，提高云南人力资源市场建设管理的科学化、规范化水平。

（二）进一步促进人力资源服务行业创新发展

引导人力资源服务行业发挥职能优势，促进人力资源合理流动和优化配置，促进就业创业。鼓励各类人力资源服务机构进一步拓展服务业态、创新服务模式，通过与大数据、云计算、人工智能、区块链等信息技术有机融合，进一步提升人力资源服务的质量和效益。加快推进国家级中国（昆明）人力资源服务产业园建设，鼓励有条件的州市、县区建设一批有特色、有活力、有效益的地方性人力资源服务产业园。

（三）进一步加强人力资源市场监管服务

加强事中事后监管，落实“双随机、一公开”制度，建立和畅通举报投诉渠道，健全投诉举报事项协调处理机制。持续开展清理整顿人力资源市场秩序执法等行动，依法依规查处违法违规行为，切实维护用人单位和劳动者的合法权益。落实年度报告公示制度，指导人力资源服务机构依法公开生产经营活动有关信息，进一步加强社会监督和协同共治。支持鼓励人力资源服务行业协会开展行业规范自律，促进行业公平竞争、有序发展。

B.21

"十四五"时期广西人力资源服务业发展分析

赵海明 *

摘　要："十三五"规划实施以来，广西人力资源服务业快速健康发展，成为广西就业创业的重要渠道，通过人力资源流动配置优化用人单位、企业和社会人才需求，已成为广西产业转型升级和经济社会发展的重要支撑。同时，通过人力资源服务也能实现良好的社会效益、经济效益和人才效益。但是，在快速度发展中也存在产业短板，如人力资源服务业集聚度倚重于南柳桂等广西重点城市，广西的经济发展不平衡也导致人力资源服务业在各区域发展不充分，以中小规模企业为主，上规入统企业数量不多，产品服务业态单一、层次偏低等。"十四五"时期，区域叠加为广西人力资源服务业发展提供了难得历史机遇。广西将健全人力资源政策制度体系、搭建人才集聚平台、全面加快人力资源服务机构培育、创新信息化服务载体和线上人力资源服务、强化人力资源市场监测分析，切实推进要素市场化和行业高质量发展。

关键词：广西　人力资源服务业　劳务合作

---

* 赵海明，广西壮族自治区人力资源和社会保障厅四级调研员，主要研究方向为人力资源市场建设、人力资源服务业发展和人力资源服务产业园建设。

人力资源是推动经济社会发展的第一资源。为构建广西更加完善的要素市场配置和促进社会性人才流动，广西壮族自治区人力资源和社会保障厅从人力资源服务业促进就业市场化、发挥人力资源优势、服务全区现代服务业和经济社会发展入手，通过推进广西重点城市建设人力资源服务业平台有效集聚全区或区域人力资源服务产业、出台符合当地人力资源服务业发展的支持政策，推动人力资源服务业的快速发展和服务质量的提升，有效促进广西人力资源的顺畅有序流动，为广西现代服务业发展提供强有力的人才保障和智力支持。自“十三五”时期认定2家自治区级人力资源服务产业园以来，自治区级人力资源服务产业园通过提供与当地产业相结合的人力资源服务项目，有效促进地方人力资源服务行业与当地经济的相互促进发展。同时，也带动了广西其他地市在“十四五”规划建设人力资源服务产业园的积极性，为推动广西人力资源服务业的快速发展奠定良好的环境基础。

一 “十三五”时期广西人力资源服务业发展

（一）人力资源服务业保持快速发展态势

2016～2020年全区人力资源服务机构数量有较大增长：从2016年的430家增加到2020年底的833家，营业收入快速增加，从2016年50亿元增加到2020年的157亿元。加强人力资源服务业从业人员队伍建设，从业人员人数不断增加，截至2020年，人力资源服务业从业人员总数达1.5万人，综合素质不断提高。

（二）人力资源市场服务体系初步形成

人力资源服务分为公共就业服务和市场化服务两部分。2020年，公共服务机构占全区人力资源服务机构的27.6%，基本形成以公共服务机构为基础，经营性服务机构为主体，二者协调发展的人力资源市场服务体系。目前，已建成自治区至村（社区）五级联通的“广西公共就业服务信息平台”。经营性服务机构面向社会开展各类服务。

（三）人力资源服务业集聚效应不断提升

人力资源服务产业园作为人力资源服务业集聚发展的重要载体和平台，对广西人力资源服务业的发展起到积极的推动作用，平台的发展已成为当地社会经济增长新引擎。近年来，广西人社部门根据自治区政府关于全区经济社会发展、现代服务业发展及广西重点产业发展等一系列工作部署，统筹推进自治区级人力资源服务产业园建设。2019 年 12 月设立广西首家自治区级人力资源服务产业园——广西（柳州）人力资源服务产业园，自 2019 年 12 月开园运营以来，产业园集聚效应、社会效应和经济效益基本呈现，截至 2020 年 12 月，园区入驻企业已经有 93 家，实现营收达 15 亿元，税收 1600 万元；累计引进各类人才 282 人，解决本地用工人数和转移就业人数超过 5 万人。2020 年，批复认定广西北部湾人力资源服务产业园，2020 年，产业园区实现产值 1 亿元，园区为 2000 余家用人单位和 2 万多人提供了职业介绍、服务外包、信息对接等服务；累计开展各类培训 2.2 万多人次；为近 200 家企业提供了“双创”服务。

（四）人力资源服务业管理体系逐步健全

加快推进《广西壮族自治区人力资源市场条例》立法进程，制定相关配套政策，基本形成人力资源服务业发展的法规政策体系。同时，推进“放管服”改革，简化行政许可及备案条件和流程，统一内外资人力资源服务行政许可条件，并下放到各市、县（市、区），在广西自贸区实行告知承诺制试点。实行“双随机、一公开”监管机制，清理整顿人力资源市场秩序。开展诚信服务主题创建活动。

（五）人力资源服务产品供给呈多层次、多元化发展趋势

“十三五”期间，广西人力资源服务业经历了快速发展，通过对人力资

源服务机构的培育和发展，已在全区建立多层次、多元化助力广西产业发展的人力资源服务产品体系，通过政府采购方式逐步满足党政机关、企事业单位、社会团体和各种社会组织等不同层次服务对象的要求，部分人力资源服务业务地域从广西发展到全国，并有部分企业发展到海外服务市场。

（六）探索中越跨境劳务合作机制

在崇左、防城港两个中越跨境劳务合作试点城市，制定《广西沿边重点地区越南入境务工人员管理办法》，跨境劳务合作有序展开。至2019年，崇左市共有83家劳务公司从事跨境劳务派遣业务，有336家用工企业使用越南劳工。

二 “十四五”时期广西人力资源服务业发展面临的挑战

“十三五”时期，广西人力资源服务业有较快发展，但相比于全国和周边省份，还是处于发展不足的境地。主要原因：一方面，当前我国经济下行压力依然较大，特别是2020年受新冠肺炎疫情影响，人力资源服务机构经营面临较大困难，从业人员数量有所减少，用工中介收入作为人力资源服务机构主要收入，受到的影响更为严重；另一方面，行业缺乏集聚载体平台，缺少行业领军企业，产品层次不高，政策支持力度不够。

（一）产业发展不充分不平衡

广西产业规模偏小。与全国发达省份相比，广西本土企业多数规模小，缺少行业领军型、规模型企业。区域间发展也不平衡，行业企业主要集中在南宁、柳州、桂林等中心城市。2020年，南宁市人力资源服务业营业收入89.9亿元，占全区57.2%。同时，业态不够丰富，产品单一，服务能力和水平不高，仍以职业中介、劳务派遣等中低端人力资源服务为主体，猎头、金融服务等高端人力资源业态发展动力不足。

（二）区外政策“洼地”对广西人力资源服务业发展冲击较大

因国内其他省份的人力资源服务产业园对入驻园区企业有社保、税收、场地租金等方面的奖励政策，区外的人力资源公司能以较低成本和价格竞标、中标广西业务，抢占市场份额，导致广西人力资源服务行业发展处于更加弱势和难以进一步发展的不利地位。

（三）人力资源服务业发展受新冠肺炎疫情影响较大

2020 年受新冠肺炎疫情影响，广西人力资源服务机构经营面临较大困难，因部分行业企业产量降低，从业人员数量有所减少，以用工中介收入作为人力资源服务机构主要收入受到的影响更大。同时，跨境劳务和人力资源流动受疫情冲击很大，截至 2020 年底，广西崇左、防城港两地未办理一起跨境劳务，从事跨境劳务的中介机构出现大幅退出的情况。

三　“十四五”时期，广西人力资源服务业发展开启新征程

“十四五”时期，广西提出“起步就要提速、开局就要争先”，以加快发展，转型升级，全面提质，实现“十四五”良好开局。广西人力资源服务业发展将契合中国（广西）自贸区建设，全面对接粤港澳大湾区建设等区域叠加建设期，提高人力资源服务质量，为广西经济发展提供新动能。

（一）发展目标

以南宁、柳州、桂林和北部湾各市等在广西人力资源服务业发展中的优势地位为重要依托，坚持实体经济、科技创新、现代金融与人力资源协同发展的思路，以点带面，推动广西全域人力资源服务行业发展。

（二）产业规模

“十四五”期间，推动人力资源服务集聚和规模发展，加快经济转型升级，推动经济社会高质量发展，亟须将劳动力富集优势转化为发展优势、产业优势、人才优势，最大限度挖掘人口红利潜力，切实把丰富的劳动力资源转化为巨大的人力资源优势，不断提高人力资源对经济增长和社会发展的贡献率。因此以自治区人民政府“十四五”产业规划部署为基础，以自治区重点节点城市为支点，统筹布局建设5家自治区级人力资源服务产业园，创建国家级人力资源服务产业园。到2025年，广西人力资源服务机构数量超过2000家，规模以上人力资源服务业营业收入达500亿元，同时创新人力资源要素供给，着力提供更加优质的人力资源保障和智力支撑，实现人才优先发展，促进产业转型升级，形成多层次、专业化人力资源服务产业链，并延伸对接周边各省份的经济社会发展。

（三）行业队伍

到2025年，广西人力资源服务行业从业人员达到2万人以上，同时实现从业人员学历、资质等素质提升，促进行业的高质量发展。

（四）“十四五”产业发展布局

“十四五”时期，以“双中心园区建设、五方位集聚，多方位发展”的“2+5+N”模式，推进全区人力资源服务产业园发展。一是双中心园区。双中心园区建设即以自治区产业发展规划布局为基础，分别以南宁、柳州为中心，创建国家级人力资源服务产业园，促进产业集聚和规模发展。以南宁为中心，链接自贸区、北部湾各城市，打造面向东盟国家的数字化人力资源服务。以柳州为中心，辐射珠江—西江经济带各城市，打造与重点产业相结合的人力资源服务全产业链集聚区。二是五方位集聚。根据广西人力资源服务产业发展情况，以地理位置划分为依据，“十四五”时期重点打造“东（贵港）、西（百色）、南（北海、钦州港）、北（柳州、桂林）、中（自治区、南宁）”五个方位的人力资源服务产业集聚圈。三是多方位发展。对广西人力资源服务行业发展较快、较好的设区市，加大力度指导建设能服务当地经济发展的人力资源服务产业园，助力当地经济社会良性发展。

（五）“十四五”时期主要任务

1. 健全人力资源政策制度体系

推进《广西壮族自治区人力资源市场条例》立法进程，为广西人力资源服务业发展提供法规支撑。该条例已列入2021年自治区人大立法计划完成项目。规范广西自治区级人力资源服务产业园建设，制定出台《自治区人力资源服务产业园管理暂行办法》，促进广西地方建设产业园的标准化。

2. 搭建人才集聚平台

以党中央赋予广西“三大定位”新使命和五个扎实新要求，以及人才强桂战略为契机，加大广西人力资源服务业集聚发展，通过打造人才市场、劳动力市场、零工市场等平台，培育发展广西本土的人力资源服务业领军企业，加快推进广西区内重点城市的自治区级人力资源服务产业园建设，并积极对标国家级人力资源服务产业园条件，适时开展申报工作。鼓励有条件的地方结合实际需要，建设自治区级、市级人力资源服务产业园。

3. 推动产业创新发展

支持人力资源服务机构由传统业态向人力资源管理咨询、高级人才寻访（猎头）、人力资源测评、人力资源培训、服务新就业形态等新兴业态创新发展，提升服务效能。通过数字经济＋人力资源服务，推进线上＋线下相结合的人力资源服务“淘宝网”。

4. 推动产业规范发展

全区全面推行告知承诺制。深入实施诚信主题创建行动，评选一批人力资源诚信服务示范机构。学习借鉴外省人力资源服务业统计经验，协调自治区相关政策部门开展“广西人力资源服务产业全口径统计调查”的相关工作。推进人力资源服务行业协会的行业自律，定期发布广西人力资源服务业行业发展蓝皮书。

B.22
人力资源服务机构社保代理服务发展趋势研究

林　彤*

摘　要： 人力资源服务机构开展的社保代理服务，因帮助客户企业实现了社保缴费的便捷与合规，因而一直受到企业的欢迎，此项业务也一直保持平稳增长，是人力资源服务机构的重要收入来源。当前，为了进一步规范用工行为，加强对社保缴纳工作的管理，各地社保部门对社保缴纳相关工作加强了规制。其中，劳动者劳动关系所属单位和社保缴纳单位的统一是最为核心的工作要求。未来，社保代理服务的业务模式将向更加合规性发展，新技术将在社保代理服务中深入应用，社保代理服务的效率将进一步提升。在社保代理服务利润空间收窄的情况下，社保代理服务也需要探讨如何转型。

关键词： 人力资源服务机构　社保代理　政策走向

一　社保代理服务简述

（一）社保代理服务的产生

社保代理服务是指人力资源服务机构接受客户的委托，依照国家在社保

---

* 林彤，中国对外服务工作行业协会研究室主任，国际商务师，主要研究方向为人力资源服务产业发展趋势。

缴纳方面的相关政策法规要求，为单位或个人缴纳养老保险、生育保险、医疗保险、失业保险及工伤保险等社会保险的费用。

企业选择社保代理服务主要基于以下两个原因。

（1）可以帮助企业从烦琐的社保缴纳事务中解脱出来，既节省人事管理成本，又可以提高工作效率。社保缴纳工作是一项合规性要求很高的工作，企业自行办理社保、公积金业务，相对来讲，操作不专业，效率较低。若招聘专职工作人员来办理社保相关事宜又会增加人力成本。选择人力资源服务机构提供社保代理服务，企业虽然需要付出一部分服务费，但可以不再另行招聘社保专职工作人员。此外，当企业员工遇到理赔或者需享受社保公积金待遇时，通过人力资源服务机构的办事渠道和专业服务，可以达到办事快捷、事半功倍的效果。

（2）部分企业出于多种考虑，没有以本单位的名义自行为员工缴纳社保，而是委托人力资源服务机构代理缴纳社保，从而使员工仍然能够享受到企业社保、公积金待遇。

（二）当前人力资源服务机构开展社保代理服务的种类

当前，人力资源服务机构开展的社保代理服务可分为三个类型。

一是客户企业自身及分支机构完成了工商登记注册手续，开办了自己的社保账户。客户企业将自己社保账户及“U 盾”等权限全权委托给人力资源服务机构代为处理，人力资源服务机构每月在客户企业账户上托收社保款，企业按月支付给人力资源服务机构服务费，此类服务通常被称作“小库模式”或“单立户”。

二是客户企业在异地建立的分支机构，因多种原因并未单独办理注册手续，因此没有办法单独开办社保账户。由于需要使用当地人员，在上述情况下，用工企业选择将当地工作人员的社会保险通过人力资源服务机构的社保账户来缴纳。这样，企业每月向代理机构支付员工的社保公积金费用和服务费，此类服务通常被称作“大库模式”。

三是个人委托的社保代理服务，这部分人员多是长期居住在当地（非户籍人员)，有的已经在企业缴纳了一定年限的社保，因为歇业、网络工作、自由职业等原因，为了保障自己未来的养老、医疗等问题，为了解决“买车、买房、孩子上学”等事宜，不能断缴社保。

二　人力资源服务机构开展社保代理服务的情况

人力资源服务机构大规模开展社保代理服务始于2000年前后。多年以来，人力资源服务机构的社保代理服务一直保持平稳增长，是很多人力资源服务机构最重要的收入来源。根据中国对外服务工作行业协会①对所属会员单位2020年经营情况的问卷调查，绝大部分会员单位都开展了社保代理服务（见图1）。

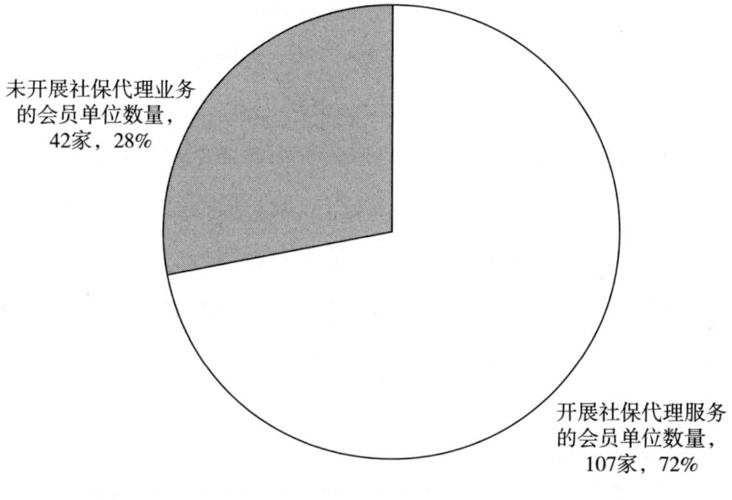

图1　2020年外服协会开展社保代理服务的会员单位数量

作为人力资源服务机构的传统业务，近年来，社保代理服务虽然保持稳定增长，但也呈现增速减缓的趋势（见图2）。这一现象主要成因如下。

① 中国对外服务工作行业协会是一家全国范围的人力资源服务行业协会，目前协会在全国各地拥有160家会员单位。

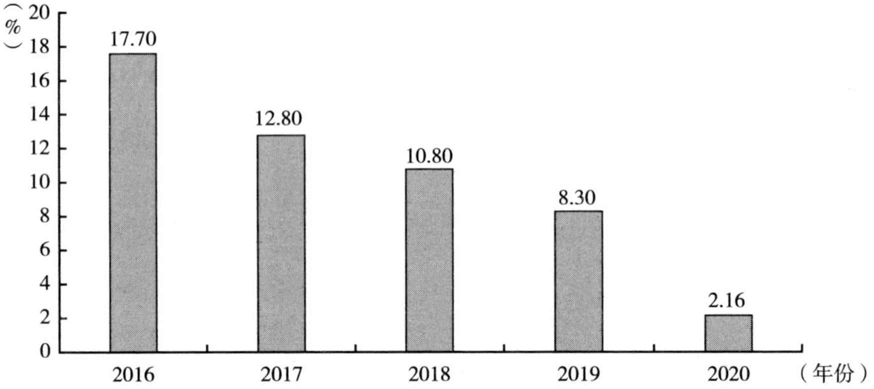

图 2　2016～2020 年来外服协会会员单位社保代理服务人数的平均增长率

（一）受到政策的影响

当前，为了进一步规范用工行为，加强对社保缴纳工作的管理，各地社保部门对社保缴纳相关工作加强了规制，社保代理服务进一步向规范化发展将成为趋势。具有典型意义的事件是，2020 年 6 月，北京市社保中心发出了《关于劳务派遣企业和人力资源服务企业参加社会保险有关问题的通知》。依据该通知，劳动者的劳动关系所在单位和社保缴纳单位以及发薪报税主体三者应实现统一。如前文所述，在人力资源服务机构社保代理服务大库模式下，客户企业并没有单独设立社保账户，而是将员工的社会保险通过人力资源服务机构的账户来缴纳，这就出现了员工劳动关系所在单位和社保缴纳单位不一致的情况。为了贯彻该通知的要求，北京地区的一些大型人力资源服务机构对大库进行了“瘦身”，与客户企业进行了积极沟通，大多数企业已经开始或准备在北京单独开设社保账户。此外，也有数万名在人力资源服务机构大库服务模式下的员工业务转为劳务派遣或外包，从形式上实现了合规操作。社保大库的“瘦身”分流走了一部分社保代理服务的人数。因此，社保代理服务的人数出现了一定程度的下降。

（二）临时性冲击

2020 年，新冠肺炎疫情给人力资源服务行业带来了极为不利的影响，社保代理服务自然也受到波及。综观全年，人力资源服务机构的社保代理服务走出了先抑后扬的态势。2020年，外服协会会员单位社保代理服务人数的平均增长率为2.16%。在第一季度，相当一批会员单位在短期内出现了不同程度的经营困难，出现了包括客户数量下降、服务员工人数下降、客户服务费拖欠、客户社保公积金拖欠等。自第二季度开始，随着国内疫情逐步得到控制，各上游行业开始回暖，出现景气恢复迹象，特别是阶段性减免企业社会保险费政策的实施给企业减轻了人力成本负担。89.7%的企业HR对减免缓政策有明确感知，企业获得感极强，效果十分显著。[①] 面对上述有利形势，会员单位社保代理的服务人数逐步回升。但是考虑到2020年疫情给客户企业经营带来的困难，会员单位普遍维持或小幅降低了社保代理服务收费水平，因此，会员单位社保代理服务收入仅实现平均增长率0.35%。

尽管增长趋势放缓，但是，由于用人单位的社保合规意识进一步增强，人力资源服务机构的社保代理服务仍保有较大的市场需求。数据表明：2020年，从险种覆盖面来看，社会参保覆盖面保持高位，各项社会保险连续三年保持在92%以上，2020年升至93.9%；从基数合规性来看，2020年社保基数合规的企业比例达到了31%，相较2019年有进一步的提升。从参保及时性来看，入职当月或次月缴纳社保的企业比例达到了79.3%，较2019年相比也有明显的回升。[②] 这些都为人力资源服务机构的社保代理服务的开展提供了有利的市场环境。

三　社保代理服务的政策规制

（一）社保代理服务涉及的相关法律

依据《中华人民共和国社会保险法》的有关规定，建立社会保险关系

① 参见《中国企业社保白皮书2020》。

② 参见《中国企业社保白皮书2020》。

和缴纳社会保险费的主体是劳动关系项下的用人单位和劳动者，即劳动关系中的用人单位和劳动者，与建立社会保险关系并缴纳社会保险费的主体一致。因此，劳动关系所属用人单位与社会保险费缴纳单位不一致并不符合法律规定。

然而，在用工管理中，劳动关系所属用人单位与社会保险费缴纳单位不一致的现象并不少见，造成这一情况的发生有多种原因，比如，劳动者希望在其户籍所在地享受社会保险待遇，但用人单位所在地及劳动合同履行地等并不在劳动者户籍所在地；再比如，用人单位希望降低社会保险缴费基数或者缴费比例，选择社会保险缴费基数或者缴费比例较低的地区即俗称的"社保洼地"去缴纳社会保险费；此外也存在用人单位并未配置人力资源管理部门，委托人力资源公司代缴社会保险费的情况。

值得注意的是，如果劳动关系所属用人单位与社保缴纳主体不一致，当员工在办理工伤理赔、争取社保权益时，由于各地的司法实践存在不同的做法，可能会导致员工在理赔过程中遇到难题，例如，由于员工与社保代缴机构之间并不存在劳动关系，发生工伤后，有些地区的社保管理部门不会受理社保代缴机构的工伤申请，认定为工伤的员工因而无法享受工伤保险待遇。所以，原本应由工伤保险基金支付的费用可能将全部由用人单位承担。

（二）各地社保代理服务相关政策的实践

随着社会保险由税务部门征收的全面展开，当前，各地社保部门对社保代理服务的规制逐步收紧，劳动关系和社保缴纳主体的统一是重要监管方向。前文所述北京市社保中心《关于劳务派遣企业和人力资源服务企业参加社会保险有关问题的通知》则体现了社保缴纳必须规范，劳动关系和社保缴纳应统一，也就是用工企业要单独建立社保账户的政策走向。在一些地区，社保代缴更将面临被禁止的情况。例如，2020 年，广东、烟台等地的相关部门出台措施，严厉打击虚构劳动关系违规补缴社会保险行为。如果在劳动关系所属用人单位与社会保险费缴纳单位不一致的情形中，劳动者和社会保险费缴纳单位出具了不实的证明材料来建立社会保险关系，缴纳社会保险费或领取社会保险待遇，属于骗取社会保险金的行为，依法需承担被责令退回社会保险金、罚款等法律责任，情节严重的，可能承担刑事责任。

综上所述，社保代理服务去中介化将成为重要的政策走向。

四　社保代理服务的发展趋势

未来，社保代理服务的发展机遇与挑战并存。当前，移动互联、大数据、人工智能等新技术在社保代理服务领域的应用进一步扩大，社保代理服务的效率以及社保缴纳便捷性和体验感将进一步提升。随着各项社保相关政策的不断完善和社保缴纳监管力度的不断增强，企业对社保合规性的工作必将更加重视，我国的社保代理服务市场份额将进一步加大。与此同时，随着互联网商业模式的持续创新，人力资源服务机构提供的传统的社保代理服务方式也将面临严峻的市场竞争。因此，准确判断社保代理服务的发展趋势，及时根据自身特点进行针对性业务布局，将决定各人力资源服务机构在未来市场中的定位以及核心竞争力的构建。

（一）小库业务将成为主要模式

如前文所述，各地人社部门对社保缴纳的合规性要求越来越严，因此，更多的企业选择单独开设社保账户，委托人力资源服务机构来办理相关业务，小库业务模式将成为人力资源服务机构社保代理服务的主流业务，大库业务模式将逐步减少并消失。

（二）新技术将在社保代理服务领域得到深入应用

从社保代理服务的工作内容来看，这项服务可定义为一种数据服务。此类服务重复度高、精确度要求高、要求算法简单、操作容易，这样的服务更适合于人工智能等新技术的应用。

目前，我国各地的社保政策不尽相同，社保业务的办理费时、费力，容易出错，由具备人工智能的机器人来办理这些复杂的业务，将为社保代理服务的快速发展提供有力的技术支持。近年来，一些人力资源服务机构或科技公司便适时开发了这样的机器人。例如，由全力公司开发的社保代缴服务机器人——“社保士兵”可以使线上社保代缴业务办理提速30倍，服务的效率提升18.5倍，人力成本降低75%。

（三）社保代理服务的集约化趋势

高新技术在社保代理服务中的应用提升了工作效率，也因此提高了社保代理的服务能力，进一步放大了大型社保代理服务机构所具有的规模优势和边际优势。开发社保代理服务涉及的新技术需要较高的资金和技术投入，这对于资金和技术条件有限的中小型人力资源服务机构来讲是瓶颈，经过调查发现，社保代理服务有向中大型人力资源服务机构集约化发展的趋势。小型人力资源服务机构可能将逐步退出这个市场。

（四）社保代理服务向保险经纪服务的转型

如前文所述，随着新技术在社保代理服务中的应用和小库服务模式的深入推动，社保代理服务的人均工作效率大幅度提升，而收费水平则呈下降趋势，人力资源服务机构传统的社保代理服务的利润空间将变得十分有限，社保代理服务面临转型。

社会保险代理服务的核心是为与劳动者密切相关的各类社会保障，如养老、医疗等提供的服务，因此，社保代理服务的转型离不开劳动者的各类保障。近年来，一些较大型的人力资源服务机构推出了补充医疗保险的产品、健康体检产品等，由于在基本医疗保险之外，员工还能享受补充医疗的二次报销，还能享受优质低价的健康体检服务，这类补充医疗保险产品和体检产品因此受到客户企业员工的欢迎。长期以来，人力资源服务机构通过社保代理服务积累了大量的员工数据，形成了开展团险服务和大宗采购健康体检服务的议价空间，未来，人力资源服务机构的社保代理服务向保险经纪服务的过渡将成为可能。

B.23
人力资源机构服务技术提升的趋势分析

夏 鸣　黄 磊　周杨平*

摘　要：　人力资源机构以服务产品为核心，用新科技推进成长是企业获得跨越发展的重要特征，这一点在疫情期间尤为明显。本文通过对我国人力资源服务技术在诸领域、多地区及代表性企业发展现状和不同区域人力资源机构的服务技术提升情况进行分析，对我国东、中、西部区域人力资源机构服务技术提升的发展变化进行预测与展望，为人力资源服务行业如何把握未来提供借鉴和思考。

关键词：　人力资源机构　服务技术提升　驱动因素

以互联网、大数据、人工智能为引领的新一代人力资源服务技术，成为过去十年推动我国人力资源服务机构持续快速发展的最强劲动力。自新冠肺炎疫情全球流行以来，运用新技术所形成的服务平台化、数字化、智能化，成为这一时期人力资源服务市场发展的显著标志。通过对人力资源服务机构技术提升的趋势进行分析，有助于更好把握行业未来

* 夏鸣，博尔捷产业平台研究院院长、上海博尔捷企业集团副总裁，主要研究方向为人力资源服务业发展及产业平台化；黄磊，博尔捷管理咨询（上海）有限公司总监，主要研究方向为人力资源服务业发展与人力资源服务产业园建设；周杨平，博尔捷管理咨询（上海）有限公司总监，主要研究方向为区域人才发展。

发展方向。

本文数据的跨度为2020年1月开始至2021年5月，数据主要来源于问卷调查的一手数据。

一　人力资源行业服务技术提升现状及原因

（一）人力资源行业服务技术提升现状

我国人力资源服务业经过十多年的持续快速发展，取得了显著的发展成绩。同时，近年来移动技术、大数据分析、社交网络、云计算等新技术的兴起，以及我国的产业数字化升级，也不断推动人力资源行业服务技术的提升和产品创新，传统的人力资源行业的科技含量不断提升，新的服务业态和服务产品不断涌现（见表1）。

表1　人力资源行业服务技术提升内容

领域	现状	典型企业
招聘	互联网与招聘行业深度融合，重要性不断提升，蓝领的招聘也逐渐转入线上。目前已有互联网招聘企业将定位、社交、点评、实时通信融入其中，运用大数据分析等新技术，利用平台优势，优化招聘求职过程	51job、猎聘、实习僧、智联、麦芽糖、好活、兼职猫等
职业生涯规划	互联网与信息技术的发展，催生了新的职业生涯规划咨询模式和工具，如在线咨询平台，打破了时间空间的界限，客户私密度也更高	新精英生涯、蜜桔求职等
社保事务代理	新经济下出现了大量的自由职业者，出现移动端社保代理服务	社保通、蚂蚁 HR 等
人力资源培训	网络直播、云学习、大数据、O2O 模式等元素与人力资源培训相关联，出现诸如网络直播、垂直社区、微课等新潮培训服务	网易云课堂、有道 DDI、企顾司、和君等
猎头	通过信息技术，集众多猎头公司资源于一体，将人才与企业的资源进行整合，运用大数据，让企业快速找到适合自身的猎头公司，如云猎头服务	猎聘机器人、萝卜派等

续表

领域	现状	典型企业
人力资源管理咨询	借助互联网平台,将企业需求与咨询顾问直接对接,有效提高了企业解决问题的效率,降低咨询成本	智淘淘、华夏基石等
人力资源信息软件服务	出现以云计算为核心的人力资源 SaaS(Software as a Service,软件即服务)和大数据分析服务。人力资源服务 App 软件开发需求也不断提升	肯耐玛萨、薪太软、薪福社、给到等
其他	灵活用工的兴起推动了灵活用工人力资源服务,人力资源机构对金融的需求催生了人力资源金融等服务的发展	斗米、谷仓等

（二）人力资源行业服务技术提升原因

人力资源行业服务技术提升既有社会整体发展的原因，也有行业自身发展的需求，是行业发展的必然趋势。

1. 社会数字化升级的推动

当今世界，数字化升级已经全面融入社会生产生活，正在对经济发展、社会进步、国际政治经济格局等方面产生重大而深远的影响。党的十九大提出建设网络强国、数字中国、智慧社会等战略，习近平总书记多次就大数据、人工智能、区块链等前沿信息技术主持中央政治局集体学习，强调要加快传统产业数字化智能化，做大做强数字经济，引导数字经济和实体经济深度融合，推动经济高质量发展。人力资源行业作为现代服务业的重要组成，必然要面对社会的数字化升级和服务创新，服务和服从于社会数字化升级。

2. 同质化竞争下的自主升级

人力资源服务业经过十余年的快速发展，市场容量逐渐饱和。从行业发展增速情况看，自 2018 年起我国人力资源行业发展增速明显放缓。从各地人力资源行业的机构情况看，各地大部分人力资源机构提供的服务产品较为传统、单一且高度同质化，陷入低价竞争的恶性循环。在各地调研中也了解到，许多机构早已不满于同质低价竞争的红海市场环境，有开辟“蓝海”的迫切意愿，希望通过服务技术升级转换赛道，构建竞争壁垒，寻找企业新的发展机会。

3. 企业规模发展的现实需要

我国人力资源行业发展起步较晚，行业集中度较低，许多企业仍采用老旧的业务管理工具，难以支撑跨区域开展业务和大规模人员的管理。而随着互联网和信息技术的发展，依托于信息管理系统平台，可以对跨区域或大规模人员进行招聘、调度、管理，使企业的业务规模化发展成为可能，也能大大降低企业管理成本。目前已出现的全国性人力资源公司和管理数十万人员的人力资源公司，而过去对于人力资源公司而言，跨区域开展业务和大规模的人员管理对公司管理是极大的挑战。

4. 客户个性化服务的要求

随着行业的不断成熟化，人力资源服务品类也越来越呈现多样化的格局，传统的人才招聘、档案管理、代收社保等服务已不能满足当今企业的多样化需求。而人力资源机构的许多客户，尤其是大客户自身的管理也在向信息化、数字化、平台化升级，以往传统的服务产品、服务流程、服务模式将越来越难以满足客户的服务需求，必须对传统的服务进行技术升级和创新，以服务好老客户，开发优质的新客户。

随着我国人力资源行业的发展逐步成熟稳定，人力资源机构服务技术提升是当前行业发展的一个值得关注的现象。但我国地域广阔，各地人力资源服务业发展水平不齐，本文对我国东、中、西部的代表地区人力资源机构技术提升进行实证研究，探讨当前我国人力资源机构服务技术提升的特点和发展趋势。

二　样本基本情况

（一）企业实施服务技术提升的比重

此次研究分析，就我国人力资源服务机构开展服务技术提升的现状与问题，在15个样本地区，共发放问卷1200份，回收问卷1082份，回收率90.2%。

本文将样本地区分为东部、中部、西部三个大区，每个大区选取代表省份。东部大区包括广东、江苏、浙江、上海、北京、山东；中部大区包括湖北、湖南、安徽、江西；西部大区包括四川、云南、广西、新疆、贵州。

在所有被调查企业中，2021 年开展服务技术提升[①]的比例相较于 2019 年提升幅度很大（增长倍率 0.92），服务技术提升比例前三的省份分别是上海、北京、广东。2021 年开展服务技术提升的总体比例不高（23.1%），其中，东部、中部、西部三个大区分别是 28.5%、18.3%、13.7%。从实施技术提升的增速来看，增长倍率最高的分别是东部大区的山东省（1.86）、中部大区的江西省（1.33）、西部大区的新疆（3.00）（见表 2）。

为了方便表述，2021 年实施服务技术提升的被调查企业在下文中统称为“样本企业”。

表 2　样本发放比例及服务技术提升的实施情况

样本地区		样本比例(%)	服务技术提升的实施情况		
			2021 年(%)	2019 年(%)	增长倍率
东部	广东	9.9	29.0	14.0	1.07
	江苏	9.7	26.7	13.3	1.00
	浙江	9.2	27.0	17.0	0.59
	上海	9.7	37.1	20.0	0.86
	北京	9.9	30.8	20.6	0.50
	山东	9.3	19.8	6.9	1.86
小计		57.8	28.5	15.4%	0.85
中部	湖北	5.3	21.1	10.5	1.00
	湖南	4.8	19.2	9.6	1.00
	安徽	4.2	20.0	13.3	0.50
	江西	5.0	13.0	5.6	1.33
小计		19.2	18.3	9.6	0.90

① 服务技术提升是指通过新一代信息技术、互联网、人工智能、物联网等技术手段，提升人力资源服务水平的一系列举措。

续表

样本地区		样本比例(%)	服务技术提升的实施情况		
			2021 年(%)	2019 年(%)	增长倍率
西部	四川	4. 3	21. 7	10. 9	1. 00
	云南	4. 7	11. 8	5. 9	1. 00
	广西	5. 0	13. 0	3. 7	2. 50
	新疆	4. 5	8. 2	2. 0	3. 00
	贵州	4. 5	14. 3	6. 1	1. 33
小计		23. 0	13. 7	5. 6	1. 43
合计		100	23. 1	12. 0	0. 92

（二）所运用的技术

样本企业对于各类技术手段的应用方面，仍然以常规“软件开发”技术为主（“PHP”73. 3%、“JAVA”40. 2%）；云计算运用比例较高（67. 7%），但大多数样本企业仅仅是租赁了云服务器，并未着手基于云计算的大数据分析；对于新技术手段的应用十分有限，物联网、机器学习、深度学习、AR/VR 占比共计仅 33. 5%。因此，样本企业对于新技术的应用不够全面（见图 1）。

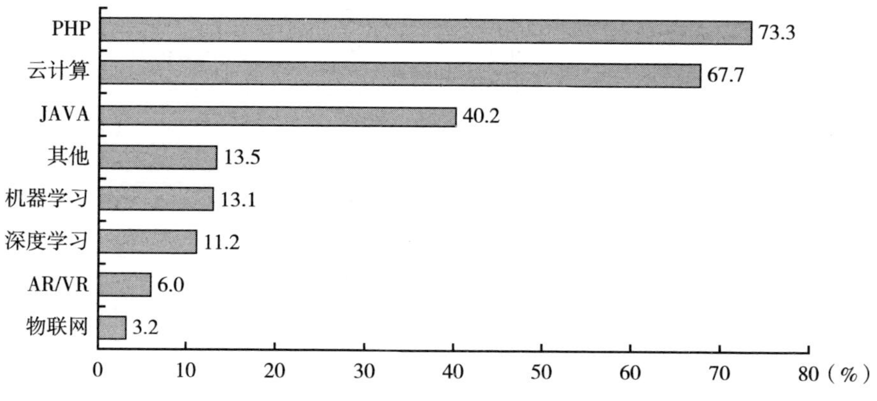

图 1　样本企业技术运用情况

（三）服务技术提升的实现方式

服务技术提升往往是企业的核心业务或者战略重心，因此，是否具备自主研发能力反映出企业对技术投入的重视程度。从数据结果来看，东部样本企业更倾向于通过“全部自主研发”（61.2%）实现服务技术提升，而西部样本企业更倾向于通过全部外包给第三方机构开发（54.3%）。因此，东部、中部大区的样本企业更重视服务技术提升（见表3）。

表3　技术提升的实现方式

单位：%

选项	总体	东部	中部	西部
全部外包给第三方	27.9	21.3	34.2	54.3
部分外包	17.5	17.4	13.2	22.9
全部自主研发	54.6	61.2	52.6	22.9
合计	100	100	100	100

（四）服务产品结构

从产品结构来看，样本企业开展服务技术提升所涉及的业态主要集中在招聘（71.3%）、人力资源管理软件（12.7%）、培训（9.2%）三个领域，这也符合当前人力资源服务供给与需求结构特征。关注特定行业或者业态垂直领域的技术提升的样本企业比较少，市场细分度还很低。同时，一部分企业正在同时开展多种服务产品的服务技术提升。

从地区分布来看，由于东部人力资源服务业发达，各类业态需求旺盛，东部样本企业有意愿也有能力在各个业态尝试技术提升。而中西部样本企业服务供给能力有限，需求也集中在招聘、派遣等业务上，因此西部样本企业开展技术提升基本集中在招聘领域（中部84.2%、西部82.9%）。样本企业在派遣、人力资源外包、人才测评、猎头等产品的服务技术提升力度和关注不足（仅有12%的东部样本企业在上述产品开展了服务技术提升，中部有15.7%，西部有8.7%）（见表4）。

表 4　样本企业产品结构

单位：%

服务产品		所占样本企业中的比例			
		总体	东部	中部	西部
招聘	常规招聘	71.3	66.3	84.2	82.9
	AI 招聘				
	灵活用工				
	实习类				
	个体工商户				
人力资源管理软件	综合	12.7	15.2	10.5	2.9
	薪酬				
	SSC				
培训		9.2	6.4	7.9	11.4
人事代理	福利	3.2	1.2	2.6	11.4
	社保				
	EAP				
人力资源外包		3.6	2.8	2.6	2.9
派遣	劳动力管理	2.0	1.6	2.6	0.0
猎头		4.4	2.8	7.9	2.9
人才测评		5.6	4.8	2.6	2.9
人力资源管理咨询		3.2	2.4	2.6	2.9
人力资源服务产业园和平台建设		0.8	0.8	0.0	0.0
人力资本金融类		2.8	2.4	2.6	0.0
其他		2.8	1.8	5.3	2.9

三　人力资源机构服务技术提升的基本情况

（一）动因分析

样本企业普遍认为行业竞争压力是采取服务技术提升的主要驱动力，选择“同质化竞争”“别的公司都在做”的比例明显多于其他选项，合并占比达64.8%。横向比较各大区情况，东部地区采取服务技术提升的动机更加多元，其“业务规模增大的需要”、“服务于客户的需要”以及“探索新业务发展”合并占比达 40.4%，高于中部大区的 21.1% 以及西部大区的 11.4%（见表 5）。

表 5　服务技术提升的动因分析

单位：%

选项	总体	东部	中部	西部
同质化竞争	33.9	30.9	39.5	42.9
别的公司都在做	32.7	28.7	39.5	45.7
业务规模增大的需要	12.7	14.6	10.5	5.7
服务于客户的需要	14.7	18.5	5.3	5.7
探索新业务发展	6.0	7.3	5.3	0.0

（二）技术投入意愿分析

1. 技术人才投入

样本企业对技术人才的投入有限，“大于 10 人”的比例没有超过三成（23.5%）。按大区分类，东部样本企业的技术人才投入明显多于中部、西部样本企业（中部、西部人才投入 1～5 人的比例分别为 57.9%、74.3%）（见表 6）。

深入分析发现，以下三类特质的样本企业对于技术人才投入规模会更大：①原本就具备软硬件技术优势的企业；②将某个垂直领域作为核心业务的企业；③跨区域服务能力强的企业；④获得过金融机构风投、创投的企业。

表 6　技术人才投入情况

单位：%

选项	总体	东部	中部	西部
1～5(含)人	34.3	21.3	57.9	74.3
5～10(含)人	42.2	49.4	26.3	22.9
大于 10 人	23.5	29.2	15.8	2.9

2. 技术投入满意度

样本企业对投入效果各有不同的感受，认为“较少达到”的样本企业有21.9%，“部分达到”有42.2%，“完全达到”有20.3%（见表7）。分析发现有几个原因需要特别关注：①人力资源服务业的技术提升仍处在“探索—投入”阶段，投入效果不确定性较强；②企业的商业模式、产品定位不够清晰；③决策者没有技术经验，并且对技术投入的期望比较高。

表7　技术提升预期效果的达成情况

单位：%

选项	总体
远没有达到	8.4
较少达到	21.9
部分达到	42.2
完全达到	20.3
超出预期	7.2

3. 技术投入信心度

样本企业的技术投入计划略显保守，选择“维持”原有投入计划的样本企业占到41.4%。而东部大区的样本企业对技术投入更有信心，“增加投入”和“大幅增加”合并占比达50.0%（见表8）。分析其原因，东部大区样本企业的规模较大，提升效率、降低成本的诉求更强烈，也会更愿意增加技术提升的投入。

表8　技术投入计划

单位：%

选项	总体	东部	中部	西部
可能会减少投入	12.4	6.2	21.1	34.3
维持	41.4	43.8	34.2	37.1
增加投入	24.7	24.7	26.3	22.9
大幅增加	21.5	25.3	18.4	5.7

（三）制约因素分析

样本企业认为人才、资金、市场（74.9%、57.0%、54.2%）是制约服务技术提升的主要因素，其次，分别有18.7%、17.5%、15.1%的样本企业认为公司内部不感兴趣、设备、战略不清晰也制约了技术提升的速度。分析原因我们发现：一是专门从事人力资源服务相关的复合型技术人才十分稀缺，这与近两年行业需求集中爆发式增长有关，形成的技术人才缺口持续存在；二是为了推进公司新战略实施、快速抢占市场，资金压力也变得更大；三是市场的不确定性带来产品销售的不稳定性，从而使技术投入带来风险，致使技术投入偏好趋于谨慎（见图2）。

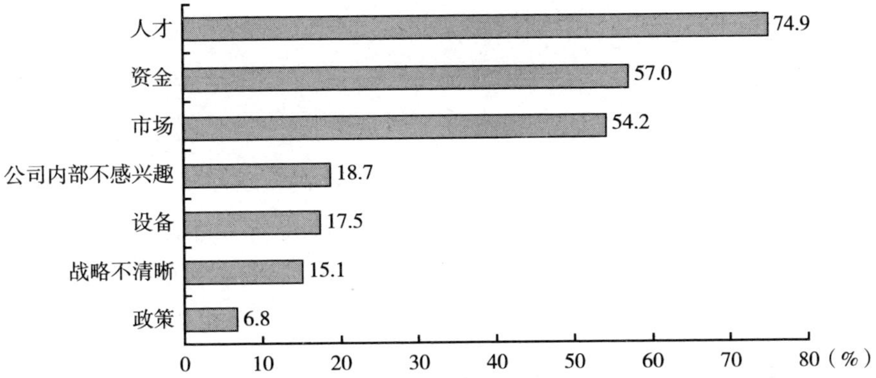

图2　制约技术提升的因素

（四）服务技术提升对企业的促进作用

服务技术提升对企业发展具有积极作用，83.7%的样本企业认为能够提升经营效率、降低成本，也提升了渠道拓展的便利性；75.7%的样本企业认为能够提升企业的科技含量、品牌溢价；73.3%的样本企业认为可以增强企业的外部竞争力、客户黏性。还有32.7%的样本企业认为通过服务技术提升增强了自身战略的可落地性，14.7%的样本企业认为服务技术提升丰富了公司产品矩阵（见图3）。

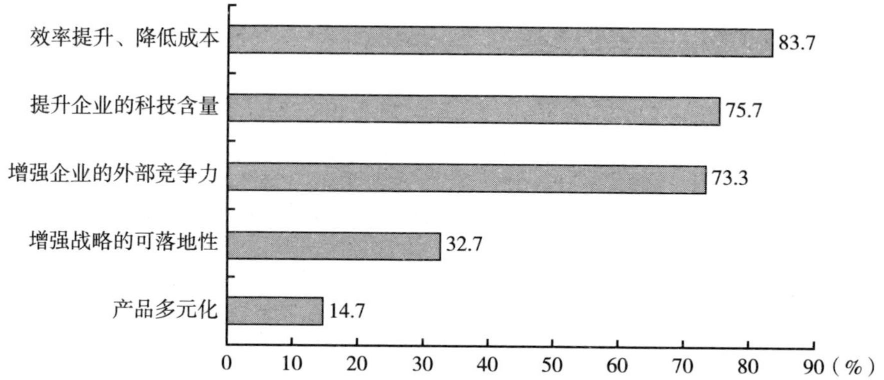

图3　服务技术提升对企业的促进作用

总体上，全国人力资源服务企业越来越重视服务技术提升，但商业规律尚需探索，服务技术提升还具有较大潜力。由于东部经济发达、人力资源服务行业基础较好、市场活跃、创新意识更强，东部样本企业在服务技术提升方面已走在全国前列，形成了一系列颇具市场前景的创新服务产品和良好的示范作用。中西部样本企业对服务技术提升的诉求不高，还处在“打基础”阶段，但中西部一些区域领军企业已经开始重视服务技术提升并付诸实践，相信未来将有更多的中西部人力资源机构实施服务技术提升，增强企业的市场竞争力。

四　人力资源机构服务技术提升趋势展望

（一）头部企业规模不断增长，行业集中度进一步提升

服务技术提升的先行人力资源机构，尤其是行业头部企业已经初步完成了用户数据积累，在客户管理、新客户开发等方面更具优势，进一步巩固其竞争壁垒。同时还可开发数据的增值服务以及更多的相关服务。行业头部企业的综合实力不断增强，行业集中度将进一步提升。

（二）垂直细分领域服务技术提升备受重视

借助服务技术提升，一些人力资源垂直细分领域具有较大的发展潜力。

一旦服务技术升级完成，将形成一定规模的人力、数据等资源，在这些垂直细分领域将成为难以替代的存在，和同行之间的传统的竞争关系将逐步向竞合关系转化。例如调研中有人力资源机构通过信息化技术打造其所在地区的乡村劳动力对接平台，一旦成功后将对当地基础劳动力的市场供给有极大的话语权，并且和本地及外地的人力资源机构在招聘、派遣、外包等方面会产生许多的合作。

（三）人力资源机构技术服务的产品力不断提升

服务技术提升和市场需求的结合将越来越紧密，并且也成为服务技术升级的关键要素。目前的服务技术升级，人力资源机构主导的因素更多，经过一段时间的探索，人力资源机构也渐渐意识到市场需求对服务技术升级的决定性作用，必然在服务技术升级上不断提升产品力。

（四）资本和人才对行业发展的支撑作用更加凸显

人力资源服务技术的升级对资金和技术人才的需求将会增加，资本和人才对行业发展的重要性不断提升。为降低投资风险，人力资源机构有可能对接资本市场寻求风险投资，而服务技术升级后，人力资源机构规模也可能呈几何式增长，也会使资本市场更加关注人力资源行业。另外由于人力资源行业中信息技术方面的人才较少，有意愿进行服务技术升级的机构将会更加关注技术人才的引进和培养。

（五）部分 IT 互联网企业通过技术优势跨界进入人力资源行业发展

部分 IT 互联网企业凭借其技术优势，跨界进入人力资源行业发展，获得更好的发展机会。人力资源行业相对于 IT 行业，其模式可复制性更强，形成系统 + 资源的复合优势，可能获得更好的发展机会。例如好活科技原来是一家软件开发企业，通过开发灵活用工平台进入人力资源行业，凭借技术优势和政策扶持，目前营收规模过百亿元，在人力资源行业获得了极大的成功。

B.24
中国上市人力资源服务公司经营现状及趋势

郑怡玮*

摘　要：　人力资源行业是朝阳行业，在2020年受新冠肺炎疫情影响，众多企业生产经营都受到负面影响的情况下，大多人力资源服务公司依旧实现了逆势增长。随着人力资源行业的技术赋能与资本赋能，我国人力资源的发展趋势与方向也愈发明显。本文旨在通过分析上市人力资源服务公司的产品结构、经营状况及未来发展趋势，为国内同行创新服务方式、实现结构转型提供借鉴的方向。

关键词：　人力资源公司　经营状况　结构转型

2020 年的新冠肺炎疫情导致人员难以聚集工作，众多行业的需求变得难以确定，给企业生产经营带来了负面影响。人力资源行业作为整个经济产业链的下游行业，业务也受了很大影响，拖欠服务费、劳动纠纷等问题层出不穷。机遇与挑战共存，随之而来的是国内掀起的灵活用工热潮，下半年以科锐国际（300662）、人瑞人才（06919. HK）为典型的上市人力资源服务公司实现了逆势增长，这些企业多年战略布局与专业化分工带来的效益在 2020 年表现得尤为显著。

---

* 郑怡玮，上海晨达人力资源股份有限公司内审部经理助理，主要研究方向为人力资源服务产业发展。

人力资源服务业近几年的快速增长，吸引了包括各类投资在内的各方关注，上海外服成功借壳强生上市，趣活（QH）仅靠外卖配送、网约车司机等4个领域的灵活用工业务就在2020年敲响了纳斯达克的大门，北京外企招标参与股改的会计师事务所准备IPO，BOSS直聘在纳斯达克上市等，行业发展进程加快。科锐国际（300662）、同道猎聘（06100. HK）、万宝盛华（02180. HK）、人瑞人才（06919. HK）、前程无忧（JOBS）这五家企业是我国人力资源服务行业的上市标杆企业，我们通过分析其经营数据、产品结构及未来发展趋势，希望能够对国内的同行有所启发。

本文分析数据全部摘自深圳证券交易所、香港交易所、纳斯达克上各公司发布的年报、公开转让说明书及相关公告，或根据年报、公开转让说明书等披露的数据计算得出。

一　经营状况分析

党的十九大报告提出“着力加快建设实体经济、科技创新、现代金融、人力资源协同发展的产业体系”“人力资本服务等领域培育新增长点”，展现了人力资源服务业的广阔前景。近年来，中国人力资源服务行业发展迅猛，按照人力资源和社会保障部公布的统计数据，除2019年外，之前每年的行业增速都在20%以上。本文要分析的五家公司的营业收入，除前程无忧外均呈持续上升趋势，如表1所示。2020年营业收入，同道猎聘、人瑞人才同比增长超过了20%，万宝盛华和科锐国际分别同比增长5.95%及9.71%。

（一）万宝盛华经营状况

万宝盛华于2019年7月10日在港交所上市，公司已经有20多年的历史，其大股东Manpower是全球人力资源服务的领军企业，拥有70多年的行业经验。公司2020年经营性净现金流2.73亿元，较上年大幅上升145.1%；营业总收入32.23亿元，同比增长5.95%，2018～2020年复合增长率为13.7%。分业务看，营业收入的增加主要源于公司在中国的灵活用工业务持续扩张，2020年实现收入30.12亿元，营收占比从2019年的88.3%提升至93.5%，连续三年保持正增长，外包员工数从3.4万人增长至3.85万人；招聘解决方案2020年收入为1.86亿元，连续三年呈下降趋势；其他人力资源服务营业收入为0.25亿元，占比下降至0.76%。2020年公司实现归属于母公司持续经营业务的净利润1.26亿元，同比增长14.71%。扣除一次性上市开支、商誉减值亏损及授出购股权开支影响后，实现归属于母公司的持续经营业务的经调整利润1.36亿元，同比增长0.91%，每股盈利0.61元。公司2020年末共有1057名雇员，人均营收为305.8万元，人均经调整净利润由2019年的10.8万元上升至12.9万元，较上年增长19.4%（见表2）。

表1　五家公司2018～2020年营业收入数据

单位：千元，%

公司	2018年	2019年	2020年	2020年同比增长率
万宝盛华	2491494	3041513	3222631	5.95
人瑞人才	1615891	2287601	2830052	23.71
科锐国际	2196782	3584084	3932001	9.71
前程无忧	3781946	4000025	3688951	-7.78
同道猎聘	1225308	1513474	1869668	23.53

表2　万宝盛华2018～2020年营业数据

单位：千元，%

项目	2018年	2019年	2020年	2019年同比增幅	2020年同比增幅
营业收入	2491494	3041513	3222631	22.08	5.95
灵活用工	2124304	2685217	3011853	26.40	12.16
招聘解决方案	302486	278545	186246	-7.91	-33.14
其他人力资源服务	64704	77751	24532	20.16	-68.45
毛利	564513	586597	535850	3.91	-8.65
毛利率	22.66	19.29	16.60	-3.37	-2.69
归属母公司净利润	98156	110149	126357	12.22	14.71
调整后归属于母公司的净利润	113235	134975	136200	19.20	0.91

（二）人瑞人才经营状况

人瑞人才于2019年12月13日在港交所上市，是国内灵活用工的领军企业之一。公司2020年实现营业收入28.30亿元，同比增长23.71%。分业务看，灵活用工业务2020年同比增长19.78%，专业招聘同比增长9.11%，业务流程外包同比增长191%，其他人力资源解决方案同比增长58%，但专业招聘、业务流程外包和其他人力资源解决方案营业收入占比远小于灵活用工。2020年业务毛利达2.7亿元，同比增长12.45%。2020年公司整体毛利率为9.6%，较上年下降0.9个百分点，净利润率连续三年保持增长（见表3）。

表3　人瑞人才2018～2020年营业数据

单位：千元，%

项目	2018年	2019年	2020年	2019年同比增幅	2020年同比增幅
营业收入	1615891	2287601	2830052	41.57	23.71
灵活用工	1514950	2150950	2576352	41.98	19.78
专业招聘	68369	63509	69292	-7.11	9.11
业务流程外包	22964	51753	150565	125	191
其他人力资源解决方案	9608	21389	33843	123	58
毛利	154956	240885	270864	55.45	12.45
毛利率	9.6	10.5	9.6	0.9	-0.9
经调整净利润	67690	134262	183211	98.35	36.46
净利润率	4.2	5.9	6.4	1.7	0.5

（三）科锐国际经营状况

科锐国际是国内首家登陆A股的人力资源服务企业，主要为客户提供灵活用工、人力资源咨询、培训与发展等综合人力资源服务。在2020年公司抓住灵活用工业务发展契机，持续加大业务布局，保证了业绩的增长。2020年公司实现营业收入39.32亿元，同比增长9.71%。分业务看，灵活用工业务2020年同比增长12.53%，2019年同比增长82.91%，2018年同比增长130.38%，连续三年保持增长；招聘流程外包业务2020年同比下降26.05%，中高端人才寻访业务同比下降11.67%，是2017年以来，第一次有所下降。其他业务2020年同比增长69.11%，但营业收入占比远小于灵活用工。归属于母公司所有者净利润1.86亿元，比上年同期增长22.38%。扣非后归属于股东净利润为1.68亿元，同比增长26.11%（见表4）。

表4 科锐国际2018～2020年营业数据

单位：千元，%

项目	2018年	2019年	2020年	2019年同比增幅	2020年同比增幅
营业收入	2196782	3584084	3932001	63.15	9.71
灵活用工	1512062	2765752	3112319	82.91	12.53
招聘流程外包	157871	150182	111061	-4.87	-26.05
中高端人才访寻	448732	521527	460670	16.22	-11.67
其他业务	78117	146623	247951	87.70	69.11
营业利润	164439	217244	244333	32.11	12.47
净利润	137042	178803	207581	30.47	16.09
归属母公司净利润	117674	152242	186314	29.38	22.38
销售毛利率	18.12	14.31	13.55	-3.81	-0.76

（四）前程无忧经营状况

前程无忧是美国上市的中国人力资源服务企业，是国内领先的专业人力资源服务机构，在中国具有广泛影响力。2020年公司实现营业收入36.89亿元，同比下降7.78%，公司年报显示主要原因是受疫情影响，导致业务量下降。分业务看，公司在线招聘业务2020年营收21.47亿元，同比下降13.10%；其他人力资源相关服务2020年营收15.42亿元，同比增长0.84%，主要包括人事代理、劳务派遣、灵活用工等。2020年公司毛利为24.27亿元，较上年下降12.63%，归属于母公司所有者净利润10.97亿元，同比增长106.13%（见表5）。

表 5　前程无忧 2018 ~ 2020 年营业数据

单位：千元，%

项目	2018 年	2019 年	2020 年	2019 年同比增幅	2020 年同比增幅
营业收入	3781946	4000025	3688951	5.77	-7.78
在线招聘	2431898	2471179	2147334	1.62	-13.10
其他人力资源相关服务	1350048	1528846	1541617	13.24	0.84
毛利	2700935	2778090	2427220	2.86	-12.63
销售毛利率	72.22	69.45	65.8	-2.77	-3.65
归属母公司净利润	1252319	532318	1097276	-57.49	106.13

（五）同道猎聘经营状况

同道猎聘于 2018 年 6 月 29 日在港交所上市，是一家专业的中高端人才发展服务平台，主要为客户及个人提供招聘及就业服务。2020 年公司营业收入为 18.7 亿元，同比增长 23.53%，主要收入来源为向企业客户提供人才获取服务。公司 2020 年来自企业客户的收入为 17.23 亿元，同比增长 20.39%；来自个人用户的收入为 1.44 亿元，同比增长 80.22%。公司对企业客户的服务主要包括人才获取服务的基本服务、薪酬报告与人才背景调查的增值服务，以及公司首创的猎头辅助闭环人才获取服务。2020 年公司的毛利为 14.57 亿元，较 2019 年的 11.68 亿元增加 24.78%。销售毛利率由 2019 年的 77.15% 上升至 2020 年的 77.90%（见表 6）。

表 6　同道猎聘 2018 ~ 2020 年营业数据

单位：千元，%

项目	2018 年	2019 年	2020 年	2019 年同比增幅	2020 年同比增幅
营业收入	1225308	1513474	1869668	23.52	23.53
向企业客户提供人才获取服务	1162605	1431285	1723169	23.11	20.39
向个人用户提供专业就业服务	60547	79967	144118	32.07	80.22

续表

项目	2018 年	2019 年	2020 年	2019 年同比增幅	2020 年同比增幅
投资物业租金收入	2156	2222	2381	3.06	7.16
毛利	987650	1167685	1457093	18.23	24.78
销售毛利率	80.6	77.15	77.9	-3.45	0.75
归属母公司净利润	7737	120353	53627	1455.55	-55.44
调整后归属于母公司的净利润	103257	174120	156409	68.63	-10.17
经调整净利润	89862	185567	248582	106.50	33.96

二　产品结构分析

随着中国产业升级和调整不断深入，对人才、人力资源的需求也在不断变化和调整，人力资源服务市场潜力巨大。根据灼识咨询的报告，我国人力资源服务市场可划分为人才获取、人力资源外包和其他服务三块，人力资源外包中的灵活用工2021 年市场规模将达到1132 亿元、同比增长23.6%，且预计将在2023 年达到1771 亿元，2021 ~2023 年年复合增长率达25.1%，增速强劲。

借由人工智能、云计算、移动互联网等技术打造智能服务平台，实现人力资源服务公司的在线服务交付已经成为现实，这一改变使轻资产的人力资源服务公司不得不进行大量的技术研发、产品开发投入，打造自己品牌的产品推向市场。

（一）万宝盛华产品结构

万宝盛华2018 ~2020 年的招聘解决方案与其他人力资源服务占比持续减少，灵活用工业务近三年稳步增长，可见公司将灵活用工作为重点业务，如图1 所示。

公司2020 年灵活用工的营收增长主要得益于公司深挖现有客户，专注于新经济客户开发，拓宽市场战略布局以及发展各技术平台增强协同效应。

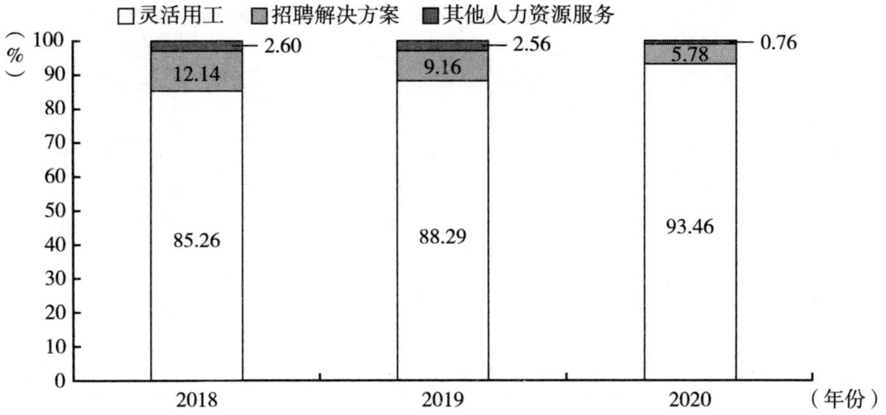

图1　2018～2020年万宝盛华产品结构

公司2020年前五大客户营业收入同比增长33.8%，新经济客户营业收入同比增长19.0%；公司在年度内收购中瑞方胜45%股权，扩宽了市场领域及客户基础；重点发展华中、华西、华南地区；继“天天U福”“天天U才”后，公司加快科技布局，在2020年推出“天天U单”智能招聘平台，同时公司继续发展“培训SaaS平台”、职业技能平台“WoSkill”以及AIS灵活用工管理平台。从前期招聘、后期合同签订，再到员工培训，万宝盛华的人力资源平台为客户提供了一站式人力资源解决方案，提升客户黏性并增强协同效应。

（二）人瑞人才产品结构

人瑞人才的主营业务是面向新经济领域的灵活用工，服务客户主要是新经济领域的公司，2020年人瑞人才的经营利润中，来自中国新经济行业的收益占88.9%，其中265家独角兽企业占50.4%。2018～2020年公司灵活用工业务占比均在90%以上。专业招聘业务持续递减，业务流程外包与其他人力资源解决方案占比稳定增长，如图2所示。

人瑞人才的业务增速强劲，主要是灵活用工业务的上升，2020年业务流程外包的增长大部分来自现有的灵活用工客户，是对现有客户进行二次开

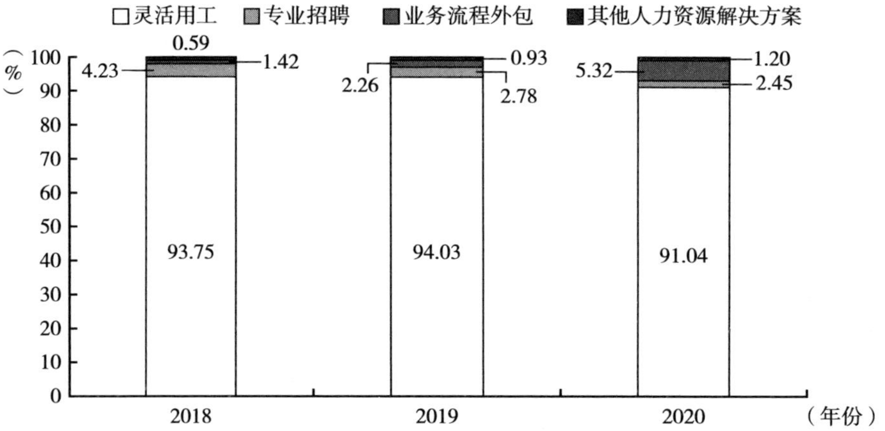

图2　2018～2020 年人瑞人才产品结构

发的增值服务。人瑞人才 87% 以上的客户都是新经济企业，如字节跳动、美团、滴滴等互联网独角兽企业。公司践行以技术驱动人力资源服务，开创至今累计的科技投入已超过 1 亿元。2020 年公司着力于打造人力资源生态链、大数据中台、人才库以及升级外包项目管理系统，通过投资天津滨海迅腾科技打通了校园的人才供应链，拥有 40 万在校生的人才资源。2021 年公司将继续专注服务新经济企业，加速信息科技岗位的灵活用工服务市场开拓，扩大业务流程外包规模，升级现有的一体化人力资源生态系统，通过投资并购与其他人士合作加快人力资源产业布局。

（三）科锐国际产品结构

科锐国际 2018～2020 年的招聘流程外包业务与中高端人才寻访业务占比持续减少，灵活用工业务近三年快速增长。2020 年公司抓住了疫情期间灵活用工机会，加大业务布局，使产品创造收入达 31.12 亿元，在总营收中占比近八成，累计派出雇员 19 万余人次。其他业务占比虽小但在近三年均稳步增长（见图 3）。

2020 年公司财报显示，研发支出同比增长 91.5%，年度内公司对内升

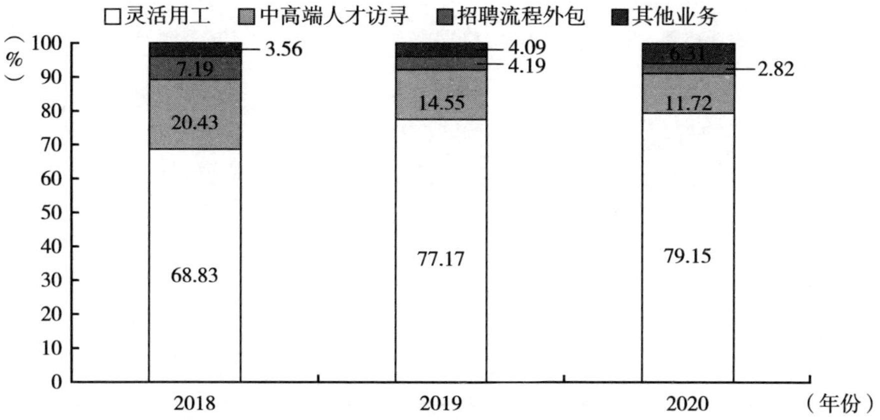

图 3　2018～2020 年科锐国际产品结构

级 CTS 系统，对外升级智能招考、就业云超市等技术产品，赋能政府人社部门及企业数智化转型。公司推出的智能招考管理系统，实施近 200 家事业单位招考工作。2020 年公司加大人力资源互联网平台建设，包括人力资源生态平台“禾蛙”“即派盒子（Gee－Box）”，致力于打造国内人力资源产业互联网平台生态。

（四）前程无忧产品结构

前程无忧 2018～2020 年的在线招聘业务占比持续减少，其他人力资源相关服务近三年稳定增长，可以看出公司未来的业务重点是其他人力资源相关服务。长期以来，前程无忧作为一家老牌的在线招聘平台，其商业模式也较为单一，而 Boss 直聘、智联招聘等后起之秀不断涌现，前程无忧的老牌优势也在逐渐被削弱。受疫情影响，前程无忧 2020 年总收入有所下降，但公司每一季度都实现了盈利（见图 4）。

2020 年 9 月德弘资本拟出资收购前程无忧。中国人力资源行业是个千亿级别的大市场，但企业用人多数还是即招即用，在这样的背景下，虽然前程无忧业务单一面临的风险较大，但在线招聘作为其他人力资源服务的基础数据和业务入口，价值不容忽视。公司 2020 年毛利为 24.27 亿元，这样的量级是其他人力资源公司远远不及的。

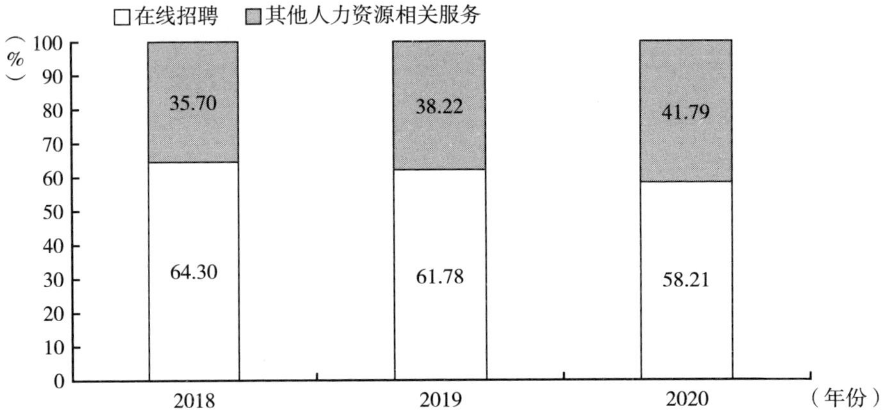

图4　2018～2020年前程无忧产品结构

（五）同道猎聘产品结构

同道猎聘2020年依旧坚持发展多元化产品，同时加快了人工智能布局的脚步，财报显示2020年同道猎聘研发投入为2.4亿元，同比增长29.5%。继公司2019年推出AI智能识别面试系统“魔镜”后，2020年上线多功能面试工具“多面”，利用科技赋能互联网招聘。公司之前收购的灵活用工平台勋厚，在2020年推出“员工共享”计划。除猎聘平台外，公司投资了专注于非一本院校实习招聘的校聘网，战略投资赛优教育，进入职业教育培训领域，从简单的人才供应商转型至人才生态平台，公司不断适应市场环境的变化，扩大了公司的成长空间，使其创下业绩新高（见图5）。

猎聘平台2020年的企业用户为72.5万家，同比增长了29.57%，每个企业用户带来的平均收入为3.13万元，同比增长13.41%。由于公司多元化的战略布局及科技水平的提升，在2020年经济环境不太乐观的情况下依然可以产生增长动力和效益。

从上述五家产品结构中我们可以得出以下共性：随着人工智能、大数据时代的到来，科技在人力资源行业所发挥的作用越来越大，人力资源公司也不断加强研发投入，使用科技赋能各个业务环节，重构行业生态，为企业的

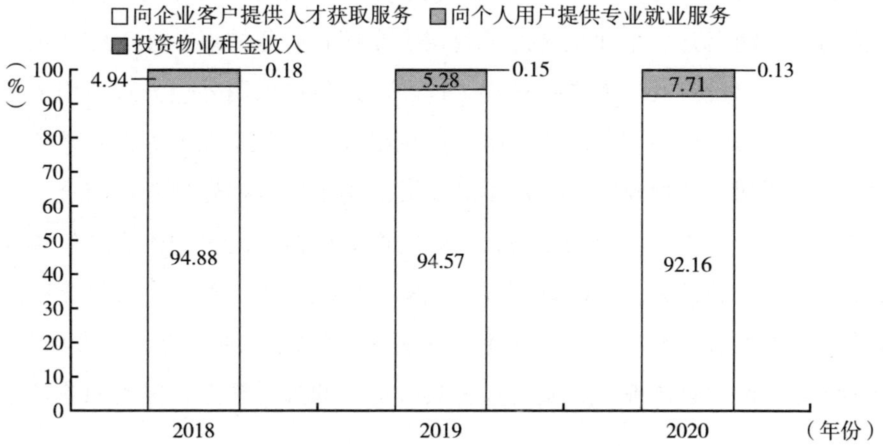

图5　2018～2020年同道猎聘产品结构

可持续发展提供支持；人力资源公司的灵活用工业务采用招聘、合同签订、员工管理、培训等后续跟进的一站式服务流程。通过一整套的服务流程，为企业客户解决了招聘难、留人难的问题。招聘业务虽不是公司结构产品中的重点，但作为服务的入口，招聘能力的强弱直接关系到公司的人才库储备以及后续的交付能力；人力资源公司通过投资并购加快拓展人力资源产业链布局，实现公司转型。

三　未来发展趋势

当前我国的老龄化问题加重，供给侧结构性改革不断推进，Z世代即将成为人力资本的主力军，疫情引发的灵活用工潮逐渐合规化。在这样的背景下，人力资源服务行业机遇与挑战并存，能否抓住时代的风口尤为重要。结合上述五家上市人力资源公司以及市场情况，对未来发展策略总结如下。

（一）持续发展灵活用工业务

2020年的疫情加速了灵活用工的发展，以年轻就业人员为代表的劳动人口职业观发生变化，年轻一代更愿意接受以灵活用工的方式进行工作。随着人力成本的上升，企业也愿意把公司中非核心业务的事务性工作外包给第三方，专注于自身发展的主要核心工作。用人单位采用外包方式使用灵活用工，一方面可以提前固化用工风险，避免陷入劳务关系处理等繁杂事务，另一方面在遇到季节性及临时性用工时，灵活用工可以很好地满足需求，解燃眉之急。对于人力资源公司来说，传统的产品停留在简单的人事外包和劳务派遣，服务产品带有浓厚的计划经济色彩，加之同质化竞争，结果导致只能拼价格，再难有发展空间。灵活用工产品因疫情因素加快向引领市场转变，企业的需求量大且该业务较其他业务具有更强的抗周期性、更大的差异化发展空间。

近年来政府政策开始支持中国灵活用工市场规范发展。在2021年5月12日李克强总理主持召开的国务院常务会议上，确定了进一步支持灵活就业的措施。会议表示要研究制定灵活就业人员参加城乡居民基本养老保险，开展平台灵活就业人员职业伤害保障试点，合理界定平台企业责任，政府加大支持的机制，为灵活就业创造好的环境。在更合规的环境下，灵活就业人员可以得到保障，而平台也能更好地发展。

（二）持续技术投入，赋能未来长期发展

随着互联网的发展、IT技术的广泛应用，人工智能、大数据、云计算等与人力资源服务相结合，人力资源行业可以为用户提供更高效的服务。目前，大部分人力资源服务公司都选择引入ERP、OA等系统，用于优化信息化管理，提高运营效率。人力资源头部企业致力于打造自己的人力资源生态系统，每年年报中显示的研发投入都不低。如人瑞人才在2020年上半年完成了瑞云及瑞聘系统的定制化开发优化。同时，应对疫情重新开发了管理平台瑞家园，主要用于灵活用工人员的健康信息登记、居家办公时登记及复工证明在线申请等。除了代替最基础的数据录入和计算外，AI的重要贡献在于完成员工求职画像、岗位适配、离职预测、培训推荐的大数据分析。这需要大量变量并且设定合适的运算规则，才可以呈现给客户更全面的数据，需

要找到懂业务的技术人员，或懂得技术的业务人员，进行持续的研发投入。虽然对于轻资产的人力资源行业在资金上具有很大的考验，但发展趋势是不可避免的。

（三）提高从业人员水平，以质量求效益

作为专业的服务机构，人力资源公司大多存在以下问题，一是平台管理水平落后，服务质量没有统一的标准；二是服务人员素质参差不齐，服务人员与消费者之间存在矛盾。人力资源行业服务的对象越来越年轻化，“90后”“00后”等人群逐步成为行业的主要服务群体，成为行业服务的客户企业的关键人员，如果人力资源公司内部员工不跟上时代步伐、提升服务质量，将难以得到客户的青睐。因此从人力资源服务的专业知识入手，加强员工的素质培养、提升服务意识，提高员工专业能力势在必行，在此基础上再进入高附加值的服务领域，拓展人力资源服务产业链。

行业内如万宝盛华的员工培训体系，针对新入职公司的员工有入职培训、合规培训、业务技能培训、行业知识及文化教育，对于老员工与管理层有相对应的管理课程，对于输出的外包人员有岗前应知应会培训。人瑞人才的“后浪计划”培训成功提升了新员工的专业招聘能力，历史收益创新高。在外部培训盛行的时代，人力资源服务公司首先应做好员工的内部培训，提升服务质量、打造品牌口碑，间接提升公司的运营和盈利能力。

（四）加快拓展人力资源服务产业链布局

受益于国内产业结构及劳动力结构的升级转换，市场对人力资源服务的整体需求快速增长，国内人力资源服务市场也开始逐渐呈现多元化、市场化、规范化、品牌化、数字化的发展趋势。

同道猎聘洞悉企业及个人培训需求的发展趋势，战略投资了赛优教育，扩大公司业务范围为用户提供职业技能培训，形成闭环职业服务，使个人用户流量增加。人瑞人才投资迅腾集团，与其签订独家战略合作协议，同时设立外包服务培训中心，进一步扩大了人才库的规模。不仅仅是人力资源服务

公司在拓展自己的外围业务，拓宽产业布局，很多其他行业的大公司也在探索进入人力资源服务这一领域。在行业外，步步高成立了自己的人力资源服务公司，全国大型连锁商场天虹开发了滴滴打工平台等。在数字化进程下，人力资源行业的供应链整合度尚低，未来发展应整合客户资源，向人力资源服务行业上下游产业链及周边业务方向如财税、教育等扩展。

在“一带一路”建设的推进和经济日益全球化的催化下，市场整体都在追求人才链、产业链、技术链、资金链更好地融合，人力资源服务行业也将会和其他行业一样，进入加快转型变化的时代，新业态、新产品会不断出现，从为聚集全球人才服务到为全球人才发展服务进行转变。打造人力资源互联网生态平台和为人才价值持续提升提供服务的共享平台，这将是人力资源服务产业发展的大趋势。

Abstract

This book is based on the statistical and survey data of the State Statistics Bureau, Human Resources and Social Security Bureau and other functional departments, well-known universities and human resources service institutions. It provides a systematic analysis of the scale of supply and demand in the human resources market, employment and unemployment, salary, and human resources services, etc. The book includes General Report, Basic Condition of Human Resource Reports, Regional and Human Resource Market Reports and Human Resource Service Reports, which consists of 24 reports.

The General Report analyzes the scale, regional distribution and quality structure of the supply and demand of human resources; the performance and characteristics of human resources matching in rural areas, regions, industries and other dimensions; the income of laborers in different regions, industries and units.

Basic Condition of Human Resource Reports focus on the main development trends and coping strategies of the labor market in the new development stage, human resources market situation based on big data of national public recruitment website, the structure and characteristics of the employment of post-00 workers, impact of novel coronavirus pneumonia on recruitment, and the employment of high-skilled talents. And gives a systematic analysis of the main development trends, job hunting, employment and other issues of China's human resources market.

Regional and Human Resource Market Reports base on surveys and statistical data in various regions. The articles study the research of supply and demand, flow and salary of high-tech and finance industries in Beijing, Chengdu, Qingdao, Kunshan and Guangdong Province.

Human Resource Service Reports analyze the development of HR service industry in China from the dimensions of industry and region. In terms of industry, the book analyzes the forms of social security agency, the operating conditions of listed HR companies, improvement of human resources organization service technology, and the training of human resource service professionals. In terms of regional research, the development and talent status of the human resource service industry in Shanghai, Hebei Province, Chongqing, Guangxi Province and Yunnan Province have been analyzed and discussed.

Based on the analysis of the human resource market in the book, the following nine characteristics can be found. First, the overall job search scale in the market continues to decrease, the demand for human resources in the market rises slightly, and the gap between supply and demand continues to expand. Second, driven by the goal of carbon peak and carbon neutrality, green employment willaccelerate. Third, although a large number of post-00s have started to enter the human resources market, it still can not fully compensate for the labor shortage caused by an aging population. Industries like business services, manufacturing, scientific research attract most post-00s attention. Forth, talent cultivation in auto and human resource service industries has developed rapidly. However, the team of teachers and specialized courses settings need to be further improved. The supply of talents, especially high-quality talents, is insufficient. The fifth is that the quality of graduates which enterprises demand mainly focuses on reasoning and judgment ability, responsibility and emotional stability. They hope the graduates have strong logical thinking, serious and responsible to complete the task and maintain a stable and goodmood. The sixth is the trend of online matching of supply and demand in human resource market continues to strengthen. Under the influence of COVID-19 and other factors, the scale of offline job fairs in some regions are declined. Seventh, the stable and rapid development of human resource service industry plays a great role in the flow of laborers and employment aspect. Eighth, with the enhancement of digital development of human resource services, the promotion effect of human resource management level is further strengthened. Ninth, the income level of laborers has grown steadily, the salary of talents in industries such as finance and general healthhas maintained a normal or slightly higher growth rate.

Keywords: Flow; Comparison of Supply and Demand; Salary; Human Resource Service

Contents

Ⅰ General Report

Abstract: This paper uses statistical and survey data from national statistics, human resources and social security departments, universities, research institutions and human resources service agencies to systematically analyze the supply, demand and salary of China's human resources market, mainly including: first, the supply scale, regional distribution, skill composition and regional distribution of demand, industry structure and unit type composition of human resources market; Second, the overall situation of matching supply and demand of human resources and its performance and characteristics in the dimensions of region, industry and skill structure; Third, the income status and changing trend of workers in different regions, industries and units.

Keywords: Human Resources Market; Ability Structure; Matching; Employment; Salary

Ⅱ Basic Situation of Human Resources

Abstract: Based on the relevant theories and practical development, the labor market in the new development stage mainly presents the main development trends, such as the scale of working-age population continues to decline, the quality of employment shows a differentiated overall improvement, the new employment patterns becomes the norm, the green employment develops rapidly, the spatial pattern of the labor market is reshaped and the employment priority policy system is comprehensively strengthened. Adhering to the employment orientation of economic development, strengthening the employment priority strategy, attaching importance to human capital investment and vocational skills training for workers, strengthening employment assistance for key groups, and steadily expanding the scale and quality of entrepreneurship will help promote fuller and higher quality employment and contribute to the common prosperity of all people.

Keywords: New Development Stage; Labor Market; Employment Priority Policy System; Common Prosperity

Abstract: In recent years, digital technology has played an increasingly important role in improving government public services and social governance, and its application scale in labor market search and matching has been expanding. A large number of data resources generated by various market players in the process of job search and recruitment are dynamic and timely. By collecting and analyzing the real-time job information of market demand, the labor market, economic form, etc. can be judged and analyzed, and at the same time, the labor mobility can also be guided. In this paper, big data technology is used to collect and process big data from public recruitment websites that publish recruitment positions in China, and based on the recruitment data of the whole network in 2020, the dimensions of different industries, different regions and different cities are analyzed. Analysis data such as dynamic recruitment demand and market commitment salary can guide workers to obtain accurate employment, improve the quality of public employment services and implement relevant policies.

Keywords: Public Recruitment Network; Big Data; Workforce Demand

Abstract: At present, China is in a critical period of realizing the great rejuvenation of the Chinese nation. The rapid growth of post -2000s generation and their entry into the labor market will be an important variable that will continue to affect China's employment situation and even the overall economic and social development. Especially under the social background of the coexistence of "difficult recruitment" and "difficult employment", a comprehensive and objective understanding of the employment structure and job-seeking willingness of post -2000s generation is the objective need to effectively promote the fuller and higher quality employment of post -2000s generation, which has great theoretical and practical significance. Based on national census data and sample survey data, this paper analyzes the employment structure and career choices of the post -2000s generation and proposes countermeasures to promote the employment of the post – 2000s generation.

Keywords: Post –2000s Generation; Employment; Social Security; Labor Market

B.5 The Influence and Analysis on COVID –19 Epidemic on Talent Recruitment and Countermeasures in Chinese Mainland

Yang Huiling / 094

Abstract: Although 2020 COVID –19 Epidemic has a direct impact on the economic operation and talent recruitment in Chinese mainland, In particular, micro-enterprises, small enterprises and labor-intensive enterprises have stopped production and stopped work seriously. However, with the effective control of the epidemic situation in Chinese mainland, the recruitment confidence of enterprises began to recover. By orderly resuming work and production, increasing flexible employment, implementing telecommuting, improving work style flexibility, strengthening health management, conducting skills training and many other ways to carry out organizational reset to adapt to the new reality and changes in a more agile way. Therefore, it has become a new problem for human resource managers to deploy telecommuting, build an agile organization with sustainable development, accelerate human resource management and development, and enhance corporate social responsibility.

Keywords: COVID –19 Epidemic; Talent Recruitment; Agile Organization; Social Responsibility

Abstract: Highly skilled personnel are an important part of our skilled labor force, an important support for the transformation of social productivity, a major force for manufacturing a powerful country, and a representative element of craftsmen in a big country. Doing a good job in the training and employment of high-skilled personnel is the embodiment of our country's attaching importance to and establishing a "skilled society". This paper analyzes the demand for highly skilled personnel and the current employment situation, puts forward the view that there is a structural shortage of highly skilled personnel, and that there is a large shortage of personnel between the industry and the demand, and proposes measures and suggestions.

Keywords: Highly Skilled Personnel; Employment; Industry

Abstract: This paper provides insight into the key areas of concern for corporate selection and the characteristic performance of fresh graduates through the assessment data of campus recruitment selection in 2019 -2020. It mainly includes: The first is, the ability, personality, motivation and mental health of graduates are analyzed as a whole, and the characteristics of graduates with different academic qualifications and different school types are further studied. The second is, the characteristics of graduates' quality concerned by different industries and the portraits of graduates' quality in different industries are analyzed.

Keywords: Campus Recruitment; Graduate Characteristics; School Recruitment Selection

Abstract: Since the outbreak of COVID - 19 pandemic, the speed of digitalization has been greatly accelerated, and the rapid development and application of artificial intelligence has created good conditions for organizations to carry out the transformation of digital intelligence in an all-round way. In today's world, the organization and application of digitalization is not only to improve the speed, but to go further to make the full realization of the intelligence in an all-round way. Therefore, digitalization in the future must be digital intelligence combined with intelligence. For human resource management, if it wants to gain a place in the future, it is necessary to carry out comprehensive and profound changes in mathematics and intelligence. Specifically, the embodiment of digital intelligence in the field of human resource management is mainly: whether it has automated technology and means, and on this basis, through the improvement of data analysis capabilities, to achieve intelligent scene processing capabilities. Therefore, on the basis of the first three investigations, we continue to track and study the application of human resources big data and analysis, This paper investigates the current situation, problems and constraints of human resources automation scenarios, human resources big data and analysis application in different types of organizations, and puts forward the future development direction, so as to provide reference for improving the analysis ability of human resources data and promoting the transformation of digital intelligence.

Keywords: Human Resources Digital Intelligence; Automation; Big Data and Analysis Status Trend

Ⅲ Regional and Industrial Human Resources Market

B.9 Analysis on the Development of International Talent and Related Needs in Beijing

Jia Yanna / 168

Abstract: This survey analyzes the needs of international talents in Beijing from different perspectives, including interviews and questionnaires from talents and HR of employers, involving groups such as sea-joiners, foreign talents and returnees, etc.; the survey units include enterprises, research institutions and other types. The research obtains the real demand of international talents and suggestions on relevant policies in Beijing. At the same time, by comparing with other urban policies, this paper analyzes Beijing's living cost policy, incentive and guarantee policy, talent service policy, innovation and entrepreneurship policy, and gives some policy suggestions.

Keywords: Beijing; International Talents; Demand Analysis

B.10 Analysis on the Current Situation of Talent Education and Training in Shanghai New Energy Vehicle Industry

Liu Na, *Lu Yibing* / 181

Abstract: In the context of China's new economy and new industry, the automobile manufacturing industry is growing, and the new energy vehicle industry has shown rapid development due to the influence of carbon emission reduction and carbon neutral factors. In order to meet the growth demand of enterprises, the education and training of talents in the new energy vehicle industry has become the key to the development of the industry. This paper focuses on the current situation of supply and demand, the structure and training content of personnel education and training in Shanghai's new energy vehicle industry. The study found that the education and training of talents in Shanghai's new energy vehicle industry has three problems: imperfect education and training mechanism, unreasonable talent team structure and cooperation between schools and enterprises to be strengthened, and countermeasures and suggestions are put forward.

Keywords: New Energy Vehicle Industry; Talent; Education and Training

Abstract: In 2020, under the background of COVID – 19 epidemic, Chengdu Talent Service Center quickly responded, scientifically researched and judged, and looked for opportunities in the crisis, actively changing its service mode to help enterprises resume production and efficient employment of talents, serving 9, 828 recruiting units, releasing 541, 000 jobs and serving 712, 000 job seekers online and offline throughout the year. According to the service working days, the average daily release of demand for jobs was 2157, and the number of job seekers served was 2836, an increase of 20. 1% and 48. 5% respectively year-on-year, with obvious service effectiveness.

Keywords: Talent Recruitment; Service Model; Chengdu

Abstract: In 2020, relied on Qingdao Talent Network, Qingdao Talent Market set up the "Recruitment E-station" talent supply and demand matching platform, providing 365 days of non-closing recruitment services, forming a talent recruitment pattern of "online + offline", holding more than 100 online and offline recruitment activities, serving 24, 000 enterprises in total, publishing about 120, 700 job demands and attracting about 620, 000 job seekers. The demand for employment in new industries and new industries is increasing rapidly, the demand for highly educated talents is increasing, the job search for master talents is relatively under pressure, and the overall employment situation is stable.

Keywords: Talent Demand; Job Search; Qingdao

Abstract: Kunshan Human Resources Market takes brand building and service upgrading as two major grasps, takes the initiative to serve the local economy, gives full play to the demonstration and leading role of state-owned enterprises, and after years of operation, the "Daily Market" has become a resounding brand for local on-site job search and enterprise talent attraction, and its supply and demand data is of great reference for the development of human resources supply and demand in Kunshan. At the beginning of 2020, due to the impact of COVID -19 epidemic, the downward pressure on macro economy is still relatively large, the demand of enterprises for employment is diversified, and the recruitment methods tend to be handheld and online. The number of participating enterprises, the number of job demands and the number of job seekers in on-site recruitment has declined to varying degrees, and the structural contradictions in the employment market still exist. This paper systematically analyzes the supply and demand situation of the human resources market in Kunshan in 2020 from both macro and micro perspectives.

Keywords: Kunshan; Human Resources Market; Supply and Demand Analysis; Recruitment Data

B.14 Investigation and Analysis of Salary Level in Guangdong Province

Lin Fan, Tian Wenna and Ma He / 225

Abstract: This paper analyzes and researches the salary data of Guangdong Province and finds that: The growth of the average salary level in the whole province gradually returns to normal, which is basically consistent with the sustained and stable recovery of the economy; Under the impact of the epidemic, the trend of salary levels among industries is further divided, emerging industries are on the rise, and entertainment, accommodation, catering and other industries have declined; Employee salary is positively correlated with enterprise scale, educational background and length of service, and the influence is more and more obvious; With the continuous growth of wage income, the salary level gap between contract system employment and labor dispatch employment is bigger.

Keywords: Guangdong Province; Salary Survey; Salary Level

B.15 Talent Insight and Salary Trend in High-Tech, Financial and Health Industries

Fu Xiaowei / 250

Abstract: In the first year of the 14th five year plan, scientific and technological innovation has become the core of China's high-quality development and the primary task of the 14th five year plan. This paper introduces the talent flow trend, talent gap, talent acquisition sources and salary status of key positions in key industries of human resources, including high-tech, finance and great health, so as to better help enterprises understand the situation of talent market and carry out market benchmarking, and does not provide reference for formulating talent strategy.

Keywords: Talent Gap; Salary; Talent Flow

Ⅳ Human Resources Services

B.16 Analysis on the Adaptability of Human Resource Management Professionals Training and Human Resource Service Industry Development in Higher Vocational Colleges

Zheng Zhenhua / 262

Abstract: Human resource service industry is a sunrise industry encouraged by the state, which develops rapidly and has a strong demand for talents. More than 10, 000 graduates are trained every year in the major of human resources management in higher vocational colleges in China, which is in short supply. At present, the training of professional talents focuses on the training of human resources management talents within the organization, and the training of compound high-skilled talents is in short supply; The number of colleges and universities is difficult to adapt to the development of the industry, and there is no significant difference in the number of colleges and universities in different regions, which makes it difficult to adapt to the needs of regional economy and industry development. Enhancing the adaptability of specialty and industry development is a systematic project, which requires multi-party cooperation among government, schools, enterprises and banks, to clarify the role orientation, to give full play to their respective functions, to take market demand as the guide, to set up and adjust specialty, to build specialty connotation and alleviate the structural contradiction between professional talent training and industry talent demand.

Keywords: Higher Vocational Colleges; Major of Human Resources Management; Human Resource Service Industry; Adaptability

Abstract: Human resources service industry is an international sunrise industry. After more than 40 years of development, Shanghai human resources service industry has formed an industrial system with sound public market, outstanding scale level, complete business system, leading professional level and international factor agglomeration. Through the analysis of the development process and current situation of Shanghai human resources service industry, this paper comprehensively reflects the development achievements of Shanghai human resources service industry.

Keywords: Human Resources Service Industry; Professionalization; Internationalization

Abstract: This paper organizes the basic status and characteristics of the development of the headhunting industry in Chongqing, analyzes the main problems in playing the role of headhunting market-oriented talent attraction, and puts forward the corresponding countermeasures. Research shows that the development of Chongqing headhunting industry presents the characteristics of rapid development, diversified service industry, clear service objects, and continuous improvement of cooperation mechanism with the government. Chongqing can fully stimulate the vitality of all kinds of subjects, including the government, employers, headhunting institutions and individual talents, by building a market-oriented talent attraction network with the coordinated participation of multiple subjects and various forms of cooperation oriented to precise talent attraction, and more effectively play the role of headhunting institutions in market-oriented talent attraction in Chongqing.

Keywords: Chongqing; Headhunting Institutions; Talent Introduction

Abstract: This paper analyzes the overall situation and main characteristics of human resources service industry in Hebei Province from six aspects: total number of institutions, industry scale, service mode, market allocation capacity and industry and talent gathering effect, to proposes the development of human resources service industry in Hebei Province in view of the gaps and problems in the current development of human resources service industry in Hebei Province and the opportunities faced under the current situation. The recommendations for the development of human resources service industry in Hebei Province are proposed.

Keywords: Human Resource Services; Market; Format; Allocation

Abstract: In 2020, the overall scale of the human resources service industry in Yunnan Province continues to grow, the service formats becomes richer and better, human resources management consulting, human resources service outsourcing, talent assessment and other high-end services grow more rapidly, the quality structure of practitioners is further optimized, and the market allocation capacity is further enhanced. At the same time, there are still some shortcomings, such as insufficient innovation drive, unbalanced regional development and unclear industry agglomeration, which need to be optimized and improved.

Keywords: Yunnan Province; Human Resource Services Industry; Practitioners

Abstract: Since the implementation of the 13th "Five-Year-Plan", the human resources service industry in Guangxi has developed rapidly and healthily, becoming an important channel for employment and entrepreneurship in Guangxi. Optimizing the needs of employers, enterprises and social talents through the flow and allocation of human resources has become an important support for industrial transformation and upgrading and economic and social development in Guangxi. At the same time, good social, economic and talent benefits are realized through human resources services. There are also industrial weaknesses in the rapid development: for example, the agglomeration degree of human resources service industry depends on key cities in Guangxi such as Nanliu and Guangxi. The unbalanced economic development of Guangxi also leads to the insufficient development of human resources service industry in various regions, mainly small and medium-sized enterprises, a small number of integrated enterprises, single product service format and low level, etc. During the 14th Five Year Plan period, regional superposition provided a rare historical opportunity for the development of human resources service industry in Guangxi. Guangxi will improve the human resources policy system, build a talent gathering platform, comprehensively accelerate the cultivation of human resources service institutions, innovate information service carriers and online human resources services, and strengthen the monitoring and analysis of human resources market, so as to effectively promote the marketization of factors and the high-quality development of the industry.

Keywords: Guangxi; Human Resources Service Industry; Labor Service Cooperation

Abstract: The social security agency service carried out by HR service agencies has been welcomed by enterprises because it helps them realize the convenience and compliance of social security payment, and this business has been maintaining steady growth and is an important source of income for HR service agencies . Currently, in order to further regulate the employment behavior and strengthen the management of social security payment, social security departments around the world have strengthened the regulation of the work related to social security payment. Among them, the unification of labor relations units and social security payment units is the core work requirement. In the future, the business model of social security agency service will develop to be more compliant, new technologies will be deeply applied in social security agency service, and the efficiency of social security agency service will be further improved. With the narrowing profit margin of social security agency services, social security agency services also need to explore how to transform.

Keywords: Human Resources Service Organization; Social Security Agency; Policy Direction

Abstract: Human resources institutions take service products as the core, and promoting growth with new technologies is an important feature of enterprises' leapfrog development, which is particularly obvious during the epidemic period. This paper analyzes the service technology enhancement of different regional human resource agencies through the survey of the development status of China's human resource service technology in various fields, multiple regions and representative enterprises during the COVID – 19 epidemic, predicting and foreseeing the development changes of service technology enhancement of human resource agencies in the east, central and western regions of China, and provides reference and thinking for the human resources service industry to grasp the future.

Keywords: Human Resource Institutions; Service Technology Enhancement; Driving Factor

B.24 Operating Status and Trends of Listed Human Resources Service Companies in China *Zheng Yiwei* / 346

Abstract: The human resources industry is a sunrise industry, under the influence of COVID – 19 pandemic, many companies' production and operation have been negatively affected by the situation, and most human resources service companies continue to achieve counter-trend growth. With the technology empowerment and capital empowerment of human resources industry, the development trend and direction of human resources in China have become more and more obvious. The purpose of this paper is to analyze the product structure, operation status and future development trend of listed human resources service companies, and provide reference direction for domestic counterparts to innovate service methods and realize structural transformation.

Keywords: Human Resources Company; Business Status; Structural Transformation

皮书

智库报告的主要形式
同一主题智库报告的聚合

皮书定义

皮书是对中国与世界发展状况和热点问题进行年度监测，以专业的角度、专家的视野和实证研究方法，针对某一领域或区域现状与发展态势展开分析和预测，具备前沿性、原创性、实证性、连续性、时效性等特点的公开出版物，由一系列权威研究报告组成。

皮书作者

皮书系列报告作者以国内外一流研究机构、知名高校等重点智库的研究人员为主，多为相关领域一流专家学者，他们的观点代表了当下学界对中国与世界的现实和未来最高水平的解读与分析。截至 2021 年，皮书研创机构有近千家，报告作者累计超过 7 万人。

皮书荣誉

皮书系列已成为社会科学文献出版社的著名图书品牌和中国社会科学院的知名学术品牌。2016 年皮书系列正式列入“十三五”国家重点出版规划项目；2013~2021 年，重点皮书列入中国社会科学院承担的国家哲学社会科学创新工程项目。

S 基本子库
UB DATABASE

中国社会发展数据库（下设 12 个子库）

整合国内外中国社会发展研究成果，汇聚独家统计数据、深度分析报告，涉及社会、人口、政治、教育、法律等 12 个领域，为了解中国社会发展动态、跟踪社会核心热点、分析社会发展趋势提供一站式资源搜索和数据服务。

中国经济发展数据库（下设 12 个子库）

围绕国内外中国经济发展主题研究报告、学术资讯、基础数据等资料构建，内容涵盖宏观经济、农业经济、工业经济、产业经济等 12 个重点经济领域，为实时掌控经济运行态势、把握经济发展规律、洞察经济形势、进行经济决策提供参考和依据。

中国行业发展数据库（下设 17 个子库）

以中国国民经济行业分类为依据，覆盖金融业、旅游、医疗卫生、交通运输、能源矿产等 100 多个行业，跟踪分析国民经济相关行业市场运行状况和政策导向，汇集行业发展前沿资讯，为投资、从业及各种经济决策提供理论基础和实践指导。

中国区域发展数据库（下设 6 个子库）

对中国特定区域内的经济、社会、文化等领域现状与发展情况进行深度分析和预测，研究层级至县及县以下行政区，涉及省份、区域经济体、城市、农村等不同维度，为地方经济社会宏观态势研究、发展经验研究、案例分析提供数据服务。

中国文化传媒数据库（下设 18 个子库）

汇聚文化传媒领域专家观点、热点资讯，梳理国内外中国文化发展相关学术研究成果、一手统计数据，涵盖文化产业、新闻传播、电影娱乐、文学艺术、群众文化等 18 个重点研究领域。为文化传媒研究提供相关数据、研究报告和综合分析服务。

世界经济与国际关系数据库（下设 6 个子库）

立足“皮书系列”世界经济、国际关系相关学术资源，整合世界经济、国际政治、世界文化与科技、全球性问题、国际组织与国际法、区域研究 6 大领域研究成果，为世界经济与国际关系研究提供全方位数据分析，为决策和形势研判提供参考。

法律声明